U0948403

TRIZ金融

窦尔翔　杨　勇　周早林◎著

李安铠　张栩晨◎助研

中国财富出版社

图书在版编目（CIP）数据

TRIZ 金融 / 窦尔翔，杨勇，周早林著 . —北京：中国财富出版社，2019. 11

ISBN 978 - 7 - 5047 - 7043 - 1

Ⅰ. ①T… Ⅱ. ①窦… ②杨… ③周… Ⅲ. ①金融—科学技术—研究—中国 Ⅳ. ①F832

中国版本图书馆 CIP 数据核字（2019）第 252195 号

策划编辑 宋 宇 **责任编辑** 齐惠民 刘静雯
责任印制 梁 凡 **责任校对** 刘瑞彩 **责任发行** 董 倩

出版发行 中国财富出版社
社 址 北京市丰台区南四环西路 188 号 5 区 20 楼 **邮政编码** 100070
电 话 010 - 52227588 转 2098（发行部） 010 - 52227588 转 321（总编室）
010 - 52227588 转 100（读者服务部） 010 - 52227588 转 305（质检部）
网 址 http://www. cfpress. com. cn
经 销 新华书店
印 刷 北京京都六环印刷厂
书 号 ISBN 978 - 7 - 5047 - 7043 - 1/F · 3121
开 本 710mm × 1000mm 1/16 **版 次** 2020 年 1 月第 1 版
印 张 33 **印 次** 2020 年 1 月第 1 次印刷
字 数 558 千字 **定 价** 88. 00 元

总 序

欣闻北京大学金融学教授窦尔翔要出版系列“金融绿色创新方法”著作，我非常高兴。我一直在思考中国金融科学发展之路，主张在尊重金融客观规律的前提下，充分吸收国际金融发展的合理元素，并结合中国国情做出原则之内的灵活性创新。窦尔翔博士带领团队将金融视为“制度科学技术”，秉持“道德金融”理念，陆续撰写《TRIZ 金融》《金融 TRIZ》《金融标准化》《域金融》四部著作，具有规律性和前瞻性，很多观点和我的理念不谋而合。

父亲对我从小要求很严，要求我在思考问题、解决问题时要实事求是，对社会科学也要坚持科学精神。人类社会发展遵从两条线的耦合，一是自然科学技术，二是制度科学技术。当下，信息科学技术飞速发展，金融也要在此基础之上科学跃迁，才能保证金融健康、稳定、持续发展。窦尔翔博士研究的“金融信用质能联系方程 $E \leqslant cm^k$ （$k=1$，2）”，揭示了“金融就是反制力”的规律，阐述了金融二级市场对一级市场的影响机理，对金融的科学实践有相当指导意义。

金融是一份带有期限的合约，因而金融一定要有防范风险的意识。1998 年我由中国人民银行副行长调任国家开发银行行长时，国开行的坏账率高达 32.6%，这让我面临很大压力。国开行也是银行，银行可以不赚很多钱，但是不能亏本。于是我坚持“融资民主”的原则，倡导“在贷款上，我只有否决权，没有审批权”，最后让不良贷款率处于 2% 以下的低位运行状态。窦尔翔博士发现了保障金融安全的“C_1、C_2、C_3”三种信用资源，对银行改革有借鉴意义。

调任国开行期间，我深知国开行服务国家、服务产业、服务民生的重任。2005 年以来，国开行支持中小企业、农户、贫困学生的发展，当下，信息技术使得世界经济加速“链动”发展，需要金融机构看到这种产业形态的变化。窦尔翔博士提出具有闭环特征的“产业生命链”概念，将

“学、研、产，上、中、下”归纳为“教育链”“孵化链”“供应链”，主张价值实现平台的建设，构建全球价值实现命运共同体，是对“拆墙”“拉手”的有效诠释。

中国未来要在科技创新和领军人才培养方面为世界做出引领性贡献，但是“科创产业”早期发展的信用短缺和信用风险性不言而喻，唯有金融进行绿色创新才能保障战略产业的诞生和持续发展。窦尔翔博士创立了“域金融”理论，认为通过构建“TIF 域”为高科技“产业生命链金融”创造 C_2 型信用资源。我觉得这种充分调动市场“抱团发展、自主评测”积极性的模式，是传统抵（质）押、担保、供应链金融、国家信用保障体系的重要补充。

近年来，信息科技飞速发展，改变了人类社会信息传递的方式和效率。数字产业、数字金融成为未来经济发展的必然趋势。实体产业和金融产业必然要经历“云身结构”的改造，人类经济进入“科学智慧决策”时代，谋定而后动的“双层平台经济”运行模式正在日益成为主流。窦尔翔博士的“TIF 域”模式充分预测到这一趋势，主张按照相似度对经济进行“域改”，打破行政壁垒，打破单边约束，形成全球价值实现链，推动全球命运共同体的落地。

流行于全球的“TRIZ 理论”认为，科学技术的创新是有规律可循的，不用“等待一百年顿悟”，因为“一百年太久，只争朝夕”！金融作为一种制度科学技术，也可以借鉴“TRIZ”的标准化思维，“15 分钟解决问题”！窦尔翔博士及其团队，经过十几年的努力，终于将这套金融创新思维呈现给大家，我对这种敢于吃金融螃蟹的精神表示赞赏。欣慰的是，窦尔翔博士还研以致用，为各级政府提供咨询服务，并在多个经济平台落地实践，收效良好。

当今世界，自然科学技术和制度科学技术都处于百年未遇之大变局，中国需要更多的科研工作者提出具有中国特色又符合全球规律的研究成果。祝愿窦尔翔博士及其团队，再接再厉，生产出更多理论、政策、模式、操作四位一体的创新成果。

是为序！

陈元

2019 年 11 月 26 日

创新是一个民族进步的灵魂，是一个国家兴旺发达的不竭动力，也是中华民族最深沉的民族禀赋。在激烈的国际竞争中，惟创新者进，惟创新者强，惟创新者胜。

——习近平

序　言

金融创新亟须方法论革命

——以科创板的创新构建为例

中国金融面临着“内外部双重压力”的严峻形势。一方面，中美贸易谈判紧张激烈地进行着，美国金融服务无疑具有世界上少有的高水平服务能力，如果“同频”开放，我们将要面临严重的“挤出效应”；另一方面，过去的几年内，国内经济和金融处于“低水平循环陷阱”之中，金融和经济的互动性不够好。中小企业融资难、科技企业融资难，投资者坏账率高，金融倾向于自我循环，脱实向虚。因而，我国金融面临着改良的内外部双重压力。要缓解甚至解除这种压力，我们需要一举两得的新型金融战略，那就是防范与美国金融同频共振；要解决中国自身的经济金融问题，唯有从方法论上进行创新，才能换道超车，乃至“升维超越”，完成重任。

（一）

这个方法论不是凭空想象的，而是必然符合归一原理的体系论的。因而金融必然有以下几个特征：

第一，金融本身是一个系统，一个制度性技术系统。既然如此，金融必然有其作为一个系统的统一原理，这个原理就是其普惠性，即金融必须满足其所有交易者特别是资金融通双方的意愿和偏好的状态，是一个双方都能达到“应要尽要，应有尽有”的出清状态，是一个双方都能达到资金成本、时间成本、心理成本、机会成本最小化的状态，是一个双方都能达到安全便利公平的状态，等等。

第二，金融系统的效率改良可以向自己的子系统维度跃迁。资金的子系统中包含供资方、求资方、中介方及其他衍生利益相关方。金融系统本身稳定持续存在的前提是子系统的安全性，注意这里说的是“子系统的安全性”，是站在每一个子系统的角度上考虑的。但是我们不仅要“弹钢琴”，即考虑所有利益相关方的安全问题，而且更重要的是要将考虑供资方的安全性放在首位。供资方的安全性必须符合“信用质能联系方程”（下文有介绍）。

第三，金融的功能必须放在超系统中去评价。金融的存在是为人类服务的，不仅为国家、为企业、为项目这些法人服务，还为个人、家庭的资产转换服务。从时间维度上来说，金融是为主体不同的生命周期服务。从领域来说，金融就是为生产服务、为商贸服务、为人力资本积累服务，或者说为政治、经济、生活服务。如果金融的存在使得国家相残、政治混乱、经济不能持续稳定、生活不能幸福、家庭不能美满、环境遭到破坏，那就不是“好金融”。

第四，以哲学洞悉金融本质。所谓哲学指的是共性规律，当我们将金融放在宇宙系统的共性上来看，金融只不过是一种信息而已，这种信息首先是价值衡量尺度，其次是价值融通的方法。但是不管是尺度还是方法，归根结底都是基于价值的信息。那么，我们就需要考虑信息的承载问题，这与信息技术深度联系。技术作为信息的承载物和外壳，深度影响着信息的表达，技术变则金融变。随着信息技术的发展，信息的效能也将随之提升。

以上系统论与信息论的规律，为我们思考金融问题提供了三个视角：

一是基于金融总目标的超系统视角。即金融必须建立在“经济”中，如果金融脱离了经济而存在，必然走向自我循环，金融就蜕变成了娱乐工具和赌博工具，但这种工具是一个具有强烈负面外部效应的工具。我们当前的金融，存在机构凭借持牌特权想方设法走捷径，通过投资非终极需求方，搞所谓衍生工具保值增值的寄生性金融。最终由于信息不对称，监督的自然性技术和制度性技术都落后，穿透监管往往成为一种美好的愿望。

二是基于金融作为一种制度性技术系统本身的视角。要防止金融脱实向虚，既要有科学的精神，也要有有效的治理方法，金融不是短期反复的政策，而是兼顾长期和短期的一套严肃的制度安排。这需要有工匠精神，将金融制度看作一种精准的技术，用来对人的行为进行精准的奖惩，达到对金融交易自由的保护，但必须反映公正，以达到安全、普惠和正义的目的。如果不能反映金融交易的自由，会有悖于市场精神；如果不能保持公正，就不是社会主义；如果达不到安全、普惠和正义，则不是高质量的金融。

三是基于自然性技术的金融视角。所有的基于制度性技术的金融变革，都是在自然性技术的基础和前提之下的。在自然性技术稳定的条件下，个人、家庭、机构、国家、人类的繁荣程度与制度性技术的进步密切相关。中国既要考虑制度技术，也要在自然性技术的金融上下功夫，这就是我们要毫不含糊地重视 Fintech（金融科技）的原因，同时我们更需要用多种信息技术来保证 Fintech 的道德性。

由此可见，中国乃至世界的金融都犯了同样的错误，那就是“金融的暗网般的自娱自乐”。金融不仅趋向自我循环，而且趋向隐秘难察。前者表现为利用金融特权，以炒作货币为逻辑节点，炒作金融合约、炒作自然资源，甚至炒作人本身，几乎到了无所不“炒”的程度；后者表现为金融是金融大佬圈内的事，其他人很难快速得到圈内的信息，难以知晓消息的真实性，不容易清楚事件的来龙去脉，金融工具层层嵌套。

金融只有回归本源，才是伟大的、有德行的，在这个前提下，我们才能评价金融的道行。如果我们以科创板为例，科创板作为系统本身，其存在的意义在于是否能够完成其历史使命。这个历史使命首先是激发中国人的创新精神，提升其基于创新的创业能力。最多可以加上吸引早年由于我们金融市场的不完善而丢掉的成长可观的“独角兽”企业回归国家，当然不排除筑巢引凤的国际“独角兽”，但是激发中国自主创造新产业一定是科创板的战略任务。

下面我以科创板的信息揭示模式创新来说明金融创新方法论的重要性。总体来说，科创板的构建肩负着中国发展科技创新产业特有的历史使命，我们要在汲取西方金融营养的同时，基于中国的国情与使命进行创新设计。就目前科创板构建的条款来看，我们模仿华尔街金融的成分比较多，自主创新成分不足。所以，我们应当不断敲响警钟，防止偏离初心。

（二）[①]

第一，非常感谢苏剑老师主导的论坛，我关注这个论坛已经很长时间了，每一次都能学习到同人大咖非常多的见地。我今天跟大家的分享，谈不上是业内权威的分享，只是我作为一个金融理论工作者的思考，所以我的主题叫“创想”，实际上是创新的想法。我演讲的提纲分为三个部分：第一部分包括科创板在内的资本市场变革的背景是什么样的；第二部分是中国资本市场应该是什么样的架构，科创板的制度安排应当是什么样的；第三部分是我们应用什么模式来治理科创板。

关于科创板的背景，刚才王自强院长已经说得非常清楚了。我用自己的语言来简洁描述，从两个方面来看：第一，从金融需求侧来看，谁需要金融。从国内经济形势来看，中国的产业正在大转移，劳动力成本高，有一些产业处于空心化状态，中国经济缓慢下行。从国际经济形势来看，我国经济目前是不进则退，所以现在必须要冲到前面去。第二，从金融供给侧来看，我们则违反了一个规律，这个规律就是所有的金融要先讲安全性才能讲普惠性，最后还必须要讲正义性，只有讲了正义性，金融才能有效促进经济的发展。但是，我们的互联网金融，如 P2P（点对点网络供货）模式大讲一通，最后的结果是普害金融，为什么呢？因为违反了金融的规律，没有安全性就奢谈普惠性。金融安全的规律究竟应该什么样？受到爱因斯坦统一场理论的启发，我给出一个金融统一理论，这个理论就是“信用质能联系方程”，用公式表示就是“$E \leqslant cm^k$（$k=1$，2）”[②]，金融行为的所有秘密都在这个公式里。

资本市场是金融供给侧的重要组成部分，一个理想的资本市场应当是

---

① 摘自 2019 年 2 月 24 日在北京大学“原富论坛”上题为“中国资本市场创想——以科创板的构建为例”的演讲，有修改。

② 该公式和爱因斯坦的质能方程（$E=mc^2$）在字母构成、形式、内涵上有相似之处，公式中的 E 即 High Energy Credit Resources，代表高能信用资源，流动性比较强；c 即 credit，代表低能信用资源，流动性相对比较差；m 即 market，代表市场。当 $k=1$ 时，表示原始资产不能转让，即不存在二级市场；当 $k=2$ 时，表示原始资产可以转让，即存在二级市场，但是无论是否存在二级市场，资产原始所有人都需要有足够的金融反制力。此公式表明所有的金融行为，无非是两种信用资源的当量交易，就如同爱因斯坦的狭义相对论一样，物质的质量和能量之间相互转换，而且两者成正比。

一个资本市场体系，应该是一个良好的结构，有多个板块，这些板块之间有些交叉没有问题，但在总体上应当是互补的。中国资本市场的最大问题是“经脉紊乱”，互相替代，各立山头。简而言之，当下的资本市场难以促进科技的有效发展，不能支撑新产业的孵化，不能使中国企业进入“产业生命链的头部位置”，不能实现产业结构的升级换代。我们的任务就是要通过科创板支持中国新产业的孵化。

“产业生命链”简称“学—研—产—上—中—下”，“学—研—产”指的就是新产业“孵化链”；“上—中—下”则是指成熟产业的“供应链”。其中“产业孵化链”中的“学”，指的是学生成长；“研”指的是“创新”，比如创幻、创意、创知、创技等；“产”指的是“创业”，就是将成熟的技术产业化的过程，主要是指熊彼特式的创新。之前所谓的“双创”“产学研”，都在“孵化链”中，但这种称谓我认为不够精准、不够科学。

科创板的任务就是要通过制度设计有利于“孵化链”中“创育”“创幻”“创意”“创知”“创技”“创业”六大环节的创新，让中国新产业的孵化具有“源头性”的自主知识产权。一旦当我们将某一产业孵化成功，这一产业就会进入带有高科技成分的成熟产业的“供应链”序列，对应的企业也将转板到经济利润稳定的“二板市场”；而当下和过去科技含量不高的比较成熟的产业就应当进入“新三板”，并通过转板再到达“主板市场”。

这里有必要强调一下“产业生命链”中“生命”两个字的用法。之所以这个产业链具有生命，是因为这个产业实际上是闭环的循环状态，能够产生令人惊讶的“自服务”机制。其产生过程可以这样理解，即假定我是鲁滨孙，在一个孤岛上生活，张开双臂，左手产生需求，右手派生供给；或者右手创造供给，派生出左手的需求。这都会形成一个供求闭环，既有供给侧，也有需求侧；既有供应链，也有需求链，是一个双向闭环的“供求链”。当供给和需求都落在人身上时，人的消费同时是人的生产，因而是一个“产业生命链”。就如同东西半球的分界线“格林威治线”（本初子午线）一样，人就是“产业生命链”的“格林威治点”，因而我们只有以人为本，才能“点亮”“产业生命链”。

按理说，因分工合作导致供求链的加长是人类社会进步的标志。但遗憾的是，派生环节的增多，纵向分工的细化，横向分工的扩展，容易使人们坠落在链环的海洋之中，增加我们从体系上理解完整产业链的难度，从而造成长期以来我们对产业链理解的局部的碎片化，以至于我们往往只能混沌地体验经济。经济在我们面前似乎乱作一团，就像一堆散乱而没有穿在一起的珍珠。现在该是我们还原经济产业本来面目的时候了。

如果将“产业生命链”看作人体的消化系统，那么“产业生命链金融”就是血液系统，因而我们需要构建一个综合系统的资本市场，需要对既有的资本市场进行重构，通过功能重整变害为利。重构后的资本市场可以描述为“两类多重资本市场”。所谓两类指的是：“左侧支柱”主要打造高科技含量的“产业孵化链”；“右侧支柱”则主要打造成熟企业的工匠式的生产者和经营者，通常称作“供应链”。这两类的前期都分别使用 AI（人工智能）、VC（风险投资）、PE（市盈率）市场，以管理创新风险和创业风险，如图 0 -1 所示。

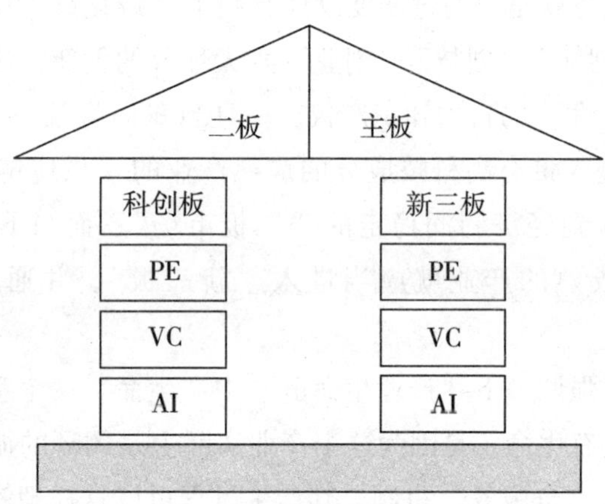

图 0 -1　中国资本市场结构

那么，作为金融供给侧的科创板究竟应当如何构建？

首先利用阿奇舒勒的 TRIZ 理论（发明性问题解决理论，即萃智理论），用“物 - 场模型”对科创板做一个分析，找到问题所在。如图 0 -2 所示，三角形的右角点是投资者，用物质 S_2 表示；左角点是融资者，用物质 S_1 表示；顶点是科创板市场的“场”，用 F 表示，$S_2 \rightarrow S_1$ 表示这个场的功能就是促使投资者为融资者提供资金。

科创板是个二级市场，是投资者之间互相换手的市场，但正是这个换手市场保障了一级市场上投资者投资的流动性，从而促进了投资者在一级

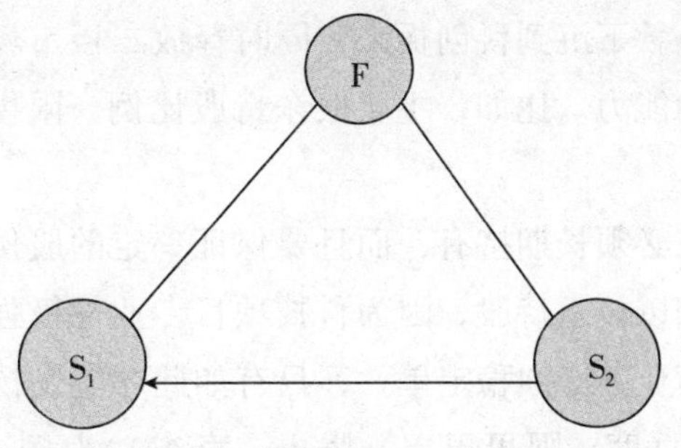

图0－2　科创板“物－场”模型

市场上对融资者的投资。设立科创板的目的是激发“科创行为”，即激发“创幻”“创意”“创知”“创技”的行为。科创板的规则越有效，就越能调动具有如上行为的人才以及具有如上人格的投资者聚集到科创企业来。由此可见，科创板的制度特征在于激发一级市场上的科创行为，以及二级市场上的分红行为，而不是二级市场的资本利得行为。因而，科创板的制度重点在于防止二级市场的炒作行为。

当下的科创板制度内容，有许多有利于促进科创行为的制度安排。比如，注册制可以为所有符合条件的科创者提供普惠机会；不以利润为上市条件符合科创企业的利润特征；严格执行退市制度，杜绝投机行为；对未盈利企业股东减持做出限制，保持团队的稳定性；严格限制通过并购投机“炒壳”；设置科创板上市委员会与科技创新咨询委员会以提高信息对称性；等等。

但是，注册制度安排，未必能有效防止科创板的炒作行为，也未必能充分激发科创行为。更何况还有一些规定未能做到防范炒作的要求，比如“涨跌幅限制放宽至20%，新股上市后的前5个交易日不设涨跌幅限制”“科创板股票自上市后首个交易日起可作为融券标的”。另外，包括信息对称制度安排仍然是传统的信息披露，这是难以达到有效的信息对称的。因而，目前科创板这个“物场”是一个作用不足的“物场（F_1）”，需要设法加强，渠道有两个：一是挖潜和补充现有场的制度；二是在老物场（F_1）的基础上叠加另一个场（F_2）以增强物场的功能。

对现有场增加如下制度条款，以弱化炒作的可能性：

（1）与二板市场功能呼应性整合

二板市场是科创板市场利润稳定之后的转板市场，因而需要将二板市场的一些有用的条款下沉到科创板来，同时释放二板市场吸纳利润相对稳定的科技独角兽的能力。比如，主要股东持股比例、限售期、主营业务单一等。

主要持股股东必须长期持有，而且要保证一定的股份比例，特别要保证主要科学家长期以技术持股，因为科技项目专业性极强，不是随便能倒手的；企业的主营业务必须稳定单一，只有如此才能发扬专业专注的工匠精神。以 BATJ（百度、阿里巴巴、腾讯、京东）为例，我表扬过它们，它们是时代的弄潮儿，顺应了时代趋势，体现了敬业精神，但我也批评它们搞“经济帝国主义”，因为它们什么都干，就像逻辑过程一样，先归纳后演绎，好像只要有钱、有关系什么产业都能干，专注性的下降就会导致其科技性的下降。

（2）科创企业必须穿透到人

现代企业制度一个最大的缺点正是复杂的委托代理关系，这导致一般的投资者对企业的了解渠道被堵塞，导致小股东变成一个对企业发言权很小的股民。股民是否持有股票，不寄希望于分红，而只能寄希望于资本利得了。控股公司、集团公司的嵌套特征更是存在严重的委托代理问题。

科创板企业规模不一定都很大，有的似乎不存在复杂的委托代理关系，但是委托代理关系问题已成为现代公司的基本病症。科创企业如何进一步穿透到人，可以采取三个办法：一是采用双层股权结构，以保证科创企业的发展是依赖于科技工作者而不是资本家，比如阿里巴巴；二是将现代公司合伙制化，比如高盛；三是实行“区块链名单制度”，将所有的关键创业者和投资人的行为与关系进行数据记录、数据挖掘和数据存储。诚信算法和信用算法会为相应的从业者和投资者提供全面画像和多维画像，还可以识别委托代理问题的制造者并据此进行管理。

（3）对上下游企业给予适度的税费优惠

税费支持和融资支持都是科创行为的产业政策支持，前者还可以直接用来支持后者。设立科创板的目的对于上游来说是孵化科创行为，对于下游来说是孵化科创企业。

减轻上下游企业的负担，有利于科创企业的存活。从逻辑上讲，科创企业链是由创幻企业、创意企业、创知企业、技术创新企业等构成的，任何一个企业同时又属于创业企业。创业的成功，不仅意味着该企业的“技术”是成功的，也证明了该企业的市场是成功的。由于设立科创板的初心是为了激励科创行为，那么上下游的税收优惠可以促进科创商品完成“惊险的一跳”，从而在鼓励科创市场繁荣的同时间接地激励科创行为。以电动车产业为例，对充电设备及其运营的税收优惠就是对电动车互补产品的优惠，从而间接消除了电动车产业化的风险。

（4）科创板股票上市委员会（以下简称上市委）的评价应当与委员基于科创企业的损益相结合

上市委所代表的不仅是一项声誉，也是一份权利，但是也应当将评价对象的损益与上市委委员的损益加以关联。否则，上市委可能会漫不经心，或者被科创企业俘获。

科创企业的特征是科创，科创的科学性和实践性在一定程度上还需要被证实，其市场性还有待经市场检验，因而当下不可能有稳定的现金流，但其创新性成就了具有现金流的潜力。这种潜力看不见摸不着，金融监管者和投资者不容易看懂，需要上市委的专业能力。上市委委员可以是科学家和业内专家，可以设置规避条款，评定方式由强制参加和自由参加两项组成，后者的结果要与参评者的声誉损益和经济损益挂钩。如果所有委员放弃参评，表明该技术与其市场潜力不大。如果自由参评失误，要承担一定的损失，如果所评价的企业成功则可以获得某种奖励。

那么，如何通过另一个场（F_2）来增强老物场（F_1）呢？

科创板一诞生，中央就反复强调，科创板的治理要加强信息揭示。因为信息不对称是产业经济发展中的基本事实条件，而对于科创板这种特定的资本市场来说，更是需要科创从业者和科创投资者的加入，舍此都不适合进入科创行业。对于资本市场这个舶来品来说，我们惯常用的是“信息披露”的制度安排。在鱼龙混杂、多炒作的市场环境中，要上市企业说真话，进行信息披露何其难啊！中国的市场环境光靠企业自觉披露是不够的，必须将这种“披露”任务交给中立的第三方机构，来构建一个“TIF（塔福）域场”。

科创板（F_1）本身是用来交易的场，这是国家强制监管的场域。“TIF域场”作为“场（F_2）”，是市场自发形成的监管场域。后者作为一个前置于前者的场，是助力国家和投资者筛选、评价和信息揭示的，是为投资人提供决策依据的。“TIF 域场”作用的工作机理可概括为“物以类聚，人以群分”，这个功能通过“三维四面五螺旋”的基础设施来实现。“物以类聚”指的是进入“场（F_2）”的必要条件必须是科创者；“人以群分”指的是进入“场（F_2）”的充分条件是科创者的道德水平要达到及格。

所谓“三维四面五螺旋”，指的是对科创者收益最大化的衡量不是指某一单个主体的最大化，而是基于一个完整的“产业生命链”下的科创主体的效用最大化；不是就事论事地谈产业的效用最大化，而是要谈具有充分的科创金融支持以及有完备的信息揭示机制下的产业效用的最大化；不仅如此，金融应是多种人格、资金都尽力参与的担当金融，信息技术应是多种信息技术都应用尽用的信息技术。用几何图形来表达，就是 T、I、F 三个要素各自发挥不同的功能，同时能够协同配合，形成以 U 为三棱锥顶点的四面体。

T、I、F 三个要素形成三大系统，形成不同的“链流”。

（1）科创产业“链流”

“TIF 域场”要求科创产业必须形成一个完整的链，以便形成纵向交易的价值流。这个链的核心是“科创孵化链”，“学—研—产”可以细化分解成六个环节，称作“六创孵化链”，包括创育、创幻、创意、创知、创技、创业。每一个环节都带有科创的因子。之所以要将一个完整的孵化链都置于“TIF 域场”，就是为了便于获得任何一个链环上下游交易的“人、财、物”数据，这些数据是我们为科创企业进行精准画像的依据。如果用系统来借喻，该系统就像人的消化系统，若消化系统顺畅，不产生滞纳，就会源源不断地为身体输送足够营养。

（2）信息技术“链流”

“TIF 域场”要为科创产业链的信息揭示构造一条完整的技术链，以便形成纵向合作的信息流。上文已经说过，“TIF 域场”的信息揭示功能是对“科创板场域”信息披露功能的前置性补充，以防止科创企业不愿意及时、充分、真实、准确地披露信息，防止券商发生道德风险问题，防止科创企业与券商合谋。这些信息包括决定各方是否能留在域内的基于商品和服务的道行和德行数据，也包括之后各方是否能得到融资的基于信用资源的道行和德行数据。这些信息技术类似于一个生物的神经系统，这些数据正是基于这些技术的决策数据。

（3）金融资金“链流”

“TIF 域场”要求科创“产业生命链”必须要有充分的资金筹集链，以便形成纵向合作的现金流。这些资金根据回报率依次为慈善、政府引导、公益创投、纯市场性资金，要调动这些资金的积极性，必须解决资金运用过程中所面临的风险问题。当下的投融资市场具有显著的“二手车市场”特征，正如当下的主板市场造假频出现象，高科技企业也存在严重的造假的情况，科创板也曝出了作假的案例。信息技术“链流”的存在为“TIF 域场”提供了充分的信用资源，从而“科创板 TIF 域金融”敢于为以上四种社会资金提供劣后或者担保。

用“TIF 域”来加持科创板市场，会产生很多良性的制度效应。

第一，科创板进入云身结构时代。

信息技术的使用，为科创板的数字化提供了技术基础。数字化的功能在于智慧决策，从而人的行为分化为两部分：线上决策和线下物流。如同线上是头，线下是身，形成了“云身结构”。“TIF 域模式”可以提升科创产业生命链中的基于科创使用价值的交易效率，也可以提升科创融资中的金融交易效率。

第二，科创板进入“双监管”时代。

科创板主体具有不同的道德水平，需要不同的监管主体联合治理。科创者的道德水平分为三层：“道德及格”层、“道德败坏”层、“突破道德底线”层。显然，证监会监管的是第三层，市场监管的是第一层，第二层是市场不愿意管，政府没有权力管的层级。不管是最好的管理，第二层存在非常严重的“柠檬市场效应”，前有“胡萝卜”，后有“大棒”，因此第二层的行为得到了很大改良。

第三，科创板进入道德金融时代。

由于信息技术链的存在，“科创 TIF 域”中的融资主体的信用风险得到了全面的信息揭示，因此产生了鲜明的金融境界分层，从低到高分别是金融安全、金融普惠、金融正义。金融发展必须符合从低到高的优序，低层没有达到，较高层就没有办法实现。比如，P2P 没有实现金融安全，就匆忙搞金融普惠，结果搞成了普害金融。科创板金融只有达到安全和普惠，才有资格实现正义金融的目标。

第四，科创板进入共享共赢时代。

“科创 TIF 域”通过多种元素、多个链环的融合，得到了一个共享的经济运作平台，这里以信息共享、产业链共享、金融资源共享、道德共享为特征，实现了域内主体的共赢；这种共享以道德为出发点，没有政治色彩、没有文化独大，是人类社会科创行为的最大公约数，是命运共同体的经济有机体的实现模式。由此科创板才能进入全球共享、共赢时代。

（三）

从金融哲学的角度理解金融创新，有必要借鉴一切可以借鉴的创新工具。目前 TRIZ 作为科学技术发明创造的理论已经得到了世界的公认。TRIZ 的研究对象是自然技术系统，而金融也可以看作一种技术系统，不过是一种人工的制度性“技术”系统而已。因而 TRIZ 原理也适合于指导金融的创新。事实上，TRIZ 已经被广泛运用于解决社会、商业、营销以及管理的问题，前景广阔。

当前我已经有 8 篇左右的短论文尝试用萃智理论解决金融问题。这是对北京大学金融创新课程的呼应和支持。《TRIZ 金融》的雏形最早形成于 2006 年，经过十几年的思考、尝试和准备，用萃智原理来描述、诠释、解决金融问题的萃智金融讲义的轮廓已经基本形成，并作为北京大学 MEM（工程管理硕士）的必选课“金融创新”的核心内容在课堂上反复打磨，2018 年年中终于系统成稿。

在研究“萃智金融”的同时，基于金融本质、规律、升维的 TIF（塔福）域金融模式也在不断成熟。TIF（塔福）域理论几乎与 TRIZ 的大部分原理不谋而合，大部分在逻辑上都是相通的，相当于 TIF（塔福）域借鉴了 TRIZ（萃智）的“标准化”思维。因而如果《TRIZ 金融》作为第一本著作，那么《金融 TRIZ》则可以作为第二本著作，《金融标准化》和《域金融》则是第三本和第四本著作。将两者全方位结合应是一件充满压力的事，但“道之所存，虽千万人吾往矣”，金融创新需要吃螃蟹者。

党的十九大以来，我们既面临着金融脱虚回实，防范金融风险，实现金融普惠的重任，还面临着发展科创金融的新任务。其实，千面万型的金融问题所面临的求解方法都是相同的，当然要有足够的金融反制力。创建“科创板 TIF 域”正是为了创造充裕的科创信用资源，实现科创金融的双层反制机制，并为纷繁复杂的金融问题提供一种一揽子解决的典范模式。

《TRIZ 金融》是 TRIZ 理论在金融领域的首次系统性应用，因此没有足够的可鉴资料。书中某些金融案例运用未必贴切，阐述未必精准到位。再加上时间紧迫，疏漏、偏差和错误在所难免，恳请读者批评指正。

北京大学软件与微电子学院金融学教授
国声智库“域富论”研究专项课题负责人
窦尔翔
2019 年 8 月 20 日　燕园

目录

CONTENTS

第一章 概论

如果没有TRIZ，人们在解决问题时，就不得不在其专业领域的常规与传统的变化间做漫长而艰难的选择，人们常常无法超越这些变化看问题，思维也常常沿着心理惯性向量（Psychological Inertia Vector，PIV）的方向发展。

——根里奇·S. 阿奇舒勒（Genrich S. Altshuler）

投资成功的关键之一：将注意力集中在公司上，而不是股票上。

——彼得·林奇（Peter Lynch）

金融问题无非就是通过资源配置为个人、企业、地区、国家的发展服务，我们对金融的要求低则安全、中则普惠、高则正义。金融作为能量流，是与物质流、信息流等相互联系、相互作用的制度技术系统，因而TRIZ可以为金融困境的解决提供新思路。

——窦尔翔

本书的目标就是将 TRIZ 原理引入金融业，突破金融创新服务过程中所遇到的思维上和方法上的瓶颈。当前我国的金融创新困境主要来自三大方面：一是美国金融具有先发优势，构成了对中国金融的精神桎梏和后发劣势效应；二是我国的金融研究工作者未能前瞻性地研究出既反映普适性，又反映中国国情的金融理论，未能及时将发生在现实中的金融创新因子提炼出来并进行模型化、理论化、科学化、推广化；三是金融监管方没有把握住金融实践的底线思维，忽略了金融“沙盒试验”的环节，未能对金融实践做出及时反应，进而难以做出未雨绸缪的金融监管方案。

第一节　金融创新的困境

1. 华尔街的先发优势

美国经济的崛起，说明美国全面借鉴了曾经发达一时的国家的多重要素，从而做到了在军事、金融、商业、生产、科技、教育等多个领域的领先性整合。特别是以美元霸权为核心，形成了军事、金融、科技的“金三角机制”。美元作为世界货币，通过“双挂钩”与石油美元的增信运作，顺利成为世界第一货币，美国从此开动了价值复制机。而在此基础上的会计制度、企业金融制度、金融二级市场制度和基于价格避险的衍生品制度，使得美国成为一个名副其实的“金融资本主义”国家，成为一个通过金融软实力雄霸全球的国家。

美国通过美元霸权在资本市场上的造富神话与在全球资本市场上的“恐怖袭击”造成了两大后果，一个是物质后果，另一个是精神后果。所谓物质后果，就是基于先发优势的“占位后果”。在货币市场上只有老大，没有老二，从此开启了“马太效应”，使得美国不管是在资本规则、前沿科技、庞大军事上都进入良性循环，占尽先机。中国金融方面要超越美国不是一件容易的事，直到现在我们依然处在相对落后的位置上。尽管我们通过高耗能、低工资、重污染、高风险、市场分享等几个方面换来了金融方面的些许繁荣，但我们的金融创新理念依然相对落后。

美国的先发优势，也造成了部分中国人产生“金融奴隶”思维，唯美国马首是瞻。金融教材大都是来自美国的英文译本，金融论文也都是美国风格的实证研究，政策节奏也大都与美国共振。美国的投行放弃有限合伙制，我们也放弃；美国搞股份有限公司上市，我们也搞；美国搞资产证券化，我们也搞；美国搞量化交易，我们也搞；美国搞理财产品，我们也如法炮制；等等。中国已经加入世界贸易组织（WTO），要和国际接轨，向美国金融学习，这都没错。毕竟我们的学习能力还是很强的，但是如果我们不考虑中国的实际情况而生搬硬套，机械并轨，则可能会带来风险。

2. 理论研究滞后于金融实践

金融理论研究滞后于金融实践是由三大原因造成的。第一个原因是教学科研的评价机制出了问题。我们扭曲了衡量和筛选金融教研能手的标准，这一点大家心知肚明，相关政府部门也表明了态度。诸如金融论文数量论、优美论、课题论、经费论，教学照搬原理，考试划重点等现象屡见不鲜。事实上我们缺乏解决实践问题的态度，缺乏有研究功力的金融学流派。当下的教学科研管理行政色彩仍然比较浓厚，疲于应对上级检查，疲于校际的同质化竞争，以及研究课题的同质化、招标化。有研究实力的年轻人疲于职称晋升，缺乏课题经费的支持，缺乏研究资源的支持，缺乏发声渠道。

第二个原因是金融实践的节奏变快了。随着新技术周期变短、分工融合的速度加快，金融实践的周期也随之加快。信息技术的加速实践，使得金融科技进入快速发展通道，新金融现象层出不穷，令人应接不暇，客观上为高校和研究机构研究的周期提出了更高要求。金融运用是技术层面，金融原理则是科学层面，研究需要收集资料，需要进行回归分析，需要金融大数据计算，但是金融工具的快速迭代几乎让研究者疲于奔命，从而造成实践者成了研究者导师的“倒挂现象”。

第三个原因是部分金融从业者价值取向的扭曲。金融择业者分为两类，一类是研究者，另一类是实践者，这两类人都不一定是按照“爱、能、需”的原则来择业的。若真如此，金融从业者很难达到“心流状态”，更别说达到“超级心流状态”。如果研究者和实践者都不以金融为本，而是以职称为本、以升官为本、以高工资为本，金融就会沦为操作者手中的道具，其金融行为也是心不在焉的，因此会造成我国缺乏金融教育家、金融创新家、金融创业家、金融工匠家等金融专家。假定做金融的不是金融专家，谈何金融数据之真，金融安全意识之高，金融悟性之强呢?

3. 金融监管不足

国家对于金融战略的制定还是到位的，但是由于金融理论研究的被动、肤浅、粗糙、缺乏创新，造成了金融智库功能的缺乏，从而导致金融政策执行的偏差甚至是失误。主要就是对金融的系统性的认知不足，从而导致对无边界的金融试验的后果认知不够。无边界的金融试验一旦失败，将会首先带来连锁的金融风险，其次带来对实体经济的伤害，并带来对金融创新制度乃至金融创新的误解和恐慌。比如，我们当下对 P2P 的容忍度大大下降，其实我们可以变害为利地利用残余的 P2P 制度。再比如，我们对于数字货币的试验几乎是零容忍，这也是之前金融风险导致的过激反应，数字货币市场具有战略性，如何构建意义重大。

随着信息技术的提升，金融中的信息不对称结构和程度都发生了巨大变化，创新型金融工具层出不穷，这导致金融机构的业务、金融主体的行为、金融市场的性态都处于不断加深的“混业”状态。如果用 TRIZ（萃智）中的“物-场”模型来看，监管对象作为一种物质，若其性质变化了，那么监管主体甚至连同监管机制、监管手段一起都要发生相应的变化。国家已经认识到监管主体变化的必要性，成立了国务院金融稳定发展委员会，又将合并银行保险监管机构的制度进行了创新。但是操作机构可能没有及时认清互联网金融的本质，从而导致了一系列（比较）严重的系统性金融风险。

监管者对一级市场和二级市场的监管重点认识不清。有一个市场规律：首先，二级市场是为一级市场而存在的；其次，二级市场的存在，会反向导致一级市场资产发起者发生败德行为。由此可见，两级市场都要受到严格的监管，而且要将重点放在一级市场。重视上市企业的信息披露和信息揭示，促进注册制的进程，完善市场退出制度，都是打击金融特权、遏制金融腐败的具体制度安排。通过这种制度安排，自然就会发挥市场的优选机制，就容易留下红利给企业，从根本上治理二级市场的博傻、投机、赌博行为。

第二节 TRIZ（萃智）的产生与发展

1. 传统的创新方法

创新是以新思维、新发明和新描述为特征的一种概念化过程。“创新”一词起源于拉丁语，有三层含义：一是更新；二是创造新的东西；三是改变。在不同的学科领域，有不同的内涵。从哲学角度来说，创新是一种人的创造性实践行为，这种实践是为了增加利益总量，需要对事物和发现利用和再创造，特别是对物质世界矛盾利用和再创造。人类通过对物质世界的利用和再创造，制造新的矛盾关系，形成新的物质形态。从社会学角度来说，创新是指人们为了发展需要，运用已知的信息和条件，突破常规，发现或产生某种新颖、独特的有价值的新事物、新思想的活动。从经济学来说，创新是指以现有的知识和物质，在特定的环境中，改进或创造新的事物（包括但不限于各种方法、元素、路径、环境等），并能获得一定有益效果的行为。经济学中，创新的概念起源于美籍经济学家熊彼特在1912年出版的《经济发展理论》。熊彼特在其著作中提出：创新是指把一种新的生产要素和生产条件的“新结合”引入生产体系。它包括五种情况：引入一种新产品；引入一种新的生产方法；开辟一个新的市场；获得原材料或半成品的一种新的供应来源，以及新的组织形式。熊彼特的创新概念包含的范围很广，如涉及技术性变化的创新及非技术性变化的组织创新。工程技术领域中，创新就是从新思想、新概念开始，通过不断解决所面临的各种问题，拓展思维方式，积累经验的过程。其目的是设计出一个新的产品、新的工艺、新的管理方法应用到工作中去，并产生良好的经济价值和社会价值。

因此，创新存在于人类社会的各个领域。但是，无论是哪个领域的创新，它们的本质都是相同的，即创新的本质是突破，即突破旧的思维定式，旧的常规戒律。创新活动的核心是“新”，它可以是产品的结构、性能和外部特征的变革，或者是造型设计、对内容的表现形式和手段的创造，或者是对内容的丰富和完善。

要进行创新活动，需要积极的思维。积极思维是创新的前提，历史上所有重大发明创造无一不是积极思维的产物。积极思维需要科学的方法才能提高创新的质量和效率。古往今来，人们在创新实践中发明了许多积极思维的方法，即创新方法。创新方法一直为世界各国所重视，在美国被称为创造力工程；在日本被称为发明技法；在俄罗斯被称为创造力技术或专家技术。我国学者认为创新方法是科学思维、科学方法和科学工具的总称。

当前，所谓的创新方法大约有400种。常用的方法有：试错法、头脑风暴法、缺点列举法、希望点列举发明法、假想构成法、高顿思考法、设问法、综摄法、类比发明法、信息交合法、水平思考法、五S思维法、卡片思维法、叠加法、原型启发法、合理移植法、联想扩充法、象征类比法等。当然还有在创新界独树一帜的TRIZ。下面简单介绍两种最常见的创新方法——试错法和头脑风暴法。

试错法是追求目标的通过不断试验和消除误差，探索具有黑箱性质的系统的方法。试错法又叫猜想-反驳法。因而，它的运作分两步进行，即猜想和反驳。

试错法是纯粹经验的学习方法。不断尝试，在错误中前进，在失败中寻找经验，直到达到目标。这种方法很原始，通常是以消耗大量时间成本为代价来代替消耗大量的物质成本。试错法示意图如图1-1所示。

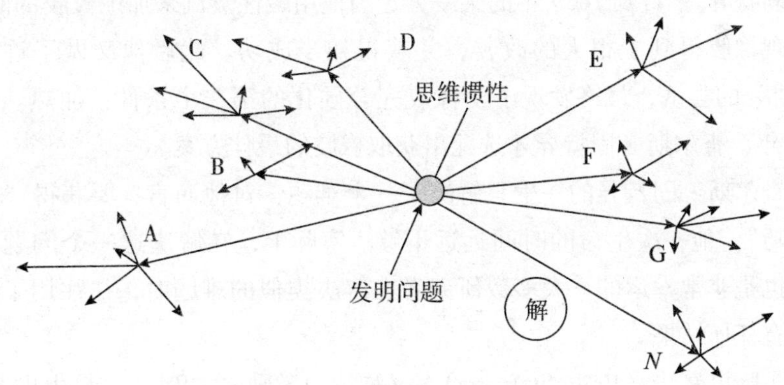

图1-1 试错法示意图

由于创新者不知道满意的“解”所在的位置或方向，在找到该“解”或较满意的“解”之前，往往要扑空多次、试错多次。试错的次数取决于创新者的知识水平和经验。所谓创新是少数天才的工作，正是试错法的经验之谈。

发明史上，有两个使用试错法进行创新的典型案例。一个是爱迪生发明电灯泡。在持续一年多的时间里，爱迪生尝试过1600多种材料，经过

7000多次试验，才发现使用棉线做的灯丝，可以连续点亮45小时。此前，有人问他失败千次后的感觉如何，爱迪生却说："我没有失败，只是证实了上千种不能用作灯丝的材料而已。"至于"竹丝"和"钨丝"的发现，则是进一步试错的结果了。

另一个利用试错法的典型事例，是查尔斯·固特异（Charles Goodyear）如何发明硫化橡胶（制造橡胶）的故事。在查尔斯·固特异发明硫化橡胶之前，生橡胶存在很多问题：它会从布料上整片脱落，完全用生橡胶制成的物品在太阳下会熔化，在寒冷的天气里会失去弹性。从1834年夏天查尔斯·固特异开始研究如何改善橡胶性能，他抱着碰运气的心态开始了自己的试验，身边所有的东西，如盐、辣椒、糖、沙子、蓖麻油甚至菜汤等，他都一一掺进干橡胶里去做试验。他认为如此下去，早晚他会把世界上的东西都尝试一遍，总能在这里面碰到成功的组合。查尔斯·固特异因此负债累累，家里只能靠吃土豆和野菜根勉强度日。据传说，那时如果有人来打听如何才能找到查尔斯·固特异，小城的居民都会这样回答："如果你看到一个人，他穿着橡胶大衣、橡胶皮鞋，戴着橡胶圆筒礼帽，口袋里装着一个没有一分钱的橡胶钱包，那么毫无疑问，这个人就是查尔斯·固特异。"直到1839年的某一天，当他用酸性蒸汽来加工橡胶的时候，才发现橡胶得到了很大的改善，并获得初步成功。此后他又做了许多次"无谓"的尝试，最终发现了使橡胶完全硬化的第二个条件：加热。直到1841年，查尔斯·固特异才选配出获取橡胶的最佳方案。

查尔斯·固特异的一生只解决了一个难题，对他而言，要获得"发明的技巧"，他一次生命的时间远远不够。实际上，在解决这一个问题的时候他也是非常幸运的，大多数研究者在解决类似的难题时，往往用了一生也没有任何结果。

头脑风暴法（Brain Storming），又称智力激励法、BS法、自由思考法，它是由美国BBDO广告公司的奥斯本首创，该方法当初主要适用于价值工程工作小组人员在正常融洽和不受任何限制的气氛中以会议形式进行讨论、座谈，打破常规，积极思考，畅所欲言，以及充分发表看法。实践经验表明，头脑风暴法可以排除折中方案，对所讨论的问题通过客观、连续的分析，找到一组切实可行的方案，因而头脑风暴法在军事决策和民用决策中得到了较广泛的应用。当然，头脑风暴法实施的成本（时间、费用等）是很高的，另外，头脑风暴法要求参与者有较好的素质。这些因素都会影响头脑风暴法实施的效果。同时，由于头脑风暴法相对松散，因此较难保证过程的全面性。

传统的创新方法存在很大的局限性：（1）易受创新者思维惰性和惯性的影响。创新者往往受自身专业知识的局限，按照常规思路只在本领域内寻求答案。事实上，本领域未解决的问题在其他领域有可能已经得到很好的解决。（2）创新者往往只看到问题的表象，没有对问题进行深入分析。实践证明，好的解决方案常常在问题分析阶段就已经出现了。（3）创新方法难以掌握，更多是靠运气和毅力来获得成功。

2. 阿奇舒勒小传

传统创新方法的弊病，直到一个全新创新方法的出现才得以彻底解决。这就是根里奇·S. 阿奇舒勒（Genrich S. Altshuler）及其团队创造的TRIZ 理论（发明性问题解决理论）。下面简单介绍阿奇舒勒传奇的个人经历。

阿奇舒勒于1926 年10 月15 日出生于苏联北部城市塔什干（今乌兹别克斯坦首都）。父母是记者。1931 年他全家移居到了巴库（今阿塞拜疆首都）。他很早就徜徉在图书馆里，开始大量阅读各种书籍，但最爱的还是科幻小说。他从小就喜欢搞发明。14 岁时，他就获得了人生中第一项专利——水下呼吸器。15 岁的时候，他制作了一条船，船上装有使用碳化物作燃料的喷气发动机。

阿奇舒勒研究成千上万项的专利后，发现了发明背后存在的模式并形成 TRIZ 理论的原始基础。为了验证这些理论，他相继做出了多项发明。比如：发明排雷装置并获得苏联发明竞赛的一等奖；发明船上的火箭引擎；发明无法移动的潜水艇的逃生方法；等等。多项发明被列为军事机密，阿奇舒勒也因此被安排到海军专利局工作。

专利局的局长也非常喜欢奇思妙想，一次他让阿奇舒勒为他的一个念头想出答案：给困在敌区的士兵找出不用任何外界支援而逃脱的办法。为解决这个问题，阿奇舒勒发明了一种新型武器——由普通药物制作而成的剧毒化学品，这是一项很好的发明，他有幸因此得到了克格勃（苏联国家安全委员会）首领贝利亚的接见。

1948 年12 月，阿奇舒勒担忧因第二次世界大战胜利使得苏联缺乏创新气氛，在老同学拉菲尔·夏皮罗的支持下，写了一封引来危险的信，信封上写着“斯大林同志亲启”。他向国家领袖指出了当时苏联对发明创造缺乏创新精神的混乱状态。在信的末尾他还表达了更激烈的想法：有一种理论可以帮助工程师进行发明。这种理论能够带来可贵的成果并可以引起技术世界的一场革命。

直到1950年，他们才收到这封信的回复，而厄运也随之到来，他们被传唤到格鲁吉亚的首都第比利斯。一到那里，他们就被抓起来了，两天后他们开始接受审讯。他们被控企图在红场使用他的发明——就是曾使他能够获得贝利亚接见的那项发明——破坏一场检阅活动。他们被判以25年监禁，发配到西伯利亚劳改，这在当时是司空见惯的。

在莫斯科监狱，阿奇舒勒拒绝签署认罪书，于是招来了“连轴审讯”。他被整夜审讯，白天也不允许睡觉。他明白如果这样下去，将必死无疑。他陈述了这个问题：“我怎么才能在同一时间既睡觉又不睡觉呢？”这项任务看似无法解决。他被允许的最好的休息是坐在椅子上，但必须睁着眼睛。这意味着：要想睡觉，他的眼睛必须睁着的同时又闭着。这就容易了，他从烟盒上撕下两片纸，用烧过的火柴头在每片纸上画一个黑眼珠。他的同囚室友将两片“纸眼珠”蘸上口水粘在他闭着的眼睛上。然后他就坐在门上猫眼的对面，安然入睡。这样他天天都能睡觉。他的审讯者很奇怪，为什么每天夜里他还是那么精神。

最后，阿奇舒勒被判到西伯利亚的古拉格，他在那里每天要做12小时的苦力。他知道这样还是难以坚持下去。他向自己提问：“哪种情况更好些？是继续工作，还是拒绝工作而被监禁起来？”最后他选择监禁而被转到监狱和罪犯关在一起。在这里，生存问题变得简单多了。他把犯人当朋友，给他们讲了很多的幻想故事，因此他们对他都很友好。

后来他又被转到另一个集中营，在那里一些老知识分子，如科学家、律师和艺术家等正慢慢地郁郁等死。为了使这些绝望的人重新振奋起来，阿奇舒勒开创了他的“一个学生的大学”。每天有12～14小时，他挨个到需要重新激起生活热情的教授那里去听课。这就是他所接受的“大学教育”。

在另一个古拉格集中营沃尔库塔矿井，他每天花8～10小时的时间发展他的TRIZ理论，同时还不断地解决采矿中发生的紧急技术问题。没有人相信这个年轻人是第一次在矿上工作。他们都认为他在骗人，总工程师也不想听到是他的 TRIZ 方法在帮助解决问题。

1953 年，斯大林去世，一年半以后，阿奇舒勒被释放了。在他返回巴库时，他才知道他的母亲因为看不到与儿子重逢的希望而自杀了。

1956 年，阿奇舒勒和沙佩罗合写的文章“发明创造心理学”在《心理学问题》杂志上发表了。对研究创造性心理过程的科学家来说，这篇文章无疑像一枚重磅炸弹。直到那时，苏联和其他国家的心理学家还都在认为，发明是由偶然顿悟产生的——来源于突然产生的思想火花。

1959 年，为了使他的理论得到认可，阿奇舒勒向苏联最高专利机构 VOIR（苏联发明创造者联合会）写了一封信，他要求得到一个证明自己理论的机会。9 年后，也就是在写了上百封信后，他终于收到了回信，信中要求他在 1968 年 12 月之前到格鲁吉亚的津塔里举行一个关于发明方法的研讨会。

这是阿奇舒勒关于 TRIZ 的第一个研讨会，也是他第一次遇到了认为是他的学生的人。自此以后，一些年轻的工程师（以后还有很多其他职业的人）在各自的城市开创了 TRIZ 学校，成百上千的在阿奇舒勒学校进行过培训的人，邀请他去苏联各个不同的城市举办研讨会和 TRIZ 学习班。

1961 年，阿奇舒勒写出了他的第一本书《如何学会发明》，在这本书里他嘲笑人们普遍接受的看法，即只有天生的发明家。他批判了用错误尝试法去进行发明。

1969 年，阿奇舒勒出版了他的新作《发明大全》。在这本书中，他给读者提供了 40 个创新原则——第一套解决复杂问题的完整法则。

1970 年苏联发明创造者联合中央委员会作出了一项关于建立发明方法公共实验室的决议。在阿塞拜疆的巴库市设立了青年发明家学校，该学校在 1971 年改成了阿塞拜疆发明创新社会学院，是世界上第一个 TRIZ 学习中心。阿奇舒勒为该组织的科研工作倾注了大量努力。发明方法公共实验室的人员一直按照接力比赛的原则工作，那些无法跟上步伐的人退出后，留下的研究成果给继续工作的人。阿奇舒勒做这种管理方法组织起了一支有效的理论开发团队。1970 年之后，在很多城市涌现出一批又一批发明创新学校和科技创新社会学院，这样的学校在 20 世纪 80 年代已超过 500 所。

1973 年阿奇舒勒把“物场分析”引入到了解决发明问题的实践中，1975 年有了解决发明问题的标准解法。

1974 年阿奇舒勒在阿塞拜疆发明创新社会学院所授的课被拍成了纪录片《发明算法》。

从 1970 年到 1986 年，阿奇舒勒从事小学生 TRIZ 教学工作，负责《青年真理报》上创新栏目的指导工作。基于从事 12 年的 TRIZ 教学经验（世界上没有类似的），阿奇舒勒从发明解决问题的角度写出了 10 万多字的分析。在此经验的基础上，《哇，发明家诞生了》这本书得以问世。

1974 年，苏联发明创造者联合中央委员会封闭了发明方法公共实验室，因为阿奇舒勒不服从停止在全国各地建立 TRIZ 学校的命令。TRIZ 学校建立的过程没有受苏联发明创造者联合中央委员会的控制。当实验室被关闭后，阿奇舒勒辞掉了在阿塞拜疆的发明创造公共研究所的工作，一些认同 TRIZ 理论的教师还继续追随他。

阿奇舒勒作出了巨大的努力，组织了一个在工作和生活中使用 TRIZ 理论的社团。20 世纪 90 年代以后，TRIZ 开始在国外获得认同。TRIZ 在美国被广泛认可，有一种解释，特别是由 PC（个人计算机）软件“Invention Machine”（发明机器）公司开发的阿奇舒勒的书籍在美国、日本和其他国家出版，使得阿奇舒勒留下的巨大文学遗产得以保存和传播。

苏联 TRIZ 协会于 1989 年成立，由阿奇舒勒出任主席。

1997 年，TRIZ 协会（已更名为俄罗斯 TRIZ 协会）在彼得罗扎沃茨克举行，作出了一项决定性“公约”，建立国际 TRIZ 协会。阿奇舒勒决定，国际 TRIZ 协会的缩写为 MATRIZ，而不是 ITRIZA（International TRIZ Association）之类的。这是由于 TRIZ 本来就不是英文单词的缩写，而是“发明性问题解决理论”的俄文的拉丁文音译的缩写。MA 就是“国际”和“协会”的俄文的拉丁文音译的首字母。

1998 年 9 月 24 日，阿奇舒勒逝世于彼得罗扎沃茨克，这位传奇人物走完了他 73 年的生命之旅。他花费了近 50 年的时间来创立和完善 TRIZ 技术系统发展规律。这是 TRIZ 中最核心的，也是最宝贵的。

3. 发明等级

通过多年来对大量专利的潜心研究，阿奇舒勒在研究过程中有如下五个重要发现：(1) 以往不同领域的发明创新浩如烟海、数不胜数，但是可以归纳的类型并不多，大量专利是运用同一个原理提出的；而且，不同时代的发明，不同领域的发明，应用的原理（方法）是被反复利用的；(2) 每条发明原理（方法）并不限定应用于某一特定的领域，而是融合了物理、化学和各个工程领域的原理，并且这些原理可以适用不同领域的发明创造和创新；(3) 类似的矛盾或问题与该问题的解决原理会在不同的工业及科学领域中交替出现；(4) 技术系统进化的规律（模式）会在不同的工程及科学领域交替出现；(5) 在实际创新设计中所依据的科学原理往往属于其他领域。

阿奇舒勒通过分析专利发现，各个国家不同的发明专利内部蕴含的科学知识、技术水平都有很大的区别和差异。以往，在没有分清这些发明专利的具体内容时，很难区分出不同发明专利的知识含量、技术水平、应用范围、重要性和对人类的贡献大小等问题。因此，把发明专利依据其对科学的贡献、技术的应用范围及为社会带来的经济效益等情况划分为几个等级加以区别，以便更好地推广应用。TRIZ 理论将发明专利或发明创造分为以下五个等级，如表 1－1 所示。

表 1－1　　发明等级

发明创造级别	创新的程序	问题复杂程度	比例	知识来源	参考解的数量
1	明确的解	无矛盾问题	32%	个人的知识	10
2	少量的改进	标准问题	45%	公司内的知识	100
3	根本性的改进	非标准问题	18%	行业内的知识	1000
4	全新的概念	极端问题	4%	行业以外的知识	10000
5	发现	独一无二的问题	<1%	所有的知识	100000

第 1 级：多数为参数优化类的小型发明，一般为通常的设计或对已有系统的简单改进。这一类发明并不需要任何相邻领域的专业技术或知识，问题的解决主要凭借设计人员自身掌握的知识和经验，不需要创新，只是知识和经验的应用。例如，为更好地保温，将塑钢窗加厚；用承载量更大的重型卡车替代轻型卡车，以降低运输成本等。该类发明创造或发明专利占所有发明创造或发明专利总数的 32%。

第 2 级：通过解决一个技术矛盾对已有系统进行少量改进。这一类问题的解决主要采用行业内已有的理论、知识和经验。解决这类问题的传统方法是折中法。例如，在焊接装置上增加的一个灭火器、斧头的空心手柄等。该类发明创造或发明专利占所有发明创造或发明专利总数的 45%。

第 3 级：对已有系统进行根本性的改进。这一类问题的解决主要采用本行业以外的已有方法和知识，设计过程中要解决矛盾。例如，汽车上用自动传动系统代替机械传动系统，计算机使用鼠标，电钻上安装离合器等。该类发明创造或发明专利占所有发明创造或发明专利总数的 18%。

第 4 级：采用全新的原理完成对已有系统基本功能的创新。这一类问题的解决主要是从科学的角度而不是从工程的角度出发，充分控制和利用科学知识、科学原理实现新的发明创造。如第一台内燃机的出现、集成电路的发明、充气轮胎、记忆合金管接头等。该类发明创造或发明专利占所有发明创造或发明专利总数的 4%。

第 5 级：罕见的科学原理导致一种新系统的发明、发现。这一类问题的解决主要是依据自然规律的新发现或科学的新发现。如计算机、形状记忆合金、蒸汽机、激光、电灯泡等的首次发明。该类发明创造或发明专利约占所有发明创造或发明专利总数的 1%。

因此如果企业遇到技术矛盾或问题，可以先在行业内寻找答案；若不可能解决，再向行业外拓展，寻找解决方法。若想实现创新，尤其是重大的发明创造，就要充分挖掘和利用行业外的知识。

平时人们遇到的绝大多数发明都属于第 1 级、第 2 级和第 3 级。虽然高等级发明对于推动技术文明进步具有重大意义，但这一级的发明数量相对较少。而较低等级的发明则起到不断完善技术的作用。

对于第 1 级发明，阿奇舒勒认为这不算是创新。而对于第 5 级发明，他认为如果一个人在旧的系统还没有完全失去发展希望时就选择一个完全新的技术系统，则其成功之路和被社会接受的道路是艰难和漫长的。因此发明几种在原来基础上的改进系统是更好的策略。他建议将这两个等级排除在外，TRIZ 理论工具对于其他 3 个等级的发明作用更大。一般来说，等级 2、等级 3 称为“革新（Innovative）”，等级 4 称为“创新（Inventive）”。

4. TRIZ 理论体系

经典 TRIZ 理论包含许多系统、科学而又富有可操作性的创造性思维方法和发明问题的分析方法。经过半个多世纪的发展，TRIZ 理论已经成为一套解决新产品开发实际问题的成熟的九大经典理论体系。

（1）技术系统进化法则

阿奇舒勒的技术系统进化论可以与自然科学中的达尔文生物进化论和

斯宾塞的社会达尔文主义齐肩，被称为“三大进化论”。它是 TRIZ 的理论基础，技术系统的这八大进化法则可以应用于产生市场需求、定性技术预测、产生新技术、专利布局和选择企业战略制定的时机等。它可以用来解决难题，预测技术系统，产生并加强创造性问题的解决工具。

（2）最终理想解（IFR）

TRIZ 理论在解决问题之初，首先抛开各种客观限制条件，通过理想化来定义问题的最终理想解（Ideal Final Result，IFR），以明确理想解所在的方向和位置，保证在问题解决过程中沿着此目标前进并获得最终理想解，从而避免传统创新涉及方法中缺乏目标的弊端，提升创新设计的效率。如果将创造性解决问题的方法比作通向胜利的桥梁，那么最终理想解（IFR）就是这座桥梁的桥墩。最终理想解（IFR）有四个特点：①保持了原系统的优点；②消除了原系统的不足；③没有使系统变得更复杂；④没有引入新的缺陷。

最终理想解（IFR）是跨领域解决问题和进行原始创新的有效工具。

（3）40 个发明原理

阿奇舒勒对大量的专利进行了研究、分析和总结，提炼出了 TRIZ 中最重要的、具有普遍用途的 40 个发明原理。每一个原理都可以直接用于解决各类技术与管理中的冲突问题。

（4）39 个工程参数及阿奇舒勒矛盾矩阵

在对专利研究中，阿奇舒勒发现，仅有 39 项工程参数彼此在相对改善和恶化，而这些专利都是在不同的领域中解决这些工程参数的冲突与矛盾。这些矛盾不断地出现，又不断地被解决。由此他总结出了解决冲突和矛盾的 40 个发明原理。之后，将这些冲突与冲突解决原理组成一个由 39 个改善参数与 39 个恶化参数构成的矩阵，矩阵的横轴表示希望得到改善的参数，纵轴表示因某技术特性改善导致恶化的参数，横纵轴各参数交叉处的数字表示用来解决系统矛盾时所使用创新原理的编号。这就是著名的技术矛盾矩阵。阿奇舒勒矛盾矩阵为问题解决者提供了一个可以根据系统中产生矛盾的两个工程参数，从矩阵表中直接查找化解该矛盾的发明原理来解决问题。

（5）物理矛盾和四大分离原理

当一个技术系统的工程参数具有相反的需求，就出现了物理矛盾。比如，要求系统的某个参数既要出现又不存在，或既要高又要低，或既要大又要小，等等。相对于技术矛盾，物理矛盾是一种更尖锐的矛盾，在创新中需要加以解决。分离原理是阿奇舒勒针对解决物理矛盾而提出的。

（6）物–场模型分析

阿奇舒勒认为，每一个技术系统都可由许多功能不同的子系统组成，因此，每一个系统都有它的子系统，而每个子系统都可以再进一步地细分，直到分子、原子、质子与电子等微观层次。无论是大系统、子系统，还是微观层次，都具有功能，所有的功能都可分解为两种物质和一种场（即二元素组成）。物–场模型分析是TRIZ理论中一种有效的分析工具，用于建立与已存在的系统或新技术系统问题相联系的功能模型。

（7）发明问题的标准解法

标准解法是阿奇舒勒于1985年创立的，共有76个，分成5级，各级中解法的先后顺序也反映了技术系统必然的进化过程和进化方向，标准解法可以将标准问题在一两步中快速进行解决。标准解法是阿奇舒勒后期进行TRIZ理论研究的最重要的课题，同时是TRIZ高级理论的精华。标准解法也是解决非标准问题的基础，非标准问题主要应用ARIZ来进行解决，而ARIZ的主要思路是将非标准问题通过各种方法进行变化，最后转化为标准问题，然后应用标准解法来获得解决方案。

（8）发明问题解决算法（ARIZ）

ARIZ是发明问题解决过程中应遵循的理论方法和步骤，ARIZ是基于技术系统进化法则的一套完整的解决问题的程序，是针对非标准问题而提出的一套解决算法。ARIZ的理论基础由以下3条原则构成：①ARIZ是通过确定和解决引起问题的技术矛盾；②问题解决者一旦采用了ARIZ来解决问题，其惯性思维因素必须被加以控制；③ARIZ也在不断地获得广泛的、最新的知识基础的支持。应用ARIZ成功的关键，在于在没有理解问题的本质前，要不断对问题进行细化，直到确定物理冲突。

（9）科学效应和现象知识库

科学原理，尤其是科学效应和现象的应用，对发明问题的解决具有超乎想象的、强有力的帮助。应用科学效应和现象应遵循5个步骤，解决发明问题时会经常遇到需要实现的30种功能，这些功能的实现经常要用到100个科学效应和现象。阿奇舒勒对此进行了系统的总结，实现了功能与效应的科学对接。

经典TRIZ理论体系如图1-2所示。

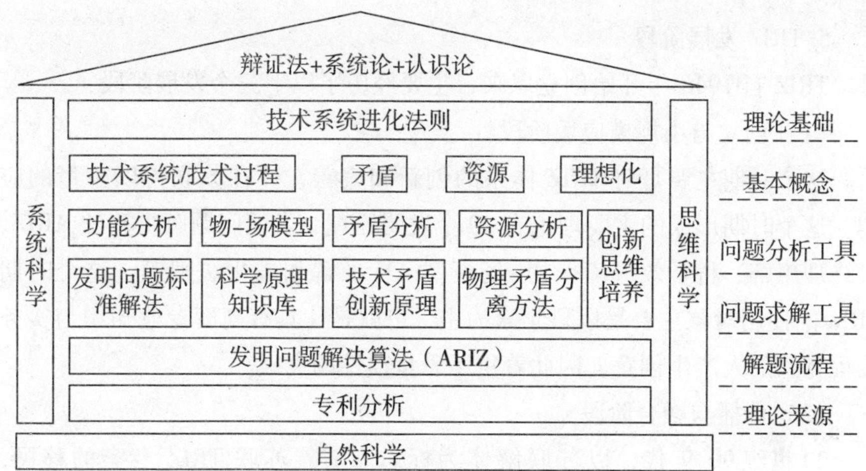

图 1-2 经典 TRIZ 理论体系①

以上是经典 TRIZ 的理论体系，现代 TRIZ 中又加入了问题识别的工具：创新标杆、功能分析、因果链分析、流分析、裁剪、特性传递、关键问题分析等，如图 1-3 所示。

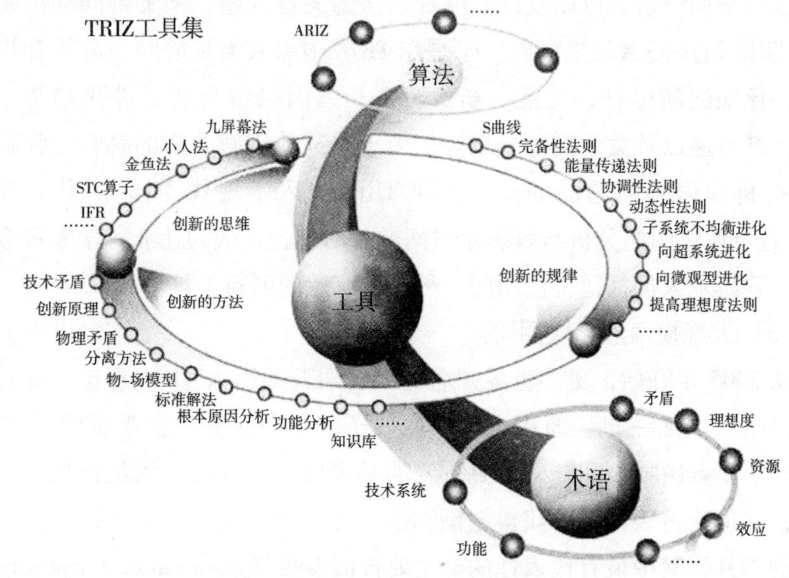

图 1-3 现代 TRIZ 理论体系②

---

① 图片引自张明勤、范存礼、王日君、张士军，《TRIZ 入门 100 问：TRIZ 创新工具导引》，机械工业出版社，2012 年 5 月，第 8 页。

② 同①，第 9 页。

5. TRIZ 发展阶段

TRIZ 自 1946 年开始创立以来，主要经历了以下三个发展阶段：

（1）创立与小规模应用阶段

这个时期主要是对 TRIZ 体系的创新和完善，并在苏联得以少量的应用。这个时期形成的主要理论有 40 个发明原理、发明问题解决算法 ARIZ、最终理想解、科学效应库、物-场模型、标准解和进化法则等。这个时期 TRIZ 的使用对象主要是以科学家为主，也就是让具有高度专业知识与实务工程背景的人产生创意，因此着重于思量惯性的突破。

（2）传播与融合阶段

20 世纪 90 年代，以苏联解体为标志。随着苏联 TRIZ 专家的移民，TRIZ 开始向美国、欧洲、亚洲传播。当阿奇舒勒和其学生们来到西方与西方工程学科专家交流后，发现经典 TRIZ 仍有其应用上的局限性，经典 TRIZ 着重于产生解决问题的方式，而不是分析问题，这也是经典 TRIZ 不是那么容易为一般技术人员直接拿来当作解决问题的工具的原因。如果将问题进行全面分析，可以发现一些深层次的关键问题。从关键问题出发再应用 TRIZ 解决问题效果更好。于是在 TRIZ 中引入大量的问题分析和识别工具，比如创新标杆、功能分析、流分析、因果链分析、进化趋势、裁剪、特性传递以及关键问题分析等。由于与其他创新方法的融合，弥补了 TRIZ 分析和识别问题的弱点，经典 TRIZ 步入了现代 TRIZ 时代。现代 TRIZ 有效地将问题分析与解决矛盾问题技巧整合，成为让非科学家等级的一般工程研发人员都适合使用的一种非常有效的创新工具。

（3）大规模商业化应用阶段

从 2005 年开始，更多世界知名的大公司开始引入 TRIZ 理论，并开始在内部推广，如三星、通用电气、西门子、飞利浦等。企业在应用 TRIZ 时，除了要解决技术问题外，更重要的是可以高效开发出满足市场需求的产品，并迅速占领市场，获得超额利润。针对产品设计，又陆续开发出一些新的工具，其中最有代表性的是主要价值参数（Main Parameter of Value，MPV）分析和工程系统的进化趋势等。主要价值参数是指影响客户购买决策的参数。这些参数是具体勾勒出产品技术趋势的判断指针，使得技术开发蓝图及技术趋势预测更具操作性。

6. TRIZ 应用的三大步骤

应用 TRIZ 理论解决问题，主要分三大步骤：问题识别、问题解决和概念验证，如图 1－4 所示。

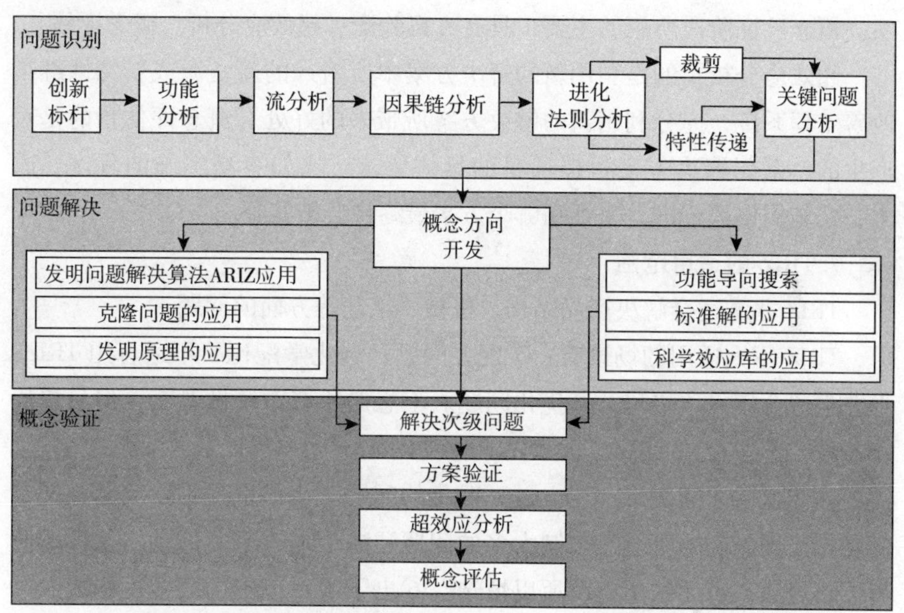

图 1－4　现代 TRIZ 理论解决问题的三大步骤及相应工具①

（1）问题识别阶段

这一阶段主要是对问题进行全面分析，识别出正确的问题来解决。只有找到深层次的问题、关键问题，不是初始的问题，才能更好地解决问题。这一阶段的输出是关键问题集合。问题识别阶段的工具有创新标杆、功能分析、流分析、因果链分析、进化趋势、裁剪、特性传递以及关键问题分析。

（2）问题解决阶段

在上一阶段找到的问题，需要转换为 TRIZ 理论中的问题模型，再运用 TRIZ 工具找到相应的解决方案，最后转化具体的解决方案。这一阶段的输出是产生大量的解决方案，即解决问题的创意。问题解决阶段的工具主要是经典 TRIZ 中的内容，包括发明原理的应用、分离原理、物－场模型、标准解、ARIZ 算法、科学效应库等。

---

① 孙永伟、［美］谢尔盖·伊克万科，《TRIZ：打开创新之门的金钥匙 I》，科学出版社，2018 年 1 月第五次印刷。

(3) 概念验证阶段

在问题解决阶段产生的各种具体解决方案，需要根据业务需求进行具体方案的评估，可以对这些方案进行打分，选出得分最高的作为最优方案。概念验证阶段所用的主要工具有方案验证、超效应分析、概念评估。

超效应分析指的是利用新的解决方案中所引入的新资源或新特性继续改善工程系统，充分利用新的解决方案所带来的好处。概念评估指的是对产生的一系列解决方案根据项目的具体要求，比如容易实施的程度、成本、实施周期等标准，来评估哪个方案最终将会被实施。

7. TRIZ 的适用范围

TRIZ 非常适合解决产品结构、机械、工艺等方面的问题。

TRIZ 不太适用的场景有：①配方问题。调化学配比，不适合用 TRIZ，但非常适合用六西格玛。②优化问题。不想对原有系统做改变，但只想优化参数，不适合用 TRIZ。③太不具体的问题。比如降低成本、安全问题，需要具体化后才能决定。④太过一般化的问题。比如世界粮食问题、扶贫问题、艾滋病问题等。⑤限制太多的问题。哪个地方都不能动，这样即使有了新想法，也无法实施，所以慎选。⑥出了项目范围的问题。比如一个电脑攒机的团队，想解决一个硬盘设计的问题。⑦无任何想法的问题。比如想开发一种新型的锁，但没有任何解决方案，脑子里一片空白。⑧慎选的问题。包括软件问题、算法问题、管理问题等。

如今，TRIZ 已经被广泛地应用于教育、经济、金融等社会科学领域。本书全面地将 TRIZ 在金融创新领域加以应用，这既是一种尝试，也是一种创新。

第三节　TRIZ（萃智）金融

TRIZ（萃智）作为适用于技术系统发明的理论，是一种宝贵的思维财富，可以被拓展应用到社会科学的各个领域。TRIZ（萃智）当然也可以运用到金融领域，这种运用可以分为三个角度和三个层次：第一个是所有的 TRIZ（萃智）原理，几乎都可以找到相呼应的金融事物，可能是一个金融事物，也可能是多个金融事物；可能是已经存在的金融事物，也可能是根据 TRIZ（萃智）推理出来的新金融事物。第二个是所有的金融事物，几乎都可以找到对应的 TRIZ（萃智）原理，可能是一个也可能是多个 TRIZ（萃智）原理；也或许，随着金融这种个性化事物的演进，也有可能反向促进 TRIZ（萃智）原理的丰富化。第三个是 TRIZ（萃智）原理在金融事物中化于无形。金融无形无相地借鉴了 TRIZ（萃智）原理的精神，即发明创造的标准化，将金融创新方法标准化，开发出一套金融创新标准化的金融语境。本书反映的是 TRIZ（萃智）理论运用到金融领域的第一层次。

1. TRIZ（萃智）金融

所谓 TRIZ（萃智）金融，就是将金融作为一个社会经济技术系统来看待，从而可以用 TRIZ（萃智）原理来解释金融理论、政策、心理、实践的合理性和不合理性，并借鉴 TRIZ（萃智）所提供的一般原理来解决金融问题、优化现有的金融思维和操作方法。本书的体例，基本上是按照 TRIZ（萃智）现有的体系结构来引出金融知识的。TRIZ（萃智）金融要呈现两个规律：一个是向大家证明，几乎所有的金融事物都不自觉地使用了 TRIZ（萃智）理论；另一个是任何金融难题几乎都可以运用 TRIZ（萃智）理论来得到创新性解决。

不同于一般的传统创新思维方法，TRIZ（萃智）创新思维方法更加有规律、有效率，这些方法包括九屏幕法、STC 算子、金鱼法、聪明小人法等。比如，以九屏幕法来例证在解决中小企业融资难问题时如何分析和寻找可以利用的金融资源。中小企业所拥有的信用资源，除了企业本身这个系统来寻找资源（抵押质押品）外，还可以从超系统中寻找资源，超系统包括大系统信用资源和小系统信用资源。不但可以从当前系统为中小企业寻找资源，还可以从系统的过去和未来中寻找资源，系统的过去资源，比如企业过去良好的信贷记录；系统未来的资源，比如企业稳定的现金流、企业良好的发展前景，这些都可以作为企业融资的一种资源。如果我们这样来寻找解决问题的资源，我们的思路就会得到极大的拓展。

TRIZ（萃智）中的问题识别方法为我们解决金融问题提供了一套十分有效的寻找关键问题的方法。这套方法包括功能分析、因果链分析、裁剪、特性传递，可以用来寻找和识别金融问题，进而找到深层次的金融问题。以 P2P 网络借贷为例，来分析造成其风险的深层原因和关键问题究竟是什么。作为一个系统，P2P 网络借贷平台系统组件包括：出借人、借款人、信用资金、P2P 平台方、P2P 平台备用金。其超系统组件包括：国家信用保障体系、担保人、银保监会、银行、存管专用账户、资金存管汇总账户。根据这些组件的相互作用可以绘出功能分析图，从而能快速找出有问题的功能：国家信用体系不能有效反制借款人、国家信用体系不能有效反制 P2P 平台、银保监会不能有效监管 P2P 平台。

然而，这些问题都是相对浅层次的问题，我们可以使用因果链分析找到深层次的原因。先逐层找出中间缺点，一直到找到末端缺点，根据这些缺点可以绘出因果链分析图。通过这个过程，我们找到的关键缺点是国家域反制力不足和信息不透明，可以通过成立债监会和网络借贷平台底层加入区块链技术从根本上来解决 P2P 的问题。当然也可以采用裁剪法，把有问题的组件裁剪掉，把有用的功能迁移到其他组件上。比如，把 P2P 平台裁剪掉而用银行来代替，其信息中介功能就可以迁移到银行中来，这是银行建立的 P2P 网络借贷平台模式。此外，还可以采用特性传递的方法来加以解决问题，把民间熟人借贷的影子抵押元素引入 P2P 网络借贷平台，把 P2P 平台建立在熟人圈之上，比如校友会、老乡会等，可以在保证信贷安全的前提下大大提升贷款效率。

介绍 40 个发明原理时，列举了很多反映 TRIZ（萃智）原理的金融案例。例如，银行不良资产证券化，先是使用 2 号发明原理——抽取原理，抽取出不良资产，再使用 22 号发明原理——变害为利原理，把不良资产进行分类，分级打包成不同级别的证券进行出售。这样就可以巧妙地处理银行不良资产。但是，当我们面对真实的金融问题时，应如何使用这些发明原理来解决问题？阿奇舒勒为我们准备了矛盾矩阵，根据实际情况合理选择需要改善的参数和恶化的参数，就像查字典一样查找出相应的发明原理加以解决。为了方便读者在金融上应用矛盾矩阵解决技术矛盾，我们把 39 个工程参数在金融领域中做了对应关系。如果是同一个参数之间的矛盾，那就是物理矛盾。TRIZ（萃智）针对这类矛盾提出了三大类解决方法：分离原理、满足矛盾、绕过矛盾。分离原理又提供五种类别的分离：空间分离、时间分离、条件分离、方向分离和系统级别的分离。

TRIZ（萃智）具有指导金融创新的良好效力，在此我们以房地产调控政策的优化创新为例。房地产价格问题一直是困扰中国政府的难题。如果房价过高，会影响普通老百姓的住房刚需，如果房价太低，会影响 GDP（国内生产总值）增长。房价既要高又要低，这就是一对物理矛盾。针对这对物理矛盾，我们可以使用条件分离原理加以解决，如表 1-2 所示。这样既可以满足普通老百姓住房刚需，又不影响 GDP 增长，还能满足投资者和投机者的投资需求，可谓一石三鸟。

表 1－2　　房地产类型及其价格控制策略

房产类型	价格控制策略
刚需性房产	家庭的首套住房，进行严格价格控制，以满足普通老百姓住房需求
投资性房产	进行价格上限控制，可以让其在一定价格范围内变动
投机性房产	价格不控制，随行就市，由投机者自担风险，自负盈亏

在许多未知领域，无法确定系统矛盾类型，那该怎么办？阿奇舒勒提供了另外几种分析和解决问题的工具——物－场模型、一般解和标准解。在介绍一般解和标准解时，本书后面列举了大量的金融案例。例如，实现间接海外上市的 VIE（可变利益实体）模式，相当于使用了链式物－场模型。永续债相当于使用了系统转换 1c，即整体与局部具有相反的特性的 41 号标准解。通过将相反特性分别赋予系统和系统中某个子系统，从而增强双系统和多系统（系统转换 1c）。永续债就是整体与局部具有相反特性，短期付息具有刚性，从长期投资来看具有股性的柔性。这使得永续债是一款“刚柔并济”的金融产品。

TRIZ（萃智）中还有更丰富的方法来解决各种类型的问题。比如，如果分不清金融事物中某一个矛盾类型，可以建立物－场模型，使用标准解来解决问题，如果以上方法都不能有效解决，还可以使用 ARIZ 算法等。

2. 金融 TRIZ（萃智）

TRIZ（萃智）金融以 TRIZ（萃智）原理为基准，寻找反映了 TRIZ（萃智）原理的金融事物或者金融创新事物，金融 TRIZ（萃智）则以金融事物为基准，考察金融事物的诞生、变迁和演进，并综合运用各种 TRIZ（萃智）原理来解除当下的金融困境。以资产证券化为例，通过以下几个步骤演示例证 TRIZ 是如何为金融创新服务的。

（1）金融事物诞生的 TRIZ（萃智）逻辑

资产证券化的诞生，是人们无意中使用 TRIZ 原理的结果。

20 世纪 60 年代后期，随着“婴儿潮”一代成家立业，加入购房大军，住房贷款需求量剧增，美国房利美公司已经无法满足贷款机构的资金需求，同时受到利率管制，商业银行存款得不到及时补充。这不得不迫使房利美和银行等金融机构另寻出路，通过出售“资产”来提高资产的流动性。1968 年，原来的房利美拆分为两家公司：新的房利美和吉利美。其中吉利美为证券化提供担保功能，新的房利美则为房地产抵押贷款提供流动性。同年，美国的房地产抵押贷款首次被打包成发行抵押贷款转让证券，由吉利美提供担保。这标志着全球第一支资产证券化产品的诞生。该证券只有单挡结构，并且对现金流只能进行被动管理。

从萃智视角来看整个资产证券化诞生的过程，可以把资金流看成能量流，研究的对象是流，首先用流进化法则来分析，萃智把流定义为：物质、能量（场）和信息在一个技术系统及环境中的运动。其中包括有益流、不足流、过度流、有害流、浪费流、中性流。由于金融机构贷出的大量资金不能及时回流，导致银行自身能量枯竭，这是出现了不足流。为了让资金流能正常循环起来，先使用发明原理之抽取原理，把大量的贷款抽取出来，再运用动态性原理把贷款进行打包成证券进行出售，提高资产的流动性。为了提高证券的信用等级，方便进行销售，再运用事先防范原理提供担保机制。

除资产证券化之外，众筹融资、股权融资、债权融资同样使用了 TRIZ 原理。例如，1713 年，英国诗人亚历山大·蒲柏着手将古希腊诗歌翻译成英文。在启动翻译计划之前，蒲柏即承诺在完成翻译后会向每位愿意订阅者提供一本英文版的《荷马史诗》之《伊利亚特》，这一创造性的承诺带来了 575 名用户的支持，总共筹集了 4000 多几尼（旧时英国的黄金货币），从而帮助他完成了翻译工作。

这是最早的众筹案例。这个众筹诞生的案例中，可以发现使用了发明原理之逆向思维。传统翻译都是先完成作品再出售获得资金，而蒲柏打破了这一传统，在当时创造性地预先收取资金，保证了他有稳定可靠的收入而专心完成翻译工作，同时也符合预先作用原理。①

再如，股权投资与债权投资的诞生，都是解决一种不完整物–场模型。用物–场模型表示，S_1 表示企业，缺少 S_2 和 F，因此需要引入 VC 或者银行作为 S_2，然后在 S_1 和 S_2 之间建立股权或债权关系即 F，构成完整的物–场模型，从而解决企业发展过程中的资金需求。

---

① 沈子清演讲，窦尔翔、杨勇指导，“金融创新期末汇报”，北京大学 2019 年投资银行课的金融萃智作业课件，有修改。

（2）金融事物演进的TRIZ（萃智）逻辑

资产证券化的演进也体现了TRIZ（萃智）的原理。

1986年，美国国会通过了《税收改革法案》，允许市场建立房地产抵押贷款投资融通信托（REMIC），并且允许发行多档次抵押贷款支持证券，并允许发行人对基础抵押贷款的现金流进行主动管理。于是市场上出现了多档次资产证券化产品。20世纪90年代前，证券化的增信方式主要采取担保形式，称为机构担保证券。为了降低流动性风险，又出现了非担保形式的增信方式，比如，超额现金流、超额利差、差额支付、现金储备账户、信用处罚机制、流动性支持等。随着越来越多的相关部门的参与，资产证券化的范围也逐渐扩大，出现了债务抵押证券化、不良资产证券化等。

资产证券化进入繁荣发展阶段。为了应对法规和税收上的一系列规定，在美国首先出现了双SPV（特殊目的载体）结构的证券化产品，而中国的双SPV结构的证券化产品主要是为了构造合格的基础资产，一般采用"信托+专项计划"或"私募基金+专项计划"这两种模式。在发展过程中，又出现了REITs（房地产信托投资基金）产品。REITs中的伞形信托模式，通过REITs下设有限合伙企业，起到避免物业转让、递延增值税的作用，大幅降低REITs扩大在管规模的门槛，REITs规模扩张进一步提速。

在资产证券化发展过程中出现的不同种类的产品和结构，都可以用萃智原理进行解释。由单挡结构向多挡结构转变来满足不同风险偏好的投资者，是运用的发明原理之一维变多维；新的增信方式超额现金流或超额利差是运用的发明原理之超额或不足作用；不良资产证券化整个产品是运用的发明原理之变害为利；不管是美国的双SPV结构还是中国的双SPV结构，都是采用的发明原理之嵌套原理来规避政策风险。REITs中的伞形信托模式，通过下设有限合伙企业，而不是直接持有物权，来避免相应法律问题，并能扩大资产规模。这使用的也是发明原理之嵌套原理。

再以国际收支理论的发展演进为例，来体会TRIZ作为一种思维工具的威力。历史上国际收支理论先后经历了重商主义、价格－铸币流动机制、弹性论、吸收论、货币论、结构论等学说。[①] 每个理论提出的背后都

① 祁奕蓓演讲，窦尔翔、杨勇指导，"金融创新期末汇报"，北京大学2019年投资银行课的金融萃智作业课件，有修改。

蕴含着 TRIZ（萃智）原理。

14 世纪至 16 世纪欧洲文艺复兴，西欧社会进入封建社会的瓦解时期，资本主义生产关系开始萌芽和成长；地理大发现扩大了世界市场，给商业、航海业、工业以极大刺激；商业资本发挥着突出的作用，促进了各国国内市场的统一和世界市场的形成，推动了对外贸易的发展；商业资本加强的同时，西欧一些国家建立起封建专制的中央集权制度，运用国家力量支持商业资本的发展，采取了重商主义策略。

早期重商主义者主张采取行政手段禁止货币输出，反对商品输入，以贮藏尽量多的货币。16 世纪下半叶到 17 世纪重商主义所提倡的贸易差额论，强调多卖，商品的输出总值要大于输入总值，以增加货币流入量。这是使用的非对称原理（放大出口，限制进口），符合流进化法则（增加有益流、限制有害流）。

到了 18 世纪，提出了价格－铸币流动机制，主要内容是：贸易顺差导致货币供应量增加，进而引起国内商品价格上升，与国外商品相比，国内商品的相对价格上涨，从而消费者增加国外商品购买量，减少国内商品购买量，使得货币畴币向国外流失，直到重新达到均衡。这符合减少人工介入的进化法则。

20 世纪初的弹性论，符合向微观级进化法则。其他理论不再赘述。

（3）金融困境的 TRIZ（萃智）因果链分析

当今的资产证券化产品已经非常丰富，尤其是在中国，只要能产生稳定现金流的资产都可以拿来做证券化。但是，资产证券化在中国发展中也遇到一些难以解决的各种问题，这些问题间的关系及其问题的问题之间的关系，异常复杂。只有运用 TRIZ（萃智），才能由表及里、删繁就简地找到核心问题，才能低成本高效率、弹钢琴式地加以解决问题。以应收账款证券化为例，运用 TRIZ（萃智）因果链原理来分析其流动性风险。

应收账款证券化流动性风险主要包括 SPV（特殊目的的载体）经营风险和应收账款期限风险。下面分别对这两种风险进行逐层往下分析，可以形成如图 1－5 所示的因果链分析。

从因果链分析图上，可以看到关键缺点是信息不透明和缺少足够的反制力。对于信息不透明，可以通过区块链来解决，即通过让资产证券化的相关信息全部上链。对于缺少足够的反制力，可以通过构建资产证券化的

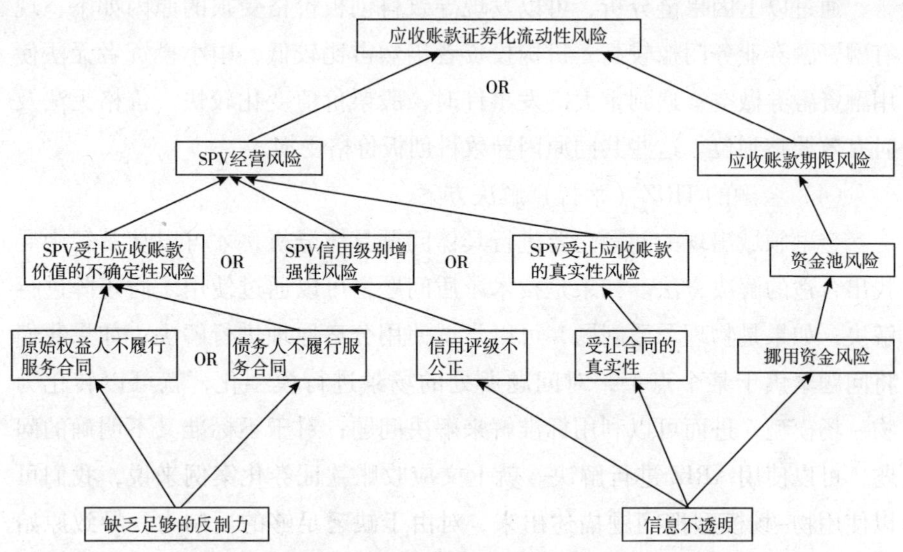

图 1－5　应收账款证券化的流动性风险因果链分析

域来提供充足的小系统信用资源进行反制原始权益人和债务人。

如果以科创板的价格受损为例，从初始问题出发，逐层往下分析，可以得出科创板价格受损的因果链分析图，如图 1－6 所示。

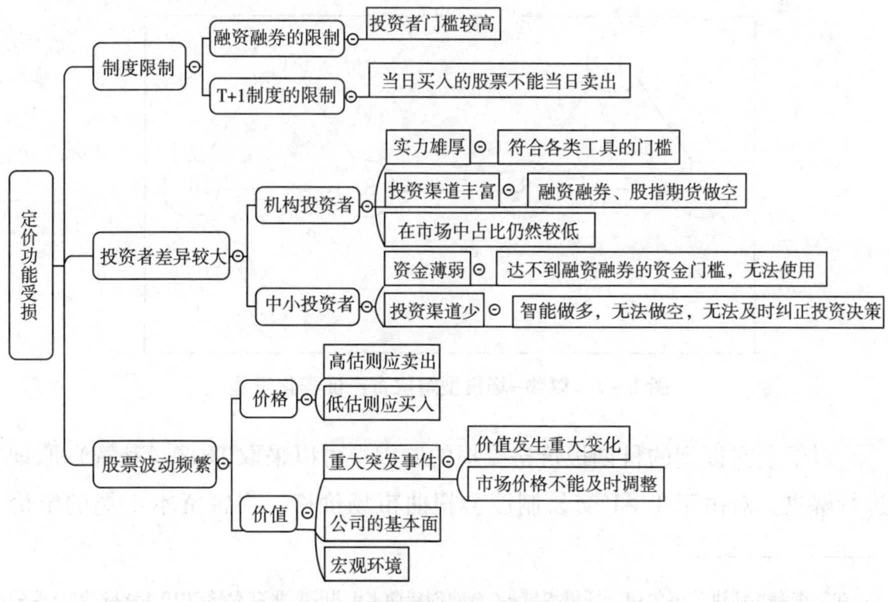

图 1－6　科创板价格受损因果链分析

通过以上因果链分析，可以发现导致科创板价格受损的原因如下：现有融资融券业务门槛较高；机构投资者仍然占比较低，中小投资者无法使用融资融券做空；遇到重大突发事件时，股票价值变化较快，价格无法及时有效调整到位。这些共同原因导致科创板价格受损。①

（4）金融的 TRIZ（萃智）解决方案

金融领域出现的问题，要进行具体问题具体分析，才可以从萃智中寻找出合适的解决方法。如果是技术矛盾问题，可以通过使用矛盾矩阵进行解决；如果是物理矛盾问题，可以尝试使用分离原理进行解决；如果我们将问题聚焦于某个点上，对问题所处的场景进行模型化，就可以转化为物－场模型，进而可以利用标准解来解决问题；对于不标准又不明确的问题，可以使用 ARIZ 进行解决。就上文应收账款证券化案例来说，我们可以使用物–场模型把问题描述出来，对由于缺乏足够的反制力，导致原始权益人和债务人违约的问题，可以用物–场模型表示出来，如图 1－7 所示。其中 S_1 是原始权益人，S_2 是投资者，F_1 是投资关系，属于作用力不足的场，因此可以通过另一个场 F_2 进行增加该模型，这个 F_2 可以是域的反制力，也可以是超额抵押制度。这样通过增加一个新的场，让效用不足的场变成效用正常的物–场模型，进而解决问题。

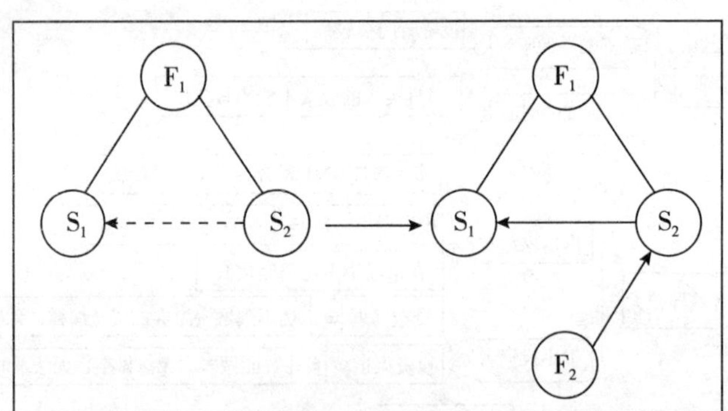

图 1－7　以物–场模型解决资产证券化难题

对于上文提到的科创板价格受损的原因，可以采取 TRIZ（萃智）原理进行解决。对由于 T＋1 交易制度会扭曲市场价格，损害资本市场的定价

① 李海兴演讲，窦尔翔、杨勇指导，“金融创新期末汇报”，北京大学 2019 年投资银行课的金融萃智作业课件，有修改。

功能的问题，可以采取绕过矛盾的方法，不必纠结于 T + n 这个问题，而应采用通过改良融资融券制度来完善股市的做空机制，使中小投资者也可以通过这个机制畅通地做空，可以及时纠正投资偏差。而对融资融券 50 万元这个投资门槛令中小投资者难以有机会利用这一很好的风险对冲工具的问题，可以采用 STC 算子进行改良，在融资融券额度上大幅度降低甚至取消“50 万元”这一门槛，在交易成本上也进行减免，这样将为投资者带来更多的选择，从而规避现行的 T + 1 制度的弊端。

对于科创板价值投资无法成为主流这个问题，可以利用发明原理之惰性环境进行改造科创板的交易制度。根据这个原理，可以通过降低科创板股票的流动性，使其变为“惰性环境”，筛选出真正的价值投资者。其中一个重要手段是将“T + 1”交易制度，变为“T + 30”的交易者制度，T + 30 延长了投资者持有事件，降低了股价对于单一事件的敏感程度。这样的设计有助于避免某只股票因为微小的信息过分波动，避免投资者出现“羊群效应”和“踩踏事件”，使价值投资真正成为市场的主流。①

3. 金融的标准化

伴随人类社会的发展，金融作为一种制度技术，经历了漫长的岁月，取得了丰富的金融成果，值得肯定。但是随着信息技术的发展和金融服务对象的嬗变，我们发现金融创新似乎遇到了前所未有的瓶颈，金融不能更加有效地服务于现实需求，如金融领域出现自循环现象；金融为全球带来风险；金融知识零碎繁杂，缺乏系统性等。如果以 TRIZ（萃智）的精神来看，造成金融困境的原因在于对金融的认知、观察和创新缺乏标准化思维。基于“域富论”的“域金融”，将从以下几个方面来阐释金融是如何被标准化的。

比如我们可以用“七律八维三域治”来重整传统的金融知识。所谓“七律”指的是金融存在七大基本规律；所谓“八维”指的是任何金融事物都可以从八个维度来解构；所谓“三域治”指的是好的金融要达到安全、普惠与正义的境界，就必须构建道德隔离域，分别用来管理违法犯罪、道德败坏与道德及格之人，才能保持金融为国家、社会、经济生活服

① 李海兴演讲，窦尔翔、杨勇指导，“金融创新期末汇报”，北京大学 2019 年投资银行课的金融萃智作业课件，有修改。

务的初心。

（1）金融规律化

纷繁复杂的金融现象，总体上遵循着七大规律，分别是交换律、功能律、市场律、原则律、目标律、境界律、进化律。这七大规律，基本上概括了金融存在和发展的底层逻辑。

第一，交换律。所谓交换律，指的是金融在本质上可以看成一种交换过程，即两种具有不同流动性的信用资源的交换，当然一种是作为高能信用资源的货币，另一种是作为低能信用资源的“反制力”。第二，功能律。所谓功能律，指的是金融在本质上有三种基本功能：一是媒介物品的交换，即货币功能；二是基于货币或者物品的投融资功能；三是基于物、人及价格的风险消解功能。第三，市场律。所谓市场律，指的是金融都有特定的市场，市场可以用不同的标准进行分类和描述，比如介质标准、换手标准、正式度标准、合约标准等，不同标准的市场具有不同的规定。第四，原则律。所谓原则律，指的是所有的金融交易都符合信用质能转换方程，或者说是金融统一场理论，即 $E=cm^k$（$k=1$，2），二级市场的存在会加大金融合约发起时的委托代理问题。第五，目标律。所谓目标律，指的是金融监管遵从一个关于系统性风险、非系统性风险、非系统性收益到系统性收益的顺时针的管理优序，低级的金融监管忙在前端，高级的则忙在后端。第六，境界律。所谓境界律，指的是金融沿着安全性、普惠性和正义性的层面不断递进，只有保证了前者，才能讲究后者，否则就会有悖市场经济的规律，也会酿成严重的经济金融危机。第七，进化律。所谓进化律，指的是金融的文明主要取决于两个要素：一个是制度因素，人们必须要对金融有深刻而开放的理解；另一个是技术因素，信息技术的发展是推进金融文明的利器。

（2）金融解构化

解构金融是分析金融问题、解决金融问题的前提，如何才能快速全面地认识一个金融事物？最好的办法是“立维透视”。金融事物不是一个简单的整体，而是包含了多种元素的结构体；金融不是一个独立的个体，而是一个与环境相互交换能量的有机体。下面从八个方面来解构观察这个生命有机体。

第一，金融事物市场类别的定位。按照中介介质，分为组织平台中介市场和技术平台中介市场，前者如银行、投行、基金、SPV，后者如P2P、众筹等。按照链环状态，分为单环节市场和链式市场，前者如银行、直接融资（包括P2P），后者如基金、资产证券化、FoF（基金中的基金）等。按照市场的换手特征，分为一级市场和二级市场。按照市场的层次，分为主板市场、二板市场、三板市场、天使投资市场等。按照市场的科技含量，可以分为科技板、创业板。

第二，市场合约的解构。货币合约的类别分析，是纸币还是数字货币，是传统货币还是比特币，是通用货币还是域货币。金融合约的特征分析，是债性合约还是股性合约，是私债还是标准债，是股权还是股票。金融合约的交易范围分析，是ADR① 还是CDR② 等。

第三，市场主体的解构。市场主体一般分为核心主体和服务主体两类，前者如资金终极供求双方、银行等，后者则分为投行、基金管理公司、SPV、平台公司、增信机构、评估机构、担保机构、监管机构等。要分析核心交易主体双方的风险特征和具体诉求，特别是要分析能代表融资主体产权特征的系列指标如资产负债表，分析其非系统性风险和可能导致系统性风险的程度等。

第四，市场流程的解构。包括一级市场的流程和二级市场的流程。有时间节点分析，顺序节点分析，主体业务范围分析等。

第五，市场制度的解构。包括一级、二级市场投融资主体双方的准入条件分析，开市闭市时间分析。合约是否可分可标准化，合约的定价机制，价格形成机制，合约的交易频次，合约价格的涨跌度限制等。市场信息的披露程度，做市商制度等制度安排。

第六，市场公平公正性的维护。谁在维护？监管机构如银保监会、证监会，行业协会如银行业协会、证券业协会、保险业协会，中小投资者保护协会，还有第三方机构如媒体，学者、浑水公司等。今后可能还有“金融产业链协会”。

---

① ADR：美国存托凭证（American Depository Receipt），是面向美国投资者发行并在美国证券市场交易的存托凭证。

② CDR：中国存托凭证（Chinese Depository Receipt），是指在境外（包括中国香港）上市公司将部分已发行上市的股票托管在当地保管银行，由中国境内的存托银行发行、在境内A股市场上市、以人民币交易结算、供国内投资者买卖的投资凭证，从而实现股票的异地买卖。

第七，市场评价。评价包括对一国、一地区所有上文提到的六个维度的评价，也包括对市场评价的评价，还包括第八维度关于市场进言的评价，评价每一个维度的成本、效率和收益。

第八，市场优化进言。根据评价对每一个维度提出改进性理论、模式、政策、措施等建言。这需要构建一个健全的链式思想市场，既要有横向的相同“链压”下的讨论，又要有纵向的不同“链压”下的思想传递，特别是创新性思想传递。

（3）金融场域化

金融的本质是一种交换，是现金与金融反制力的交换。反制力通常表现为三种低能信用资源，共分为三类：C_1、C_2和C_3。其中C_1是非系统性信用资源，如抵押、质押、担保、供应链金融等；C_2是市场型纯信用资源；C_3是政府型纯信用资源。从系统论角度来说，TIF（塔福域）就是一个功能完备的系统，那么它生产C_2，它的子系统（或组件）生产C_1，它的超系统生产C_3。对于中小企业来说，C_1往往是缺乏的，即便是大型企业，C_1也往往会导致交易效率的降低、交易成本的增加。未来金融就是要规避这种传统的重资产金融模式，形成基于主体品行和未来现金流能力的轻资产金融，即纯信用金融。

这种纯信用金融可以看作引入TRIZ（萃智）的场思维，并通过产业交易和金融交易的资格管理增强普通场金融中投资方对融资方反制力不足的缺陷。这个场域叫作TIF（塔福域）金融，可以用“三维四面五螺旋”来描述。

所谓“三维”指的是经济的发展离不开三个元素，即信息、产业和金融，分别用T（Information Technology）、I（Industry）、F（Finance）来表示；所谓“四面”指的是理性人的效用最大化，也不是昔日单个主体的效用最大化，而是“三维经济模式”下的效用最大化；所谓“五螺旋”指的是T、I、F每一维都必须进行细化，比如T可以细化为联通技术、计算技术、区块链技术、人工智能技术以及人机交互技术五种技术，I则可以抽象出教育、研究、创业、中游以及下游五个连环，F则可以抽象为慈善、政府引导、公益创投、市场资金以及域资金五种资金流类型。这样，基于“三维五螺旋”的“生产资料”所形成的“四面效用”才是最大、最理想的经济效用。所有这些元素的组合理论上可以组成29791种经济发展模式。

基于 TIF（塔福域）金融模式生产轻资产纯信用的机理如下：第一，通过产业生命链来创造价值实现场景以生产初步黏度，并通过俱乐部资格、声誉机制、成本管理、纯信用额度等福利做大黏度；第二，在产业德道指标管理基础上，进行金融德道指标管理，形成信度的双域管理机制，保证金融具有安全性前提、普惠性提升、正义性升华的制度效应；第三，通过劣后机制做大资金供给；第四，通过信息技术确保产业交易和金融交易数字画像的精准以及交易决策的智慧性。

第二章 进化法则

机器设备在不断发展，所以发明创造也永无止境。TRIZ 理论的实质在于，它从根本上改变了产生新技术思想的工艺，替代方案的选择。TRIZ 理论提出的是建立在技术系统发展规则知识之上的思维活动。

——根里奇 · S. 阿奇舒勒（Genrich S. Altshuler）

能够生存下来的物种，并不是那些最强壮的，也不是那些最聪明的，而是那些对变化做出快速反应的。

——查尔斯 · 罗伯特 · 达尔文（Charles Robert Darwin）

【趣味故事】 计算机进化史

1946 年 2 月，世界上第一台计算机在美国费城宾夕法尼亚大学问世了，它是美国军方为了满足计算弹道需要而研制成的。这台计算机是个庞然大物，使用了 17840 支电子管，大小为 80 英尺 ×8 英尺（约合 24 米 × 2.4 米），重量达 28 吨，需要占用一个大房间，造价昂贵，约为 487000 美元，而且耗电量巨大。据说每次开机，整个费城西区的电灯都会突然变暗，而其功能却极其简单，每秒只能进行 5000 次的加法运算。

但是在以后 70 多年里，计算机技术以惊人的速度一直在发展，先后经历了第 1 代电子管数字机（1946—1958 年）、第 2 代晶体管数字机（1958—1964 年）、第 3 代小规模集成电路数字机（1964—1970 年）、第 4 代大规模集成电路机（1970 年至今）。体积、重量、耗电量、制造成本越来越小，计算速度和功能却越来越强大。就目前的个人笔记本电脑的外观来说，机身变薄、重量变轻、体积变小，从其功能来说，笔记本可以满足人们各种需求，商务、办公、娱乐、视频、图像等功能的整合技术已经十分成熟。今后，第 5 代具有人工智能的计算机即将诞生。它能理解人的语言、文字和图形，人无须编写程序，靠讲话就能对计算机下达命令，驱使它工作。它能将一种知识信息与有关的知识信息连贯起来，作为对某一知识领域具有渊博知识的专家系统，成为人类从事某方面工作的得力助手和参谋。第 5 代计算机还是一台能“思考”的计算机，能帮助人进行推理、判断，具有逻辑思维能力。

从计算机进化史我们可以看到，计算机理想度在不断提高，计算机系统越来越具有完备性和协调性，并向动态性进化和减少人工介入的趋势进化等。这就是本章要讲的技术系统进化法则。同样，这些进化法则在金融领域也适用。

一个产品或物体都可以看作一个技术系统，技术系统可以简称为系统。系统是由多个子系统组成的，并通过子系统间的相互作用来实现一定的功能，子系统可以是零件或部件甚至构成元素。系统是处于超系统之中的，超系统是系统所在的环境，环境中的其他相关的系统可以看成是超系统的构成部分。

技术系统的进化是指实现系统功能的技术从低级向高级变化的过程，进化是客观进行着的，不管人们是认识了它还是没有认识它。如果认识和掌握了系统的进化规律，有利于设计者开发出更先进的产品，从而提升产品的竞争力。

金融是一种制度技术，也是一种制度技术系统，也存在系统、子系统和超系统之别。金融制度技术系统的进化，指的是实现系统功能的制度技术从低级向高级进化的过程。金融制度技术系统的进化是客观存在的，人们只有认识并掌握了它，才能有效地开发设计出更加先进的金融产品，提升金融制度和金融产品的竞争力。反之，如果盲动则会给金融业带来危害。

第一节 技术进化法则的由来[①]

达尔文的生物进化论指出：生物进化的根本原因在于它所处的环境对它的影响。如果该生物能适应环境，它就能生存下来，如果不能适应就会被淘汰。20 世纪 70 年代和 80 年代，阿奇舒勒等人在研究技术系统进化过程中，发现技术系统也面临着“优胜劣汰”的问题，只不过这个环境变成了人类社会。同时受到马克思辩证唯物主义一些论断，如矛盾的对立统一、量变到质变、否定之否定等的影响，阿奇舒勒得出如下结论：技术系

① 李海军、丁雪燕，《经典 TRIZ 通俗读本》，中国科学技术出版社，2009 年 12 月第 1 版、2013 年 8 月第三次印刷，第 30 页。

统的进化不是随机的，而是遵循一定的客观规律；同生物系统的进化类似，技术系统也面临着自然选择，优胜劣汰。

阿奇舒勒的这一论述，被称为“TRIZ 的核心思想”，概况和总结了技术系统的发展规律。前半部分指出了技术系统进化的本质特征，即客观规律性，是 TRIZ 理论的基石；后半部分指出了技术系统进化的原因和动力。

如果一般的技术系统可以看成是人类模仿自然系统满足人类社会需要的一种人工系统，技术系统可以叫作“自然技术系统”。那么，“制度技术系统”则可以看成是人类模仿技术系统满足人类社会需要的一种“社会技术系统”。“自然人工技术”面临着自然选择，“社会人工系统”则面临着社会的选择，“金融人工系统”则面临着产业和经济的“自然选择”，否则金融工具和金融制度将会被产业和经济所淘汰。

金融作为一种社会人工技术系统，其进化应该符合金融的“境界规律”。金融遵循从安全性、普惠性，再到正义性逐级进化的规律，低一级的水平没有达到，就不能进入下一级。达到了较高级阶段的金融文明一定是包含了较低阶段的金融文明，如正义金融一定包含了金融的普惠性和安全性。金融进化的每一个级别、层次、境界都有其主要矛盾，因而金融系统各个部分之间都是在非均衡而协调的过程中发展的，但其理想度都会随着金融境界的提升而提升。

第二节 S 曲线

S 曲线是哈佛大学教授雷蒙德·弗农（Raymond Vernon）1966 年在其产品生命周期理论中首次提出来的。该理论认为，一个新产品常常需要由多个不同的技术来实现，其中核心技术的发展变化决定着产品的生命周期。但是，技术的变化过程不是随机的，历史数据表明，技术的性能随时间变化的规律可以用增长函数来描述，增长函数用图表示即为 S 曲线。

1. 阿奇舒勒的发现

阿奇舒勒通过对大量专利的分析研究，发现产品的进化规律满足 S 曲线，但其进化过程依赖设计者对新技术的引入。阿奇舒勒用分阶段 S 曲线更加明确地把产品进程分为婴儿期、成长期、成熟期和衰退期四个阶段，如图2－1所示。比如，汽车的发明和使用，就符合从最初婴儿期即蒸汽机车，到成长期即内燃机车，再到成熟期即现在拥有各种功能、美观实用的现代型汽车，最后到衰退期。

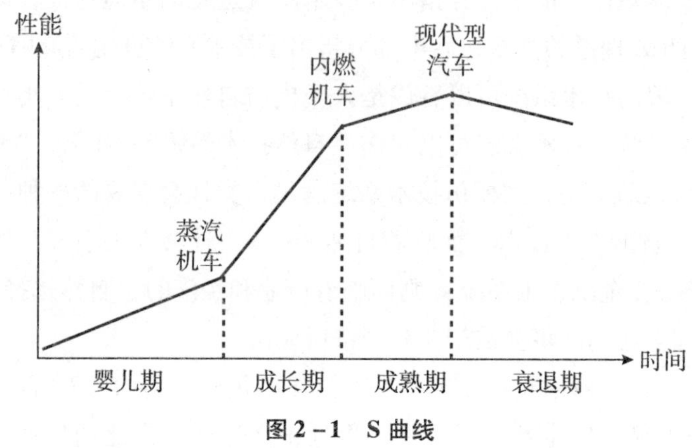

图2－1　S曲线

（1）技术系统的诞生和婴儿期

当有一个新需求，而且满足这个需求是有意义的两个条件同时出现时，一个新的技术系统就会诞生。新的技术系统一定会以一个更高水平的发明结果来呈现。处于婴儿期的系统尽管能够提供新的功能，但该阶段的系统明显地处于初级，存在着效率低、可靠性差或一些尚未解决的问题。

由于人们对处于婴儿期技术的未来比较难以把握，而且风险较大，因此只有少数眼光独到者才会进行投资，处于此阶段的系统所能获得的来自外界在人力、物力、财力上的投入是非常有限的。

处于婴儿期的系统的特征：性能的完善非常缓慢；此阶段产生的专利级别很高，但专利数量较少；系统在此阶段的经济收益为负。

（2）技术系统的成长期

进入发展期的技术系统，原来存在的各种问题逐步得到解决，效率和产品可靠性都得到较大程度的提升，其价值开始获得社会的广泛认可，发展潜力也开始显现，从而吸引了大量的人力、财力。大量资金的投入会推进技术系统获得高速发展。

处于成长期的系统的特征：性能得到急速提升；此阶段产生的专利级

别开始下降，但专利数量出现上升；系统在此阶段的经济收益快速上升并凸显出来，这时候投资者会蜂拥而至，促进技术系统的快速完善。

（3）技术系统的成熟期

在获得大量资源的情况下，系统从成长期会快速进入成熟期。这时技术系统已经趋于完善，所进行的大部分工作只是对系统的局部改进完善。

处于成熟期的系统的特征：性能水平达到最佳。此阶段仍会产生大量的专利，但专利级别会更低，此时需要警惕“垃圾专利”的大量产生，以有效使用专利费用。处于此阶段的产品已进入大批量生产，并获得巨额的经济收益。此时，需要知道系统将很快进入下一个阶段即衰退期，需要着手布局下一代的产品，制定相应的企业发展战略，以保证本代产品淡出市场时，有新的产品来承担起企业发展的重担。否则，企业将面临较大的风险，业绩会出现大幅回落。

（4）技术系统的衰退期

成熟期后系统面临的是衰退期。此时技术系统已达到极限，不会再有新的突破，该系统因不再有需求的支撑而面临市场的淘汰。从图 2－2 中可以看到处于第四阶段的系统，其性能参数、专利等级、专利数量、经济收益四个方面均呈现快速的下降趋势。

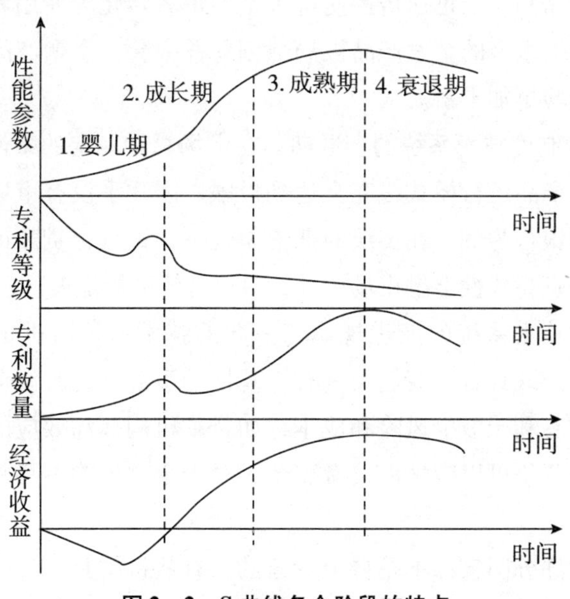

图 2－2　S 曲线各个阶段的特点

TRIZ 从性能参数、专利等级、专利数量、经济收益四个方面来描述技术系统在各个阶段所表现出来的特点，以帮助人们有效地了解和判断一个产品或行业所处的阶段，从而制定有效的产品策略和企业发展战略。

2. 金融制度技术系统的 S 曲线特征

金融制度技术系统也是一个人工系统，其进化也大体呈现为 S 曲线特征。从微观金融机构的角度来看，金融产品的制度技术成熟度也可以分为四个阶段，它所呈现出来的特点具有与技术系统相似的特征。但是，由于许多金融创新属于产品创新、制度创新，难以申请到专利，容易被模仿。

（1）金融制度技术系统的婴儿期：这一时期金融产品的研发处于初创期，有些方面考虑得还不够全面，风险防范机制、成本和效率还不够稳定，能理解的投融资双方还不够多，敢于使用的人还不够多，市场规模前景广阔但尚不理想。

（2）金融制度技术系统的成长期：金融产品的利益相关者的种类、数量和范围都有一定的扩展，操作者的经验得到进一步积累，金融产品的完备性、安全性、效率性得到一定提升，资金、资源和研发力量进一步聚集。

（3）金融制度技术系统的成熟期：在不存在市场管制和政策壁垒的前提下，金融产品知识的迅速传播使得大量知识者转化为使用者。市场上出现了大量的种类繁多的金融产品被局部创新并完善，金融产品功能逐渐增多，操作者经验更加丰富。

（4）金融制度技术系统的衰退期：在市场总量一定的条件下，某种技术老旧的金融产品运行模式终究会达到极限，因几乎没有市场可以开发而面临淘汰。以银行为例，在传统的征信模式下，银行存贷款市场都面临着激烈竞争。一旦替代性金融市场放开，对银行就可能是灭顶之灾。

金融制度技术系统的演进规律与一般的技术系统演进也存在某些不同。金融是一个既具有微观性又具有宏观性的事物，有时候金融统一市场的形成有可能有利于减少风险和成本，如贷款机构孤岛效应的解除。有时候金融的充分竞争可以带来消费者剩余，对于金融机构本身来说可能利益就会减少。

金融在大部分国家都不是自由竞争的，有些机构是特许的，资金的价格可能是被管制的。这些机构的制度技术和自然技术可能对机构收益的影响是一条平直的曲线。这说明如果在不会带来系统性风险的条件下解除特许和管制，金融制度技术的曲线将会更加类似于阿奇舒勒所说的自然人造工程系统的特征。

【金融案例：借贷制度技术的演进】

自然人之间的借贷金融，也随着自然技术和制度技术的演进而演进。最初由于两种技术的落后，借贷常常发生在熟人之间；随着人们之间社交范围的扩展，相对熟人之间存在一定的黏度，这正是民间金融扩张的原因；之后，随着国家型系统性信用资源的健全，发生在陌生人之间的不用抵押的P2P纯线上借贷模式应运而生，其时间成本低，交易成本低。当然，在我国，由于人们对政府型系统性信用资源的认知不够健全，造成了这种系统性信用资源的残缺，导致P2P跑路和融资者违约等问题频发。

第三节　技术系统八大进化法则①

本节主要参照了阿奇舒勒的经典进化法则进行阐述，并针对每一个进化法则列举了相应的金融案例，表明金融作为一种技术系统也符合进化法则的规律，以便读者更好地理解FRIZ（萃智）如何在金融中运用。

1. 完备性法则

任何系统都是为了实现功能而建立，履行功能是系统存在的目的。为了实现某项功能，系统必须具备最基本的要素，完备性法则对这些要素进行了界定，即一个完备技术系统必须包括动力装置、传输装置、执行装置和控制装置四个部分，如图2-3所示。

（1）动力装置——将能量源的能量转化为系统所需的能量。如果资金属于外部能量源，那么银行中介下的负债工具，基金中介下的基金份额，资产证券化下的新证券，投资银行中介下的股份合约等都属于动力装置。

（2）传输装置——将能量或场传输到系统的各个角落。金融系统中的

① 张明勤、范存礼、王日君、张士军，《TRIZ入门100问：TRIZ创新工具引导》，机械工业出版社，2012年5月。

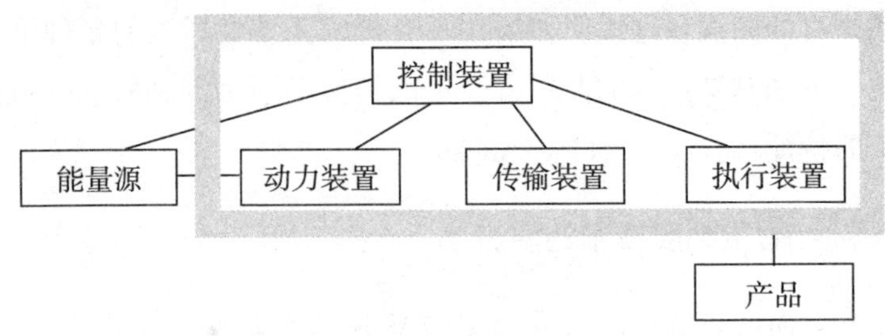

图2－3 技术系统的完备性元素

所有中介都属于能量传输系统，包括各类“池机制”或者“资机制”，即“资产池”或者“资金池”，它们分别将资金与各个类别的资产进行对接。

（3）执行装置——对系统作用对象产品实施功能，常被称为“工具”。在金融中，对应的工具是指对融资主体的供资行为或者供资工具。对于投资银行及互联网金融下的直接金融中介来说，投资工具既是动力装置也是执行装置；对于银行来说，便是资产合约；对于基金来说，便是基金投资工具，如证券、股权或者衍生品合约；对于资产证券化来说，便是基础资产合约。

（4）控制装置——控制系统中的各个部分如何协调，以实现功能。金融中的可控制装置是双层制度安排，一种是监管制度安排，另一种是投融资主体关于履行合约、止损等的制度安排或者模型设定。

注意：①

（1）系统中四个要素缺少任何一个部分，或者某个部分还不完备，那就是系统要进化的方向，就是产品需要改进的地方。

（2）新的技术系统经常没有足够的能力去独立地实现主要功能，所以需要依赖超系统提供的资源，也常常依赖人的参与；但系统会不断自我完善，减少人的参与，以提高技术系统的效率。

（3）技术系统完备性法则有助于设计者判断现有技术系统是否完整，进而推动系统由不完备向完备发展。

案例：帆船运输系统

帆船的工作原理：风对帆船施加压力，帆船通过桅杆对船体施加作用

① 张明勤、范存礼、王日君、张士军，《TRIZ 入门 100 问：TRIZ 创新工具导引》，机械工业出版社，2012 年 5 月。

力，由于作用力的结果，船体在水面上运动，帆船因此向前航行。在这个过程中，水手控制帆船的方向。

根据帆船的工作原理可以判断出，在这个系统中，能量源是风能；动量装置是帆；传输装置是桅杆；执行装置是船体；控制装置是水手；产品是货物。可见，四个相互关联的基本子系统即帆、桅杆、船体和水手缺一不可，否则帆船运输系统将无法正常运行。

【金融案例：塔福域】①

将产业与信息技术、金融融合起来进行协同发展。该模式中，外部的能量是各种资金，包括慈善、产业引导、公益创投、纯粹市场，甚至包括域资金；动力装置是劣后机制的供资合约；传输装置是信息技术，包括基于信息联通、数据挖掘、区块链、人工智能、人机交互对产业生命链中的产业交易者和金融交易者的道德评价；执行装置是域资金的供资合约；控制装置是开域之人。

【金融案例：股票系统】②

简单来说，上市公司的股票作为一个系统，其完备性在一级市场上表现为：能量源是投资资金；动力装置和执行装置都是股票；传动装置是投资银行和招股说明书；控制装置是证监会以及投资者。在二级市场上表现为：能量源是资金；动力装置和执行装置也都是股票；传动装置是会计报表等基础分析、技术分析以及经纪商；控制装置则是证监会及投资者。

2. 能量传递法则

技术系统实现其基本功能的必要条件之一是能量能够从能量源流向技术系统的所有元件。

如果某个元件接收不到能量，它就不能产生效用，就会影响整个技术系统功能的有效性执行。另外，技术系统的进化应该沿着使能量流动路径

① 塔福域是 TIF 域的音译，由北京大学窦尔翔教授于 2010 年创立。该理论认为金融必须置于由信息技术链、产业生命链以及资金金融链所融合而成的基于道德的平台经济模式之上，可以使金融达到安全、有效和正义的境界。

② 葛鹏程演讲，窦尔翔、杨勇指导，“金融创新期末汇报”，北京大学 2019 年 MEM 金融创新课的金融萃智作业课件，有修改。

缩短的方向发展，以减少能量损失。例如，收音机在金属屏蔽的环境（如在汽车里）中或在地下隧道里就不能够正常收听高质量的广播效果，能量源的传递就会受阻，要解决这一问题，只要在车外加一根天线就可以了。交通工具中能量利用效率对比如图 2－4 所示。

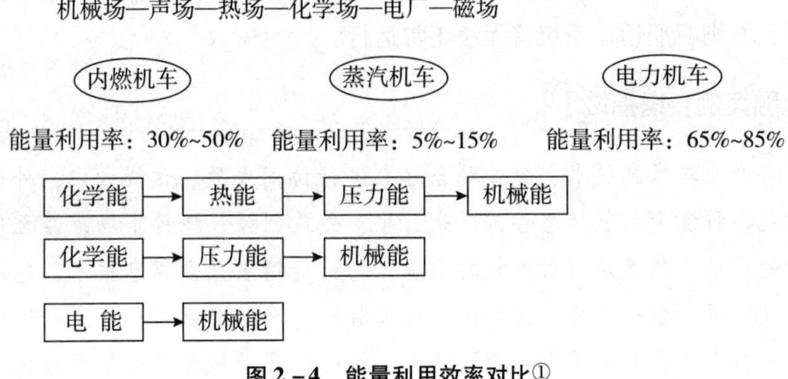

图 2－4 能量利用效率对比①

注意：

在设计和改进系统的时候，首先要确保能量可以流向系统的各个元件，然后通过各种方法，提高系统能量的传递效率，从而使系统的各个元件都能为技术系统的正常工作提供最大的效率。

提高能量的传递效率可通过以下三种方式：

（1）缩短能量传递路径，减少传递过程中的损失。例如，直销模式代替代理经销模式，没有中间商赚差价。如直销银行代替传统银行。

（2）减少能量形式的转换，最好用一种能量形式贯穿系统的整个工作过程，从而减少能量在转换过程中的损失。例如，区块链跨境支付代替传统电汇跨境支付。

（3）用可控性好的能量形式代替可控性差的能量形式。民间借贷让位于现代银行是因为后者对融资方的控制力更强一些。如阿里小贷（现更名为“蚂蚁小贷”）的坏账率比商业银行低的原因是阿里小贷对融资方的控制力强。因此，银行应当追求像阿里小贷一样增强对融资方的控制力，未来的进化有两种选择，一是加强国家信用资源的建设，二是银行通过劣后

① 图片引自微信公众号——承德市 TRIZ 创新。

寻求与阿里金融类的金融合作。

在现代 TRIZ 中，该进化法则拓展为流进化法则。流进化法则中，除了能量流外，还包含物质流和信息流。参见本章第五节内容。

【金融案例：区块链跨境支付代替传统跨境支付】

对于做进出口贸易的商户，时间就是金钱，然而超长的跨境汇款到账时间，常常让他们错失机会。有些商户为了节省时间，选择去柜台办理汇款，但要面临排队等问题，一旦汇款出现问题，退款流程需要更久，甚至还可能转丢。对比日常生活中的快捷支付，跨境支付落后了太多。

导致以上问题出现的根本原因是跨境汇款涉及的机构太多，流程过于烦琐，每一个机构都要对流程进行审批，从图 2－5 中可以看出，从账款汇出到收款，中间步骤要挨个进行，只要中间一个步骤出错，整个流程都要被耽搁。

图 2－5　传统跨境支付流程

针对这种情况，我们想到了将区块链技术应用到传统跨境支付中。从图 2－6 中可以看出，将区块链技术引入跨境支付后，与传统跨境支付相比，审核步骤大大减少，支付速度自然也就提高了。可能有人不能理解区块链技术在其中的作用，我们来做个比喻。传统跨境支付与区块链跨境支

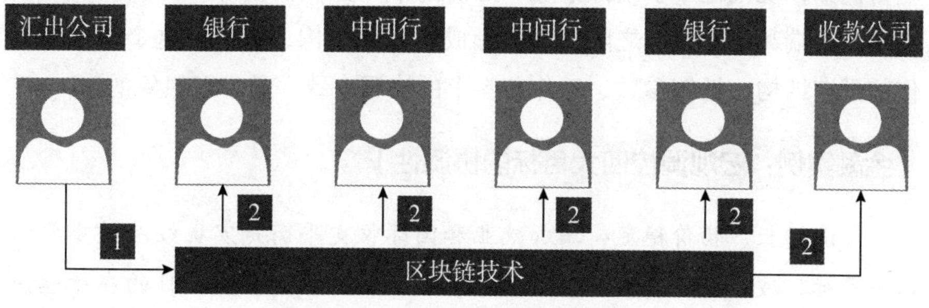

图 2－6　区块链跨境支付流程

付的区别就好比电路的串联和并联。传统的跨境支付就是串联，一个点确认后再传递给下一个点。引入区块链技术后跨境支付就变成了并联，汇款申请一旦发出，所有参与机构同时收到消息进行确认。这样就在汇款过程中改变了审核模式，各节点同步对交易的合规性等方面进行审核。

【金融案例：中国金融的交易成本】

中国金融体系不符合能量传递进化法则。一是中国金融风险大，资金成本高，融资方能量损耗大。二是中国金融交易成本高，直接融资中的发债成本、上市成本、P2P 成本都居高不下；间接融资的利差也可以看作资金终极供求双方之间的交易成本，这个成本也居高不下。三是由于货币炒作过度，资金通过理财等形式在金融机构间空转，形成金融“堰塞湖”。

3. 协调性法则

为了实现所需的功能，技术系统的各子系统、各参数之间以及系统参数与超系统各参数之间要相互协调，这是系统生存的基本条件。

案例：F1 赛车的发动机在后面，后轮是主驱动轮，因此后轮大而宽，从而产生强大的抓地力保证动力输出。前轮的作用是控制方向，因此相对来说要窄一点，以保证转向灵敏。

重要提示：

在对系统改进的过程中，为保证各子系统充分发挥其功能，应使各参数之间有目的地相互协调或反协调，实现动态的调整和配合。协调性进化法则主要表现在三个方面：（1）性质与结构上的协调；（2）各性能参数的协调；（3）工作节奏与频率上的协调。

例如，现代化军事指挥系统，是由电子计算机、指挥运算程序、通信网络、终端和各分系统之间的接口形成的体系结构，要搞好这个体系的运作，没有结构、性能参数、工作节奏上的协调一致，是难以想象的。

【金融案例：宏观调控四大目标的协调性】

经济增长、物价稳定、增加就业和国际收支平衡是宏观经济最重要的四个目标，彼此相互联系、相互影响、相互制约。宏观调控目的在于能恰当处理上述四方面的关系，寻求一个最佳平衡点。然而四者关系较为复杂，充满矛盾，因此西方经济学称为“神秘的四角”。

宏观调控四大目标之间的关系主要有以下三种。

经济增长与就业：国民经济的增长会加快企业发展，从而提供更多的就业岗位，最终会增加就业率，这是我们都认可的真理。

经济增长与国际收支：国民收入的构成部分有消费、投资、政府购买和净出口，由此可以看出，当一国在国际收支中处于顺差时，国民收入会增加，反之则会导致国民收入减少。但是长期的贸易顺差又会使该国经济变热，货币坚挺，从而使出口减少，平衡国际收支，进一步使国民经济减缓增速。

稳定物价与充分就业：事实证明，稳定物价与充分就业两个目标之间经常发生冲突。若要降低失业率，增加就业人数，就必须增加货币工资。若货币工资增加过少，对充分就业目标就无明显促进作用；若货币工资增加过多，致使其上涨率超过劳动生产率的增长，这种成本推进型通货膨胀，必然造成物价与就业两项目标的冲突。

【金融案例：企业资金配置与企业经营活动的协调性】

企业资金配置与企业经营活动的协调是企业健康发展的根本条件。企业资金配置与经营活动的协调，是指企业生产经营、投资等活动占用的资金与资金来源在时间上和数量上的协调。主要包括以下三个方面的协调：营运资本与长期投资活动的协调、经营性资金需求与企业日常经营活动的协调、现金支付能力与企业现金收支的协调。若违背这个协调关系，企业就难以顺畅运转。

【金融案例：支付宝】①

支付宝刚开始很长一段时间只有支付保障这一项功能，而其他功能很弱，这对于作为一款肩负探索中国互联网金融前景重任的产品来说并不协调匹配。后来经过不断创新，支付宝大力开发了生活服务、投资理财、消费借款等多项业务一起协调发展，使其逐渐壮大成为更加综合全面的世界

① 沈子清演讲，窦尔翔、杨勇指导，“金融创新期末汇报”，北京大学 2019 年 MEM 金融创新课的金融萃智作业课件，有修改。

顶尖的一站式金融平台。支付宝功能结构趋势如图 2－7 所示。

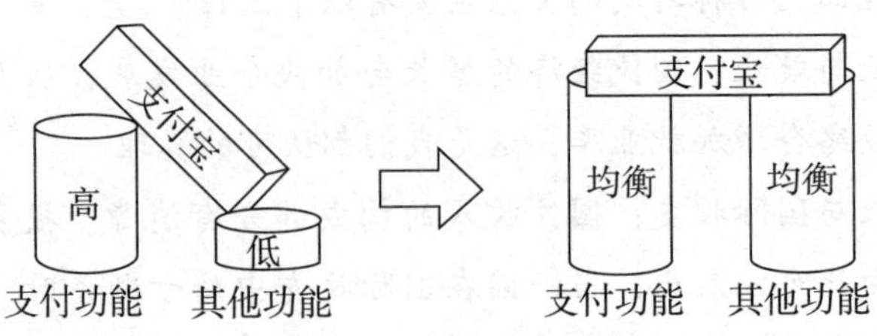

图 2－7　支付宝功能结构趋势

【金融案例：小黄车】①

2017 年小黄车为占据共享单车占有率第一的位置，使用大量资金大幅增加自行车数量，未协调好扩张资金和运营维护资金的匹配，导致车辆多有损坏无法使用，用户体验满意度下降，投诉率上升，后来其逐渐将日常收入更多地用于运营和维护，如图 2－8 所示。

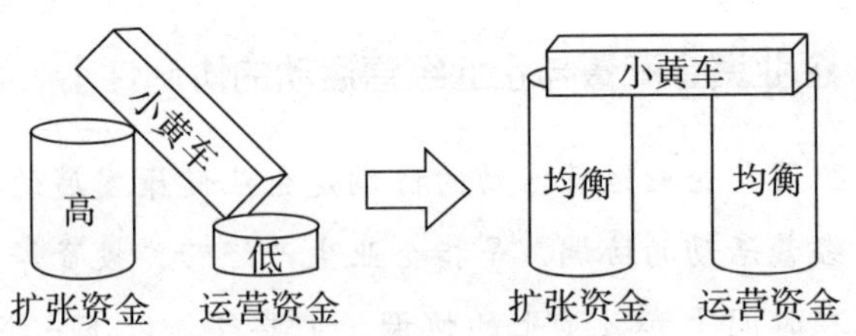

图 2－8　小黄车资金投入趋势

【金融案例：腾讯营收结构】②

腾讯成立初期主要收入来源于游戏，其他业务收入很少，非常不均衡，后来为了减少单一业务的市场和政策风险，使集团更快更协调发展，腾讯开始不断大力拓展广告运营、文化传媒、金融等多个产业，如今不仅使得营收结构更加均衡协调，也使整个集团更加健康发展、快速壮大。腾讯营收结构趋势如图 2－9 所示。

① 沈子清演讲，窦尔翔、杨勇指导，“金融创新期末汇报”，北京大学 2019 年 MEM 金融创新课的金融萃智作业课件，有修改。

② 同①。

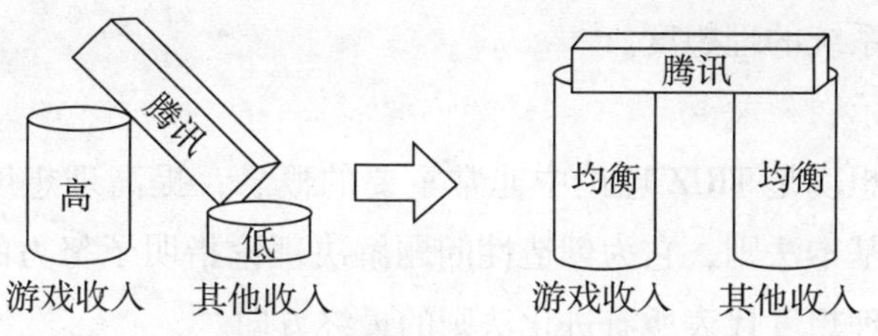

图 2－9　腾讯营收结构趋势

【金融案例：微信的功能结构】[①]

微信刚开始上线时只有社交功能，而金融和其他功能很弱，这对于一款流量担当产品来说并不协调。面对微博、今日头条和支付宝的进攻和扩张，微信处于被动防守状态，后来张小龙意识到这个问题，开发增加了微信支付、微粒贷款、微信理财通、微保等金融和其他业务产品，使得微信的功能更加协调、全面和强大，最终站稳了脚跟并开始蚕食对手的领地。微信的功能结构趋势如图 2－10 所示。

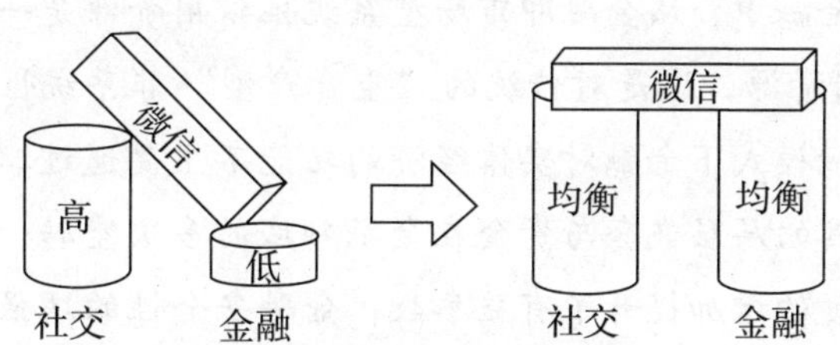

图 2－10　微信的功能结构趋势

4. 提高理想度法则

每一种系统完成的功能在产生有用效应的同时都会不可避免地产生有害作用。理想度是指系统所有有用效应与有害效应的比值。理想度与系统的有用效应成正比，与有害效应成反比，当分子增加，分母减少时，系统的理想度提高，直到完全达到理想状态。

理想度＝系统所有有用的功能/（系统所有有害的功能＋成本）

完全理想的系统是并不存在的，在设计中，应以最终理想解为指导，

① 沈子清演讲，窦尔翔、杨勇指导，“金融创新期末汇报”，北京大学 2019 年 MEM 金融创新课的金融萃智作业课件，有修改。

尽可能提高系统的理想度。

重要提示：

提高理想度是TRIZ理论中非常重要的概念，提高理想度法则是技术系统进化的基本法则，它为创造性问题解决理论指明了努力的方向。也就是说，提高理想度代表所有进化法则的最终方向。

提高理想度可以按以下进化路线考虑：（1）简化子系统；（2）简化操作；（3）简化组件；（4）提高系统的有益参数；（5）降低系统的有害参数；（6）提高有益参数的同时降低有害参数。例如：污水排水管道的材质中，镀锌环钢排水管道强度大，但耐腐蚀、耐磨损性差；而塑料管道耐腐蚀、耐磨损性强，但强度低，故在塑料管道外镀锌层以提高管道强度。

【金融案例：塔福域金融的理想化目标】

域金融模式中所阐明的金融模式的进化所遵循的理想度的提升目标是安全金融、普惠金融，再到正义金融。域金融之所以能达到这个目标，正因为在塔福域金融中，域金融即市场型系统性信用资源是一种影子抵押的“轻资产”信用资源，这是对传统的“重资产型”非系统性信用资源的替代优化。域金融模式下金融对实体经济的功能不主要通过二级市场，从而避免了金融工具的层层嵌套与资金在金融领域的多次空转，简化了金融组件。金融普惠度的增加提升了有益参数，金融安全性的增强降低了金融的有害性。

另外，金融系统理想度可以用安全性、普惠性和正义性去描述，但是金融系统的理想度既可以通过引入信息技术即金融科技和产业链形成超系统即塔福域来提高，也可以通过金融系统内部的监管与被监管、投资方与融资方、组织平台和技术平台等子系统来提升。

5. 动态进化法则

技术系统在诞生初期通常是静态的、不灵活的、不变的，在进化过程中，其动态性和可控性会提高，以适应不断变化的环境和满足多重需求。在对产品进行改进设计的过程中，要提高系统的动态性，就要以更大的柔性、可移动性和可控性来获得功能的实现。该法则主要包含三个子法则。

(1) 提高柔性子法则

现代技术系统由刚性结构向更具适应性及灵活性的柔性结构发展，即从刚性体逐步进化到单铰链、多铰链、柔性体、粉末、液体或气体，最终进化到场的状态，如图 2－11 所示。例如电脑键盘的发展历程就充分体现了柔性化：普通键盘→可折叠键盘→柔性键盘→液晶键盘→虚拟激光键盘等。

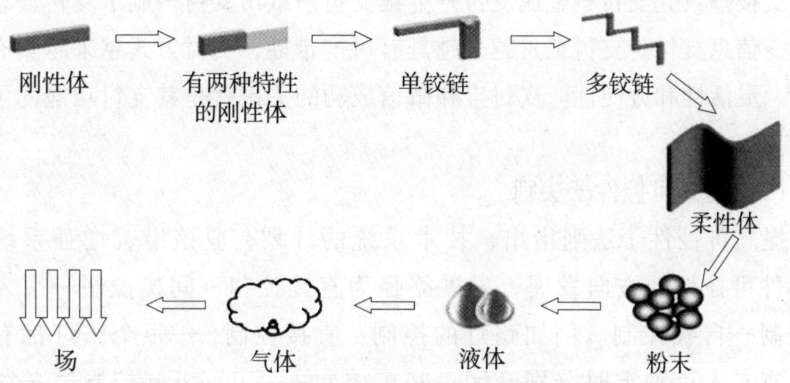

图 2－11　技术系统从刚性到场的进化过程①

【金融案例：从重资产刚性抵押到影子柔性抵押】

在金融领域中，经历了从刚性抵押到柔性抵押的进化过程。域金融中提到的“信用质能联系方程 $E \leqslant C_1 + C_2 + C_3$”，其中的 C_1 是一种传统的刚性信用资源，没有抵押、质押、担保或者供应链金融中已经存在的票据，银行或者融资方是不给融资的，这就导致了中小企业和个人融资难问题。流行的做法是过渡到 C_3 即政府型大系统信用资源，依靠国家的信用保障体系，而不是依靠刚性的现存实体信用资源，C_3 则是一种与 C_1 不同的场资源。阿里小贷成功的秘密就是启动了场资源。

读者可以对中美两国这两种不同的抵押结构进行分析，就能体会到金融领域抵押的进化方向，应该由刚性抵押走向柔性抵押。美国国家大系统信用资源的发达程度和发展模式，正是中国国家大系统信用资源应当进化的楷模。其实，即便是美国，国家大系统信用资源 C_3，也应当向市场小系统信用资源 C_2 进化。抵押的正确进化路径是 $C_1 \rightarrow C_3 \rightarrow C_2$。

① 图片引自微信公众号——承德市 TRIZ 创新。

（2）提高可移动性子法则

提高可移动性子法则指出，技术系统的进化应该沿着系统整体可移动性增强的方向发展。例如清洁工具的进化：扫帚→吸尘器→智能吸尘器。

支付方式的变迁就是体现了可移动性子法则。支付工具的变迁路径：物物交换→贝壳支付→金属支付→金银支付→纸币支付→刷卡支付→移动支付→信息支付。支付工具越来越具有可携带性，支付方式越来越具有移动性、灵活性和方便性。支付宝和微信成功的关键就是其支付功能的可移动性。

（3）提高可控性子法则

提高可控性子法则指出，技术系统的计划，应该沿着增强系统内各部件可控性的方向发展，发展路径为直接控制→间接控制→引入反馈控制→自我控制。例如路灯的控制：直接控制——每个路灯都有开关，有专人负责定时分别开闭；间接控制——用总电闸控制整条线路的路灯；引入反馈控制——通过感应光亮度的装置，控制路灯的开闭；自我控制——通过感应光亮度的装置，根据环境明暗自动开闭并调节亮度。

金融信息化的趋势不仅是一个可移动趋势，还是一个“自控增强的趋势”。比如从最早的ATM，到现代网银转账系统，再到现在的微信等转账系统。从黄马甲、红马甲等人工传递信号的股票交易系统，到当前的人工智能交易、智能投顾，再到当前基于区块链的智能合约，都存在基于算法的自动控制趋势。

【金融案例：天天基金】①

传统理财产品销售需雇用大量的销售人员进行推介，不仅不好管理，而且有时候销售人员为了提高业绩会私自改变销售价格、夸大收益或不提示风险。天天基金为了提高服务可控性，运用互联网技术大力发展直销模式，用户在网站或App上便可直接购买，价格和条款一目了然，无法篡

① 沈子清演讲，窦尔翔、杨勇指导，“金融创新期末汇报”，北京大学2019年MEM金融创新课的金融萃智作业课件，有修改。

改。如图 2－12 所示。

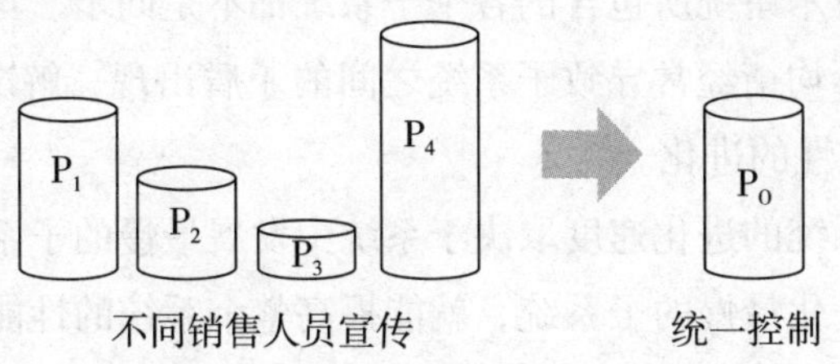

图 2－12 天天基金的可控性趋势

【金融案例：交易所交易方式的可控性】①

最早股票交易所的交易是靠人工报价和询价进行，信息分散，延迟性强，失误率高，后来运用计算机软件报价交易，提高了可控性，大幅降低了操作失误率，再后来可以通过编程事前设定好条件和策略自主控制，自动交易。股票交易方式的可控性效果比较如图 2－13 所示。

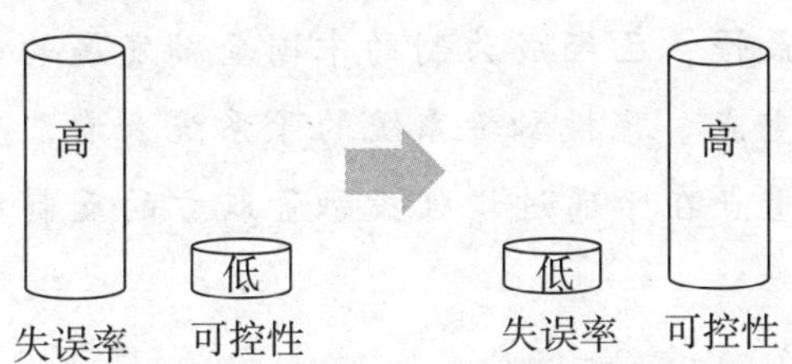

图 2－13 股票交易方式的可控性效果比较

6. 子系统不均衡进化法则

通常，一个系统由若干子系统组成，它的每个子系统具有不同的生命周期，都是沿着自身的 S 曲线进化。绝大多数技术系统中，系统的各部分没有均衡的发展。首先达到自然极限的子系统就抑制整个系统的发展，成为设计中最薄弱的环节。整个系统伴随着最薄弱环节的改善而演化。例如，手机的发明和使用给人们带来了巨大的便利，人们不均衡地着重发展其中的某些功能（如音乐播放功能），使其成为某种特定功能型手机——音乐手机。

---

① 沈子清演讲，窦尔翔、杨勇指导，“金融创新期末汇报”，北京大学 2019 年 MEM 金融创新课的金融萃智作业课件，有修改。

重要提示：

（1）任何技术系统所包含的各个子系统都不是同步、均衡进化的。

（2）这种不均衡经常导致子系统之间的矛盾出现，解决了矛盾整个系统才会得到突破性的进化。

（3）整个系统的进化速度取决于系统中发展最慢的子系统。

（4）改进进化最慢的子系统，就能提高整个系统的性能。

【金融案例：中国金融系统的功能】

在金融领域中，金融系统从功能内容来讲可以细化为货币系统、投融资系统、风险转移系统（保险业和衍生品业）、支付清算四大子系统。而投融资系统又可以细分为间接性融资系统和直接性融资系统，直接性融资系统又可以细分为技术中介平台和组织中介平台。从当下来看，中国的支付清算系统发展得最快，即便是在世界范围内这也是我国金融的长板，给经济和生活都带来了好处。但是中国投融资系统的安全性发展得最慢，已经成为制约中国金融发展的瓶颈，这是今后中国金融改革的重点。就投融资系统的子系统来看，直接融资发展极其缓慢，今后的重点在于通过增强投融资双方的反制力来促进直接融资的发展。

【金融案例：中国金融交易市场系统】①

我国传统证券交易市场系统中，为新兴中小企业服务的子系统远弱于为成熟大型企业服务的子系统，成为整个证券交易市场母系统中最薄弱的环节，严重抑制了整个证券交易母系统的发展。为此，国家大力发展为新兴中小企业服务的子系统，先是创立了创业板，在此基础上又发展出新三板，如今演化出科创板，整个证券交易市场母系统也伴随着服务新兴中小企业子系统的发展而壮大。如图2－14所示。

不同的股票交易市场在上市场所、市场类型、存续时间、盈利要求、现金流要求、净资产要求、股本要求等方面都有不同的特征，如表2－1所示。

---

① 沈子清演讲，窦尔翔、杨勇指导，“金融创新期末汇报”，北京大学2019年MEM金融创新课的金融萃智作业课件，有修改。

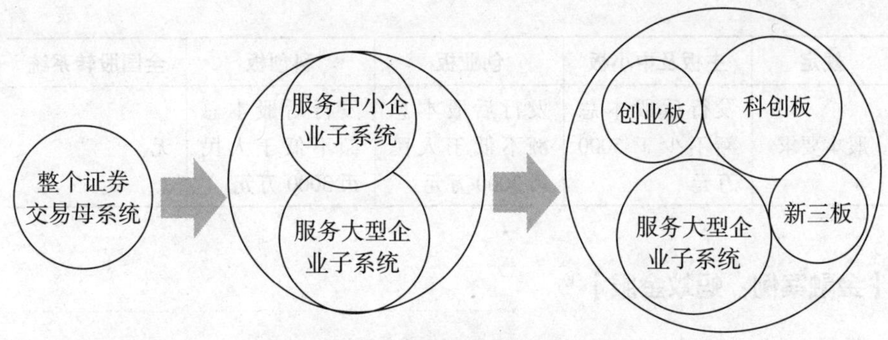

图 2–14　中国证券交易市场系统

表 2–1　中国证券交易系统

规定	主板及中小板	创业板	科创板	全国股转系统
上市场所	主板（上交所、深交所）、中小板（深交所）	深交所	上交所	全国中小企业股份转让系统
市场类型	场内市场	场内市场	场内市场	场（内）外市场
存续时间	存续满三年	存续满三年	存续满三年	存续满两年
盈利要求	近三个会计年度净利润为正，累计超过 3000 万元，净利润以扣除非经常损失后较低者为计算依据	近两年连续盈利，净利累计不少于 1000 万元；或近一年净利不少于 500 万元，近两年营收增长率不低于 30%	预计市值 10 亿元，要求两年净利 5000 万元，预计市值 10 亿元，收入 1 亿元；其他条件无利润要求	不要求具有持续盈利能力
现金流要求	近三个会计年度现金流累计超过 5000 万元；或近三个会计年度应收超过 3 亿元	无	预计市值 20 亿收入 3 亿元的标准，要求三年现金流 1 亿元	无
净资产要求	最后一期末，无形资产占净资产比例不高于 20%	最近一期末，净资产不少于 2000 万元，且不存在未弥补亏损	无	无

续 表

规定	主板及中小板	创业板	科创板	全国股转系统
股本要求	发行后股本总额不少于5000万元	发行后股本总额不低于人民币3000万元	发行后股本总额不低于人民币3000万元	无

【金融案例：蚂蚁金服】①

电子商务发展初期经常出现买卖双方违约、互不信任等现象，支付保障环节成为电子商务最为薄弱和关键的环节，严重限制了整个电子商务系统的发展。阿里巴巴为了解决支付保障这个关键问题，研发出支付宝子系统来保障电子商务母系统的安全和发展，不仅帮助电子商务母系统飞速壮大，同时支付宝子系统自身也逐渐进化成蚂蚁金服，演化出了更多的子系统，形成了庞大复杂、综合广泛、丰富多样的金融系统群。如图2－15所示。

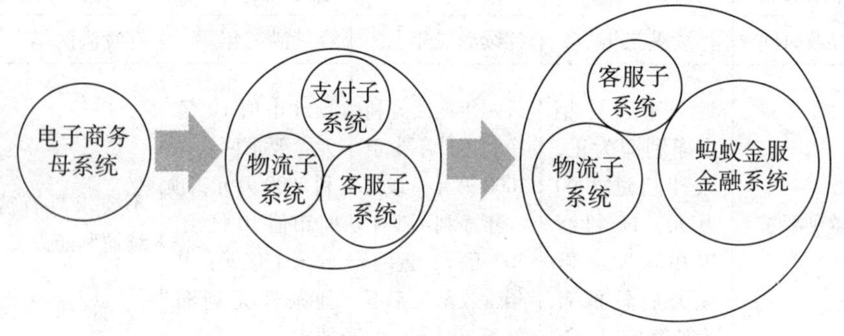

图2－15　蚂蚁金服进化趋势

【金融案例：扶贫】

改革开放初期，党提出来，让一部分人先富起来的办法，调动生产积极性，这是利用了不协调进化法则，随着贫富差距的加大，党中央及时提出扶贫国策，推动先富带动后富，最终实现共同富裕，这个国策相当于利用了协调性进化法则。国家通过结对扶贫，精准对接，并提供贷款、基金

① 沈子清演讲，窦尔翔、杨勇指导，“金融创新期末汇报”，北京大学2019年MEM金融创新课的金融萃智作业课件，有修改。

等金融形式，促进扶贫事业发展。在2014年提出精准扶贫以前，2013年按照每人每年2300元（2010年不变价）的农村贫困标准计算，我国农村贫困人口将近1亿人。2013—2018年，我国农村贫困人口从9899万减少到1660万，每年减贫人数都保持在1200万以上，全国832个贫困县已脱贫摘帽436个。预计到2019年年底，全国95%左右现行标准的贫困人口将实现脱贫，90%以上的贫困县将实现摘帽。通过提高最低人群收入，来改善全中国人口的平均收入情况和生活水平。

7. 向微观级进化法则

技术系统及其子系统在进化过程中，向着减少它们尺寸的方向进化，倾向于达到原子核基本粒子的尺度。进化的终点是作为实体的技术系统的元件已经不存在，而是通过场来实现其必要的功能，即达到最终理想解。

进化路径：（1）提高物质的可分性和分散物质的组合性；（2）提高混合物质（空隙+物质）的可分性，运用毛细现象和多孔材料；（3）用场代替物质，向“场+物质”或场转变。如图2-16所示。

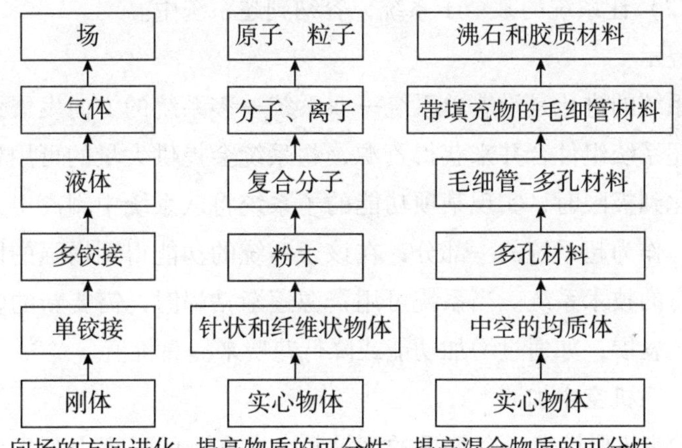

图2-16 向微观级进化的三种路径①

例如，电子元件向微观级的进化路径：真空管→晶体管→集成电路；播放器向微观级的进化路径：录音机→随身听→便携CD机→MP3→耳环播放器。

---

① 图片引自微信公众号——承德市TRIZ创新。

【金融案例：投融资额度的微化】

提高投融资合约额度的细分化，不仅可以提升金融的普惠度，还可以增加投资者分散投资的机会，从而提升金融的安全性。之前的大额投资基本上是富人的游戏，但是投资基金、资产证券化、P2P 等金融创新形态的出现，使得投资方投资额度大大微化，为工薪阶层提供了投资机会，大大提升了金融的普惠度。典型的例子有余额宝、领汇基金等。

【金融案例：货币的进化】

物物交换→贝壳货币→金属货币→金银→纸币→电子货币→数字货币→信息货币[①]。信息货币是一种场控制的货币，是货币进化的终极目标。

8. 向超系统跃迁法则

在系统自身进化资源消失时，系统转向超系统，也就是同其他系统联合，使资源进一步发展。主要有两种方式：（1）使技术系统和超系统的资源组合；（2）让系统的某个子系统，容纳到超系统中。

重要提示：

技术系统的进化是沿着单系统→双系统→多系统的方向发展；技术系统通过与超系统组件合并来获得资源，超系统会提供大量的可用资源；技术系统进化到极限时，实现某项功能的子系统将从系统中剥离出来，转移到超系统，作为超系统的一部分；在该子系统的功能得到增强的同时，也简化了原有的技术系统。当系统可用资源逐渐枯竭时，需要新的资源来支撑系统继续发展，如通过增加功能或降低花费来提高价值。

案例：飞机空中加油

早期的飞机要携带一个笨重的副油箱，在飞行的过程中为飞机补充燃油。现在副油箱被分离到一个超系统内，也就是空中加油机。这样，飞机不需要再装载数百吨的燃油，随机携带的油量可以减少到很少，如图 2 - 17 所示。

---

① 这是北京大学窦尔翔教授提出来的未来货币概念。所谓信息货币，指的是传统意义上的货币介质已经不存在了，货币回归其本源即信息，货币只是通过数字和账户体系反映了交易双方的价值转移关系。信息货币的实现一般是在 TIF 域模式下进行的。

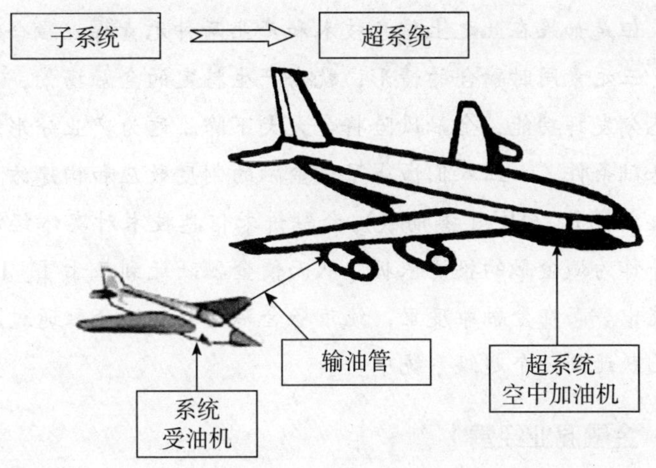

图2－17　飞机空中加油①

【金融案例：中国金融机构的裂变】

中国金融改革的过程是一个裂变的过程，从中国人民银行到中国四大银行（中国银行、中国工商银行、中国建设银行、中国农业银行）的组建，增加十多家股份制银行，再到城市商业银行和农村信用社独立法人的涌现，外资银行逐步涌入。在此过程中，中国人民银行把管理的证券业、保险业、银行业分离出去。1992年，中国证券监督管理委员会（简称证监会）成立；1998年，中华人民共和国保险监督管理委员会（简称保监会）成立；2003年，中国银行业监督管理委员会（简称银监会）成立；2018年，中国银行保险监督管理委员会成立（简称银保监会）。

【金融案例：简单金融向TIF域复合金融的跃迁】

原来的金融可以理解为点状平台金融，但这种金融在信用资源的多寡和金融的普惠上都不占优势。金融与产业的融合、金融与互联网的结合可以看作两种元素形成的线状平台，前者在F＋I模式下金融资源得到了拓展，比如供应链金融；后者在T＋I模式下金融的普惠度得到了提升。如果两种线状元素同时存在，就是角状平台金融，金融资源和金融普惠度同时

① 图片引自微信公众号——承德市TRIZ创新。

得到了改善，但是如果在此之上信息技术和产业两种元素得以融合，就会达到T、I、F三元素同时融合的情形，就会产生特定的金融场景，金融支付工具将会充分发挥功能，金融风险将会大大下降。这为产业分形和道德分域提供了基础条件，一旦人们懂得了域金融的制度效应和构建方法，金融效率将会大大提升。TIF（塔福域）金融讲求信息技术对实体经济的道德的揭示，并作为域金融的投资依据，从而使金融跃迁到基于T、I、F所构成的超系统中。而在金融维度里，纯市场金融需要和域金融通过劣后联动，也使自己跃迁到一个超级系统中。

【金融案例：金融混业经营】[①]

混业经营是指商业银行及其他金融企业以科学的组织方式在货币和资本市场进行多业务、多品种、多方式的交叉经营和服务的总称。金融混业经营是世界金融发展的大趋势，也是中国金融改革的最终目标之一。狭义的金融混业指的是银行业和证券业之间的经营关系，金融混业经营即银行机构与证券机构可以进入对方领域进行业务交叉经营。广义的金融混业是指所有金融行业之间经营关系，金融混业经营即银行、保险、证券、信托机构等金融机构都可以进入上述任一业务领域甚至非金融领域，进行业务多元化经营。

第四节　经典 TRIZ 八大进化法则关系诠释

上文分别介绍了经典TRIZ理论的八大进化法则，其实这八大进化法则之间存在着内在的逻辑关系，弄清楚这些关系，有利于更加深刻地理解这些法则。比如，这八大进化法则本身也符合技术系统进化的S曲线原理，也就是说八大进化法则可以分别置于技术系统进化的不同生命周期。

如图2-18所示，在技术系统进化的婴儿期，主要使用完备性法则、能量传递法则和协调性法则三大法则；在技术系统进化的成长期，主要依赖动态性进化法则和子系统不均衡进化法则；而在技术系统进化的成熟

① 葛鹏程演讲，窦尔翔、杨勇指导，“金融创新期末汇报”，北京大学2019年MEM金融创新课的金融萃智作业课件，有修改。

期，主要使用向微观级进化的法则；最后只能通过技术系统向超系统的跃迁来改善衰退期的窘境。

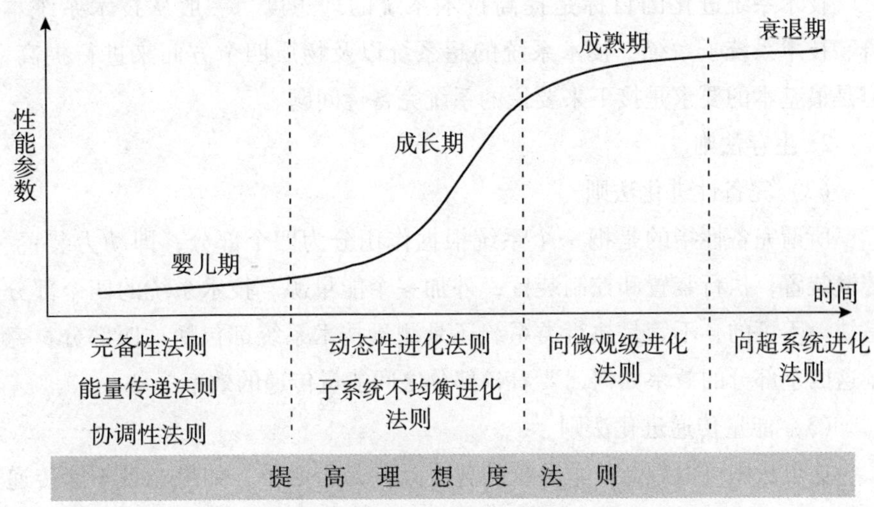

图 2－18　S 进化法则和技术系统八大进化法则的关系①

如果说我们将这些法则按照层级进行分类，显然可以分为三类。第一类是最终目标法则，指的是提高理想度法则；第二类是较低目标法则即生存法则，恰好对应 S 曲线的婴儿期；第三类是较高目标法则即发展法则，恰好对应 S 曲线的后三个时期。如图 2－19 所示。

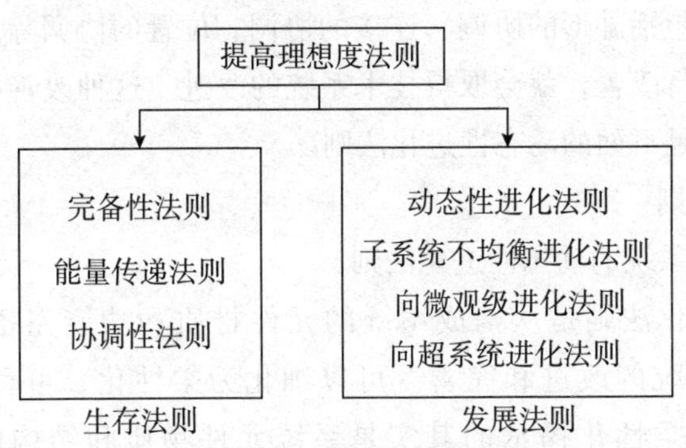

图 2－19　技术系统进化法则内在关系②

① 图片引自微信公众号——承德市 TRIZ 创新。

② 同①。

1. 最终目标法则

（1）提高理想度进化法则

技术系统进化的目标是提高技术系统的理想度，一般从技术系统本身、技术系统子系统、技术系统的超系统以及物质四个方面来进行提高。但是最基本的要求是接下来要说的系统完备性问题。

2. 生存法则

（2）完备性进化法则

所谓完备性指的是把一个系统根据作用分为四个部分，即动力装置、传输装置，执行装置和控制装置，外加一个能量源。技术系统的四个部分是缺一不可的，不管是执行类系统还是测量技术系统都包括这四部分。究竟这四个部分的效率如何，要看各部分之间能量传递的效率。

（3）能量传递进化法则

这个法则可以判断技术系统的各个元件是否必要，如果能量不能传递到某个元件，或者这个元件不能工作，没有达到预期的功能，这个元件可以除掉。当然，在满足完备性和能量传递法则的前提下，系统理想度并不高，有可能是由于技术系统的协调性不足造成的。

（4）协调性进化法则

前面的进化法则都是从技术系统的各个部分或者某个方面的必要性来进行技术系统的演化，实际上整个系统都需要各个子系统之间充分协调发展。这种协调包括外形的协调、连接的协调、位置的协调等。如果能对不协调的地方进行改善，就会取得技术系统的改进。这种改善可以从提高动态性开始，就是下面的动态性进化法则。

3. 发展法则

（5）技术系统的动态性进化法则

动态性进化法则是从构成系统的元件材质和功能完备性两个方面来进行技术系统的改进和完善。可以细化为柔性化、可移动性、可控性三个方面。柔性化揭示的其实是系统元件物质和结构的进化法则，提高柔性化是指系统会朝着更灵活、更方便的方向进化；提高可移动性进化法则预示着技术系统会向着不断增强整体移动性的方向发展；提高可控性法则说的是系统会沿着增强系统及子系统间的可控性方向来发展。

（6）子系统不均衡进化法则

理想情况要求系统的各个子系统（部件）处于最佳状态，但实际情况是子系统间的发展并不是均衡的。这是由于各个子系统的材料、成本、技术水平等因素影响的结果。这种不均衡往往会导致很强的物理—技术矛盾，而消除这种矛盾，恰恰是我们发明创新的任务所在。这个道理类似于木桶原理，找出短板子系统，就可以实现技术系统的改进目的。

（7）技术系统向微观级进化法则

这个法则揭示的是技术系统或者其子系统一般是朝着尺寸减小方向进化。但是，有时候因为功能的需要，也会向尺寸变大方向发展。

（8）向超系统进化原则

如果将一个系统放到一个更高级的系统（超系统）中去思考，则可以得到很多意外的惊喜。这包含两层含义：一是当前技术系统要有效地整合超系统的资源；二是融合到超系统中，这种方式叫组合法则，就是将当前技术系统组合到超系统中。

以上八大技术系统进化法则的内在关系，对于作为人工社会系统的金融制度技术系统来说，有很强的借鉴意义。下文将以狭义的金融即投融资金融系统为例，来描述八大金融技术系统进化法则的内在联系。

首先是金融系统进化的总目标，是金融理想度的提高法则。金融系统的进化目标从顺序上来说是先达到安全性，才能讲究普惠性，达到安全性和普惠性才能达到正义性，但是正义性是金融发展的理想化目标。

其次是金融系统进化的生存性目标。这相当于金融系统处于婴儿期，金融系统要达到完备性、能量传递和协调性法则。从完备性来讲，金融系统也应当具备基于产业链的动力装置、基于信息技术的传输装置、基于信息揭示者和劣后者的执行装置和基于金融信用制度的控制装置四个部分，外加的能量源则是拥有资金的人；从能量传递来讲，所有的金融可用的中介物有组织平台中介、技术平台中介两大类；从协调性来讲，当前金融的执行装置、控制装置、中介能力都协调性不足。

最后是金融系统的发展性目标。这相当于金融系统处于 S 曲线的后三个时期。影子抵押可以增加金融系统的柔性化程度，信息化如支付宝、微信等可以提升金融系统的可移动性，而产业的分类与主体的道德分类可以增加金融的可控性；影子抵押类金融反制力的不足是金融子系统不均衡的主要表现；金融信息化技术的发展，使得当前的金融不断向微额化的进化提供了技术条件；基于非系统性信用资源向系统性信用资源，以及基于大系统性信用资源向全球化市场型信用资源过渡则是金融向超系统进化发展的事实。

第五节　现代 TRIZ 进化趋势[①]

经典 TRIZ 理论中的进化法则存在诸多问题。一是进化法则内容过于抽象，进化路线不具体，不容易理解；二是进化法则是根据大量专利直接得出的结论，没有阐述背后原因；三是各个法则之间逻辑关联不清晰，各个法则在 S 曲线中各个阶段的作用没有明确界定；四是进化法则对具体技术的预测性和解决具体问题的适用性不够，没有可操作的步骤和算法。经典 TRIZ 进化法则与现代 TRIZ 进化趋势的比较如表 2 – 2 所示。

表 2 – 2　　经典 TRIZ 进化法则与现代 TRIZ 进化趋势的比较

序号	经典 TRIZ 进化法则	现代 TRIZ 进化趋势
0	S 曲线	任何系统都遵守 S 曲线进化趋势
1	提高理想度法则	提高价值的进化趋势，是 S 曲线进化趋势的子趋势，比理想度更容易量化
2	完备性进化法则	系统完备性进化趋势
		减少人工介入进化趋势，它是系统完备性进化趋势的子趋势
3	能量传递法则	流增强进化趋势，除了能量流外，还包含物质流和信息流
4	协调性进化法则	系统协调性进化趋势
		可控性进化趋势，它是系统协调性进化趋势的子趋势
5	动态性进化法则	动态性进化趋势，它是可控性进化趋势的子趋势

① 孙永伟、[美] 谢尔盖·伊克万科，《TRIZ：打开创新之门的金钥匙 I》，科学出版社，2018 年 1 月第五次印刷。

续 表

序号	经典 TRIZ 进化法则	现代 TRIZ 进化趋势
6	子系统不均衡进化法则	子系统不均衡进化趋势，它是系统协调性进化趋势的子趋势
7	向微观级进化法则	—
8	向超系统进化法则	向超系统进化趋势
9	—	增加裁剪进化趋势

现代 TRIZ 专家在阿奇舒勒研究的基础上对进化法则进行了深入研究，使其更符合现代社会的需求。与经典的进化法则相比，现代 TRIZ 系统进化趋势更加具体，深层次地揭示了进化的本质和驱动力。现代 TRIZ 理论认为工程系统的进化趋势之间有一定的联系，有明显的结构层次，某个趋势是另一个趋势的子趋势，并为其达到目标的手段。在每个趋势中，都有一定的算法，可以指导使用者一步一步地实现进化，也可以作为识别问题和解决问题的工具，如图 2-20 所示。

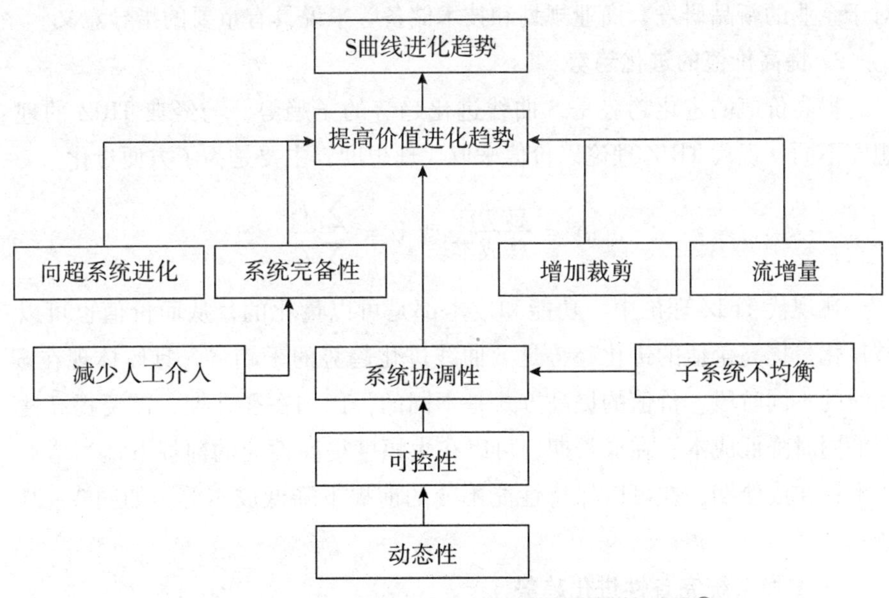

图 2-20　现代 TRIZ 工程系统进化趋势层次结构①

① 图片引自孙永伟、[美] 谢尔盖·伊克万科，《TRIZ：打开创新之门的金钥匙 I》，科学出版社，2018 年 1 月第五次印刷，第 197 页。

从图 2－20 可以看出，各个进化趋势之间是具有联系的。下面对此结构进行简单介绍，以便加深读者了解。

1. 任何工程系统都遵守 S 曲线进化趋势

S 曲线进化趋势处于整个进化趋势的最上端，也就是说任何工程系统都遵守 S 曲线进化趋势。与经典 TRIZ 不同的是，对 S 曲线的研究，现代 TRIZ 理论中的进化趋势更加详细、清晰和实用。

（1）对 S 曲线每个阶段的标志进行细化，不再以专利的发明等级和专利数量来判断工程系统所处的阶段，而是通过工程系统在市场上的表现、主要价值参数的走势、技术的成熟度以及其他辅助指标，更加科学和准确地来判断工程系统的各个主要参数所处的阶段。

（2）现代 TRIZ 理论明确了 S 曲线每一个阶段的驱动力，研究表明工程系统不会无缘无故地处于某个阶段，而是由诸多驱动力共同作用的结果。

（3）现代 TRIZ 理论中的工程系统进化趋势明确了技术或产品所处的阶段不同，应该采取的战略也不尽相同，并对各阶段的战略进行了细化，对于企业的新品研发、商业规划和技术储备等来说具有重要的指导意义。

2. 提高价值的进化趋势

提高价值的进化趋势是 S 曲线进化趋势的子趋势。与经典 TRIZ 的理想度不同，现代 TRIZ 理论以价值来取代理想度，主要是为了方便量化。

$$\text{价值} = \frac{\text{总功能}}{\text{总成本}} \text{或} V = \frac{\sum F}{\sum C}$$

在现代 TRIZ 理论中，功能和成本都是可以量化的，从而价值也可以被量化。提高价值的进化趋势是 S 曲线进化趋势的子趋势，具体体现在 S 曲线的不同阶段，价值的提高方式是不同的，比如在婴儿期，需要提高性能的同时降低成本；在成长期，可以在大幅度提高性能的前提下适当增加成本；在成熟期，在可以保持性能不变的前提下降低成本等。如图 2－21 所示。

3. 增加系统完备性进化趋势

在工程系统的初始阶段，首先是执行主要功能，系统所依赖的资源主要来源于超系统，随着系统的发展，其子系统的功能逐渐增加，成为系统的一部分。系统在发展过程中，将逐渐包含以下功能：实现工程系统主要功能的执行功能，从能量源传输能量的传动功能，提供能量的能源功能以及控制功能。如图 2－22 所示。

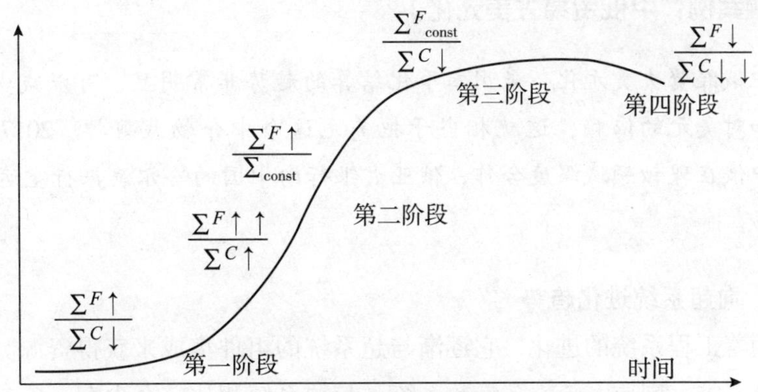

图 2－21　提高价值趋势与 S 曲线

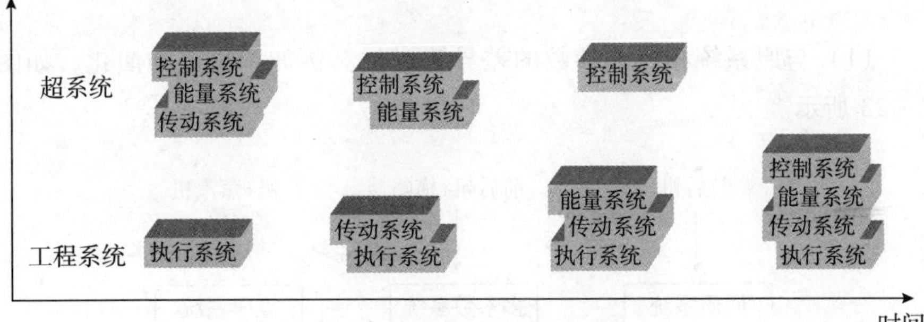

图 2－22　增加系统完备性进化趋势

4. 增加裁剪度进化趋势

随着工程系统的发展，在不影响系统功能的情况下，系统组件或子系统逐渐被裁剪，从而获得性能的改善。它又包含三个子趋势：裁剪子系统、裁剪操作、裁剪价值度最低的组件。

在子趋势 1——裁剪子系统中，通常按照以下顺序裁剪：传动系统→能量系统→控制系统→执行系统。例如，早期电机通过皮带传动系统驱动机器，现在传动系统被裁剪，直接用电机驱动机器。

在子趋势 2——裁剪操作中，通常按照以下顺序进行裁剪：矫正功能的操作→条件功能的操作→生产功能的操作。

在子趋势 3——裁剪价值度低的组件中，通常对系统组件价值度进行排序，优先裁剪价值度最低的功能组件。例如，水杯的杯把手可以被优先裁剪掉。

【金融案例：中俄贸易去美元化】①

中俄经贸去美元化，采用本币化结算的趋势非常明显，可以减少汇率风险和对美元的依赖，这就相当于把美元这个中介物裁剪掉。2017 年年底，中俄在现钞领域深度合作，俄亚太银行向中国的哈尔滨银行空运 1000 万现钞。

5. **向超系统进化趋势**

随着工程系统的进化，它逐渐与超系统的组件集成来获得资源。集成系统分三类：同质系统、多参数系统（与原系统相比，至少有一项参数不同）、竞争系统（系统不同，主要功能类似）。该进化趋势包含四个子趋势：

（1）与原系统相比，参数的差异化增加。例如，帆船的演化，如图 2－23 所示。

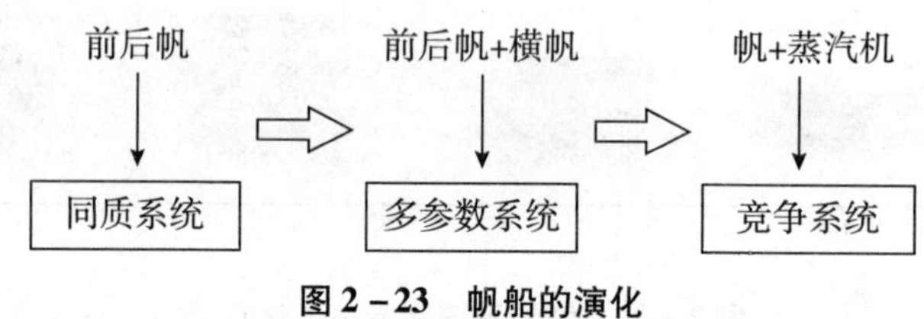

图 2－23 帆船的演化

（2）与原系统相比，主要功能的差异化增加。例如，洗发水与护发素合而为一。

（3）与原系统相比，集成度更高。例如，手表与罗盘集成。

（4）集成的集体数量增加。例如，办公设备一体机集成了打印机、复印机、传真机、扫描仪。如图 2－24 所示。

6. **系统协调性进化趋势**

在系统进化过程中，其组件沿着与其他组件和超系统更协调的方向发

① 苗一尘、于洋演讲，窦尔翔、杨勇指导，“投行课期末汇报”，北京大学 2019 年投行课的金融萃智作业课件，有修改。

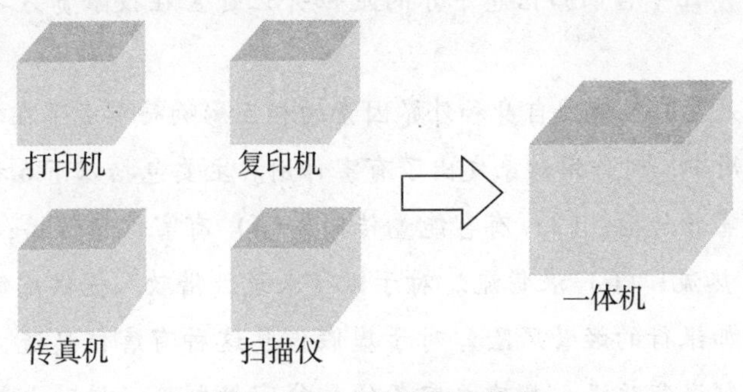

图 2－24　办公设备一体机

展。从参数级别上看，该进化趋势包含四个子趋势：形状的协调、韵律的协调、材料的协调、动作的协调。协调参数的选择可以提前设计或在操作中控制。从子系统级别上看，该趋势包含两个子趋势：子系统不均衡进化趋势和可控性进化趋势。

7. 流增强进化趋势

流增强进化趋势起源于经典 TRIZ 理论中的能量传递法则，在现代 TRIZ 理论中，能量传递法则已经被扩大为流增强进化趋势，除了能量流外，还有物质流和信息流，这些流所遵循的进化趋势是非常类似的，所以被合并为流增强进化趋势。持续的研究还发现，并不是所有流都是有益的，除了有用流外，还有有害流和中性流等，它们都可以采用合适的方法来增强或避免。

【金融案例：流进化法则】①

流进化法则包含能量流、物质流和信息流。（1）减少有益流的转换次数，改善流的导通性。如房屋直租，避免二房东和黑中介。（2）利用再循环，改善利用率有缺陷的流。如将发动机尾气回馈燃烧室，增加缸压，提高输出功率。（3）增加有害流的转换次数，减少或消除有害流的应用案例。如炼钢炉中钢水无法直视，可通过摄像头转换成图像信号。

监管部门规定 P2P 平台不得归集资金搞资金池，就是为了防止现金流在资金池中导通不畅，从而产生金融风险。禁止资金池就是为了消除不足

① 葛鹏程演讲，窦尔翔、杨勇指导，“金融创新期末汇报”，北京大学 2019 年 MEM 金融创新课的金融萃智作业课件，有修改。

流的停滞区，让平台回归信息中介的定位并让资金在投融资方之间更稳定地流动。

有害流是指有益流因自身和外界因素的相互影响而形成了在物质、能量和信息的使用中，对作用对象发出了有害作用。主要包括以下6种作用有害流：(1) 有害物传播；(2) 有害能量传播；(3) 有害信息传播；(4) 结构振动；(5) 热流；(6) 浪费流。对于银行来说，借款人提供虚假信息获取贷款，会增加银行的经营风险。对于虚假信息这种有害信息流，银行可以引入过滤机制进行改进，如建立完备的信贷审批制度、借助大数据和多维度指标审核借款人资质等。

8. 减少人工介入进化趋势

减少人工介入进化趋势是工程系统完备性进化趋势的子系统的子趋势。随着工程系统越来越完备，工程系统集成了越来越多的功能模块，以前需要人来完成的功能越来越多地被集成，越来越多地被排除在系统之外。从人工智能的发展方向来看，这也是万物智能化的结果。

【金融案例：刷脸支付】①

支付宝的刷脸支付功能，是指当用户不便使用手机或没有手机时，可“刷脸”完成——通过线下支付工具读取面部特征信息进行身份认证来完成自助结账等支付行为，快捷、安全、方便。商家多一种方案，用户多一种选择，同样方便和安全。这种方法用人脸代替了二维码，用“刷脸设备”代替了手机，相当于减少了人工介入，提高了理想度。再如，ATM的使用，将存取款、查询余额、转账等业务转移到机器上操作，减少了银行员工的介入，提高了理想度。

【金融案例：网上银行或微众银行】②

传统银行借款需要到当地银行柜台排队由柜员当面审核资质，评估信

① 葛鹏程演讲，窦尔翔、杨勇指导，“金融创新期末汇报”，北京大学2019年MEM金融创新课的金融萃智作业课件，有修改。

② 沈子清演讲，窦尔翔、杨勇指导，“金融创新期末汇报”，北京大学2019年MEM金融创新课的金融萃智作业课件，有修改。

用等级；而网上银行是通过计算机、互联网和大数据技术实现机器智能代替人工审核处理，大幅提高了效率，降低了成本和风险。如图 2－25 所示。

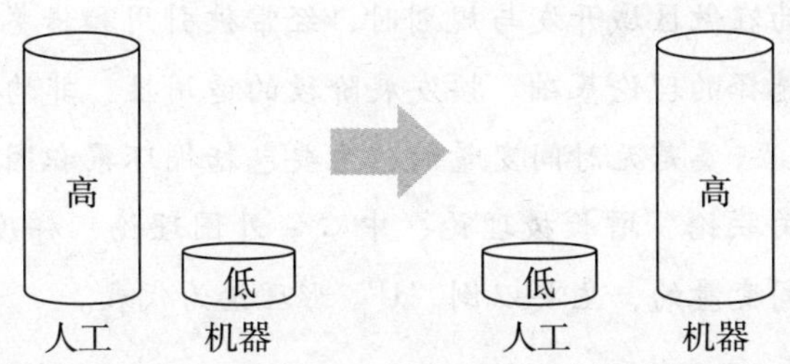

图 2－25　传统银行与网上银行的人工介入趋势对比

【金融案例：保骉保险】①

传统保险需要用户到网点向现场销售人员了解保单信息和办理投保业务，而保骉车险运用计算机程序，使用户在电脑网页和手机 App 上了解保险条款和价格、填写信息、查询和交易、报险、拍摄视频定损和获得赔付，大幅减少了人力成本，提高了自动化水平。

【金融案例：智能投顾】②

给机器设置投资模型，机器自动将采集的数据输入模型中运算，做出投资决策，这种方式代替了过去人工计算和决策的过程。

2018 年 5 月，在美国加州举行的梅肯研究院全球会议上，高盛集团总裁大卫·所罗门透露，关于股票交易，1998 年至 2003 年，高盛约有 500 人在为股票做市，现在只剩下 3 个人，其余的工作已经全部被人工智能取代。

9. 子系统不均衡进化趋势

子系统不均衡进化趋势是系统协调性进化趋势的子趋势，因为在系统协调进化时，子系统的进化有先有后，所以会出现子系统进化不均衡的现象。

① 沈子清演讲，窦尔翔、杨勇指导，“金融创新期末汇报”，北京大学 2019 年 MEM 金融创新课的金融萃智作业课件，有修改。

② 同①。

【金融案例：非均衡发展】

区域经济差异一直是区域经济学研究的核心问题之一。其中的非均衡发展理论，成为在做区域开发与规划时，经常被引用和借鉴的，作为区域经济发展战略选择的理论基础。按发展阶段的适用性，非均衡发展理论大体可分为两类：一类是无时间变量的，主要包括循环累积因果论、不平衡增长论与产业关联论、增长极理论、中心－外围理论、梯度转移理论等；另一类是有时间变量的，主要以倒“U”形理论为代表。

10. 可控性进化趋势

可控性进化趋势是系统协调性进化趋势的子趋势。如果工程系统可控，那么工程系统的参数就可以随着环境、对象等的变化而相应调节，从而实现工程系统的可协调进化。

【金融案例：智能投顾中的自动平仓】①

可以设置一种阈值，自动化的低买高卖。比如，投资总金额＝数量×价格，当价格下跌时自动买入，当价格提高时自动卖出，以实现自动化的投资风险控制。

11. 动态性进化趋势

动态性进化趋势是可控性进化趋势的子趋势。动态性进化趋势是指随着工程系统的进化，工程系统的组件获得了更多的自由度。工程系统的组件获得更多的自由度和动态特性后，才可以更加可控和可调节。

【金融案例：动态调价】②

传统保险每人的保费相同，而众安保险运用互联网大数据手段，海量收集用户数据，根据用户的不同年龄、性别、身体状况、财产收入、金融行为、消费记录等综合评估判断，为每个人设定专门的保费价格，并随时

---

① 祁奕蓓演讲，窦尔翔、杨勇指导，“金融创新期末汇报”，北京大学2019年MEM金融创新课的金融萃智作业课件，有修改。

② 同①。

间变化而变化。如图 2-26 所示。

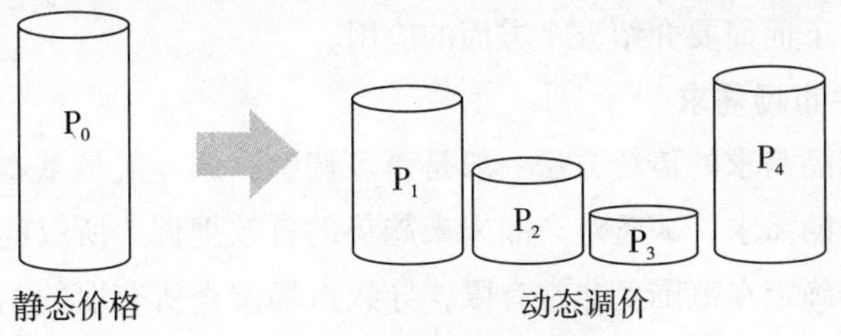

图 2-26 动态调价趋势

【金融案例：共享经济】[①]

共享经济的本质——整合线下的闲散物品或服务者，让提供者以较低的价格提供产品或服务。对于供给方来说，通过在特定时间内让渡物品的使用权或提供服务，来获得一定的金钱回报；对需求方而言，不直接拥有物品的所有权，而是通过租、借等共享的方式使用物品。这种经营模式提高了闲置资源的价值使用度和流动性。

12. **提高价值进化趋势的相关子趋势**

向超系统进化趋势、系统完备性进化趋势、增强裁剪进化趋势、流增强进化趋势、系统协调性进化趋势都属于提高价值进化趋势的子趋势，因为它们都可以以某种更加具体的方式来增加价值。一般来说，系统完备性进化趋势、流增强进化趋势、系统协调性进化趋势都可以提供系统的功能，从而可以提高系统的价值；增加裁剪度的进化趋势则可以降低成本，从而提高系统的价值；而向超系统进化趋势既可以降低工程系统的成本，又可以提高系统的性能，所以价值也可以相应提高。

读者可以根据本节介绍的内容在金融领域中寻找相应的例子。

第六节 技术系统进化法则的应用

技术系统的八大进化法则是 TRIZ 中解决发明问题的重要指导原则，

① 祁奕蓓演讲，窦尔翔、杨勇指导，“金融创新期末汇报”，北京大学 2019 年 MEM 金融创新课的金融萃智作业课件，有修改。

掌握好进化法则，可有效提高问题解决的效率。同时进化法则可以应用到其他方面，下面简要介绍五个方面的应用。

1. 产生市场需求

获得产品需求的传统方法一般是市场调整，调查人员基本聚焦于现有产品和用户的需求，缺乏对产品未来趋势的有效把握，所以问卷的设计和调查对象的确定在范围上非常有限，导致市场调查所获取的结果往往比较主观、不完善。调查分析获得的结论对新产品市场定位的参考意义不足，甚至出现错误的导向。

TRIZ 的技术系统进化法则是通过对大量的专利研究得出的，具有客观性的跨行业领域的普适性。技术系统的进化法则可以帮助市场调查人员和设计人员从趋势确定产品的机会路径，引导用户提出基于未来的需求，实现市场需求的创新，从而立足于未来，抢占领先位置，成为行业的引领者。

在金融领域中，原来 C_1 类的非系统信用资源是就事论事地依据融资者自己的存量贫富资源融资，从而会导致中小企业融资问题的金融悖论；依靠国家大系统信用资源是一条从融资人子系统向所生活工作的国家系统资源进化的正确路径，因而解决我国中小企业融资难问题的方向是国家大系统信用资源，特别是超越征信达到反制力层面的制度安排。

2. 定制技术预测

针对目前的产品，技术系统的进化法则可为研发部门提出如下预测：

（1）对处于婴儿期和成长期的产品，在结构、参数上进行优化，促使其尽快成熟，为企业带来利润。同时，也应尽快申请专利进行产权保护，以使企业在今后的市场竞争中处于有利的位置。

P2P 处在婴儿成长期，存在平台风险和融资方风险两种风险控制不成熟的缺陷，需要做的不是大量放开任由其发展，而是要进行风险治理模式的升级改造。比如可以让银行做平台公司，或者由具有风险识别和风险控制能力的投资者劣后一般 P2P 投资方的方法改善 P2P 制度。

（2）对于处于成熟期或衰退期的产品，应避免进行改进设计的投入或进入该产品领域，同时应关注开发新的核心技术以替代已有的技术，推出新一代的产品，保持企业的持续发展。

银行已经是处于成熟期乃至衰退期的金融机构型产品，国家需要做的不是释放更多的银行名额，而是要研发新的银行替代品。比如促进银行的裂变，银行资产业务与平台业务进行合作融合等。

(3) 明确符合进化趋势的技术发展方向，避免错误的投入。

比如，应到银行办理业务的客户为了尽力避免排队，而宁愿通过机器操作。因而当银行观察到这一趋势后，应当尽力实现业务的自动化，以为客户提供更好的体验。

(4) 定位系统中最需要改进的子系统，以提高整个产品的水平。

金融发展中，自然技术已经发展得很充分，但是制度技术系统还需要着重发展；政府型系统性信用资源发展欠缺的原因是尽管征信做得很努力，对金融违法犯罪的惩罚也开始引起高层重视，但是账户的管控性设计做得还不够。

(5) 跨越现有的系统，从超系统的角度定位产品可能的进化模式。

金融制度技术中，在信用资源的利用方面，传统的非系统性信用资源，如抵（质）押、担保、供应链金融已经做得比较充分了，但是系统性信用资源做得还不够，如大系统信用资源。

3. 产生新技术

产品进化过程中，虽然产品的基本功能维持不变或有增加，但其他的功能需求和实现形式一直处于持续的进化和变化中，尤其是一些令顾客喜悦的功能变化非常快。因此，按照进化理论可以对当前产品进行分析，以找出更合理的功能实现结构，帮助设计人员完成对系统或子系统基于进化的设计。

4. 专利布局

技术系统的进化法则，可以有效确定未来的技术系统走势，对于当前还没有市场需求的技术，可以事先进行有效的专利布局，以保证企业未来的长久发展空间和专利发放所带来的可观收益。

当前的社会，有很多企业正是依靠有效的专利布局获得高附加值的收益。在通信行业，美国高通公司的高速成长正是基于预先的专利布局，在CDMA（码分多址，一种数字通用技术）技术上的专利几乎形成了全世界范围内的垄断。我国的大量企业，每年会向国外的公司支付大量的专利使用许可费，这不但大大缩小了产品的利润空间，而且经常会因为专利诉讼而官司缠身。

最重要的是专利正成为许多企业打击竞争对手的重要手段。我国的企业在走向国际化的道路上，很多都遇到了国外同行在专利上的阻挡，虽然有些官司最后以和解结束，但所涉产品在诉讼期间丧失了大量的、重要的市场机会。

同时，拥有专利权也可以与其他公司进行专利许可使用的互换，从而节省资源，节省研发成本。因此，专利布局是创新型企业的一项重要工作。

同样，在金融产品方面，由于金融市场的激烈竞争性和缺乏有效的法律保护更容易被模仿。从中国金融产品专利申请数量来看，中国所有商业银行申请金融产品的专利数量总和还不到美国花旗银行在中国申请金融产品数量的一半。如果中国银行不重视金融产品专利的申请，那么在未来的金融市场中将受到严重影响。我国的商业银行应该认识到，金融产品的专利是在未来激烈竞争中占据有利地位，获得巨额利润的有效武器。如果不对投入大量财力和物力进行开发的金融产品进行有效的专利保护，则有可能被迫使用类似的产品和赔偿竞争对手巨额的损失。如果提前进行专利布局，则可以抢占先机，领先于竞争对手。

5. 选择企业战略制定的时机

八大进化法则，尤其是S曲线对选择制定企业发展战略的时机具有积极的指导意义。一个企业也是一个技术系统，一个成功的企业战略能够将企业带入一个快速发展的时期，完成一次S曲线的完整发展过程。但是当这个战略进入成熟期以后，将面临后续的衰退期，所以企业面临的是下一个战略的制定。

很多企业无法跨越20年的持续发展期，正是由于在一个S曲线的四个阶段的完整进化中，企业没有及时进行下一个企业发展战略的制定，没有完成S曲线的顺利交替，以致被淘汰出局，退出历史舞台。所以企业在一次成功的战略制定后，在获得成功的同时，不要忘记S曲线的规律，需要在成熟期开始着手进行下一个战略的制定和实施，从而顺利完成下一个S曲线的启动，将企业带向下一个辉煌。

当前P2P模式系统所存在的问题主要有两个：一是平台的准银行化行为，包括资金池、自融和担保三种，这会埋下平台跑路的隐患。解决这个问题的第一种办法就是向超系统演进，即引入银行监管。但是这种正面监管会由于信息不对称条件下监管对象之多而使系统成本高昂，所以有一个替代性的解决方法就是平台公司银行化，只要资金提供方愿意，银行既可以做资金池也可以做平台公司，免去了银行精疲力竭的监管。二是 P2P 融资方的信用资源不足问题。可以利用子系统不均衡法则分析融资者信用不足的细节。真正的 P2P 是不允许使用非系统性信用资源 C_1 的，因而要保证金融交易的原则，就需要利用向超系统迈进的法则为融资方提供 C_2 或者 C_3 两类系统性信用资源，从而形成基于劣后的“P 域 P”模式。

不管是一般公司作为平台公司的 P2P，还是银行作为平台公司的 P2P，一旦形成“P 域 P”的关系，融资方的风险就得以控制。因为在塔福域金融中的域金融对域中的融资方产生了强烈的流增强效应，具体来说就是域中的信息技术链提供了充足的信息流，域中的产业生命链提供了充足的物质流，域中的劣后域金融制度安排提供了充足的资金能量流；当然，根据减少人工介入的进化法则，域中的所有金融合约可以采取智能合约的方式减少交易成本，从而提高签约和履约效率。

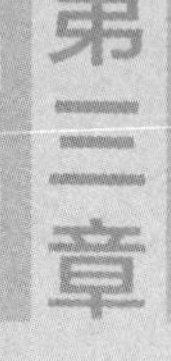

第三章 TRIZ创新思维方法

优异的成果只能产生于高度发达的思维文明之中。学者、设计师、发明家需要强大而温顺的幻想。事实上，幻想在多数情况下都灾难性的低弱。可以想象，拘泥于定理、方法、标准，会从根本上抑制幻想的飞翔。实际上 TRIZ 理论的全部架构是建立在活跃而又易控的幻想之上的。高水平发明任务的解决需要启发性的计划，这能取代传统的向着解的区域以定向移动方式选择方案的做法。

——根里奇 · S. 阿奇舒勒（Genrich S. Altshuler）

想象力比知识更重要，正因知识是有限的，而想象力概括着世界上的一切，推动着进步，并且是知识进步的源泉。

——阿尔伯特 · 爱因斯坦（Albert Einstein）

【趣味故事】 图书馆搬家

相传，大英图书馆的老馆因年久失修，在新的地方建立了一个新馆，新馆建成后，要把老馆的书搬到新馆去。这本来是搬家公司的事，没什么好策划的，把书装上车、拉走、摆放到新馆即可。问题是预算需要350万英镑，而图书馆账户里没有那么多钱。眼看雨季就要到了，再不马上搬家，这损失就大了，怎么办呢？

正当馆长苦恼的时候，一个馆员问馆长苦恼什么。馆长把这个情况给馆员介绍了一下。几天之后，馆员找到馆长，告诉他有一个解决方案，不过仍然需要150万英镑。馆长十分高兴，因为图书馆有能力支付这笔费用。

“快说出来！”馆长很着急。

馆员说：“好主意也是商品，我有一个条件。”

“什么条件？”馆长更着急了。

“如果把150万英镑都花尽了，那权当我给图书馆做贡献了；如果有剩余，图书馆把剩余的钱给我。”

“那有什么问题？350万英镑我都认可了，150万英镑以内剩余的钱给你，我马上就能做主！”馆长坚定地说。

“那咱们签个合同？”馆员意识到发财的机会到了。

合同签订了，不久就实施了馆员的搬家方案。150万英镑连零头都没有用完，就把图书馆里的书给搬完了。

原来，图书馆在报纸上发出了一条惊人的消息：“从即日起，大英图书馆免费、无限量向市民借阅图书，条件是从老馆借出，还到新馆……”

这个小故事蕴含着丰富的创新思维方式，创造性思维的一个表现是敢于打破常规，进行逆向思维。生活中，很多时候我们习惯于自始至终地用一种思维去观察和解决问题。结果自己给自己设置了一个“桎梏”，逐渐形成一种思维定式，从而阻碍了我们前进的步伐。

本故事中的馆员打破常规思维方式，正是使用了TRIZ理论体系中的金鱼法把问题分解为现实部分和不现实部分，对于不现实部分即如何少花钱给图书馆搬家，又通过九屏幕法从超系统中寻找市民资源，最后通过小人法化整为零即无限量借书，才轻松解决了成本约束的问题。

本章我们将体会到TRIZ理论体系中的很多规律性的创新思维方法的魅力，为大家解决国家、社会、经济、金融、生活问题提供方法论上的启发。

思维是人脑对客观现实的概括和间接的反映，它反映的是事物的本质和事物间规律性的联系。人类思维具有三种形式：逻辑思维、形象思维和创新思维。逻辑思维即抽象思维，它撇开事物具体形象而抽取共同的本质，因而具有抽象性特征。逻辑思维具有严密性，但容易形成思维定式，即思维惯性。思维惯性是人们进行创新活动的障碍。所谓形象思维，是通过"象"来构成思维流程的，就是所谓的神与物游。形象思维始终伴随着情感，离不开想象和联想。创新思维是指在思考过程中采用能直接或间接起到某种开拓、突破作用的一种思维。显然，创新思维是人的创新活动的基础，是值得我们推崇的。

为了消除思维障碍，阿奇舒勒提出了一系列创新思维方法，TRIZ 理论中突破传统思维惯性的方法很多。比如，看待一个系统是由于思维惯性，只会看到现在的本系统，而九屏幕法可以突破片面的思维惯性，在时间这一纵向维度上分析本系统的过去、现在和未来所存在的资源，在系统这一横向维度上分析超系统、系统和子系统所存在的资源，这样我们可以从更多维度寻找解决问题的资源。再如，人们一般按照常规尺寸、时间、成本来考虑问题，为了突破这种思维惯性，TRIZ 从宏观和微观考虑问题，把尺寸、时间、成本从零到无穷大来考虑问题，这就是 STC 算子。此外，还有抽取异想天开想法中有效成分的金鱼法，化整为零的小人法，等等。

相对于头脑风暴法、试错法等传统的创新思维方法，TRIZ 创新思维方法具有鲜明的特点和优势，对研发或解决问题的思路有明确的指导性，避免了耗费大量人力、物力、财力的盲目性试错，让产品问题的解决变得有规律可循。这些方法主要应用在工程技术领域，本书则首次系统地将其应用于金融领域，有些方法需要在具体金融创新实践中细加体会。阿奇舒勒说过，学者、设计师、发明家都需要旺盛而丰富的想象力。"但事实上，幻想在多数情况下都灾难性地低弱"，在中国这种想象能力更显得稀缺。目前最主要的问题是，我们的金融教育和从业者总体太多"拘泥于定理、方法、标准，会从根本上抑制幻想的飞翔”。实际上，TRIZ 理论的全部体系都是建立在活跃而又易控的幻想之上的。

当然，TRIZ 只能帮助金融思考，但不能代替金融思考。

第一节 TRIZ 思维桥

所谓“思维桥”，是指由 TRIZ 的五种创新思维方法组成的解决发明问题的程式化过程。按照流程，这五种创新思维方法依次是：(1) 最终理想解（IFR）；(2) 金鱼法；(3) 九屏幕法；(4) STC 算子；(5) 小人法。如图 3-1 所示。

图 3-1 TRIZ 思维桥①

TRIZ 思维桥中包含的五种方法，一般组合起来使用，具体使用流程如下：

(1) 确定发明问题或金融问题理想解 IFR，这是我们要达到的目标；

(2) 把理想解通过金鱼法分为现实部分和不现实部分；

(3) 针对现实部分形成解决方案，将不现实部分引入下一步；

(4) 采用九屏幕法对不现实部分进行资源分析，查找里面存在的问题；

(5) 对资源特征不明显的部分，采用 STC 算子分析有用的特征；

(6) 对于具体功能实现障碍，采用小人法来解决。

五种创新思维组合应用的详细流程如图 3-2 所示。

---

① 图片引自张明勤、范存礼、王日君、张士军，《TRIZ 入门 100 问：TRIZ 创新工具导引》，机械工业出版社，2012 年 5 月，第 14 页。

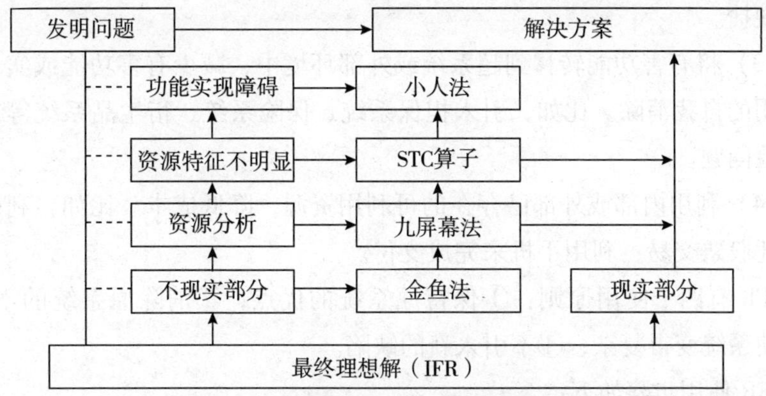

图 3－2　创新思维组合应用的详细流程①

第二节　最终理想解

TRIZ 在解决问题之初，首先抛开各种客观条件限制，设立理想模型来分析问题解决的可能方向和位置，并以取得最终理想解作为终极追求目标，从而避免了传统创新设计方法中缺乏目标的弊端，提升了创新设计的效率。因而，IFR 被称为“创新的导航仪”。

理想解，是使产品处于理想状态的解。理想状态常用理想度来衡量。

$$\text{理想度（IFR）} = \frac{\sum \text{有用功能}}{\sum \text{有害功能} + \text{成本}}$$

最理想的技术系统是资源消耗和有害功能都趋于零，有用功能趋于无穷大，当然这种情况在现实中不存在。以货币为例，货币的演进方向就是要让资源的消耗和货币的有害功能趋于零。

提高理想度的方法：

（1）增加系统的方向，即增加有用功能的数量。比如，一个金融监管机构可以进行多元化监管，一个金融机构可以实现多个业务功能。

（2）传输尽可能多的功能到工作元件上，即提升有用功能等级。比如，支付宝既是一个钱包，也是一个直销银行，一个支付工具，而且比较

① 图片引自张明勤、范存礼、王日君、张士军，《TRIZ 入门 100 问：TRIZ 创新工具导引》，机械工业出版社，2012 年 5 月，第 14 页。

安全便捷。

（3）将有害功能转移到超系统或外部环境中，减少有害功能或实现有害作用的自我消除。比如，引入担保系统、保险系统、衍生品系统等来解决风险问题。

（4）利用内部或外部已存在的可利用资源，降低成本。比如，利用电话委托股票交易，利用手机来完成支付。

IFR 有四个使用原则：①保持原系统的优点；②消除原系统的不足；③不使系统变得复杂；④不引入新的缺陷。

IFR 使用步骤如下：

（1）设计的最终目的是什么？

（2）理想解是什么？

（3）达到理想解过程中的障碍是什么？

（4）如何使障碍消失？什么资源可以帮助你？

（5）其他领域是否有类似的解决方法？

案例：割草机的改进

割草机的改进求解过程如表 3－1 所示。

表 3－1　割草机的改进求解过程

IFR 流程	求解过程
设计的最终目的是什么	得到平整漂亮的草坪
理想解是什么	草坪自我实现平整漂亮
达到理想解过程中的障碍是什么	草不停地生长
如何使障碍消失；什么资源可以帮助你	草的生长可以控制；可用的资源是草
其他领域是否有类似的解决方法	农业领域中农作物生长高度的控制
解决方案	培育能够控制生长高度的草坪，草坪自我保持平整漂亮，不需要割草机

【金融案例：小微企业融资难】

小微企业融资难的求解过程如表 3－2 所示。

表 3-2　　小微企业融资难的求解过程

IFR 流程	求解过程
设计的最终目的是什么	得到企业发展所需要的资金
理想解是什么	低成本、快速地融资
达到理想解的障碍是什么	缺乏担保的优质资产，信用等级低
如何使障碍消失；什么资源可以帮助你	利用影子抵押技术，政府型系统信用资源替代非系统信用资源
其他领域是否有类似的解决方法	市场型系统性信用资源代替非系统资源和政府型系统性信用资源，如村落金融，域金融 C_2
解决方案	小微企业遵守道德“信度”，在场域中获得融资

第三节　九屏幕法

俗话说，“巧妇难为无米之炊”。任何问题的解决都需要使用资源。资源分为“显性资源”和“隐性资源”，隐性资源不易被发现，更谈不上利用。一个人的创新能力常常取决于他发现和利用资源的能力。九屏幕法是一种资源系统寻找方法，简明有效，可以帮助我们查找解决问题所需的资源，所以又被形象地称为“资源搜索仪”。它从时间和空间两个维度搜寻解决问题的可能资源，它不仅考虑当前，还要考虑过去和未来；不仅考虑本系统还要考虑相关的超系统和子系统，系统地、动态地、联系地看待事物。

系统是指复杂的具有一定结构的整体。根据系统论的观点，系统是由多个子系统组成的，并通过子系统间的相互作用实现一定的功能。系统之外的高层次系统称为超系统，系统之内的低层次系统称为子系统。

我们也可以利用九屏幕法解决金融领域中的难题。如果将金融事物看作中观状态，那么就可以分别在宏观层面寻找更多的金融事物，在微观层面解构中观状态的金融事物；并进一步将金融事物看作当下状态，去寻找历史状态和未来状态下金融事物所存在的各种资源。甚至还可以从事前、事中、事后三个流程性的链环来寻找解决金融难题的可能资源。

利用九屏幕法查找系统资源的思路和步骤如下：

（1）从系统本身出发，考虑可利用的资源；

（2）考虑子系统和超系统的资源；

（3）考虑系统的过去和未来，从中寻找可利用的资源；

（4）考虑子系统和超系统的过去和未来。

注意：

（1）九屏幕图中子系统、超系统不唯一，可以单独绘制，也可以一起绘制，形成扩展九屏幕图，如图3－3所示。

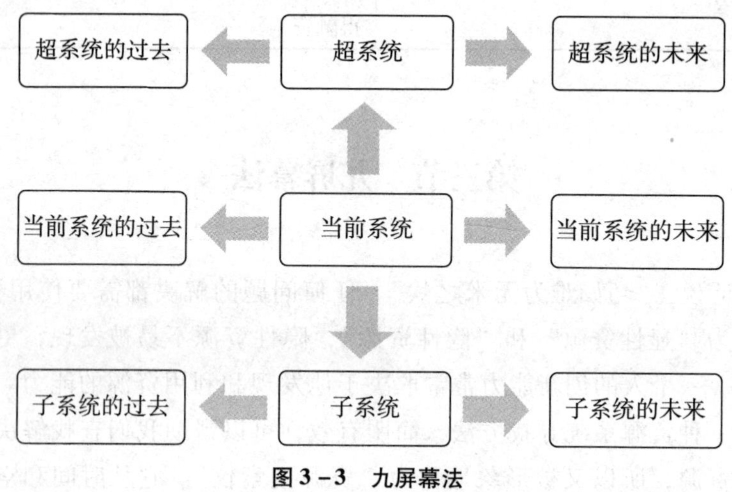

图3－3　九屏幕法

（2）系统的过去、现在、未来并非一脉相承，是根据功能需求呈跳跃式发展状态，因此可以从系统的过去和未来寻找当前问题的答案。

（3）系统是由子系统构成，也是超系统的一部分，解决当前系统问题可以从子系统和超系统获得直接资源或派生资源。

（4）资源挖掘要全面具体，循序渐进。

案例：爆胎的汽车

如果汽车在行驶过程中突然爆胎了，要查找问题出现的原因和寻求解决的方案，可以从时间和空间维度打开九宫格来思考，如图3－4所示。

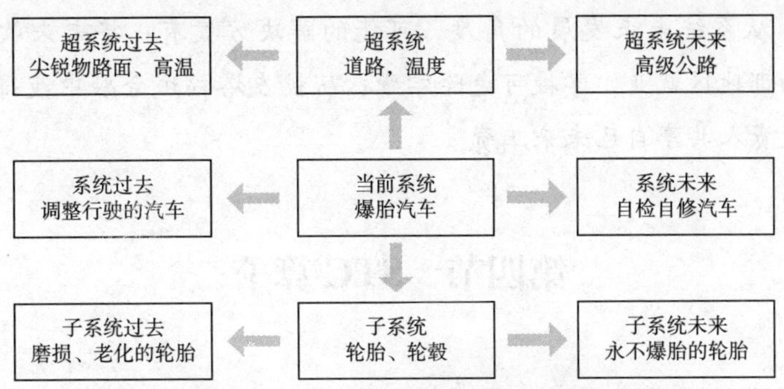

图3－4　九屏幕法分析爆胎汽车流程①

【金融案例：大学生融资】

贫困大学生一直是从事高等教育的工作者关注的重点。经济压力困扰着大学生的成长，甚至催生出一些校园悲剧。为了减轻贫困大学生的经济压力，可以利用九屏幕法进行学生金融资源分析，寻找可以利用的资源，分析各种可能解决方案，如图3－5所示。

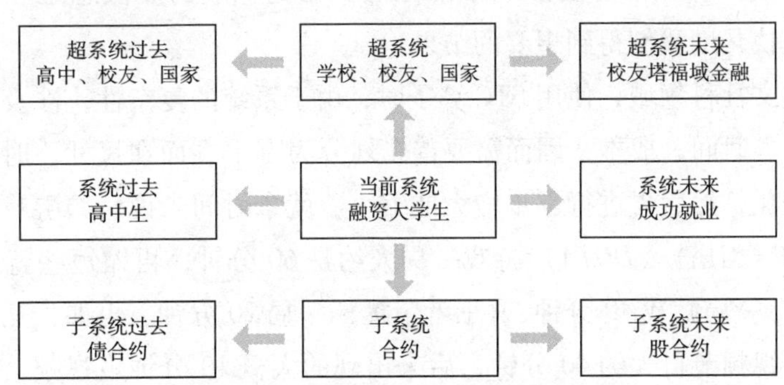

图3－5　九屏幕法分析大学生融资流程

（1）利用子系统资源，可能的解决方案：申请国家无息助学贷款。

（2）利用超系统，可能的解决方案有：参加学校勤工助学岗位赚钱；向校友借款。

（3）从系统过去状态来考虑，可能的解决方案有：从自己毕业的高中获得赞助；向自己高中同学借款。

① 图片引自张明勤、范存礼、王日君、张士军，《TRIZ入门100问：TRIZ创新工具导引》，机械工业出版社，2012年5月，第18页。

（4）从系统未来发展的角度，可能的解决方案有：将未来收入证券化；到西部地区就业，学校可免除学费；从校友塔福域金融中获得股性资金，与投资人共享自己未来工资。

第四节　STC 算子

系统的尺寸、作用时间、成本在现有状态下常常不能充分表现固有特性，加之思维定式的影响，使得人们不能发现用来解决问题的资源。我们可以进行一种发散思维的想象实验，将尺寸（S）、作用时间（T）和成本（C）这三个因素按照三个方向两个极值，从而形成六个维度进行变化，就是将这三个因素分别进行递增和递减，递增可以到最大，递减可以到最小，直到系统中有用的特征出现。这种分析问题、查找资源的方法叫作 STC 算子。STC 算子也被形象地称为“特征检查仪”。它是一种让我们大脑进行有规律、多维度发散思维的方法，相比一般的发散思维和头脑风暴，能更快帮助我们得到想要的结果。①

在人文社科领域，使用 STC 算子时，由于系统的复杂性，涉及多个方面的尺寸、时间、成本，因而需要首先划分为哪个方面在尺寸、时间、成本下的变化，然后再进行逐步增大或缩小。就拿时间来说，如游戏领域中十年前的《刀塔》（*DOTA*）游戏一局大约是 60 分钟，再缩短些就是《英雄联盟》，一局游戏 40 分钟，《王者荣耀》一局 20 分钟。再如，互联网视频中一个视频节目大约 40 分钟，后来出现的大概 10 分钟短视频，现在快手和抖音视频甚至不到一分钟。

使用 STC 算子的步骤与原则：

（1）明确研究对象现有的尺寸、时间和成本。

（2）想象其尺寸逐步增大到无穷大（S→∞）时会怎样？

（3）想象其尺寸逐步减小到无穷小（S→0）时会怎样？

（4）想象其作用时间或运动速度逐步增大到无穷大（T→∞）时会

---

① 张明勤、范存礼、王日君、张士军，《TRIZ 入门 100 问：TRIZ 创新工具导引》，机械工业出版社，2012 年 5 月，第 19 页。

怎样?

(5) 想象其作用时间或运动速度逐步减小到无穷小 (T→0) 时会怎样?

(6) 想象其成本逐步增大到无穷大 (C→∞) 时会怎样?

(7) 想象其成本逐步减小到无穷小 (C→0) 时会怎样?

使用STC算子时要注意:

(1) 每个想象试验都要逐步增加、减少, 直到物体新的特性出现。

(2) 不可以在还没有完成所有想象试验, 担心系统变得复杂时而终止。

(3) 使用成效取决于主观想象力、问题特点等情况。

(4) 不要在试验过程中尝试猜想问题最终答案。

(5) 使用STC算子处理问题后, 应该找到技术矛盾和物理矛盾, 并利用物-场分析和发明问题解决原理。

案例: 采摘苹果

通常采摘苹果费时费力, 下面我们应用STC算子, 沿着尺寸、时间、成本进行发散思维试验, 如图3-6所示, 看看能否找到可行方案。

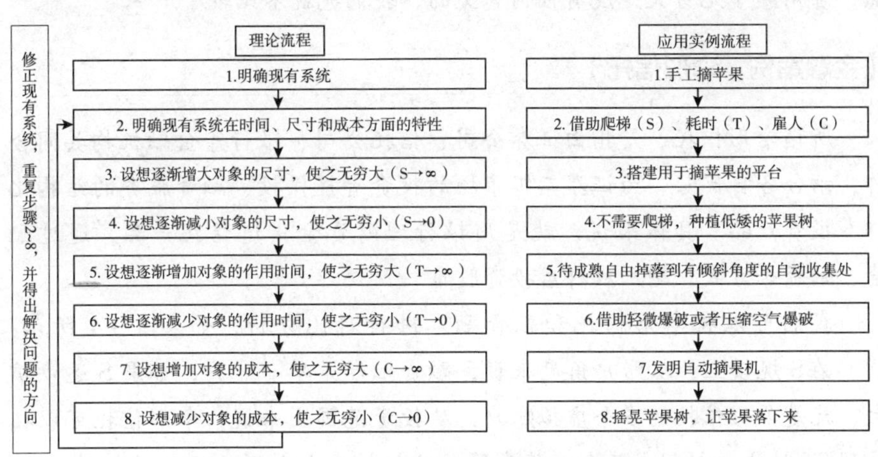

图3-6 STC算子——思考问题流程

可能的改进方案:

(1) 假设苹果树的尺寸 (高度) 趋于零。→种植低矮苹果树。

(2) 假设苹果树的尺寸 (高度) 趋于无穷高。→整形成梯子形树冠。

（3）如果要求收获的时间趋于零。→轻微爆破。

（4）假设收获时间不受限制。→苹果成熟自由掉落。

（5）假设收获的成本费用要求很低。→摇动苹果树，使苹果落地。

（6）如果收获的成本费用不受限制。→可以研发苹果采摘机器人。

【金融案例：余额宝创新】①

我们拿传统银行理财与余额宝进行对比分析如表3－3所示：（1）在理财起投最低限额上，传统银行理财一般为5万元，如果起投最低限额趋于无穷小，就是余额宝的1元起投。（2）在用户群体上，传统银行理财框定在具有较高投资观念和闲置资金的用户，如果用户群体趋于无穷大，就是余额宝的所有互联网用户。（3）在理财产品的申购、赎回、支付时间方面，传统银行都比较漫长，如果这些趋于无穷小，就是余额宝的即时申购、赎回、支付。（4）在收益时间上，传统银行理财是固定期限，如果趋于无穷大，就是余额宝的无限期收益，只要你不赎回，就能一直收益。（5）在手续费方面，传统银行理财有托管费和销售费，如果这些费用趋于无穷小，就是余额宝的零手续费，本身互联网金融边际成本就趋于零。当然，费用趋于无穷大是没有任何意义的，我们也就不比较了。

【金融案例：伞形信托】②

所谓伞形信托，是指由证券公司、信托公司、银行等金融机构共同合作，结合各自优势，为证券二级市场的投资者提供投、融资服务的结构化证券投资产品。具体来说，就是用银行理财资金借道信托产品，通过配资、融资等方式，增加杠杆后投资股市。

我们可以将伞形信托和融资融券进行对比分析，如表3－4所示：（1）在S规模上，从账户角度来说，融资融券是单一账户，如果S逐步扩大，就是伞形信托的多个虚拟账户；从投资范围上来说，伞形信托可以拓展到ST板块、封闭式基金、债券等；从杠杆率上来说，可以增大到1∶3。（2）在T时间上，从投资期限角度来说，融资融券相对灵活，可以一个月

① 马群、曾凡杰、贾云龙、刘亚锋演讲，窦尔翔指导，“金融创新期末报告”，北京大学MEM金融创新课的金融萃智作业课件，有修改。

② 同①。

到一年，伞形信托要求严格，一般在半年以上；从投资者加入时间来说，伞形信托比融资融券要短很多，这是在T时间的缩小。(3) 在C成本上，融资融券的配资成本比较高，伞形信托的配资成本较低，这是在向成本缩小的方法发展。在成本放大上，对于二者都毫无意义，因此不分析。

表3-3　　STC算子分析余额宝创新流程

分析因子	变化情况	分析点	传统银行理财（现有系统）	余额宝的创新
尺寸（size）	S→∞	用户群体	具有较高理财观念，有一定数量的闲置资金的用户	人人都可以投资理财的普惠金融产品，无限扩大了投资用户群体
	S→0	起投最低限额	一般5万元	1元
时间（time）	T→∞	—	—	—
	T→0	申购耗时	需要去银行柜台排队办理；即使在银行网上申购流程也比较烦琐	操作流程简单快捷：5~10秒完成申购
		赎回时间	一般是T+3	小额资金快速赎回：每天有5万元的额度可T+0当天赎回
		利率变化时间	固定利率	余额宝每天的收益都不同，即时享受市场红利变化
		查询时间	去银行查询：即使在网上查询流程也比较烦琐	随时登录手机App客户端进行收益额查询
		互联网消费支付时间	定期理财产品不支持直接互联网消费	随时支持网购消费
成本（cost）	C→∞	—	—	—
	C→0	手续费	虽然没说，但是有托管费和销售费	转入、转出不需要手续费

表 3-4　STC 算子分析伞形信托流程

分析因子	变化情况	分析点	融资融券（现有系统）	伞形信托的创新
尺寸（size）	S→∞	账户个数	单一账户模式	一个信托通道下设立很多小的交易子单元，通常一个母账户可以拆分为 20 个左右的虚拟账号
		投标范围	特定的股票，无法触碰 ST 板块等	投标范围扩大：除主板、中小板和创业板个股，伞形信托可以参与两融账户无法触碰的 ST 板块，亦可以参与封闭式基金、债券等投资品种的交易
		杠杆率	1:1	1:2 或 1:3
	S→0	—	—	—
时间（time）	T→∞	投资期限	相对灵活可以一个月到一年，可以根据客户自己决定	对投资期限要求比较严格，一般在半年以上
	T→0	投资者加入时间	因单一账户模式，开立账户往往需要耗时七天左右	伞形信托下设的各子信托无须单独开户，投资者实际加入伞形信托一般仅需要一到两天
成本（cost）	C→∞	—	—	—
	C→0	配资成本	平均水平 8.6%	伞形信托的优先级资金是银行理财资金，劣后级一般则由普通投资者充当，配资成本在 8.1% ~8.2%

第五节　金鱼法

胡适先生在谈到做学问、研究问题时曾这样讲："大胆设想，小心求证。”同样，在做创新时也应该进行“大胆设想”，而这种设想常常表现为一种“幻想”。阿奇舒勒面对这样的问题时，他进一步从幻想式解决构想中区分出现实部分和幻想部分，然后再把幻想部分通过附加一定条件，再进一步区分出现实的部分和幻想的部分，如图3－7所示。这样的划分不断地反复进行，直到确定问题的解决构想能够实现为止。阿奇舒勒形象地称之为“金鱼法”。采用金鱼法，有助于将幻想式的解决构想转变为切实可行的构想，就是说它能帮助我们梦想成真，所以被称为“梦幻分析仪”。

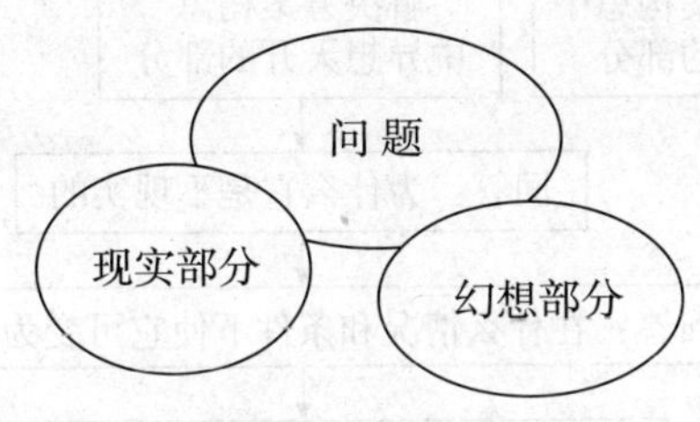

图3－7　金鱼法①

金鱼法实际上就是对问题采取“一分为二”的方法，迅速“定位”问题的位置，寻找解决方案。采用金鱼法，将思维惯性带来的想法重新定位和思考，有助于将幻想式的解决构想变成切实可行的构思。

中国创新文化的缺乏，根本原因就在于缺乏幻想。中国只有将幻想照亮现实道路，才能更有效地进行创新。科幻作家先幻想—科学家把幻想变成现实—科幻作家再幻想，如此科学在循环往复中前进。中国当今的金融创新更多的是模仿，因而中国金融创新水平提升的关键路径应是提倡“金融科幻”。

使用金鱼法的步骤：

（1）将问题分为现实和幻想两部分。

（2）问题1：幻想部分为什么不能实现？

（3）问题2：在什么条件下，幻想部分可以变成现实？

（4）列出子系统、系统、超系统的可利用资源。

（5）从可利用资源出发，提出可能的构想方案。

---

① 图片引自张明勤、范存礼、王日君、张士军，《TRIZ入门100问：TRIZ创新工具导引》，机械工业出版社，2012年5月，第21页。

（6）选择构想中的不现实方案，再次回到第一步，重复如图3－8所示。

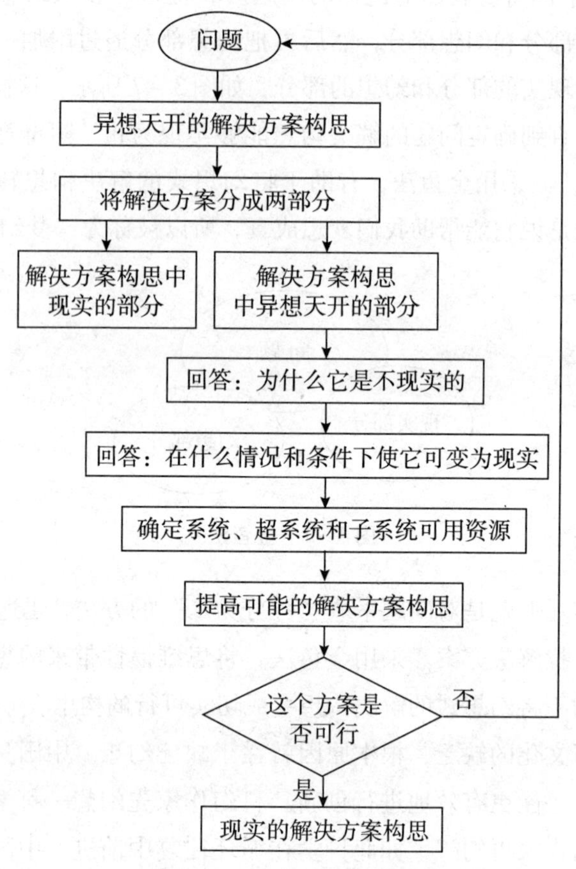

图3－8　金鱼法使用步骤①

案例：怎样用四根火柴棍摆成一个“田”字呢？

（1）将问题分解为现实部分和幻想部分。

现实部分：四根火柴棍组成一个“田”字的想法；

幻想部分：四根火柴棍在不损折的情况下组成一个“田”字。

（2）幻想部分为什么不现实？

因为思维定式的影响，四根火柴棍只是四条线段，而组成一个“田”字至少需要六条线段，并且火柴棍不能折断。

---

① 图片引自张明勤、范存礼、王日君、张士军，《TRIZ入门100问：TRIZ创新工具导引》，机械工业出版社，2012年5月，第21页。

(3) 在什么情况下，幻想部分可变为现实？

借助它物；火柴棍上自身含有组成“田”字的资源。

(4) 确定系统、超系统和子系统的可用资源。

超系统：火柴盒、桌面、空气、重力、灯光等；

系统：四根火柴棍；

子系统：火柴棍的横端面和纵端面。

(5) 利用已有的资源，基于之前的构思（第三步）考虑可能的方案：

方案1：四根火柴棍借助火柴盒或者桌角的两条边就能摆成一个“田”字；

方案2：四根火柴棍借助两条直光线也可以组成一个“田”字；

方案3：火柴棍的横断面是个矩形，而四个矩形就能组成一个“田”字。

【金融案例：购房者如何用10万元购买300万元的房产？】

对于这个问题，我们尝试用金鱼法结合九屏幕法来解决，具体流程如下：

(1) 将问题分解为现实部分和幻想部分。

现实部分：购房者自有10万元现金、希望购买价值300万元房产的想法；幻想部分：自有资金10万元，首付款90万元，在不违法、不违规的情况下，购买价值300万元70年大产权住宅一套。

(2) 幻想部分为什么不现实？

因为思维定式的影响，10万元远远不够购买300万元房产。

(3) 在什么情况下，幻想部分可变为现实？

借助它物；10万元自身含有升值的价值。

(4) 确定系统、超系统和子系统的可用资源。

超系统：公司、亲友、银行、P2P等；系统：购房者；子系统：10万元现金、未来收入、个人信用资源等。

(5) 利用已有的资源，基于之前的构思可能的方案。

可以通过以下三种途径实现目标，具体方案如下：

方案1是自身融资：向亲友或P2P平台借款80万元，加上自有资金10万元，凑足90万元首付，以房产抵押从银行贷款买房，每月以住房公积金和工资分期还款。

方案2是让钱增值：将10万元交给亲友中擅长炒期货者，待赚到足够多钱时，再买房。

方案3是通过公司买房：公司替其职工融资买房。

具体操作如下：

①购房者选好自己心仪的房子，向所在企业提出购房申请；

②企业考核员工的各个方面，拒绝或同意申请；

③双方签订协议，协议内容包括职工为企业工作的最低年限和工作业绩等要求；

④职工向企业缴纳定金（保证金），企业向银行申请购房贷款，以较低的成本从银行取得贷款；

⑤企业将房屋租给职工使用，每月从职工工资抽取一部分偿还企业贷款（扣除服务费）；

⑥职工成功偿还所有的首付款时，房屋的使用权就从企业转移到职工手中。

【金融案例：阿里巴巴淘宝短期内买家入驻】①

（1）将问题分解为现实和幻想两部分。

现实部分：网络销售平台的建立需要市场关注，吸引卖家入驻；幻想部分：不投入成本实现产品宣传、客户扩张，进而盈利。

（2）问题：为什么不能实现？

其他电商平台（如亚马逊、易趣）都是通过投入资金在广告宣传上以达到吸引卖家买家的目的。

（3）问题：什么条件下幻想部分可变成现实？

相比亚马逊、易趣等电商平台收取商品登录费和交易费，淘宝通过前三年免费服务，不收取商品登录费和交易费来了解客户和市场需求。因此吸引越来越多的卖家入驻，最终使得淘宝在与易趣纷争天下时赢得了大量市场，进而占据国内电商主导地位。

---

① 祝嘉雪、颜如玉演讲，窦尔翔、杨勇指导，“金融创新期末报告”，北京大学2019年投资银行课作业，有修改。

第六节　聪明小人法

当系统内某些组件不能完成其必要功能时，我们用一组小人来代表这些不能完成特定功能的部件，然后通过能动的小人重新排列组合，对结构进行重新设计，从而实现预期功能。这种分析问题、解决问题的方法，就是小人法。通过研究得到的问题模型（有小人的图），将小人拟人化，根据问题的特点及小人执行的功能，赋予小人一定能动性和“人”的特征，抛开原有问题的环境，对小人模型进行重组、移动、裁剪、增补等改造，以便实现解决矛盾的目标。

小人法能够更生动形象地描述技术系统中出现的问题，通过用小人表示系统，打破原有对技术系统的思维定式，更容易解决问题，获得理想解决方案。[①] 其实在现实生活中，不同行业的工作者都在无意中使用聪明小人法。例如，吴承恩写《西游记》时主要运用了聪明小人法，在进行创作时，把万事万物拟人化，通过这些臆想出来的人之间的互动来诠释世间万事万物之间的关系，最终产生了意想不到的效果，其作品成为传世文学经典。

使用小人法的步骤：

（1）把对象中各个部分进行划分，并想象成一群一群的小人。（当前是怎样，这是一个拟人化过程）

（2）根据问题的条件对小人进行分组。（这是一个分组过程）

（3）对小人模型进行改造、重组，使其符合所需的理想功能。（应该怎样，这是一个人性化过程）

（4）将小人转化成所需功能的组件，小人模型过渡至技术解决方案。（变成怎样，这是一个还原过程）

注意事项：

（1）绘制小人模型时要画足够多的小人，用一组或一簇小人来表示系

---

① 张明勤、范存礼、王日君、张士军，《TRIZ 入门 100 问：TRIZ 创新工具导引》，机械工业出版社，2012 年 5 月，第 23 页。

统的组件；

（2）在系统中，将组件转化为小人后，一定要根据执行功能的不同给予其一定的特性（能动性和“人”的特征）；

（3）绘制多张图，分别对问题模型与方案模型进行绘制；

（4）使用好聪明小人法的核心是巧妙地将小人进行移动、变化和重组。

案例：茶杯的设计

问题：喝茶时茶叶会顺水流入口中

（1）用小人描述问题，并进行分组。

系统的组成：杯子、水、茶叶；用小人表示各组成部分：白色小人表示杯子，黑色小人表示茶叶，灰色小人表示水。如图3－9所示。

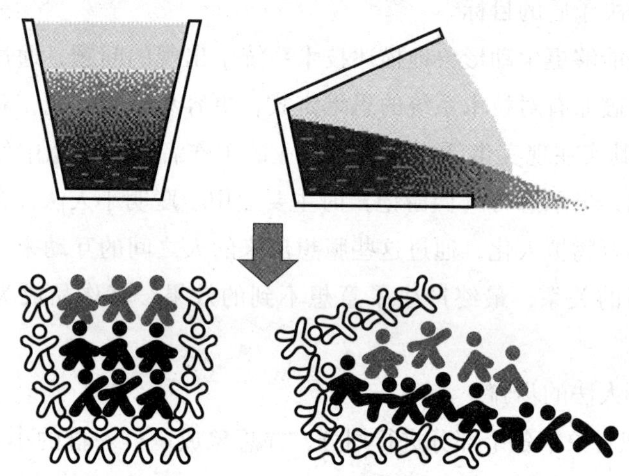

图3－9　小人法分析茶杯的设计（一）

（2）对小人进行改造，并达到所需功能。

按照问题条件将小人重组实现要求的结果。白色的小人像门卫一样，允许灰色小人出去，阻止黑色小人出去。如图3－10所示。

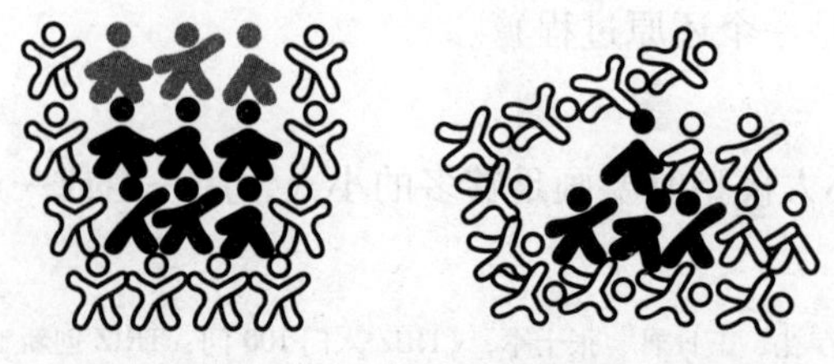

图3－10　小人法分析茶杯的设计（二）

（3）将改造后的小人模型转化到实际技术方案。

由此可在水杯内壁上增加突起物，或者增加过滤网，来阻止茶叶的流出。

【金融案例：货币互换】

问题：在国家贸易中，A国想进口C国商品，就要兑换美元支付，一旦美元升值，A国成本就会增加，A国向C国出口商品，发货三个月后收款，如果那时美元贬值，A国就会遭受损失。这种由于汇率未来不确定性产生的风险，叫汇率风险。

那么，如何才能规避汇率风险？

（1）用小人描述问题，并进行分组

系统的组成：A国货币，C国货币，美元，货物。用小人表示各组成部分：黑色小人表示货物，白色小人表示A国货币，灰色小人表示C国货币，条纹色小人表示美元。如图3－11、3－12、3－13所示。

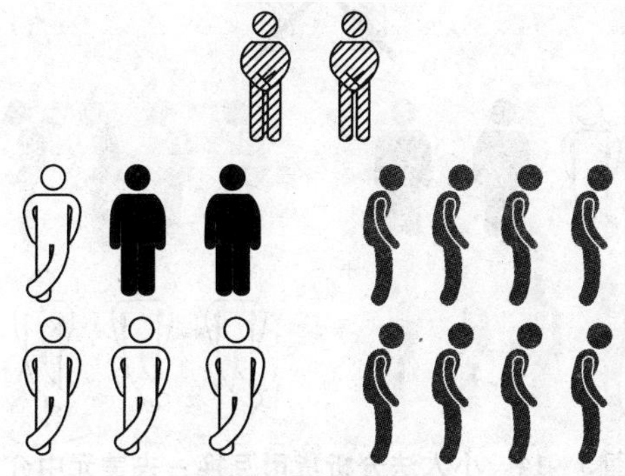

图3－11　小人法分析货币互换－问题描述

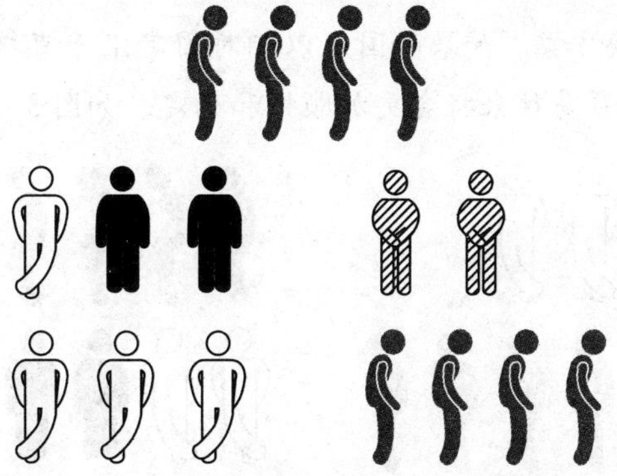

图3－12　小人法分析货币互换－C币兑换美元

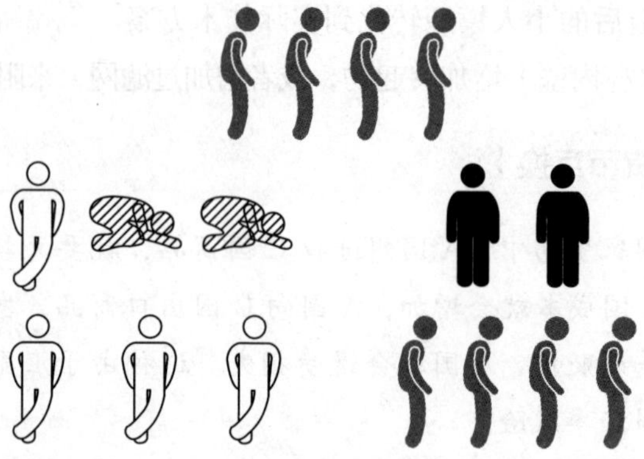

图3－13　小人法分析货币互换－美元币值

(2) 对小人进行改造，并达到所需功能

剔除条纹色小人，白色小人和灰色小人互换位置。如图3－14所示。

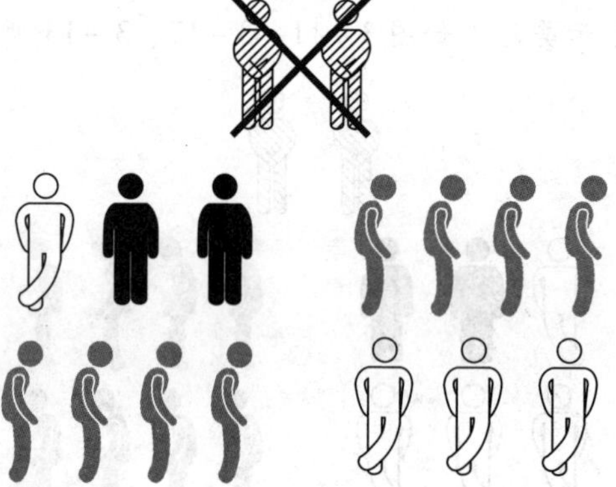

图3－14　小人法分析货币互换－去美元中介

(3) 将改造后的小人模型转化到实际方案

使用货币互换方案。如果两国能以相对固定汇率直接兑换，免除汇率风险，A、C两国贸易往来将会更加顺畅和稳定。如图3－15所示。

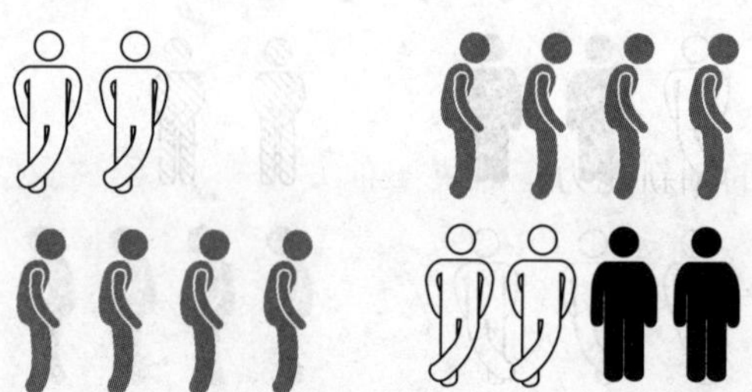

图3－15　小人法分析货币互换－用A国货币直接购买A国货

在美元地位无法撼动的情况下，世界各国纷纷使用货币互换，深化贸易关系。假设现在签订了300亿A国货币兑换400亿C国货币的互换协议。相当于A国给了C国300亿A币，C国给了A国400亿C币。协议期限一到，再如数退回。这笔钱双方用不用都行，如果使用就按月付息，C国货币注入A国金融体系，A国企业去C国购物、投资，就能直接用C币支付，收款也能收到本国货币。反之亦然。

两国贸易跨过了美元这个中介。货币互换能规避汇率风险，降低汇兑费用，也体现了协议双方的相互信任。与多国签订货币互换协议，有助于一国的贸易地位的稳固。

第七节　创新思维方法总结

过去我们的金融创新奉行更多的是模仿主义、照搬主义，因而产生更多的教条主义、本本主义，导致金融创新处于匮乏、不合适、低效率、高风险之下。TRIZ（萃智）创新思维方法则为金融创新提供了宝贵的底层逻辑知识，可启发我们随时、随地、随景进行可持续的金融创新。

我们可以发现，上文五种TRIZ（萃智）创新思维方法之间有密切联系。以九屏幕法和STC算子之间的关系为例：九屏幕法横轴相当于STC算子的T，纵轴相当于STC算子的S。而在寻找到足够多的资源之后，STC算子中的C开始出场，作为创新资源取舍的依据。

另外，五种创新思维方法只是方法类别的引导，每一种方法都可以灵活地拓展。比如，九屏幕法可以在纵轴或者横轴方向进行两个两个、三个三个，或者四个四个的拓展，形成4屏幕、12屏幕，或者16屏幕。有的书甚至则取反而使其变为18屏。[①]

解决任何问题都需要使用资源，创新能力强的人都善于发现和利用资源，因而一个人的创新能力正取决于他发现和利用资源的能力。综合利用"思维桥"可以帮助我们快速、有序地查找资源，并充分挖掘资源潜力。

① 刘训涛、曹贺、陈国晶，《TRIZ理论及应用》，北京大学出版社，2011年8月第1版、2017年5月第4次印刷，第40页。

一般来讲，我们可以遵循以下顺序来使用“思维桥”。

首先，IFR能引导人们跨行业查找相关“信息资源”，从而常常得到创新问题的“超级”解决方案。

其次，IFR的设定常常存在“幻想”成分，因而可以先用金鱼法分析，其不现实的部分主要是缺少相关资源所致，金鱼法的流程可以告诉人们如何去获取这些资源。

再次，九屏幕法则是资源分析的最佳工具。通过系统变换，可以围绕当前系统在时间、空间两个维度上，到子系统、超系统、系统的过去与未来甚至是反面发现这些可能利用的资源。

又次，如果已经存在或找到许多资源，但仍无法使用，就要尝试使用“STC”算子，通过S、T、C的物理状态变化，有些资源即可“导出”，通常称为导出资源，这些资源有可能成为可以利用的资源。

最后，可尝试小人法，小人法的最大特征是可以产生新的系统组合方式，或使子系统的相互关系发生变化，从而使系统产生新的特性或功能。这种特性或功能的差异表现出来的资源称为“差动资源”。如物质各向异性表现出的差动物质资源，场在系统中的不均匀性表现出的差动场资源等，都可以通过小人法分析变换而得到。

第四章 问题识别

如果给我一个小时来解答一道决定我生死的问题，我会花55分钟来弄清楚这道题到底在问什么。一旦清楚了它到底在问什么，剩下的5分钟就足够解决这个问题。

——阿尔伯特·爱因斯坦（Albert Einstein）

能正确地提出问题就是迈出了创新的第一步。

——著名美籍华裔物理学家、诺贝尔物理学奖获得者李政道

要有追根究底、毫不妥协的精神，无论生活或研究工作都必须非常认真，要打破砂锅问到底。

——著名美籍华人化学家、诺贝尔化学奖获得者李远哲

【趣味故事】 马蹄钉的故事

据说在1485年，英国国王理查三世骑着马领着他的士兵冲锋陷阵，这场战争关系整个国家的生死存亡。国王不顾个人安危，左突右奔，英勇杀敌。突然间，一颗马蹄钉脱落了，战马仰身跌翻在地，国王也被重重地摔在了地上。没等他再次抓住缰绳，那匹惊恐的马就跳起来逃走了。一见国王倒下，士兵们就自顾自地逃命去了，整支军队在一瞬间土崩瓦解、辙乱旗靡。敌军趁机反击，并在战斗中俘虏了国王。国王此时才意识到那颗钉子的重要性，在被俘那一刻痛苦地喊道："钉子，马蹄钉，我的国家就倾覆在这颗马蹄钉上!"这场战役就是博斯沃斯战役。在这场战役中，理查三世失掉了整个英格兰。

国家灭亡了，为什么？是因为一场战争失败了。为什么失败？因为国王被俘了……因为少了一颗马蹄钉。从这个故事中，我们得到了启示：一些非常大的灾难往往是由一些看似微不足道却十分关键的"小事"导致的。如果我们在解决问题时，通过层层追问，找到根本原因，那么对于所面临的一系列问题都会迎刃而解。本章我们学习如何分析问题、识别问题、查找深层次问题，以便找到系统深层次的关键问题并加以解决。

管理学大师彼得·德鲁克说过："世界上最无用，甚至最危险的情况，就是虽然答对了，但是一开始问错了。"企业中经常会碰到这一类事倍功半的情况，员工花费了大量的时间和精力攻克了一个"问题"，却发现此"问题"的解决对项目或产品本身的意义并不大。

正如名人名言所说，分析问题比直接解决问题更加重要，金融也不例外。本章先概要分析"问题识别的工具"，并以 TIF（塔福）域金融为例进行相应的类比诠释。最后就基础和重要的工具进行重点解析。

问题识别的方法一般包括以下几种：创新标杆、功能分析、流分析、因果链分析、裁剪、特性传递以及关键问题分析等。

（1）创新标杆

如果我们遇到的问题是设计一个全新的系统而不是改善一个旧的系统，而且没有确定采用什么样的技术，创新标杆可以帮助我们寻找并分析各种可能的技术路径，并且通过评估来决定哪种技术路径或者哪几种技术路径的组合可能会达到项目的目标。

未来的金融应当是以产业分工为基础，以人的德行和道行作为"群分依据"的 TIF（塔福）域金融，或许人类还有其他金融创新形态，但 TIF（塔福）域金融是其中一种全新而重要的金融形态，是产业创新和金融创新的融合模式、理想模式，可以称作"金融创新标杆"。

（2）功能分析

一种识别系统和超系统组件的功能、它们的特点及其成本的分析工具。

TIF（塔福）域的特征是"三维四面五螺旋"，它将金融置于由信息技术维度、产业维度以及金融维度所组成的超系统中，而每一条链的"五维"细化又将系统在各子系统内的子系统级别加以深化。如此这般构建的新金融，其目的是减小金融的成本和风险，提升金融的效率和普惠度，甚至能使金融进化到正义的境界层面。

（3）流分析

如果我们的研究对象是流，比如能量流、物质流或者信息流，在这些流中可能会有一些缺点，比如瓶颈、流的过度转换、流产生的有害作用等。

事实上，金融也少不了这三种流，也就是说，任何健康的金融都必须进行这三种流的分析。所谓经济的能量流，指的是经济的资金供给；所谓经济的物质流，指的是融资方所在的产业生命链所对应的商品流；所谓经济的信息流，指的是能揭示融资方基于商品交易和金融交易的德道行指标的信息流。从现实来看，由于经济的三种流并未能融合发展，从而导致物质流、信息流和能量流都是有较大缺陷的。唯有TIF（塔福）域模式，才拥有完整的三流交汇融合的特征。

（4）因果链分析

因果链分析是一种识别工程系统关键缺点的分析工具。它从已有的问题或者项目的目标的反面出发，逐级、详细分析造成问题的深层原因，通过建立目标缺点的因果链的逻辑关系来寻找更多的产生问题的原因，利用它们可以找到更多解决问题的入口。

系统性金融风险是2017年以来中国要解决的三大风险中的首要风险，金融风险产生的根本原因在于金融教育的落后。教育注重尚古主义和拿来主义并没错，但创新和操作能力不足，就会导致金融的科幻人才、创意人才、知识创新型人才、技术创新型人才，以及基于以上特征的创业型人才的匮乏。这将导致两个后果，一个是有效的金融创新不足，另一个是产业创新不足，并造成两者的低水平循环陷阱，从而造成低附加值产业和高风险金融的恶性循环。

（5）裁剪

裁剪是一种分析问题的工具，将一个或一个以上的组件去掉，而将其所执行的有用功能利用系统或者超系统中的剩余组件来替代的方法。

中国的金融灰犀牛，其实主要是由银行和P2P等的供资方缺乏对投资方的反制力所造成的，这个反制力包含事前的征信观察决策、事中的预警和事后的惩戒三个部分，如果裁剪掉C_1，不主要靠C_1这种小系统信用资源来反制，就必须依靠C_2这种纯市场型系统性信用资源或者C_3这种政府型系统性信用资源来反制，在后两种反制力下，相当于供资人将事前、事中和事后这三种组件全部裁剪掉，都交给TIF（塔福）域这类超系统来完成。

(6) 特性传递

特性传递是一种为提高工程系统从互补工程系统传递所需的特性的分析工具。任何工程系统有优点也有缺点，特性传递是将其他工程系统的优点转移到本工程系统，以弥补本工程系统的缺点。

市场型TIF（塔福）域金融是一种主要依靠系统性低能信用资源的"影子抵押"型金融，这种"影子抵押"功能来自两个工程系统：一个是现存的国家信用保证体系，国家从法律的层面可以做到对违法者施行"驱逐出境""流放"和"个人破产"等惩戒措施，迫使融资方放弃违法犯罪的行为；另一个是现存的"村落金融"，利用融资人和村落之间的强黏性特征，供资人得到对融资人的充足的反制力。TIF（塔福）域可以看成是在对这两种反制力特性的移植基础上的优化。

(7) 关键问题分析

关键问题分析是指通过前面几个工具的分析往往会产生一系列的问题列表，但这些问题并不是每一个都要解决的，也不是每一个都能够解决的，有时候往往只需要解决其中的某一个关键问题就可以将整个问题解决，从而达到项目目标。

中国当下的金融风险来自国际和国内两个层面，就国际来说，我国没有拥有现代金融的先发优势，在货币、金融市场和衍生品市场等方面美国拥有远超中国的娴熟和发达的技能，中国不具有这三个方面竞争的基础和优势；就国内来说，中国金融的赌博性和投机性过度，这是造成金融脱实向虚的根本原因。这些金融难题都可以归结为一个问题，那就是要让金融回归道德性。TIF（塔福）域正是尝试解决以上问题的创新模式。

本章主要选择了功能分析、因果链分析、裁剪、特性传递四种比较常见和重要的问题识别方法加以介绍。其他方法可以参考TRIZ相关书籍。

第一节 功能分析①

功能分析法是自然科学和社会科学中用来分析自然现象和社会现象的

① 孙永伟、[美]谢尔盖·伊克万科，《TRIZ：打开创新之门的金钥匙Ⅰ》，科学出版社，2015年11月第1版、2018年1月第五次印刷。

一种方法。本节的核心内容有功能分析的定义分析、组件分析、相互作用分析、功能建模及其创建功能模型五个部分。

功能分析法主要用来识别后期需要解决的问题，它在现代 TRIZ 理论中的相对位置如图 4－1 所示。

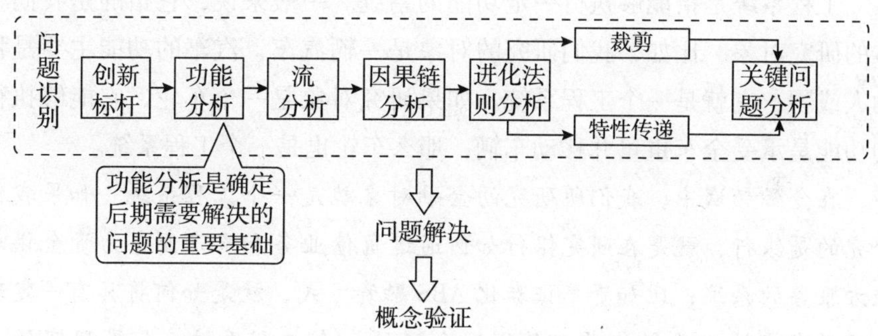

图 4－1　功能分析在 TRIZ 理论中的相对位置①

一、什么是功能分析

任何事物和现象都是由两个或两个以上的部分、方面、因素组成的，这些部分、方面和因素之间形成一种相对稳定的联系，这种相对稳定的联系称为结构。相互联系的各个部分、方面和因素之间总是相互依存、相互作用的，这种事物或现象内部各个部分、方面和因素之间的相互作用和影响以及该事物或现象对于外部其他事物或现象的影响和作用，称为功能。分析事物或现象的结构和功能的方法，称为功能分析法。

功能分析是 TRIZ 理论中问题分析的起点，是识别系统及超系统组件的功能、特性以及成本的一种分析工具。功能分析明晰了系统中的组件及各组件间的具体关系。功能分析法是后续许多工具的基础，如因果链分析、裁剪、功能导向搜索等，也是在世界许多著名大企业中应用最为广泛的一种 TRIZ 工具。即使在利用经典 TRIZ 的工具解决问题的时候，如果能用功能的语言来描述问题，也将会使解决问题的过程有所简化。

① 图片引自中国大学 MOOC（慕课），《脑洞大开背后的创新方法》课程课件，第四章：TRIZ 创新思维与方法，陈林等主讲。

（一）工程系统和超系统

工程系统和超系统是功能分析中的两个基本概念。

（1）工程系统

工程系统是指能够执行一定功能的系统。一般来说，它指的是我们整体的研究对象。比如，我们研究的对象是一辆汽车，汽车的功能主要是移动人或物，它就是一个工程系统。如果研究对象是一个车轮，它能够执行的功能是承受全车重量并移动车辆，那么车轮也是一个工程系统。

在金融领域中，我们所研究的金融对象就是一个工程系统。如果我们研究的是银行，就是在研究银行如何通过负债业务和资产业务为资金供求双方服务的系统；比如资产证券化ABS融资方式，就是如何将具有一定现金流的资产转换为新证券以获得现金流的一个工程系统。如果研究的是ABS中的特殊目的载体（SPV），就是在研究关于风险隔离的工程系统。

工程系统的级别是相对的，我们根据研究的目的来确定工程系统的范围。

（2）超系统

超系统是指包含被分析的工程系统的系统。在超系统中，我们所要分析的系统只是其中的一个组件。组成超系统的组件，就是超系统组件。一般来说，被研究对象之外的组件，超出项目范围以外的组件，或者在项目的限制内某个没有可调节的自由度的组件，那么这些组件都可以作为超系统组件。

对于金融事物而言，如果将银行看成一个工程系统，那么金融系统就是超系统。其中监管系统，比如银保监会就是组成超系统的组件。保险公司是银行之外的组件，任何一个企业都是银行的超系统组件。

（二）功能分析的步骤

功能分析分为三部分，即组件分析、相互作用分析和功能模型。

（1）组件分析是指将系统和超系统的组件加以区分，并分类列出来。

（2）相互作用分析是识别组件两两相互作用，为以后建立功能模型打基础。

（3）功能模型是指识别组件之间的具体功能，并根据它们执行功能的性能加以评估，最后形成功能模型图。

二、组件分析

组件分析用于问题识别阶段，是功能分析的一部分，它用于识别工程系统组件以及与工程系统相互作用或共存的组件。

（一）组件

组件是指组成系统或超系统的一部分的物体，是指广义的物体，包括物质或场或物质与场的组合。物质是指具有静质量的物体，如手机、电脑、汽车等。场是指没有静质量，但可在物质之间传递能量的实体，如磁场、力场、热场等。因而，单个物质可以作为组件，单个场可以作为组件，物质和场的组合也可以作为组件。

对于金融事物而言，企业、投资者、中介等是组件，是“具有静质量的物体”，但是股票交易市场是一种场，是一个“没有静质量的物体”，却可以在融资者与投资者、投资者与投资者之间交换能量。当然股票市场可以是有形的实体市场，也可以是无形的电子市场。

（二）选择合适的组件分析层级

组件分析时，首先需要根据项目目标和限制选择合适的层级。如果研究的对象是电脑，那么分析到的组件层级可能是显示器、键盘、鼠标、主机等。如果研究的对象是主机，则分析到的层级可能是内存条、CPU（中央处理器）、磁盘、网卡、主板等。

在金融领域中，分析资产证券化，组件层级可能是发起机构（原始权益人）、基础资产、SPV、服务机构、承销商、资金保管机构、登记结算机构、信用评级机构、计划管理人、投资者等。读者还可以列举更多的金融组件层级的例子。

需要注意的是，选择层级有讲究。如果选择的层级过高，会遗漏掉某些细节，找不到问题的根源；如果选择的层级过低，将会出现很多的组件，会使系统变得非常复杂，分析起来也费力。因此，需要根据我们项目的需要，选择合适的层级，将系统中存在的问题找出来。然后，将这些组件根据系统和超系统组件进行分类，并将系统组件和超系统组件分开放置。

（三）组件分析的注意事项

（1）选择在同一层级上的组件，不能混杂

比如在分析电脑时，如果已经有主机这个组件了，就不必将 CPU、硬盘、网卡等列出来，因为它们不是一个层级上面的，如表 4－1 所示。

表 4－1　电脑主机的组件分析

工程系统	组件	超系统组件
电脑主机	CPU	键盘
	内存	鼠标
	硬盘	显示器
	主板	电
	网卡	网线
	……	……

比如在分析 P2P 时，如果已经有平台公司了，就不必将平台的不同股东再列出来了，因为平台公司和股东不是一个层级。

（2）如果有多个相同的组件，可以将其看成一个组件

比如，汽车有四个轮子，当写组件的时候，就写成轮子。

资产证券化中的多个投资者，则只需要将他们写为投资者就可以了，而不必将他们分为投资者 1 和投资者 2。如果是不同类型的投资者，可以将他们区分为优先档投资者、次优档投资者和权益档投资者。

（3）更低层的组件分析

如果发现某一个组件需要更加详细的分析，可以将这个组件细分到更低的一个层级上重新进行组件分析。

比如，如果我们需要对证监会这个组件进行更加详细的分析，可以将这个组件细分为不同的科层和部门进行分析。

（4）超系统组件与工程系统相联系

超系统组件是指超系统中的组件，它不是工程系统的一部分，却与工程系统相互联系。比如，我们研究电脑时，电、电脑包、人等都是超系统组件。

金融中我们研究大学生贷款问题时，学生家长、母校、同学、政府都是超系统组件。生源地贷款就是利用了父母这一超系统组件和子女之间形成共同贷款人的关系而实现的贷款，是对非生源地贷款制度的替代。

（5）在进行组件分析时，组件的数量尽量保持在10个以内，如果超过20个，建议将某一部分取出另行功能分析。

三、相互作用分析

在做完组件分析后，接下来是要进行相互作用分析。相互作用分析是指两两识别工程系统或超系统组件的相互作用的分析。

两个组件相互接触了就算是相互作用。相互作用背后隐含一个重要信息，即如果一个组件要对另一个组件产生某种功能，前提条件是二者必须相互接触才行。相互作用分析的输出是一个相互作用的矩阵。

（一）相互作用分析的步骤

组件相互作用的分析符合以下规则：

（1）在矩阵中，在第一行和第一列中列出组件分析中的组件，排列顺序要完全相同，如在横向第三的，在纵向也为第三。

（2）逐次分析，如果两者有相互作用，即接触，在矩阵单元格上写上“+”标记，否则，写上“-”标记。

（3）如果发现其中某个组件与其他组件没有相互作用，则需要重新检查确认，一旦确认，则说明这个组件不会有功能，去掉即可。

组件两两相互作用分析如表4-2所示。

表4-2　组件两两相互作用分析

组件	组件1	组件2	组件3	……
组件1		-	+	+
组件2	+		-	-
组件3	+	-		+
……	-	+	+	

（二）组件分析注意事项

（1）有的组件是靠场来相互接触的，容易被忽略。比如，两块靠得很近的磁铁，由于没有直接接触而忽略其相互作用，其实两者之间依靠磁场相互作用。

比如，蚂蚁金服中的服务对象获得无抵押贷款，大家都以为是芝麻信用评分高，却忽略了融资者和淘宝平台的黏性特征；同样的道理发生在大众和国家之间，我们忽略了大众和国家之间的黏性资源，却只注重征信，从而让国家信用治理走上了事倍功半的路子。

（2）在做相互作用分析时，不能只做一半，需要两边都要做，以便检测是否有遗漏。

【金融案例：阿里巴巴小贷资产支持专项计划的相互作用分析】（见表4－3）

表4－3　阿里巴巴小贷资产支持专项计划的相互作用分析

组　件	优先级投资者（客户）	次优级投资者（客户）	次级投资者（阿里小贷）	专项资产管理计划（东证资管）	托管银行	基础资产包（小额贷款资产）	原始权益人	担保及补充支付承诺人
优先级投资者（客户）		－	－	＋	－	－	－	－
次优级投资者（客户）	－		－	＋	－	－	－	－
次级投资者（阿里小贷）	－	－		＋	－	－	－	－
专项资产管理计划（东证资管）	＋	＋	＋		＋	＋	－	－
托管银行	－	－	－	＋		－	－	－
基础资产包（小额贷款资产）	－	－	－	＋	－		＋	＋
原始权益人	－	－	－	－	－	＋		－
担保及补充支付承诺人	－	－	－	－	－	＋	－	

四、功能建模

功能建模是对工程系统进行功能分析的一个阶段，目的是建立一个功能模型，功能模型描述了工程系统或超系统组件的功能、用途、性能水平及成本等。

（一）功能的几个概念

功能是指一个组件改变或保持了另一个组件的某个参数的行为。

功能载体是指执行功能的组件。

功能的对象是指某个参数由于功能的作用而得到保持或者发生了改变的组件，即接受功能的组件。

参数是指组件可以比较、测量的某个属性，比如力度、大小、面积等。

例如，手机发送信息，就是一个正确的功能描述。手机是功能载体，信息是功能的对象。金融例子比如，资产证券化中的 SPV 隔离资产，SPV 是功能载体，基础资产是功能对象，如图 4－2 所示。再比如，私募股权中的投资过程，LP（有限合伙人）是委托人，GP（普通合伙人）则是代理人，前者是功能载体，后者是功能对象。

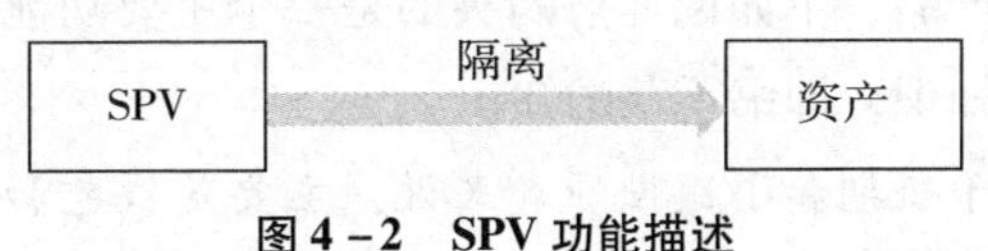

图 4－2　SPV 功能描述

（二）功能存在的三个条件

（1）功能的载体和功能的对象都是组件，即物质或场。

（2）功能的载体与功能的对象之间必须有相互作用，即二者必须相互接触。

（3）功能对象的参数中至少有一个被这个相互作用改变或者保持。

（三）功能语言与日常语言的区别

需要强调的是，功能语言可以让我们看到问题的本质。虽然大部分情况下功能的描述与日常用语是相同的，但有些功能在描述时与日常用语是相当不同的，对我们常规的思维是一种挑战。

例如，头盔的功能是保护头部，还是挡住子弹呢？答案是后一种描述更加接近事物的本质。如果我们把头盔的作用描述为保护头部，则在今后的项目中，主要围绕头盔和头部来展开。而如果描述为如何有效挡住子弹，则在今后的项目中将会把重点放在如何更加有效地使头盔挡子弹上面。

比如，评级公司的主要功能不是为企业服务，而是为投资者服务，那么评级公司要为这种评级负责任，表达这种责任的方法就是评级公司的损益也应当与其评级的客观性相关联。一个可以选择的办法是评级公司成为投资人，或者成为投资人中的劣后者，否则就会出现巨大的金融风险。

（四）主要功能

主要功能是相当于这个工程系统的基因，即这个系统被设计意图用来完成的功能。它不会随着工程系统执行的具体功能的改变而改变。当然一个系统的主要功能可能不止一个，比如，汽车的主要功能除了载人还可以载物。

需要注意的是，主要功能非常重要，它往往是客户最为关注的。与其说客户购买的是产品，不如说客户购买的是一个主要功能。例如，客户购买书是为了获取知识，即书承载的知识。

比如银行对于短期和小额投资者来说，主要是钱包和支付功能，而不是投资功能。银行如果不能认识到这一点，就会失去这一部分客户。之前银行通过借记卡和信用卡表达了这个理解，但被支付宝和微信这种更加方便快捷的方式所打败，余额宝的理财功能和蚂蚁金服的融资功能更加增加了支付宝的魅力。

（五）目标

目标是指主要功能的作用对象。比如，手机发送信息，信息就是手机的目标。确定目标的主要步骤：首先，确定系统的主要功能；其次，判断主要功能的对象是否为超系统组件；最后，判断对象的某个参数值是否被保持或改变了。

以征信为例，银行为企业贷款，国家为银行与企业的金融交易创造信用资源。国家是银行与企业金融交易系统的超系统组件。国家征信未能有效地为中小企业贷款创造足够多的系统性信用资源。

（六）功能的分类

功能分为有用和有害两类。组件在系统中功能的好坏是主观的。如果我们研究的系统是人戴头盔，即出发点是戴头盔的人，则头盔挡子弹是有用的；如果研究的出发点是开枪的人，则这个功能就是有害的。有用功能又分为正常功能、不足功能、过量功能等。

就资本市场来说，如果我们研究的重点在一级市场，出发点即资金的终极需求者，即融资人和资金的终极供给者之间的关系，则企业价值不增长对于投资者来说是不好的；但如果我们将研究的重点放在二级市场，那么企业的价值是否增长对于投资者来说都不一定有害，只要企业股票价格一直涨就行。但是，企业价值不涨而股票价值上涨，会造成一级市场资金的匮乏或者对企业自身关注的缺乏，还会造成股票市场即二级市场投机、赌性的盛行，助涨金融脱实向虚，最终导致实体经济的空心化。“股票价格”与“股票价值”的区分以及二者之间的关联度是衡量二级市场功能的指标。

（七）有用功能的等级和价值

有用的功能又分为三种：基本功能、附加功能、辅助功能。

基本功能就是指功能的对象是系统的目标；附加功能是指功能的对象是超系统的组件；辅助功能是指功能对象是系统中的其他组件。这三类功能不是同等重要，根据重要性可以给予不同的分值：3 分，2 分，1 分。通过对这些功能打分，我们将某个组件所执行的每一个有用功能的得分加起来，就可以得出这个组件所得到的功能总分，得分越高的组件说明其功能性越强。为了方便研究，引入一个价值的概念，即价值 $V = \frac{\text{功能 } F}{\text{成本 } C}$，这样每个组件的价值都可以被评估出来。

比如，TIF（塔福）域的两种道德信度值，可以为域中主体创造信用资源，这是基本功能；辅助功能则是高信度值者对低信度值者的榜样激励功能；附加功能则是域内多种福利对域外主体的德道示范及孵化功能。

（八）分析功能－成本图

根据计算出来的各个组件的价值，可以绘制出功能－成本图。如图4－3所示，每个组件都可以在功能－成本图中定位，每个组件所对应的斜率就是价值。我们用斜率为1的对角线，将图中所列的组件尽量均匀地分布于线的两边。可见，对于功能性强的组件，我们付出更多的成本是合理的。

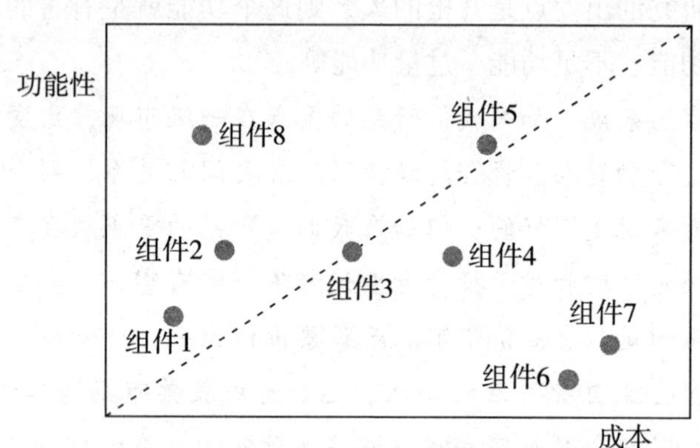

图4－3　组件功能－成本斜线的分布①

因此，如果这些组件在这条线的上方或者离这条线非常近，则说明这种设计是比较合理的。否则，从系统价值的角度来讲，这个设计是不太好的。因为有些功能性不强的组件占用过多的成本。

另外，这个图还有一个重要的作用，即可以帮助我们决定对不同的组件所要采取不同的策略，这些策略的目的就是提高组件的价值。我们可以将整个区域分为四个区域，如图4－4所示。不同区域的不同策略简述如下。

（1）对于第一个区域的组件，它有很好的功能性，成本又比较低，组件的价值比较高，是我们需要的理想区域。从融资模式来看，蚂蚁金服、村落金融的成本和风险都较低，功能或者效率都比较高，都属于第一区域。

---

① 孙永伟、［美］谢尔盖·伊克万科，《TRIZ：打开创新之门的金钥匙Ⅰ》，科学出版社，2015年11月第1版、2018年1月第五次印刷，第46页。

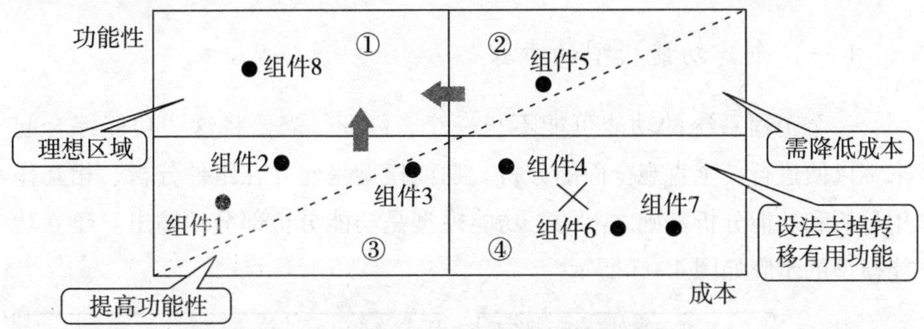

图 4－4　根据功能－成本制定不同的策略①

(2) 对于第二个区域的组件，它们的功能性不错，但成本也很高，因此，在未来应该采取降低成本的策略，即通过降低成本的方式来提高价值。从融资模式来看，目前的银行融资大都需要抵押，比如房地产抵押贷款，风险较低，功能也还可以，但就是成本大，应当设法降低成本，比如放弃重资产抵押。

(3) 对于第三个区域的组件，它所执行的功能比较低，但成本也不高，我们需要采取的策略应该是提高它的功能性，即让这些组件执行更多的有用性，通过提高功能的方式来提高组件的价值。比如，银行的小额储户应当被鼓励进入支付宝等更加便捷的钱包模式，并改进蚂蚁金服的金融模式，引入平台内部的 P2P 模式，让支付宝用户共享淘宝平台上的优质融资客户。

尽量将第二、第三区域的组件都转移到第一区域。

(4) 对于第四区域的组件，它的功能性不高，但成本却很高，所以价值不高。对于这样的组件，应该想办法将其去掉，后面的裁剪工具将会讲到如何去掉这些组件。但是我们可以将它执行的有用功能转移给其他组件，由另一个组件来执行同样的有用功能，从而保留原来的有用功能。就金融案例来说，P2P 平台公司就属于此类，P2P 的下场要么被取缔，要么通过银行替代 P2P 平台公司改造实现 P2P 模式向第一区域迈进。

五、创建功能模型

创建功能模型，一方面要弄清步骤，另一方面要对功能模型进行图形化表示，两个方面缺一不可。

---

① 孙永伟、［美］谢尔盖·伊克万科，《TRIZ：打开创新之门的金钥匙 I》，科学出版社，2015 年 11 月第 1 版、2018 年 1 月第五次印刷，第 46 页。

（一）创建功能模型的步骤

一个工程系统的功能可能不止一个，因此，需要将这些功能综合起来，以便进行一个直观全面的分析。功能模型是建立在组件分析、相互作用分析和功能分析基础之上的。功能模型是功能分析部分的输出。建立功能模型的步骤如图4－5所示。

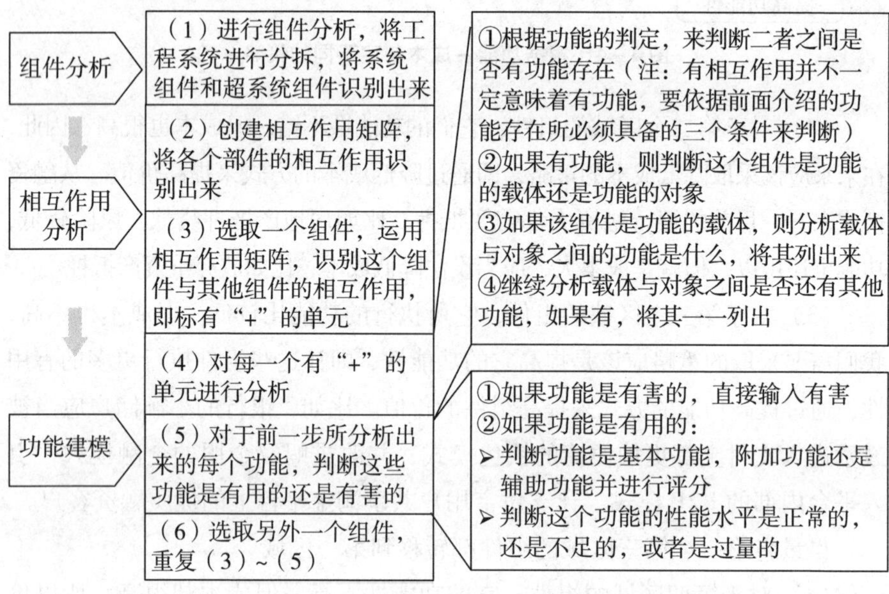

图4－5　建立功能模型的步骤①

经过以上分析后，最终将会产生如表4－4所示的功能模型列表。

表4－4　工程系统功能模型列表

功能	功能排名	性能水平	得分	备注
功能载体1				
动词/对象X	基本、附加、辅助或有害	不足、过量或正常		
动词/对象Y	基本、附加、辅助或有害	不足、过量或正常		
功能载体2				
动词/对象X	基本、附加、辅助或有害	不足、过量或正常		
动词/对象Z	基本、附加、辅助或有害	不足、过量或正常		

① 孙永伟、［美］谢尔盖·伊克万科，《TRIZ：打开创新之门的金钥匙Ⅰ》，科学出版社，2015年11月第1版、2018年1月第五次印刷，第47页。

（二）功能模型的图形化表示

表4－4不能直观反映整个系统的功能分析，我们以图示的形式将表所列出的功能表示出来。这样就可以一目了然地对系统有一个整体的了解，其中的问题也就显而易见了。组件分析中所列出的组件有系统组件、超系统组件，为了将它们进行区分，通常用不同形状的框图来表示，也可以使用其他图形来表示。如图4－6所示。

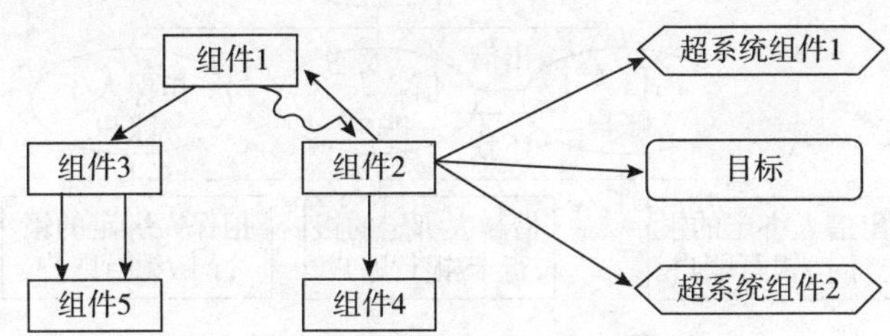

图4－6　工程系统功能分析的图形化表示①

【功能分析金融案例：P2P网贷】

功能分析是很多工具的基础，是一个非常重要的分析问题的工具，为了帮助读者加深理解，我们选一个金融案例进行功能分析，让读者从头到尾熟悉功能分析在金融领域的应用。

（1）问题背景

P2P网贷，又称P2P网络借款。P2P是英文Peer to Peer的缩写，意为“个人对个人”。网络信贷起源于英国，随后发展到美国、德国和其他国家，其典型的模式为：网络信贷公司提供平台，由借贷双方自由竞价，撮合成交。资金借出人获取利息收益，并承担风险；资金借入人到期偿还本金，网络信贷公司收取中介服务费。

P2P网贷在中国经历了十余年发展，资金管理也经历了资金池、托管、存管模式，在本节中，我们只对最新模式——银行存管的P2P进行分析，完成P2P网贷问题的功能分析部分。自P2P网络借贷平台出现以来，

① 孙永伟、［美］谢尔盖·伊克万科，《TRIZ：打开创新之门的金钥匙Ⅰ》，科学出版社，2015年11月第1版、2018年1月第五次印刷，第48页。

陆陆续续就伴随许多纠纷事件，其中有贷款人权益遭受侵害的，也有借款人权益遭受侵害的。社会各界对P2P网络借贷平台褒贬不一。如图4-7所示。

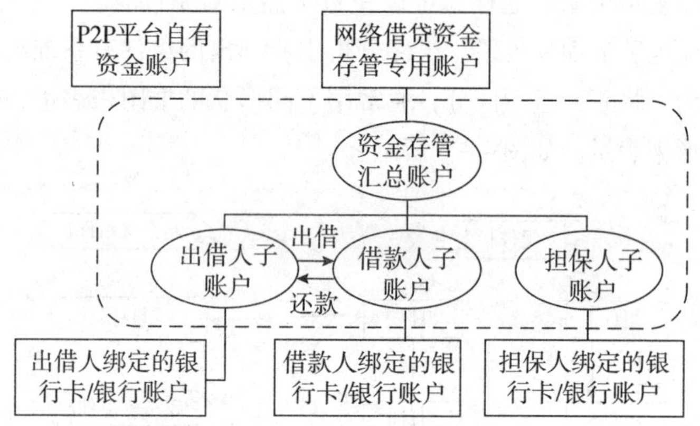

图4-7 P2P网贷功能分析

（2）组件分析

在进行组件分析之前，首先要根据项目限制划分出系统和超系统，然后才能列出系统组件和超系统组件。

在本项目中，我们把P2P平台作为系统，其他组件作为超系统，系统的目标是撮合投融资双方资金流转，因此目标对象是出借人和借款人。相应的组件分析如表4-5所示。

表4-5 P2P网贷平台的组件分析

系统	系统组件	超系统组件
P2P网贷平台	出借人 借款人 信用资金 P2P平台方 P2P平台备用金	国家信用保障体系 担保人 银保监会 银行 存管专用账户 资金存管汇总账户

（3）相互作用分析

将表4-6中的组件列出来，产生一个相互作用矩阵表，如果两者有相互作用，则以“+”标记，否则以“-”标记。有“+”的意味着可能存在功能。

表 4-6　　P2P 网贷平台的相互作用矩阵

组　件	出借人	借款人	信用资金	P2P平台方	P2P平台备用金	国家信用保障体系	担保人	银保监会	银行	存管专用账户	资金存管汇总账户
出借人		+	+	+	+	+	+	−	+	−	+
借款人	+		+	+	−	+	+	+	+	−	+
信用资金	+	+		+	−	+	−	−	+	−	+
P2P 平台方	+	+	+		+	+	+	+	+	−	−
P2P 平台备用金	+	−	−	+		−	−	+	+	−	−
国家信用保障体系	+	+	−	+	−		+	−	+	−	−
担保人	+	+	−	+	−	+		+	+	−	+
银保监会	−	+	−	+	−	−	+		+	−	−
银行	+	+	+	+	+	+	+	+		+	+
存管专用账户	−	−	+	−	−	−	−	−	+		+
资金存管汇总账户	+	+	+	−	−	−	+	−	+	+	

（4）功能建模

对每一个组件所对应的每个标注“+”的单元，一一分析两者的功能。由于平台中存在很多关系，有些关系无关紧要，为了突出重点，仅对重点关系进行分析，得出如表 4-7 所示的功能分析表。

表 4-7　　功能分析表

功能	等级	性能水平	得分（分）
出借人			
出借信用资金	基本功能	正常	3
收取信用资金本息	基本功能	不足	3
享受信用资金担保	附加功能	正常	2
借款人			

续 表

功能	等级	性能水平	得分（分）
借贷信用资金	基本功能	正常	3
偿还信用资金本息	基本功能	不足	3
国家信用保障体系			
反制借款人	附加功能	不足	2
反制 P2P 平台方	附加功能	不足	2
担保人			
提供信用资金担保	附加功能	正常	2
P2P 平台方			
撮合投融资双方	基本功能	正常	3
P2P 备用金			
备用资金	辅助功能	正常	1
存管专用账户			
存管信用资金	附加功能	正常	2
资金存管汇总账户			
存管信用资金	附加功能	正常	2
信用资金			
变动资金余额	基本功能	正常	3
银行			
监管资金汇总账户	辅助功能	正常	2
银保监会			
监管银行	附加功能	正常	2
监管 P2P 平台方	附加功能	不足	2

（5）功能模型的图形化表示

将表4－7进行图形化表示，通过图形可以清晰看到每一个功能，特别是有问题的功能，这与常规分析时所做的结构图是不一样的。其中，⬭表示目标，▭表示系统组件，⬡表示超系统组件。

图4－8中，P2P平台、资金供求双方、信用资金、备用金都是系统组

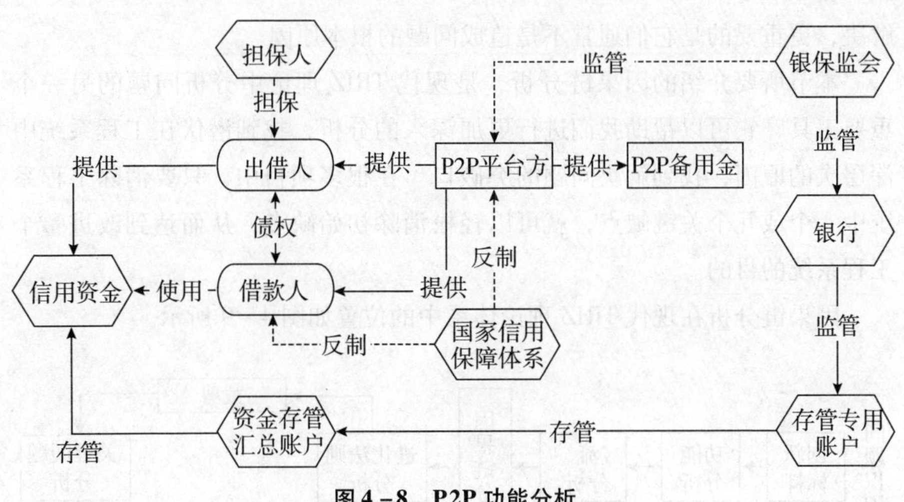

图 4-8 P2P 功能分析

件，P2P 平台自有资金是子系统组件。

（6）功能缺点列表

将功能分析步骤中得到的所有问题的功能列出来，形成一个功能缺陷列表，如表 4-8 所示。

表 4-8 P2P 网贷的功能缺陷列表

序号	功能缺陷
1	国家信用体系不能有效反制借款人
2	国家信用体系不能有效反制 P2P 平台
3	银保监会不能有效监管 P2P 平台

第二节 因果链分析[①]

功能分析可以让我们从功能的角度来找到工程系统中的功能缺点，或者存在问题的组件。然而，所得到的已知或者明显的表面缺点往往不容易

① 参见孙永伟、［美］谢尔盖·伊克万科，《TRIZ：打开创新之门的金钥匙 I》，科学出版社，2015 年 11 月第 1 版、2018 年 1 月第五次印刷，第 57 页。

解决，更重要的是它们通常不是造成问题的根本原因。

本节所要介绍的因果链分析，是现代 TRIZ 理论中分析问题的另一个重要工具，它可以帮助我们进行更加深入的分析，找到潜伏在工程系统中深层次的原因，找到解决问题的突破口。在很多项目中，只要消除工程系统中一个或几个关键缺点，就可以轻松消除初始缺点，从而达到改进整个工程系统的目的。

因果链分析在现代 TRIZ 理论体系中的位置如图 4 –9 所示。

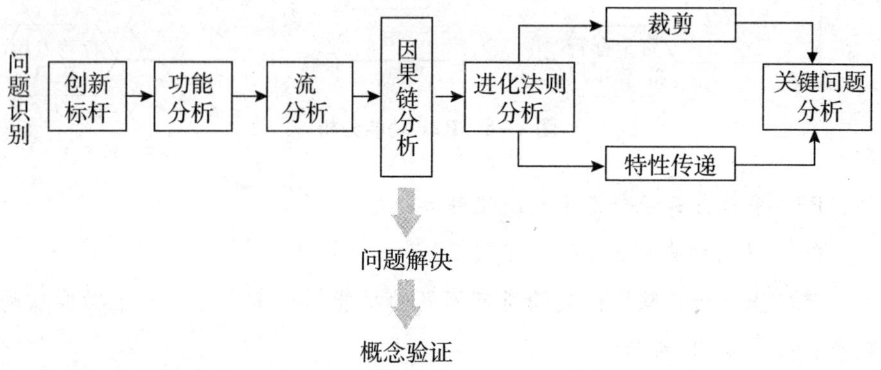

图 4 –9　因果链分析在现代 TRIZ 理论体系中的位置①

一、什么是因果链分析

因果链分析是全面识别工程系统缺点的分析工具。与功能分析等工具不同的是，因果链分析可以挖掘隐藏于初始缺点背后的各种缺点。对于每一个初始缺点，通过多次问“为什么这个缺点会存在”，就可以得到一系列的原因，然后将这些原因连接起来，就像一条链，因此称为因果链，随着不断追问，就可能发现已经找到的原因背后还有其他的因素在起作用。一直追问下去，直到物理、化学、生物或者几何等领域的极限为终点。

功能分析、成本分析和流分析等问题分析工具是为了揭示工程系统的缺点，这些工具的分析结果可以作为因果链分析的已知条件输入，因此因果链分析可以比较全面地揭示工程系统各种不同层次的缺点。通过因果链

① 图片引自中国大学 MOOC（慕课），《脑洞大开背后的创新方法》课程课件，第四章：TRIZ 创新思维与方法，陈林等主讲。

分析出来的诸多缺点，有些容易解决，有些不容易解决，我们就可以选择那些容易解决的缺点入手来解决问题。我们找到的缺点越多，则可选择的余地就越大。现代 TRIZ 理论的一个重要特点就是转换问题，即不去解决最开始遇到的初始问题，而是使用各种问题分析工具找到隐藏于初始问题背后的关键问题加以解决。

对于初始问题进行全面深入的分析，找到隐藏于初始问题背后的深层次的缺点，然后针对底层关键缺点采取措施或者预防手段是非常明智的做法。然而在实际工程项目中，没有现代 TRIZ 理论背景的工程师往往会极力解决初始缺点，常常是经过很多努力也没有取得满意的结果。现代 TRIZ 理论告诉我们，不要急于解决系统的初始问题，而应该使用因果链分析工具找到系统深层次的关键缺点加以解决。

二、缺点的种类

因果链是由一个个有逻辑因果关系的缺点连接而成的链条，其中每一个缺点都是前一个缺点造成的结果，同时它又是造成后面缺点的原因。因果链可以用图 4－10 所示方式构建，图中的方框表示缺点，用箭头连接起来，箭头的起点是原因，终点指向结果。采用图形化表达后，因果链起始于初始缺点，终结于被发现的末端缺点，在初始缺点和末端缺点之间是中间缺点。

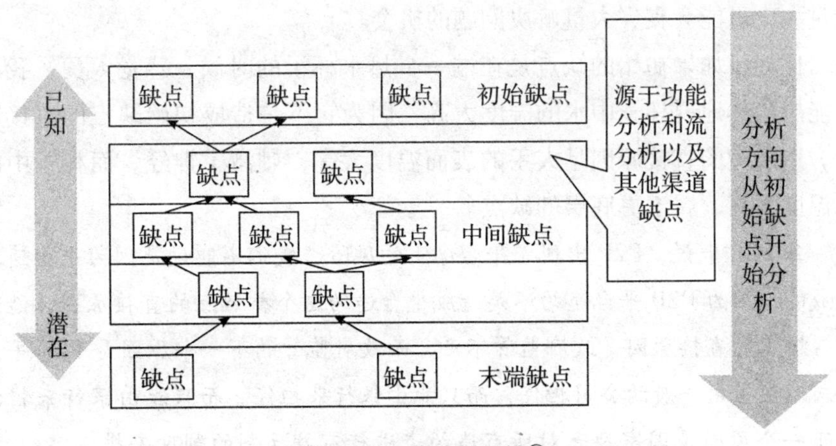

图 4－10 构建因果链①

① 孙永伟、[美] 谢尔盖·伊克万科，《TRIZ：打开创新之门的金钥匙 I》，科学出版社，2015 年 11 月第 1 版、2018 年 1 月第五次印刷，第 60 页。

（一）初始缺点

初始缺点是由项目的目标决定的，一般来说是项目目标的反面，如果我们项目的目标是降低成本，那么初始缺点就是成本过高；如果我们的目标是提高效率，则初始缺点就是效率太低。

比如，中国金融的初始缺点是系统性风险。这是由我们的经济金融目标决定的。我们将防范系统性金融风险作为我们三大风险的首要风险，即我们的初始目标是防范系统性金融风险，那么初始的缺点就是系统性金融风险高。

（二）中间缺点

中间缺点是指处于初始缺点和末端缺点之间的缺点，它是上一层缺点的原因，又是下一层缺点造成的结果。在列出中间缺点时，需要注意以下几个问题。

（1）需要明确上下层级的逻辑关系

在寻找下一层缺点的时候，需要找的是直接缺点，特别是在物理上直接接触的组件所引起的缺点，而不是间接缺点，避免跳跃。因果链分析中的缺点有可能被确定为需要解决的问题，即下面要谈的关键缺点，如果跳跃过大，可能会丧失大量解决问题的机会。

比如，如果初始的缺点是在端一个热水杯子的时候，感觉太烫，我们不能想当然地说杯子中水的温度太高，因为它不是造成初始缺点的直接原因，造成烫的直接原因是人手的表面温度太高，刺激了神经。而杯子中的水温度太高，属于更底层的缺点。

拿P2P来说，P2P出现了平台爆雷的风险，我们不能说是因为平台违约造成的，因为P2P平台违约不是造成平台违约这个初始点的直接原因，造成平台爆雷的直接原因是政府监管不足，而政府监管的下一个原因是P2P平台公司不应当由一般的公司担任，而只能由银行来担任。而只能由银行来担任的下一个原因是国家缺乏对所有违约者进行有效反制的制度安排。

（2）有时候造成本层级缺点的下一层缺点可能不止一个

如果同一层的缺点超过一个，则通常可以用AND或者OR运算符将若干缺点连接起来。AND运算符是指上一层级的缺点是由下一层级的几个缺点共同作用的结果，即下一层的几个缺点相互依赖，缺少任何一个缺点，上一层的缺点都不会发生，这样只需要解决其中的任何一个缺点就可以将上层的缺点解决掉。比如，燃烧的三个条件是可燃物、氧气、温度达到燃点，三者缺一不可，只要去掉其中的任何一个条件都不会起火。

比如信用评级机构与发债企业，当发债企业信用不良且评级机构也发生道德风险时就会造成信用风险。如果在信用评级机构和发债企业之间，任何一个主体只要不发生道德风险，就不会发生信用风险。

OR 运算符是指上一层级的缺点是由下一层级几个缺点中的任何一个单独作用造成的，即本层级上的缺点相互独立，必须将所有的缺点都解决掉才能够将上一层的缺点解决掉。比如，一个人喝到受污染的水，造成这个问题的下一层原因可能是水源问题，也有可能是管道问题，还有可能是容器问题，必须将所有的下层缺点解决了，上层的缺点才可能被解决。

比如中国 P2P 风险居高不下的问题既有可能由平台爆雷导致，也可能由融资方违约造成，所以导致监管机构感到 P2P 无可救药而基本上放弃了它。

（3）寻找中间缺点的方法

①在功能分析、成本分析和流分析中发现的缺点列表中查找。

②运用科学公式。比如，如果本层次的缺点是摩擦力，我们知道摩擦力的计算公式是“摩擦力 = 施加的力 × 摩擦系数”，那么就应该通过施加的力和摩擦系数这两个方面找到下一层的缺点。

③咨询相关领域专家。

④查阅文献。

（4）最开始的中间缺点，一般来源于现代 TRIZ 理论的其他问题分析工具，如功能分析、流分析等，可以从前面的功能缺点、流缺点列表中去寻找。但更深层的中间缺点则需要运用科学公式、相关领域专家经验以及查阅文献来探究。

（三）末端缺点

从理论上说，因果链分析可以是无穷无尽的，但当我们在做具体项目的时候，无穷无尽地挖掘下去是没有意义的，因此需要有一个终点，这个终点也就是末端缺点。当我们达到以下情况时，就可以结束因果链分析。

（1）达到物理、化学、生物或几何等领域的极限时。

（2）达到自然现象时。

（3）达到法规，国家或行业标准等的限制时。

（4）不能继续找到下一层原因时。

（5）达到成本的极限或者人的本性时。

（6）根据项目的具体情况，继续深挖下去就会变得与本项目无关时。

比如，中国金融风险可能是由多种纵向或者横向的原因形成的，但是归根结底是由我们缺乏一个有效的经济金融道德行为的奖惩机制造成的。

（四）关键缺点

人们解决问题的时候，往往会尝试从最底层的缺点入手，这样做的好处是解决问题最为彻底。人们认为最底层的缺点即末端缺点解决了，那么由它所引起的一系列问题都会迎刃而解。但有时候末端缺点并不一定很容易解决。其实也可以从某个中间缺点入手解决问题。经过因果链分析后得到的初始缺点、中间缺点以及末端缺点很多，但并不是每一个缺点都可以解决的。那些经过精心选择，需要进一步解决的缺点就是关键缺点。

中国的金融风险可能是由信息不对称造成的，也可能是由企业主观违约造成的，还可能是由企业的客观风险造成的，但是归根结底是由于我们缺乏一个依据经济金融道德所形成的分层治理制度。如图4－11所示。

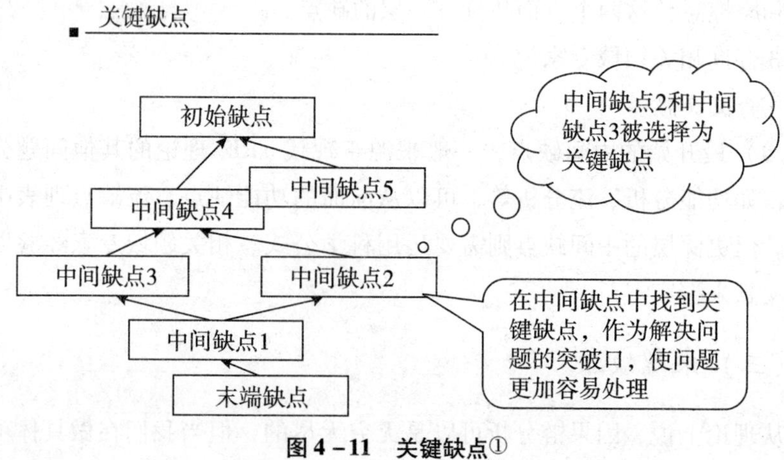

图4－11　关键缺点[①]

① 孙永伟、［美］谢尔盖·伊克万科，《TRIZ：打开创新之门的金钥匙Ⅰ》，科学出版社，2015年11月第1版、2018年1月第五次印刷，第60页。

通常一个初始缺点是可以由多个缺点引起的。前面找到的中间缺点和末端缺点越多，能够确定的关键缺点也有可能越多。如果有大量潜在的缺点没有被识别出来，关键缺点的选择余地也会变小，从而丧失掉很多机会。如果我们用因果链分析得到的缺点只有一两个，那么能够被确定为关键缺点的也不会超过两个；而如果用因果链分析得到的缺点有10个，则能够被确定为关键缺点的就有可能是4~5个。

（五）关键问题

从因果链分析中挑选出的关键缺点，需要解决它们所对应的问题就是关键问题。比如我们遇到一个关键缺点是管道污染了水，那么相应的关键问题就是“如何防止管道污染水”。

三、关键缺点的解决

（一）关键缺点的选择

因果链分析能让我们找到大量潜在的缺点，在选择需要解决的关键缺点时，需要注意因果链中各个缺点的逻辑关系，才能得到“牵一发而动全身”的效果。假设我们得到如图4-12所示的因果链，并最终确定了缺点5、缺点11、缺点12为关键缺点，到底应该选择哪一个关键缺点入手解决呢？

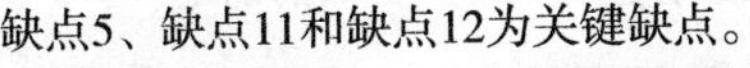

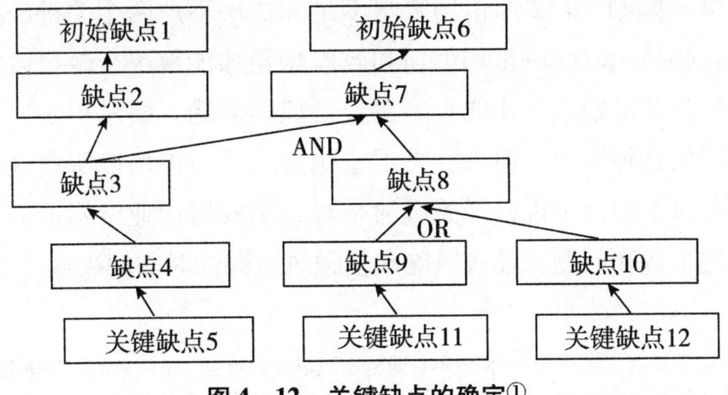

图4-12 关键缺点的确定[①]

---

① 孙永伟、［美］谢尔盖·伊克万科，《TRIZ：打开创新之门的金钥匙Ⅰ》，科学出版社，2015年11月第1版、2018年1月第五次印刷，第65页。

如果选择缺点 11 或缺点 12，则必须同时选择解决缺点 5 的问题，才可以解决初始缺点 1 和缺点 6；而如果我们选择缺点 5 入手解决问题，那么只要解决这一个关键缺点，初始缺点 1 和缺点 6 会同时被解决。

我们模仿这个关键缺点选择模型，来分析中国经济金融风险问题的关键点，如图 4－13 所示。由图可知，信息揭示不足和奖惩机制不足会导致经济和金融的风险。对于金融来说，有一部分融资主体本来就没有非系统性信用资源，比如中小企业，因而更加普惠的金融是依赖于系统性信用资源的。如果对使用价值的价值状况揭示不足与惩罚机制不健全两种缺点同时发生，就会导致金融风险。只要能解决任何一个问题，就能解决金融风险问题，金融风险的解决和金融效率的提升是一只手的两个面，如果经济有了充足的金融支持，经济风险也将随之解除。可见，如果我们选择 5 即价值链的认知为解决的切入点，就可以同时解决经济风险和金融风险问题。

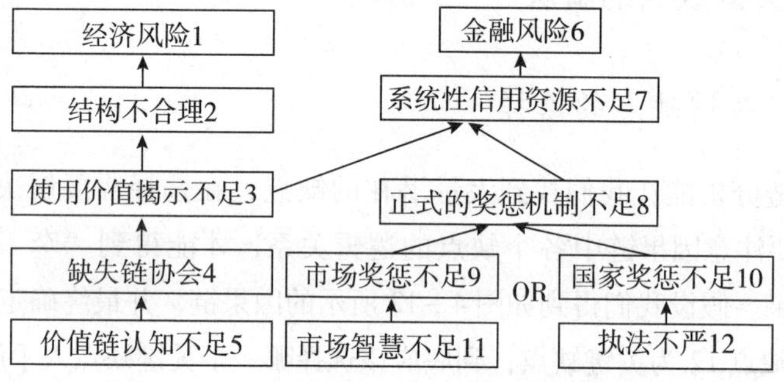

图 4－13　国家经济金融风险关键点的确定

但如果选择 11 和 12 即市场智慧不足和执法不严两个关键缺点为问题解决点，就必须同时解决市场惩罚和政府惩罚才能解决金融风险问题，但是还必须解决关键缺点 5 才能再解决经济风险问题。揭示不足，国家和市场都可以提供这种资源，但现实是国家执法不严，市场能明白这个道理的人不足。但对于经济来说，最关键的是对经济发展产业链构造的认知。如果解决了这个认知问题，经济风险和金融风险会同时被解决。①

① 以上图形显示，金融的信息揭示不是防范金融风险的重点，奖惩机制才是防范金融风险的重点；反过来，奖惩制度安排则不是防范经济风险的关键，经济信息的揭示才是治理经济风险的重点。因为金融风险特别是主观金融风险即主观违约是未来的，谁都无法准确预测未来的风险；而经济信息一旦被充分揭示，市场自然会在购买产品和融资产品购买上做出自己的判断，相对来说，经济链的形成与企业的资产转换具有一定的路径依赖，从而具有一定的稳定性。我们因此得出一个重要的结论：经济风险的降低在于形成业链协会，金融风险的降低在于形成正式的奖惩安排制度。

另外，需要注意的是，如果因果链中得到的所有缺点都是 AND 关系，则关键缺点的层级选择越底层越好，因为越底层，解决问题越彻底，即如果最底层的问题解决了，由它引起的所有问题都会被解决。而如果一个系统中的所有缺点都是 OR 的关系，则尽量从上层来解决，因为如果从底层入手，即使解决了底层缺点，也不一定能够解决初始缺点。①

（二）矛盾的挖掘

如果因果链中揭示出来的关键缺点所对应的解决方案比较容易找到，并且可以解决初始缺点，而且容易实施，那么它就是最终的解决方案。但有的时候，这些解决方案可能会遇到限制条件。比如，如果把杯壁变厚可以起到隔热的作用，就可以直接解决烫手这个初始问题，然而带来另一个问题，重量增加、消耗材料的增加、成本的增加，所以杯壁不能太厚，这样遇到了矛盾，即“杯壁不能太薄，也不能太厚”。常规的增加杯壁厚度的方法将不再适用，因此需要用更加巧妙的方法来解决这个问题。这就需要应用现代 TRIZ 理论中基于物理矛盾、技术矛盾等的标准解来作为问题解决的工具。

四、因果链分析的步骤

要提高因果链分析的效率，必须严格按照因果链分析的步骤进行，具体操作如下：

（1）列出项目目标的反面或根据项目的实际情况列出需要解决的初始缺点。

（2）根据寻找中间缺点的规则，对每一个缺点逐级列出造成本层缺点所有的直接原因。

（3）将同一层级的缺点用 AND 或 OR 运算符连接起来。

（4）重复（2）（3）两步，以此继续查找造成本层缺点的下一层直接原因（中间缺点），直到末端缺点。

（5）检查前面分析问题的工具所寻找出来的功能缺点及流缺点是否全

① 缺点或者问题下的关键点之间的关系与问题解决后的关键点之间的关系刚好呈反向关系。前者的 OR 关系即为正向 AND 关系，而前者的 AND 关系即为后者的 OR 关系。

部包含在因果链中，如果有不在因果链中的，则可能有遗漏，需要进一步判断是否需要添加，如果有必要添加就添加，如果没有必要添加，即与初始缺点不相关，若添加则需要有充分的理由。

（6）根据项目的实际情况确定关键缺点。

（7）将关键缺点转化为关键问题，然后寻找可能的解决方案。

（8）从各个关键问题出发挖掘可能存在的矛盾。针对关键问题可以转化为技术矛盾、物理矛盾、物-场模型等工具进行解决，更有针对性地解决问题。

可以用表4-9所示的模板列出关键缺点、关键问题、可能的解决方案以及遇到的各种矛盾。

表4-9　模板

序号	关键缺点	关键问题	可能的解决方案	矛盾描述
1				
2				
3				

【因果链分析的金融案例：中国P2P模式风险分析】

在上一节中我们运用功能分析工具分析了P2P网贷违约问题，本节利用因果链分析工具重新分析中国P2P平台风险问题，找出深层次的原因。

（1）列出初始缺点。根据上一节的背景介绍，我们知道初始缺点是“P2P平台风险”。

（2）寻找中间缺点。中间缺点包括融资方风险、投资方风险和平台风险，融资方风险是因为C总额不足，投资方风险是因为缺失监管，平台风险来源于信息不对称。我们一步步倒推下去，就可以挖掘出很多中间缺点。

（3）将同一层级的缺点用AND或OR运算符连接起来。

（4）重复（2）（3）两步。最终可以建立如图4-14所示的因果链分析图。

（5）检查功能分析的缺点是否被全部包含。经过检查，通过功能分析

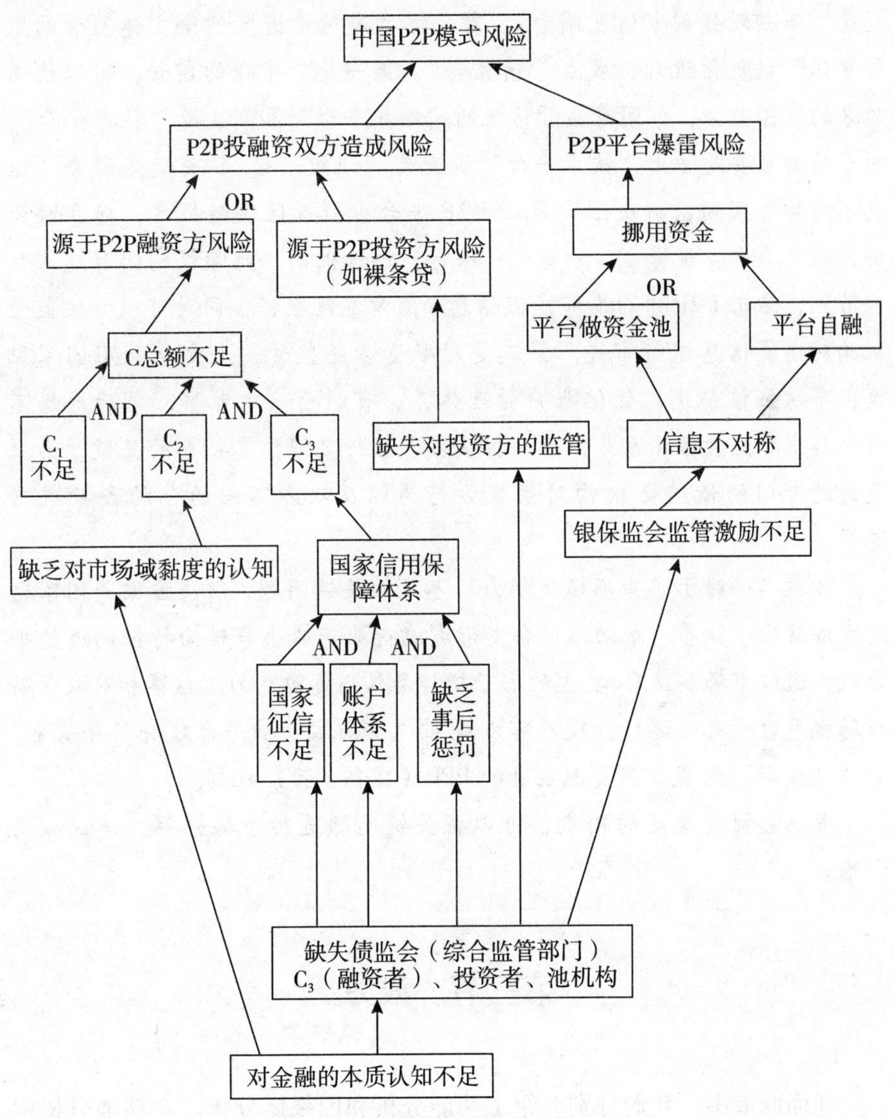

图 4－14　P2P 风险的因果链分析

得到的全部被包含，而且挖出了新的缺点。

(6) 根据实际情况确定关键缺点。根据项目实际情况，我们确定“信息不对称”和“缺失债监会”作为关键缺点，这两个缺点所对应的关键问题同时解决后，初始问题就能得到合理的解决。

(7) 将关键缺点转化为关键问题，并寻找可能的解决方案。

方案一：对于“国家域反制力”不足这个关键缺点，所对应的关键问题是"如何增强国家域反制力"，解决方案是对债进行"全主体监管的监管主体"的优化设计，成立"债监会"。第一是对中介的监管，可以使用原来的银保监会，但同时监管传统的"组织平台"和新生性"技术平台"，对于后者主要是防止"技术平台"蜕变为"组织平台"，关键是解决"信息不对称"问题，解决方案是在P2P平台中引入区块链技术，建立联盟链，P2P平台、投资方、融资方、银行、担保机构、监管机构同时建立数据节点，防止P2P平台发布虚假信息和随意篡改数据，同时可以方便监管机构对借贷信息进行审查。第二是对融资方的监管，主要是利用国家黏度，事前征信筛选，优化账户管理体系，有利于事中监察，事后严惩不贷。其中账户管理体系是保障和打破当下银行之间信息孤岛的关键。第三是通过专门的债监会机构对供资方行为以及双方不当的合约条款进行监察。

方案二：对于"市场域反制力"不足的关键问题，解决方案是国家通过立法鼓励、辅导、帮助市场自发形成以行业产业生命链为特征的道德平台域，通过市场制造C_2类型的影子抵押类信用资源。为了监察和有效帮助市场域平台的有效运行，政府可以成立"市场域金融平台政府引导基金"和"域金融"形成信用资源创造的PPP（公私合营）机制。

考虑到制度变迁的周期，可以将关键问题进行步骤分解，建议从简到难。

第三节　裁剪

前面两节中，我们分别介绍了功能分析和因果链分析。在功能分析中提到，通过对系统的组件进行功能分析，对于某些成本高但有用功能不高的组件，可以去掉，利用其他组件保留它所执行的有用功能；在因果链分析中也提到，对于有缺点的组件，除了解决这些缺点所引起的问题外，也可以尝试运用裁剪的方法将这些组件去掉①，而将它的有用功能用其他组件执行的方法保留下来。这种方法就是本节所介绍的一种重要工具——

① 相当于图4－4的第四象限部分。

裁剪。

一、什么是裁剪

裁剪是一种现代 TRIZ 理论中分析问题的工具，是指将一个或一个以上的组件去掉，而将其所执行的有用功能利用系统或超系统中的剩余组件来代替的方法。换句话说，裁剪通过“教会”系统或超系统的其他组件执行被裁剪组件的有用功能的方法，来保留系统的功能。裁剪后的工程系统成本更低，更加简洁，可靠性也可以提高。相应地，工程系统的价值也可以提高。

例如，我们将杯子看成一个工程系统，通过功能分析，我们得出它的功能模型如图 4－15 所示。在这个系统中，杯把儿为加工制造了麻烦，而且在包装、运输、存储等方面都带来了麻烦，因此，我们需要想办法将“杯把儿”去掉。

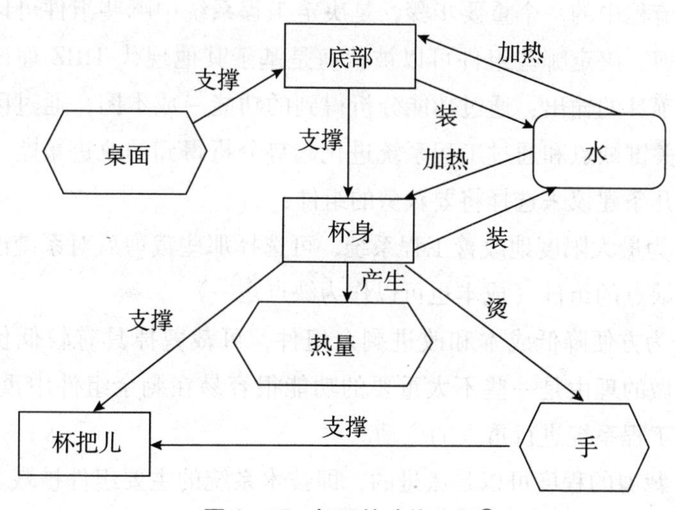

图 4－15　杯子的功能分析①

由于水加热杯身，导致杯身外表面的温度过高，如果没有杯把儿的存在，手接触杯身的时候会被烫伤，而杯把儿可以阻止杯身产生的热量传递到人手上。杯把儿的有用功能是支撑杯身和阻止热量传导到手上。去掉杯

① 图片引自中国大学 MOOC（慕课），《脑洞大开背后的创新方法》课程课件，第四章：TRIZ 创新思维与方法，陈林等主讲。

把儿后，用什么样的剩余组件执行杯把儿的功能呢？要优先选择系统组件，当然也可以选择超系统组件。

（1）选择杯底：杯底已经执行了支撑杯身的功能，可以加厚杯底或者使用双层杯底来阻止热量传导到手上。

（2）选择杯身：使用双层杯身或者将杯身局部加厚隔热。

（3）使用超系统组件：戴上手套或者使用杯托来隔热。

举个金融中的案例，美式期权合同可以根据到期日前的任何一点都能够执行合同，而欧式期权必须在到期日才可以行权。所以，将欧式期权只能在到期日行权这一组件裁剪掉就会得到美式期权。如果只考虑行权时间这一组件，则欧式期权将只能在到期日行权这一组件裁剪掉，才使得行权时间更加灵活，才可以随时行权，才具有美式期权的特征。

二、裁剪组件的选择

裁剪流程中的一个重要步骤，是决定工程系统中哪些组件可以被裁剪及如何裁剪。决定哪些组件可以被裁剪是基于其他现代 TRIZ 理论中几个问题识别工具的输出：通过功能分析得到的功能-成本图，通过因果链分析得到的关键缺点和通过工程系统进化趋势分析得到的改进策略。可以使用下面的几条建议来选择将要裁剪的组件：

（1）为最大限度地改善工程系统，可选择那些裁剪后对系统改善最大或有多个缺点的组件（成本也可以作为缺点之一）。

（2）为方便降低成本和改进剩余组件，可裁剪掉具有较低价值的组件。这样做的理由是一些不太重要的功能很容易在剩余组件中重新分配，而无须对工程系统进行重大的变动。

（3）裁剪的程度可以是激进的，即技术系统的主要组件被裁剪；或者是渐进式的，即有对工程系统做较小改变的限制。

（4）如果无法对被裁剪组件的功能进行分配，则不能裁剪掉该组件。

需要注意的是：裁剪的程度取决于项目的商业和技术的限制。这些限制决定了可以被裁剪的候选组件。如果条件允许，首先选择激进的裁剪方案，这可能会对工程系统产生较大的改进。如果条件不允许，则选择一个不太激进的裁剪方案。

三、裁剪规则

我们假设一个功能的载体执行了以下功能，如图 4－16 所示。

图 4－16 功能的载体执行的一个有用功能①

裁剪规则 A：如果有用功能的对象被去掉了，那么功能的载体是可以被裁剪掉的。比如，对于光头来说，相当于梳子这个功能载体的作用对象即头发被去掉了，所以梳子也就不需要了。“飞鸟尽，良弓藏”，“狡兔死，走狗烹”。比如，一个人如果不需要融资了，我们就不必要考虑对这个人的反制力了。

裁剪规则 B：如果有用功能的对象自己可以执行这个有用功能，那么功能的载体是可以被裁剪掉的。比如，作为功能对象的草长到一定高度就会自己停止生长，那么作为功能载体的割草机也就不需要了。再比如，对于当铺来说，融资靠的是典当物，就不用对典当人进行反制了。

裁剪规则 C：如果能够从不可或缺的系统或超系统中找到另一个组件执行有用功能，那么功能的载体是可以被裁剪掉的。比如，汽车发动机工作时产生的废热可以用来加热空气而代替空调，那么废热就相当于可借鉴的系统功能载体，因而空调就不需要了。再比如，在淘宝上购买产品，既容易产生具有征信功能的数据，也可以产生基于福利的黏性反制力，就不需要传统的非系统性信用资源了。

需要说明的是，裁剪规则 A 是最为激进的一个，因为它要同时去掉两个组件，即目标和载体都不存在了，因而不是最常用的。裁剪规则 C 则是最为常用的一个规则。

四、功能的再分配

当我们运用裁剪规则 B 和裁剪规则 C 时，将系统中一个或几个组件去掉，但它们的有用功能必须要得到保留，也就意味着它们的有用功能必须在剩余的组件中被分配和担当。当新的载体具备下面四个条件之一时，可

---

① 孙永伟、[美] 谢尔盖·伊克万科，《TRIZ：打开创新之门的金钥匙 I》，科学出版社，2015 年 11 月第 1 版，2018 年 1 月第五次印刷，第 84 页。

以将其确定为新的功能载体。

条件1：一个组件已经对功能的对象执行了相似的功能

功能再分配条件1如图4－17所示，功能A和功能B类似，并且作用于同一个功能对象。相似的功能意味着对功能对象的参数变化产生了类似的改变功能。比如，如果没有炒锅加热食物，可以用蒸锅或者电饭煲来代替，因为它们的主要功能都是用来加热的。再拿金融来说，在银行贷款时，借贷人如果没有抵押品，可以寻找担保人。

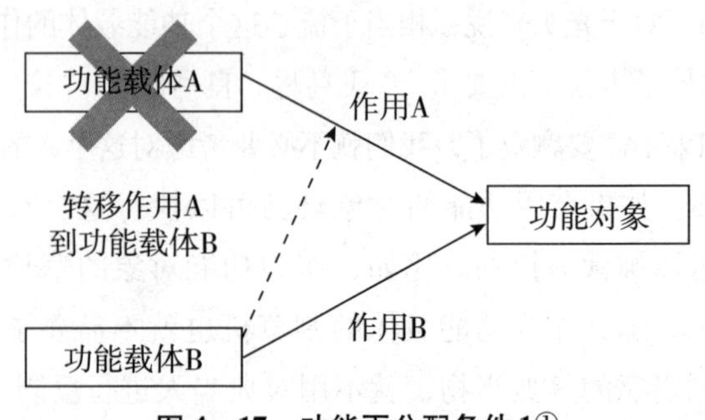

图4－17　功能再分配条件1①

条件2：一个组件对功能的对象执行任意功能

如图4－18所示，功能载体B仅与功能对象有相互作用，但并没有对其执行任何功能。然而，功能载体B有可能用来执行功能A。比如金属饭盒，相当于功能载体B，它作用的对象是饭菜。炒锅作为加热的功能载体，

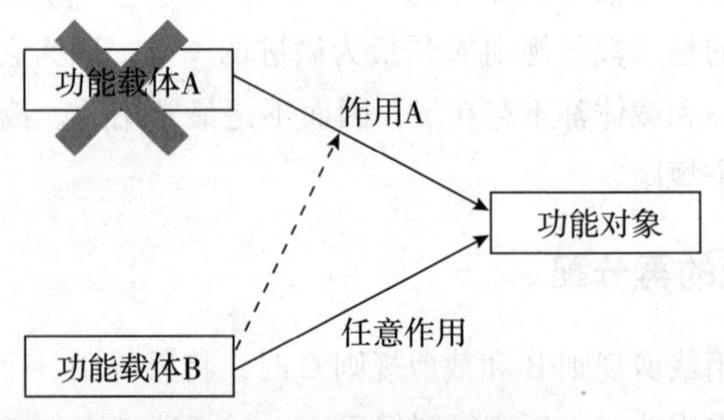

图4－18　功能再分配条件2②

---

① 孙永伟、［美］谢尔盖·伊克万科，《TRIZ打开创新之门的金钥匙Ⅰ》，科学出版社，2015年11月第1版、2018年1月第五次印刷，第87页。

② 同①。

作用是加热饭菜。当没有炒锅时，可以用金属饭盒来替代加热功能载体以加热饭菜。

就金融来说，如果一个国家在普遍意义上对所有的公民拥有良好的底层道德约束标准和高效率的惩罚机制，我们就说这个国家拥有良好的“大系统性信用资源”“政府型系统性信用资源”“生产性信用资源金融制度”。一旦这个国家的中小企业或者个人需要融资，这种“资信基础设置”就可以起到征信和信用保证的作用，还可以替代交易成本很大的合约实施过程观察。

条件3：一个组件对另一个对象执行了类似的功能

如图4－19所示，功能A与功能B类似，但它们作用于不同的功能对象，即作用A与作用B基本相同。通常猎人用猎枪来猎杀地面上的动物，用鱼叉捕鱼，专物专用，当没有携带鱼叉，也没有碰到合适的地面猎物却碰到鱼时，则可以用猎枪代替鱼叉猎杀鱼；熟人之间可以信用贷款，陌生人之间需要抵押贷款，也可以信用贷款。

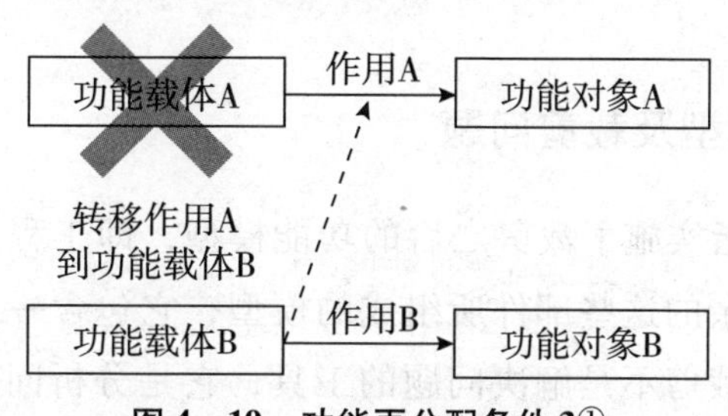

图4－19　功能再分配条件3①

就金融来说，银行是债性合约的组织平台中介，其他公司可以作为P2P技术平台中介，当其他公司作为技术平台中介产生风险时，也可以让银行作为技术平台中介。这就是将作为功能载体A的“其他公司的作用”转移到作为功能载体B的银行这个载体上。

条件4：一个组件拥有执行功能A所需要的一系列资源

如图4－20所示，一个组件拥有执行功能的资源功能载体A与功能载体B等一系列资源，我们可以将作用A转移到功能载体B。以炒锅为例，

① 孙永伟、［美］谢尔盖·伊克万科，《TRIZ打开创新之门的金钥匙Ⅰ》，科学出版社，2015年11月第1版、2018年1月第五次印刷，第88页。

炒锅相当于功能载体A，煤气相当于功能载体B，功能载体B拥有功能载体A的一系列资源。因而，可以不用功能载体A，直接采取烤串的办法加工食物。

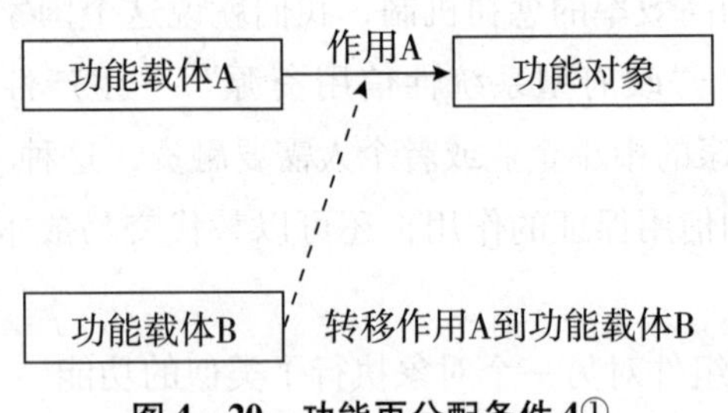

图4－20　功能再分配条件4①

比如健康的P2P代替“PBP”（银行为组织平台中介的金融），P2P作为功能载体B，拥有功能载体A所拥有的资金资源、信息资源、反制力资源。这个反制力一般属于“零资产”型“系统性信用资源”反制力，不是嫌贫爱富式的传统的“非系统性信用资源”反制力，特别适合中小企业和自然人。

五、裁剪模型及裁剪问题

裁剪模型是指实施了裁剪之后的功能模型，即工程系统中的某个组件被去掉后，剩余的这些部件所组成的模型，它包含一系列所需要进一步解决的问题。裁剪不是解决问题的工具，它是分析问题的工具，将其中的某个或者几个组件去掉后，遗留下了一些问题，这些问题也属于关键问题的一种，我们将这些问题归纳出来，利用后续的TRIZ工具去解决。

需要注意的是，选择裁剪不同的组件，会产生不同的裁剪模型，后续TRIZ解决问题的工具，会尝试使用不同的工具或路径解决这些问题。

裁剪组件应该去除与该组件相关的缺点。例如，裁剪一个高成本组件会减少系统的总成本。然而，裁剪掉某个组件后通常产生使其他组件的有用功能也被裁剪等一系列问题。这些问题称为裁剪问题。裁剪问题伴随着

① 孙永伟、[美]谢尔盖·伊克万科，《TRIZ：打开创新之门的金钥匙Ⅰ》科学出版社，2015年11月第1版、2018年1月第五次印刷，第88页。

不同的裁剪情况产生，然后，这些问题被收集起来，并重新描述。对应每个裁剪模型，形成与之对应的一系列裁剪问题。为改善系统，后续必须要解决这些裁剪问题。

六、建立裁剪模型的步骤

下面介绍如何一步步实施裁剪，裁剪模型建立的步骤如下：

（1）根据功能分析，画出功能模型。

（2）利用裁剪指南选择系统中需要裁剪的候选组件。

（3）选择将被裁剪组件的第一个有用功能。

（4）选择合适的裁剪规则。

（5）运用功能再分配的原则，选择一个新的功能载体。

（6）描述裁剪之后的问题。

（7）重复（3）至（6）步，将组件所执行的有用功能全部分析一遍。

（8）重复（2）至（7）步，将所有可能被裁剪的组件尝试一遍。

可以利用下面模板来建立裁剪模型如表 4－10 所示。

表 4－10　裁剪模型

组件	功能	功能等级	裁剪规则	新载体	裁剪问题
组件 1	功能 X	基本功能	裁剪规则 C	组件 3	如何使组件 3 执行功能 X
	功能 Y	基本功能	裁剪规则 B	组件 4	如何使组件 4 自身执行功能 Y
组件 2	功能 Z	基本功能	裁剪规则 C	组件 5	如何使组件 5 执行功能 Z

【裁剪的金融案例：P2P 网络借贷】

在前文，我们已经根据功能分析和因果链分析，找出了 P2P 平台爆雷的多个深层次原因。本节裁剪金融案例中，我们继续使用 P2P 平台爆雷案例，尝试一些其他解决方案。

1. 建立功能模型

（1）通过功能分析，画出功能模型图，如图 4－21 所示

其中，信用资金、P2P 平台、备用金都应当是系统组件。

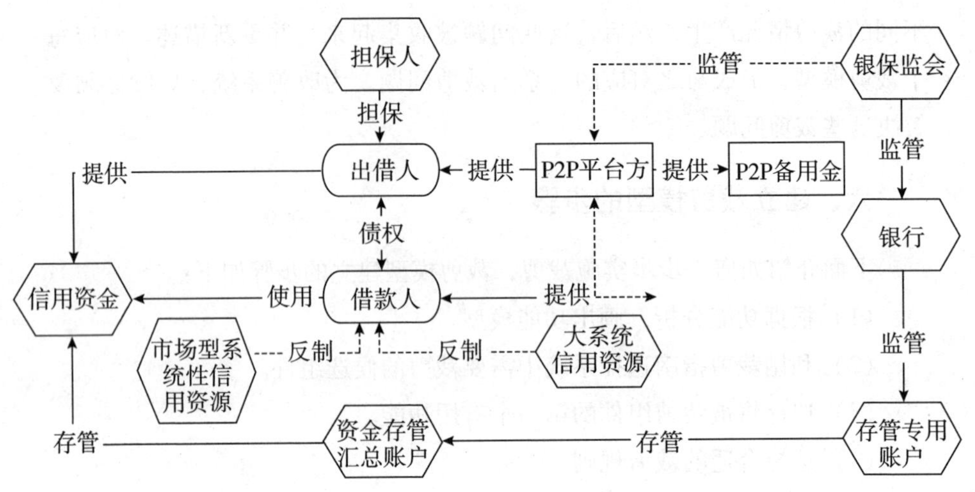

图 4-21　P2P 功能模型

（2）利用裁剪指南选择系统中需要裁剪的组件

首先，画出平台所在功能-成本图中的位置。

银行准入制度对于明确要申办银行的成本，与银保监会实时观察判断某一组织主体的行为是否是“资金池行为”的成本相比较而言，前者小于后者。因而对 P2P 平台监管的功能成本状况处于“右下角”区域，P2P 平台公司组件应当被裁剪掉。

其次，画出融资方在功能-成本图中的位置。

根据因果链分析，发现中国 P2P 平台跑路的根本原因在于融资方缺乏足够的国家型系统性信用资源，用征信来浅层次地替代信用保证不仅成本很高，风险管理效率也很低。所以，政府征信这一组件可以作为候选组件。同时，按照功能-成本图，政府征信的功能也处于“右下角”区域，也符合候选组件的条件。

（3）选择将被裁剪组件的第一个有用功能

候选组件 P2P 平台公司的功能是为陌生人之间的借贷提供撮合服务，但其负面效应是在中国系统性信用风险较高的情况下，为了激励供资人的供资行为而采取担保、自融、做资金池的行为，演化为类似银行集资功能的非法行为；P2P 正面效应的存在使得我们不会采用激进式的裁剪，而是采用渐进式的裁剪。

候选组件国家征信的有用功能是在一定程度上为筛选融资对象和惩戒融资对象起到正面作用，但是由于国内供资单位或者说银行和类银行机构对于征信的系统性性质理解不深，贷款市场处于信息孤岛状态，导致征信功能有限，成本极高。同时，国家征信以惩戒为目的，缺乏正面的行为激励功能。国家征信式的融资方信用生产功能具有正面效应，激进式裁剪显然不合适，而应当采用渐进式的裁剪。

(4) 选择合适的裁剪规则

裁剪规则 B 指的是如果有用功能的对象自己可以执行这个有用功能，那么功能的载体是可以被裁剪掉的。银行作为一个公司，自身就可以执行 P2P 平台公司的功能，因而平台公司可以用银行来替代。也就是说，由银行来执行 P2P 平台公司的功能，规避了担心平台公司蜕变为银行的风险，如图 4－22 所示。

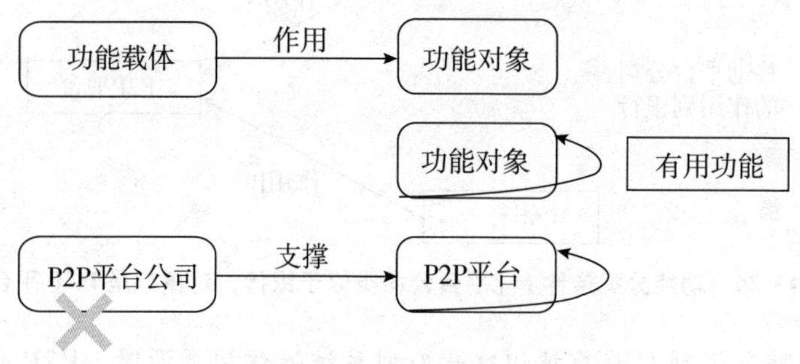

图 4－22 裁剪规则 B

裁剪规则 C 指的是如果能够从不可或缺的系统或超系统中找到另一个组件执行有用功能，那么功能的载体是可以被裁剪掉的。假定市场型系统性信用资源存在，政府型系统性信用资源是可以被裁剪掉的。即 P2P 融资方既可处于政府型系统性信用资源，也可以同时处于市场型系统性信用资源，如果后者存在，前者就可以裁掉了。如图 4－23 所示。

(5) 运用功能再分配的规则，选择一个新的功能载体

当我们运用裁剪规则 B 裁剪掉组件 P2P 平台公司时，P2P 平台的功能得到保留，需要将 P2P 平台公司的功能转移给银行。这个符合条件 1，即银行组件已经对 P2P 平台的功能对象执行了组建运营的功能，如图 4－24 所示。

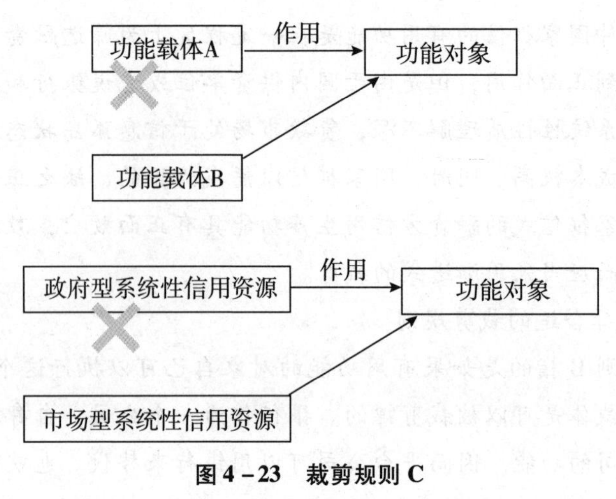

图 4-23　裁剪规则 C

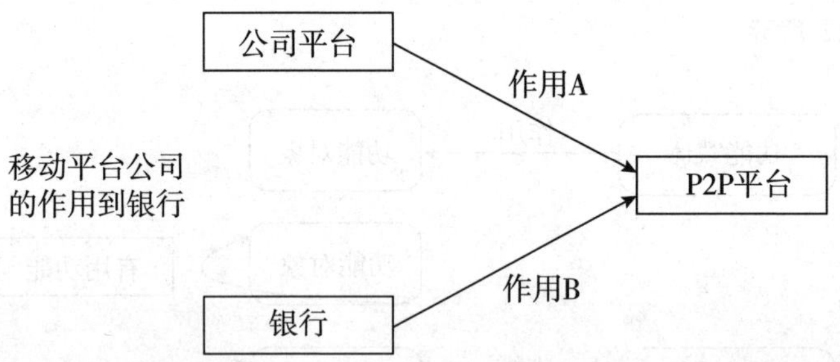

图 4-24　功能分配条件 1（平台公司类似于银行，对象都是 P2P 平台）

运用裁剪规则 C 裁剪掉组建政府型系统性信用资源时，P2P 融资方的信用资源必须得以保留，需要将政府型系统性信用资源转移给市场型系统性信用资源。这个也符合条件 1，如图 4-25 所示。

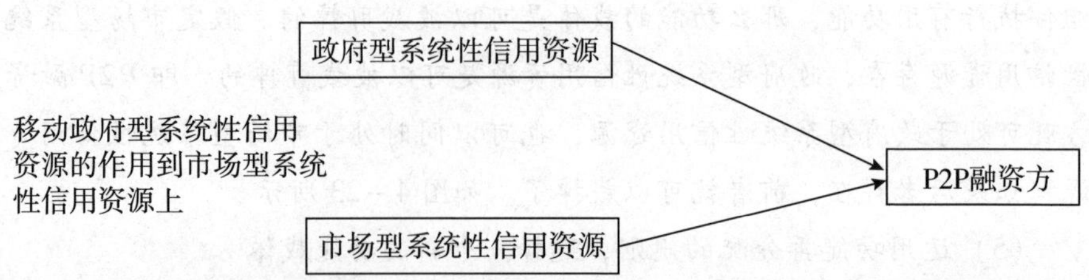

图 4-25　功能分配条件 1（二者都是信用资源，对象都是 P2P 的融资方）

（6）描述裁剪后的问题

第一，如何说服债市场各方，促使银行出任 P2P 平台公司；

第二，如何让 P2P 融资方基于产业以使用价值和交换价值的“道行”

和“德行”为标准入域，投资方则与域金融通过劣后或者担保的模式入域。

(7) 重复 (3) 至 (6) 步，将组件所执行的有用功能全部分析一遍。

经过这次裁剪后的裁剪模型如表 4-11 所示。

表 4-11　　裁剪模型

组件	功能	功能等级	裁剪规则	新载体	裁剪问题
P2P 平台公司	运营 P2P 平台	基本功能	裁剪规则 B	银行	如何让银行执行平台公司职能
政府型系统性信用资源	反制 P2P 融资方	基本功能	裁剪规则 C	市场型系统性信用资源	如何让 P2P 双方进入市场域

(8) 重复 (2) 至 (7) 步，将所有可能被裁剪的组件都尝试一遍。

尝试裁剪掉其他组件，可以产生新的裁剪问题。

2. 解决裁剪问题

对于上表的裁剪模型，可能会产生如下的解决方案，如图 4-26 所示。

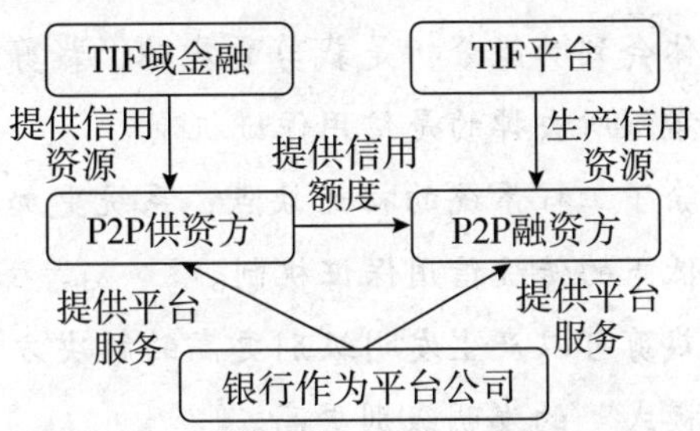

图 4-26　新的 P2P 工程系统功能模型

(1) 对于“如何让银行执行平台公司职能”，可以尝试让银行成立全资子公司（涉及需要修改的银行法问题），作为 P2P 平台公司。所有现存的 P2P 平台公司都必须与作为平台公司的银行子公司进行股权合作或者清算解散。高校和媒体担负着此种转换的理论诠释和传播功能。

(2) 对于“如何让 P2P 双方进入市场域”，首先要普及关于 TIF（塔福）域金融的相关知识，才能有足够多的融资方愿意处于塔福域中。开域之人则要明晰自己的功能是做金融科技、产业平台、道德揭示并为投资方提供劣后服务的，而不是主要做金融的。这种观念唯有通过国家管理，进行投资机会的分享才能实现。

3. 激进的裁剪模型

除了上文所说的裁剪情形外，我们还可以尝试更加激进的裁剪方式。比如，我们可以在上面裁剪的基础上继续裁剪掉其他组件。我们可以连续用裁剪规则A去掉银行、P2P平台、国家征信系统，这样只剩下供资方和融资方了，如图4－27所示。

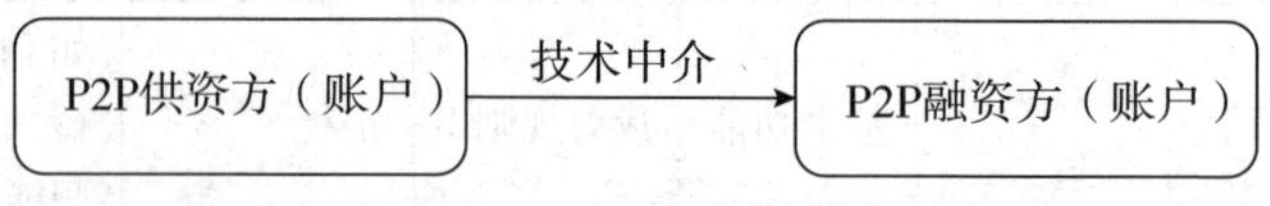

图4－27　P2P激进裁剪后的功能模型

在这样一个工程系统中，我们仍然需要一个组件能够执行减小融资方违约风险的功能。可以选择的组件有供资方账户、融资方账户和超系统中的技术中介等。可以选择的解决办法是优化账户管理、提高国家惩罚力度和技术水平。账户整合化、唯一化、透明化以及符合现金使用规定等“账户管制制度”，可以为国家惩戒和区块链技术的应用提供运行基础。

通过此案例，可以看出：

第一，又一次体会到功能分析是裁剪的基础，裁剪组件首先得知道候选组件的功能。本案例所去掉的是信用保证机制。

第二，裁剪消除了工程系统的初始缺点，系统更加简化。本案例消除了成本高昂且效率低下的传统信用保证机制。

第三，激进的裁剪可以产生发明级别更高的解决方案。本案例中“账户创新管制＋技术模式”的发明级别更高。

第四，裁剪与传统的金融创新者的思维方式相反，它不是通过修复信用资源不足的问题来解决问题，而是将有问题的金融组件去掉，然后去解决去掉所有信用保障体系后的新问题。

第五，需要将金融组件所拥有的信用保障问题全部分配到“账户创新管制＋区块链”中，信用保障老组件才能被裁剪掉。

第六，裁剪是一个分析问题的工具，裁剪掉老的信用保障组件，要求必须用成本更低、效率更高、功能更强的新组件来代替。

4. 金融组件裁剪的重要作用

金融裁剪是“金融萃智理论体系”中一个非常重要的组成部分它的作用主要表现在七个方面。

第一，金融裁剪可以转换金融问题，即如果解决和改善一个金融组件的问题非常困难，则可以尝试将这个金融组件去掉，那么原来的问题就转换成一个新问题，即如何让剩余的金融组件执行原来的功能。

第二，消除功能不正常的金融组件，它所带来的有害因素也随之消失。银保监会难以监督P2P平台行为所造成的P2P平台跑路，中国人民银行（以下简称央行）征信的高成本所造成的违约的普遍化等这些有害因素也随之消失。

第三，减少金融组件的数量，可以降低金融系统的复杂度，使系统更加稳健可靠。裁掉征信大大减轻了央行的负担，裁减掉传统复杂的信用保障体系，大大减轻了货币的复杂度，直接用信息的对称化来解决征信问题。

第四，减少老的金融组件，有可能降低金融系统运行的成本，但并不损失金融系统的信用保证功能。

第五，一般来说，解决了金融裁剪问题意味着金融创新，金融裁剪的程度越大，则金融创新的水平也越高。

第六，金融裁剪方法是一个非常强大的知识产权规避方法。以TIF为例，它不是传统的风险转移方法，而是一个信用风险消解方法；不是传统地依赖政府的方法，而是一个调动市场的方法；不是一个以征信为主的方法，而是一个主动制造金融黏度的方法。

第七，金融裁剪是一种金融进化的趋势。

第四节　特性传递[①]

前面介绍的分析问题的工具，如功能分析、因果链分析和裁剪，这些工具的主要作用是帮助我们寻找问题。比如，通过功能分析，可以识别出有问题的组件；通过因果链分析，可以帮助我们找到问题的根源，产生一系列解决问题的突破口；裁剪也是将系统中的一个或几个组件去掉，它所产生的问题是如何利用系统或超系统中的组件来取代被裁剪的组件的功

① 孙永伟、［美］谢尔盖·伊克万科，《TRIZ：打开创新之门的金钥匙Ⅰ》，科学出版社，2015年11月第1版、2018年1月第五次印刷，第99页。

能。特性传递则是TRIZ理论中的另一种分析问题的工具。

一、何谓特性传递

特性传递是一种将具备类似主要功能的其他系统的某个特性传递到本系统，以解决某个问题或者提高系统的性能的工具。通俗地说，特性传递就是“鱼和熊掌要兼得”。特性传递在生物学上的应用更为广泛，前几年炒得沸沸扬扬的转基因产品就属于特性传递的范畴。从竞争（替代）系统中抽取有益的部分来弥补现有系统的不足。

特性传递涉及以下几个重要名词：

（1）竞争系统：是指主要功能相同的工程系统，它相当于基础系统和特性来源工程系统的并集。

（2）基础系统：是指具备一定缺点的工程系统。这个系统等待从竞争系统中得到启发和移植。

（3）特性来源工程系统：是指竞争系统中可以移植给基础系统其不具备的优点特性的系统。

二、使用特性传递的时机

工程系统是指能够执行特定功能的系统。但基本上所有的功能都有优点和缺点，不大可能有完善的工程系统，满足所有的需求。俗话说：“萝卜白菜各有所爱。”对于萝卜，我们吃的是它的根，而对于白菜我们吃的却是它的叶子。如果能够将二者结合起来，就可以充分利用它的全部，即根和叶都可以食用，兼具二者的优点。

对于工程系统来说也是一样的，我们可以把其他工程系统中的好的特性，移植到待改善的系统中，使其具备更多的特性或满足更广泛的需求。

有时，我们可能会遇到这样的问题，市场已经有不同类型的产品，它们能够完成类似的功能，而我们在开发新产品的时候，完全可以结合各个系统的优点，开发出更好的产品，以更好地适应用户的需求。

三、如何运用特性传递

运用特性传递，可以将具备相同或类似主要功能的不同系统的优点和缺点进行分析，然后以其中一个系统为基础，将其他系统的优点传递到我们研究的基础系统中。需要注意的是：传递的是具备优点的特性，而不一定是另一个系统的某个组件。

比如，普通的钉子穿透力强，容易钉入物体，但附着力弱，又易于拔出；而螺丝钉穿透力弱，需要螺丝刀旋转用力才能钉入物体，但附着力强，钉入后极难拔出。所谓特性传递，就是在现有系统“钉子”的基础上，吸纳螺丝钉的附着力优势，形成新的系统即“带一定螺纹的钉子”，如表4-12所示。

表4-12　　螺丝钉的功能传递

工程系统	钉子	螺丝钉
穿透力	大（+）	小（-）
附着力	小（-）	大（+）

在螺丝钉的功能传递中，竞争系统是指所有固定物体的工程系统都可以作为竞争系统，比如螺丝钉、图钉、楔子等都可以作为竞争系统。基础系统是指特性传递将以本系统为基础做改变优化，将其他系统的特性传递到本系统中，以避免本系统的不足。钉子就是基础系统。特性来源工程系统是指本系统具备基础系统所不具备的优点特性，我们可以将本系统的这个特性转移到基础系统中；上例中，螺丝钉就是特性来源工程系统。

由此可以看到，特性传递可以达到两个目的：

（1）保持了原有系统的优点；

（2）通过将具有其他优点的系统的优势特性移植到基础系统中，从而使基础系统具备了新的优点。

四、特性传递的步骤

需要特性传递的问题一般来源于两个方面：一是已经有几种具备相同主要功能的系统，需要根据这些系统组合开发一种新系统；二是通过前面所讲的功能分析、因果链分析等工具，发现现有系统的优点及缺点。

特性传递的步骤如下：

（1）识别系统的主要功能；

（2）分析系统的优点是什么，缺点是什么，一般来说，缺点就是希望系统所具备的特性；

（3）确定竞争系统；

（4）寻找备选系统；

（5）确定基础系统；

（6）运用因果链分析，识别特性来源工程系统中造成优点的特性或者组件；

（7）描述将选定的特性来源工程系统的新特性或组件移植到基础系统中所要解决的问题。

这里需要指出，基础系统的选择是非常重要的，一般来说，选择成本比较低或者比较简单的系统比较合适，但这也取决于项目的目标及具体的限制条件。

【特性传递的金融实例：P2P 网络借贷】

P2P 平台对于借贷双方都很便利，一切认证、记账、清算和交割等流程均通过网络完成，借贷双方足不出户即可实现借贷目的。但是，P2P 一般都是无抵押，风险比较高，在中国由于国家型系统性信用资源的稀缺，容易出现违约以及平台跑路的问题。假定我们需要设计一种新的模式来解决其中的违约问题。

问题陈述：需要一个 P2P 平台，既保留操作便利、无抵押的特点，又要低违约率。

在利用特效传递时，需要有以下几个步骤：

（1）识别系统的主要功能

P2P 网贷的主要功能是弥补了银行等传统金融机构无法覆盖的贷款范围，能为大量个人、中小微企业提供更快捷、更方便的融资，具有普惠金融的特征。

（2）分析系统的优缺点

优点是年化收益率由市场决定，可以盘活更多的民间资本，更多的人获得金融服务，业务办理极其方便。缺点是缺乏有效反制力，信用风险高，违约率高。

(3) 确定竞争系统

可以实现类似功能的系统有格莱珉银行（孟加拉乡村银行）模式、村落借贷、校友借贷、蚂蚁金服模式等。

(4) 寻找备选系统

由于格莱珉银行模式和村落借贷模式有地域限制，辐射范围小，我们选择校友借贷作为备选系统。它与P2P系统对比分析如表4-13所示。

表4-13 P2P系统与校友借贷系统对比分析

系统	P2P网络借贷	校友借贷
操作便利度	方便	不方便
服务人群	陌生人	校友（熟人）
违约率	高	低

(5) 确定基础系统

传统的P2P网络借贷是我们要改造的目标，其具有上文所述的优点，因此选择P2P网络借贷作为基础系统。

(6) 识别特性来源工程系统中造成优点的特性或者组件

校友借贷作为特性来源工程系统，通过分析，我们发现校友借贷之所以违约率低，是因为校友之间大部分是熟人关系，来自同一个学校，有天然的认同感和信任感，出于校友之间的信誉重要度，一般不会骗贷和轻易违约。

(7) 描述将选定的特性来源工程系统的新特性或组件移植到基础系统中所要解决的问题

作为P2P网络借贷，应该从陌生人借贷转移到熟人圈的借贷，熟人之间彼此了解、信任，从而能解决陌生人之间信息不对称和缺乏反制力的问题，进而能降低违约率，让P2P平台进入良性发展循环中。

除此之外，还有更简单的方法可以实现特性传递，即将具备优点的系统直接集成到系统中来。如银行卡中的活期存款可以随存随取，可用于日常消费；而货币市场具有基金收益稳定、流动性强、购买限额低、资本安全性高等优点，将二者结合起来就是大名鼎鼎的余额宝。2013年余额宝的出现，既改变了货币市场基金行业的格局，又改变了银行卡的格局。余额宝产生之初的目的在于为消费者的零散消费资金做投资管理，在保持支付便捷的同时，让小额投资有合理的回报。由于可在手机上便捷操作、申购门槛低至一元、零手续费、随时可消费和赎回等优点，一经推出即受到大众投资者的欢迎。

第五章 发明原理

按照旧的方法发明更容易，用锹翻地比操作挖掘机更简单，步行比驾驶汽车更容易。但是发明的速度、效果、效率都很低，想要快速解决难题，就得学习、掌握“发明原理”并很好地组织驾驭它们。

——根里奇·S. 阿奇舒勒（Genrich S. Altshuler）

最有价值的知识是关于方法的知识。

——勒内·笛卡尔（Rene Descartes）

【趣味故事】 用智慧创造财富

很多年以前，在奥斯威辛集中营里，一个犹太人对他的儿子说："现在我们唯一的财富就是智慧，当别人说一加一等于二的时候，你应该想到大于三。"纳粹在奥斯威辛毒杀了上百万人，父子俩却活了下来。

1946 年，他们来到美国，在休斯敦做铜器生意。一天，父亲问儿子一磅铜的价格是多少？儿子答 35 美分。父亲说："对，整个得克萨斯州都知道每磅铜的价格是 35 美分，但作为犹太人的儿子，应该说成 3.5 美元，你试着把一磅铜做成门把儿看看。"

20 年后，父亲死了，儿子独自经营铜器店。他做过铜鼓，做过瑞士钟表上的簧片，做过奥运会的奖牌，他曾把一磅铜卖到 3500 美元，这时他已是麦考尔公司的董事长。然而，真正使他扬名的是纽约州的一堆垃圾。

1974 年，美国政府为清理给翻新自由女神像时扔下的废料，向社会广泛招标。但好几个月过去了，没人应标。正在法国旅行的他听说后，立即飞往纽约，看过自由女神像下堆积如山的铜块、螺丝和木料后，未提任何条件，当即就签了字。

纽约许多运输公司对他的这一愚蠢举动暗自发笑，因为在纽约州，垃圾处理有严格规定，弄不好会受到环保组织的起诉。就在一些人要看这个犹太人的笑话时，他开始组织工人对废料进行分类。他让人把废铜熔化，铸成小自由女神像；把水泥块和木头加工成底座；把废铅、废铝做成纽约广场的钥匙扣。最后，他甚至把从自由女神像身上扫下来的灰包装起来，出售给花店，不到 3 个月的时间，他让这堆废料变成了 350 万美元现金，每磅铜的价格整整翻了 1 万倍。

这个故事中的犹太人利用发明原理之"分割原理""组合原理"使垃圾"变害为利"，把自由女神像的翻新废料变废为宝，自己还大赚了一笔钱。虽然这个故事中的犹太人是无意识中使用了一些发明原理，但是可以看到他对我们思考问题方式的巨大转变。如果我们熟练掌握这些发明原理，在生活中有意识使用的话，我们解决问题的效率会得到巨大提升。

第一节　发明原理的由来

从1946年到1971年，阿奇舒勒查阅了10万多份发明专利，从中精选出4万份高质量的发明专利，对其进行统计和分析。经过深入研究，阿奇舒勒发现，虽然不同的专利解决问题的领域不同，但是它们使用的方法是惊人的相似，即可以用同样的一种方法来解决不同领域的相似问题。阿奇舒勒又通过归纳和总结，把这4万份高质量专利中常用的解决问题的方法抽取出来，组成了解决发明问题的40个常用原理。这就是40个发明原理的诞生过程。

40个发明原理开启了一道发明和问题解决的天窗，将发明从魔术推向科学，让那些似乎只有天才可以从事的发明工作，变成一种人可以从事的职业，使原来认为不可能解决的问题可以获得突破性的解决。如果掌握这些发明原理，不仅可以提高发明的效率、缩短发明的周期，而且能使发明更具有可预见性。

当前，40个发明原理已经从传统的工程领域拓展到微电子、医学、管理、教育、金融等各个领域，40个发明原理的广泛应用，产生了不计其数的专利发明，大大降低了各个领域创新的成本，提升了创新的效率。

本章重点介绍阿奇舒勒对40个发明原理的经典解释和传统举例（见表5-1)，同时还列举了在金融领域应用的小例子，并提供了一个综合金融案例，以帮助读者理解和掌握这些发明原理，是如何运用到金融领域中来实现金融创新的。

表5-1　40个发明原理

序号	发明原理	序号	发明原理	序号	发明原理	序号	发明原理
1	分割	6	多功能性	11	事先防范	16	不足或超额行动
2	抽取	7	嵌套	12	等势	17	一维变多维
3	局部质量	8	重量补偿	13	逆向思维	18	机械振动
4	非对称	9	预先反作用	14	曲面化	19	周期性作用
5	组合	10	预先作用	15	动态性	20	有效作用的连续性

续　表

序号	发明原理	序号	发明原理	序号	发明原理	序号	发明原理
21	快速通过	26	复制	31	多孔材料	36	相变
22	变害为利	27	廉价替代品	32	改变颜色	37	热膨胀
23	反馈	28	机械系统替代	33	同质性	38	强氧化剂
24	中介物	29	气压或液压结构	34	抛弃与再生	39	惰性环境
25	自服务	30	柔性壳体或薄膜	35	物理/化学参数改变	40	复合材料

第二节　40 个发明原理①

原理 1：分割原理

1. 英文名称

segmentation，segment，fragmentation

2. 原理描述

分割原理是指：以虚拟的方式或真实的方式将一个系统分成多个部分，以便于分解（分开、分隔、抽取）或合并（结合、集成、联合）一种有益的或有害的系统属性。在多数情况下，会对分隔后得到的多个部分进行重组（或集成），以便实现某些新的功能，并（或）消除有害作用。随着分割程度的提高，技术系统逐步向微观级别发展。

3. 使用技巧

对要分割的系统（物理形式或概念形式）进行分析和评价，以便对包含问题的部分进行分割或合并。它不仅适用于几何概念上的分割，也可用于非实体领域，例如管理学和心理学上对概念和组织的分割及合并。并且该原理可用于所有不同的数量级：从纳米级到星系级。

---

① 原理内容和部分案例主要来源于对多本教材和读本的整合，如《经典 TRIZ 通俗读本》（李海军、丁雪艳，中国科学技术出版社）、《TRIZ 入门 100 问：TRIZ 创新工具导引》（张明勤、范存礼、王日君、张士军，机械工业出版社）、《发明是这样诞生的：TRIZ 理论全接触》（杨清亮，机械工业出版社）等。

4. **指导原则**

（1）将一个物体分成多个相互独立的部分。

- 大型项目的总体设计与分项设计；
- 将冰箱分为冷冻、冷藏、零度保鲜等多个区域，以实现不同的功能；
- 用烽火传递信息，是在分割信息传递的距离。

（2）将物体分成容易组装（或组合）和拆卸的部分。

- 模块化、组合式家具方便运输和搬运；
- 管道可以快速拆卸和连接；
- 铁路是由一根根铁轨连接而形成的；
- 建筑中常用的砖块、预制板和活动房屋等。

（3）增加物体的分割程度。

- 窗帘的演变：一块布做的窗帘→左右两块布做的窗帘→百叶窗；
- 用粉状焊接材料代替焊接条以改善焊接效果；
- 军用飞机油箱破损时，容易引起燃料大量外泄，进而会引发爆炸事故。利用分割原理，在油箱中装设一种蜂窝状材料，将油箱分割成无数个小“隔间”，从而解决这个难题。

有不少金融事物都体现了分割原理，在存在原理的指导原则时，如果能对应上具体指导原则，则指明；否则，就只做总述描述。当革智原理与金融原理交叉时，重点描述交叉内容。金融中有，革智中有时，则描述。

【金融案例：拆股(Stock Split)】

拆股又称“分割”。当一只股票价格太高时，股票的交易量会影响投资人（尤其是散户）的购买欲望，交易清淡。这时股份公司就会考虑将股票拆股，分割股票后，股东权益不变，公司的总市值也不变，且能激励每股股价急升，因此分割股票的决定常被投资大众视为公司管理阶层看涨股价后市的吉兆。拆股有利于扩大投资者基础，吸引更多投资者参与，增加交易量和流动性。该案例反映了指导原则3。

【金融案例：分拆上市】

分拆上市是指已上市公司剥离出一部分资产和业务，组建股份有限责任公司，而后到资本市场上市的资本运营行为。本质上，分拆上市属于公司收缩经营的范畴。该案例反映了指导原则1。

【金融案例：剥离债券（Stripped Bond）】

剥离债券是其息票支付和本金支付被证券公司剥离成两个独立的部分，分别销售给投资者的债券。证券公司将债券的利息从本金上剥离下来，分别形成不含本金残值（residue）和债券利息两部分进行出售。这就相当于一张债券被两次出售，一部分是以贴现价格出售的零利息债券本金，投资者到期获得债券面值；另一部分是以面值出售，投资者获得整个债券期限内的全部利息。这样做旨在赚取更多的佣金收益和交易差价。该案例反映了指导原则1。

【金融案例：公司存续分立（Spin-off）】

存续分立，又称派生分立，是指一个公司将一部分财产或营业依法分出，成立两个或两个以上公司的行为。在存续分立中，原公司继续存在，原公司的债权债务可由原公司与新公司分别承担，也可按协议由原公司独立承担。新公司取得法人资格，原公司也继续保留法人资格。该案例反映了指导原则1。

公司存续分立有以下优点：

第一，可以激发企业家的经营积极性。作为大公司的一部分，子公司通常患有“富贵综合征”，与此同时，作为大公司附庸的地位也会使子公司的雇员们感到压抑。与其他几种公司的紧缩方式相比，分立对管理层的能力释放作用非常明显。从激励机制来分析，公司分立能够更好地把管理人员与股东的利益结合起来，因此可以降低代理成本。

第二，公司分立与资产剥离等紧缩方式相比可以享受税收优惠。公司分立对公司和股东都是免税的，而资产剥离则可能带来巨大的税收负担。公司在资产剥离中得到的任何收益都要纳税，如果这笔钱再以股利的形式发给股东，还要继续纳税。

第三，分立有时也是一种反收购的手段。当一个公司的下属子公司被收购方看中，收购方要收购整个企业时，母公司通过把该子公司分立出去就可以避免被整体收购的厄运。

【金融案例：年金】

年金是指等额、定期的系列收支。例如，分期付款赊购、分期偿还贷款、发放养老金、分期支付工程款、每年相同的销售收入等，都属于年金收付形式。按照收付时点和方式的不同，可以将年金分为普通年金、预付年金、递延年金和永续年金四种。显而易见，年金是在时间维度上对资金进行分割。该案例反映了指导原则1。

【金融案例：卖方融资】

卖方融资是目标公司股东向收购方提供的融资。收购方在实施收购时暂不向目标公司股东支付全部收购价款，而是承诺在未来一定时期内分期分批支付。这种支付方式一般只在目标公司获利不佳，卖方急于脱手时被采用，是有利于收购方的一种支付方式。

采用这种方式，目标公司必须是股东数量少、股权相对集中的公司。否则，股东分散就难以用商业票据来分期付款。卖方融资的形式，可以采用卖方票据。如果收购后，目标公司仍保留原经营者，则可采用收购方按目标公司业绩的一定比例分期付款的形式；业绩达不到预定标准时，收购方有权不付款，促使目标公司在收购后保持正常运营，收购方可避免因收购后目标公司业绩迅速下降而产生的风险。

本案例中的分期分批支付是对资产的分割，反映了指导原则2。

【金融案例：分散投资中的资金分割】

这种融资模式之所以也称得上是资金分割，是因为我们的视角是先有投资标的组合，再有资金的分割。该案例反映了指导原则2。

分散投资也称为组合投资，是指同时投资在不同的资产类型或不同的证券上。分散投资引入了对风险和收益对等原则的一个重要的改变，分散投资相比单一证券投资的一个重要的好处就是，分散投资可以在不降低收益的同时降低风险。这也意味着通过分散投资我们可以改善风险收益率。证券分散投资包括对象分散法、时机分散法、地域分散法、期限分散法四个方面。在实际操作中可以根据不同情况采取多种方法，但唯一的目的和作用就是降低投资风险。分散投资是在证券种类、期限、地域等维度对资金进行分割，从而降低投资风险。

但由于分散投资需要大量的资金，因而可以采用基金份额的方式进行融资的分割。

【金融案例：分离交易可转债】

分离交易可转债是一种附认股权证的公司债，可分离为纯债和认股权证两部分，赋予了上市公司一次发行、两次融资的机会。分离交易可转债是债券和股票的混合融资品种，它与普通可转债的本质区别在于债券与期权可分离交易。该案例反映了指导原则1。

首先，分离交易可转债与普通可转债的本质区别在于债券与期权可分离交易。传统的可转债兼有债性和股性，而分离交易可转债的特点就是实现了债性和股性的分离，其流动性比普通可转债更强。也就是说，分离交易可转债的投资者在行使了认股权利后，其债权依然存在，仍可持有到期归还本金并获得利息的权利；而普通可转债的投资者一旦行使了认股权利，则其债权就不复存在了。

其次，分离交易可转债不设重设和赎回条款，避免了普通可转债发行人往往不是通过提高公司经营业绩，而是以不断向下修正转股价或强制赎回方式促成转股的发生。

再次，普通可转债中的认股权一般是与债券同步到期的，分离交易可转债则不同。分离交易可转债认股权证的存续期间不超过公司债券的期限，自发行结束之日起不少于六个月。发行后，公司债券和认股权证分别在交易所债券市场和权证市场交易，债券到期偿还本金和支付约定的利息；认股权证可以出售，也可以到期行权。

最后，与普通的可转债相比，分离交易可转债向市场传递的信息也有很大不同。由于我国可转债的条款设计使其更近似于股权融资，使得股权融资与债权融资传递的市场信息混淆，而可分离交易可转债对公司还本付息存在刚性压力，传递的债券融资信息更为明显。

【金融案例：分类加总估值法（SOTP）】①

由于多元化公司下属业务性质不同，如果按同一估值尺度来衡量会有偏差。这样就出现了一种给多元化控股公司估值的方法，即将公司同时经营的不同业务分别选择合适的估值方法估值，再根据持股比例加权

① 参见百度百科的同名词条。

汇总得出该多元化控股公司的总价值。一般各个子公司之间没有协同效应。

例如中国平安（601318），同时经营寿险和商业银行业务，而两项业务适用不同的估值方法，寿险需要用内涵价值法，商业银行则可以用市净率法，只有将两项业务根据对口的估值方法估值，再加总起来，才能正确反映公司价值。这种方法是萃智原理中的分割原理，把各个子公司分割开来进行估值，最后再进行汇总。

【金融案例：成本摊销】①

摊销（Amortization）指对除固定资产之外，其他可以长期使用的经营性资产按照其使用年限每年分摊购置成本的会计处理办法，与固定资产折旧类似。摊销费用计入管理费用中会减少当期利润，但对经营性现金流没有影响。

摊销根据年限将购置成本进行分割处理，只对当期利润产生影响。

【金融案例：众筹】②

众筹把一个大的计划集资款项分成无数个小的可以让分散的个人赞助人支持的小项目，可以吸引任何对项目有兴趣的人，把大的粒度化小。使用了分割原理。

【金融案例：TIF 中的“物以类聚”】

TIF 中域金融是按照不同产业生命链进行分类，也是将融资对象进行分割的金融创新方法，有利于对同类产业的信息进行揭示并比较。

【金融案例：资产打包出售】

资产证券化中的打包出售，券商拆包进行分类证券化，等等。

---

① 张玉龙演讲，窦尔翔、杨勇指导，“金融创新期末汇报”，北京大学 2019 年 MEM 金融创新课的金融萃智作业课件，有修改。

② 王静贤、杨一帆演讲，窦尔翔、杨勇指导，北京大学 2019 年投资银行课的金融萃智作业课件，有修改。

原理 2：抽取原理（分离原理）

1. **英文名称**

extraction, extracting, retrieving, removing, removal, separate, take out, taking away

2. **原理描述**

抽取就是从整体中分离出有用的（或有害的）部分（或属性）。抽取可以虚拟方式或实体方式进行。

3. **使用技巧**

识别系统中的有用部分（或属性）或有害部分（或属性），并且在抽取后可增加系统的价值，寻求该部分或属性的具体特征，以便将其轻松抽取出来。抽取原理同样应用于非实物或虚拟情况。有时，被抽取部分在系统之外比在系统内具有更高的价值。

抽取原理与分割原理非常相似，但具有一个重要的区别。两种原理均将整个系统分为若干部分，但抽取原理是将一个或多个部分去除，而分割原理是在将整体分为部分后全部保留。

4. **指导原则**

（1）从物体中抽取出产生负面影响的部分或属性。

- 利用避雷针，把雷雨中的电荷引入大地，从而避免建筑物遭受雷击；
- 将空调的压缩机放在室外，减少噪声对人的影响；
- 从口腔中拔掉一颗坏牙（有害部分），以改善整个口腔健康状况；
- 飞机场候机厅中设有专用吸烟室。

（2）从物体中抽取出有用的（主要的、重要的、必要的）部分或属性。

- 安装超声波驱鸟器，使飞鸟远离机场；
- 将狗的吠叫声抽取出来，引入机器狗中；
- 猎头为用人单位遴选优秀人才；
- 化学实验中的蒸馏、萃取和置换都是从混合物中抽取所需物质的过程；
- 大仲马在小说《三个火枪手》中描述，波尔多斯不让裁缝接触他身体的情况下，莫里哀利用镜子给波尔多斯量体裁衣，相当于把波尔多斯身高和三围通过镜子抽取出来了。①

【金融案例：银行剥离不良资产】②

银行通过资产管理公司，剥离表内不良资产，优化银行资产负债表，提高资本充足率。这相当于萃智原理中抽取出不良资产。该案例反映了指导原则1。

【金融案例：ABS（Asset Backed Securitization）的真实资产出售】

真实资产出售，是指各方当事人在合同中明确表示交易性质为资产（债权）销售且与该资产（债权）相关的所有权益和风险全部按照公平的市场价格转让给受让人的金融资产转让行为。一般指证券化资产从原始权益人（如住房抵押贷款的发放银行）向SPV的转移，它是证券化运作流程中非常重要的一个环节。这个环节会涉及众多法律、税收等问题。

其中一个关键问题是：一般都要求这种转移在性质上是真实出售，其目的是实现证券化资产与原始权益人之间的破产隔离——原始权益人的其他债权人在其破产时对已证券化资产没有追索权。

这种资产的转移，相当于从原始权益人中抽取出稳定现金流的资产给SPV，进行资产证券化。该案例反映了指导原则2。

【金融案例：金融脱媒（Financial Disintermediation）】

所谓“金融脱媒”是指在金融管制的情况下，资金供给绕开商业银行体系，直接输送给需求方和融资者，完成资金的体外循环。随着经济金融化、金融市场化进程的加快，商业银行主要金融中介的重要地位相对在降低，储蓄资产在社会金融资产中所占比重持续下降及由此引发了社会融资方式由间接融资为主向直、间接融资并重转换。金融市场的完善，金融工具和产品的创新，金融市场的自由进入和退出，混业经营和利率、汇率的

① 此例改写自檀润华编著，《TRIZ及应用：技术创新过程与方法》，高等教育出版社，2010年第1版，2014年第四次印刷。

② 田志伟、陈晔演讲，窦尔翔指导，“TRIZ与ABS”，北京大学MEM金融创新课的金融萃智作业课件，有修改。

市场化等也会导致金融脱媒。金融脱媒是经济发展的必然趋势。金融脱媒相当于在融资过程中把银行这个中介抽取出来并去掉。该案例反映了指导原则 1。

【金融案例：专利融资】①

专利融资，也可以叫作专利权质押融资，是指债务人或第三人将其所拥有的发明专利、实用新型专利、外观设计专利的财产权经评估后向银行、其他的金融机构或投资公司做质押取得贷款，并按约定的利率和期限偿还贷款本息，当债务人不履行债务时，债权人有权依法以该专利权折价或拍卖、变卖的价款优先受偿的一种融资方式。公司所拥有的专利，在公司发挥重要作用的同时也拥有一定的处置价值，可以被视为公司的重要资产，所以，公司可以通过将专利作为抵押物向银行或者金融机构进行融资。该案例反映了指导原则 2。

【金融案例：失信黑名单制度】②

对违背市场竞争原则和侵害消费者权益的企业建立黑名单制度，让失信者寸步难行。凡是被纳入失信被执行人名单中的被执行人，将会在政府采购、招标投标、行政审批、政府扶持、融资信贷、市场准入、资质认定等方面受到限制。老赖个人以及公司严重破坏市场秩序，不利于整个市场发展，抽取这一部分黑名单拒绝为其服务对整体具有极大好处。失信被执行人名单制度，是对失信被执行人予以信用惩戒，促使其积极履行法律文书确定义务，促进执行工作的重要举措，是破解执行难问题的又一有益尝试。

原理 3：局部质量原理

1. 英文名称

local quality

---

① 余宗宪演讲，窦尔翔、杨勇指导，“期末汇报”，北京大学 2019 年 MEM 金融创新课的金融萃智作业课件，有修改。

② 王静贤、杨一帆演讲，窦尔翔、杨勇指导，北京大学 2019 年投资银行课的金融萃智作业课件，有修改。

2. **原理描述**

在一个对象中，特殊的（特定的）部分应该具有相应的功能或条件，从而能够更好地适应其所处的环境，或更好地满足特定的要求。也称为局部质量改善法。

3. **使用技巧**

应用此原理时，一种特征对每一个特定位置或时刻而言被构造为不均匀的或最优的，因此该原理称作“最优资源原理”更为合适。通过改变不同特征（特性）在不同地方（位置）、不同时刻（时间）的相互作用，可获得最优的功能。不均匀的系统结构和环境往往是具有适应性的。局部质量原理是技术系统不均衡进化法则的一种体现，目的是使系统资源达到最优配置。如大的钢部件工作时，某一特定区域易磨损，为降低磨损，对这一特定区域进行热处理（改变相互作用）。

4. **指导原则**

（1）将对象、环境或外部作用的均匀结构变为不均匀的结构。

• 对金属表面进行渗碳处理，可以增加材料表面的硬度（而金属内部的特性并没有改变），从而提高其耐磨性能；

• 将硬度高、耐磨的优质钢材制成刀刃部分，刀的其他部分用一般的钢材；

• 弹性工作时间，将最重要的工作放在一个人状态最好的时间段去做；

• 混凝土中非均匀分布钢筋产生所需要的强度特征。

（2）使对象的不同部分具有不同的功能或特征。

• 带橡皮的铅笔（橡皮的功能是擦除痕迹，铅笔的功能是产生痕迹）；

• 图钉一头尖（便于钉入物体内），一头圆（便于人手施加压力）；

• 羊角锤（一头用来钉钉子，另一头用来起钉子）；

• 快餐饭盒中设置不同的间隔区放置不同的食物；

• 瑞士军刀带有多种常用工具（螺丝刀、剪刀、尖刀等）。

（3）使对象的不同部分处于完成各自功能的最佳状态。

• 键盘上各个键的位置和大小各不相同，使用频率较高的键位于更方便操作的位置，最常使用的键在体积上往往比其他键大（如空格键和回车键）；

- 雇用本地雇员以适应本地文化特色。

【金融案例：资产配置（Asset Allocation）】

资产配置是指根据投资需求将投资资金在不同资产类别之间进行不同比重的分配，通常是将资产在低风险、低收益证券与高风险、高收益证券之间进行分配。例如，家庭资产可以分成四部分：10%用于短期消费，做一些货币基金短期理财，保证资金的流动性和应急需求；20%用于购买意外险，用于解决家庭突发意外的大开支；30%用于购买私募基金、股票等，为家庭创造高收益；40%存于银行，保本升值，抵御通货膨胀的侵蚀，并有长期稳定的收益。如果站在资金端，近似于“分割原理”，如果站在投资对象一端，就是强调资产的每一部分用途不同，就是此处所说的“局部质量原理”。该案例反映了指导原则3。

【金融案例：银行的多功能设置】

银行的业务分为一般柜台、金卡柜台，还有ATM、自助汇款机、多功能缴费机，以处理不同客户和需求的业务。这里运用的是局部质量原理，将ATM配置给那些业务简单、时间紧张的小额度用户。该案例反映了指导原则2。

【金融案例：ABS中的资产分级】

资产证券化的巧妙之处，就是对原始资产的现金流特征进行了规律性的重整，以对应不同风险偏好的投资者。该案例运用的是局部质量原理，反映了指导原则2。

【金融案例：证券的结构化安排】

以优先股股票和普通股股票为例，所谓优先股股票是相对于普通股股票而言的。持有优先股股票的股东通常叫作优先股股东，有优于普通股股东的两种权利，一是优先于普通股股东获取公司盈利的权利，二是在公司破产清算时优先分取剩余资产的权利。但是相比普通股，优先股的劣势是其收益往往是固定的，不随公司盈利变化而变化。同时，优先股股东不可以行使股东表决权，一般不能参与公司的经营活动。优先股股东的特别权利必须由公司章程加以明确。因此，优先股事实上具有长期债券的性质。如果从优先股和普通股的区别看，将不同“质量特征”的股票配置给不同“质量特征”的投资人，可有利于资金规模和管理效率等系统效率的提升。该案例反映了指导原则1。

【金融案例：创办经济特区】[①]

经济特区是我国采取特殊政策和灵活措施吸引外部资金、特别是外国资金进行开发建设的特殊经济区域；从功能上讲，经济特区是我国改革开放和现代化建设的窗口、排头兵和试验场。在诸多城市和地区中抽取几个特殊对待，以加快特定地区经济发展与经济开发的速度，形成新的产业结构和社会经济结构，对全国（地区）经济发展形成吸纳和辐射作用。

除此之外，“一国两制”“让一部分人先富起来”都符合局部质量原理（指导原则3）。

【金融案例：差异化营销（宝洁）】[②]

差异化营销，是指面对已经细分的市场，企业选择两个或者两个以上的子市场作为市场目标，分别对每个子市场提供针对性的产品和服务以及相应的销售措施。企业根据子市场的特点，分别制定产品策略、价格策略、渠道（分销）策略以及促销策略并予以实施。

以宝洁为例，宝洁公司仅洗衣粉就有11个品牌，如国内知名的有强力去污的“碧浪”，价格较高；去污亦强但价格适中的“汰渍”等。洗发水则有6个品牌，如潘婷、飘柔、海飞丝、沙宣、伊卡璐等。宝洁公司经营的多种品牌策略不是把一种产品简单地贴上几种商标，而是追求同类产品不同品牌之间的差异，包括功能、包装、宣传等诸方面，从而形成每个品牌的鲜明个性。这样，每个品牌有各自的发展空间，市场就不会重叠。如果某一个种类的市场还有空间，最好那些“其他品牌”也是宝洁公司的产品。因此它不仅在不同种类产品中设立品牌，在相同的产品类型中，也大打品牌战。该案例反映了指导原则3。

---

① 王静贤、杨一帆演讲，窦尔翔、杨勇指导，北京大学2019年投资银行课的金融萃智作业课件，有修改。

② 同①。

原理 4：非对称原理

1. 英文名称

asymmetry

2. 原理描述

该原理涉及从“各向同性”向“各向异性”的转换，或是与之相反的过程。“各向同性”是指无论从对象的哪个部位或沿哪个方向进行测量，都是对称的。“各向异性”就是不对称，是指对象的不同部位或沿着不同的方向进行测量，测量的结果是不同的。通过将对称、均匀的形式、形状、性态、外形或结构变为不规则的、无规律的、不合常规的、不整齐的、不一致的、参差不齐的，可以增加不对称，提高系统的效率。

3. 使用技巧

此原理可以用来减少材料用量、降低总重量、维持更高效的物质流、改变平衡，以更为有效地支持负载，以确保正确的装配，对零件进行检测及定位，以及对零件进行整理等。

4. 指导原则

（1）将对象的形状或组织形式由对称变为不对称。

- 计算机的内存条、声卡、网卡的插槽都是采用不对称结构，这种不对称结构可以保证这些设备的正确插接，防止插反；
- 装甲车的不同部位的厚度是不同的，这种不对称性既可以保证重点部位的高抗打击能力，又可以有效减轻坦克的重量；
- 非对称雨伞，既可以照顾好背部，又可以提高前面的视线效果；
- 豆浆机的搅拌器刀片，上下、左右都不对称；
- 对不同的客户群采取不同的营销策略来达到营销目的。

（2）如果对象已经是不对称的，就增加其不对称程度。

- 锁和钥匙运用增加不对称原理，来保证键合结构的唯一性；
- 杠杆原理。当支点两边的长度不相同时，会出现杠杆作用，如果进一步增加这种不对称性，将会使杠杆作用更加明显，则可以用很小的力量撬起很重的物体；
- 为了提高焊接强度，将焊点由原来的椭圆形改为不规则形状。

【金融案例：金融信息不对称】

信息不对称是金融领域存在的一种常态，在监管不严或者制度安排不科学、效应有限的情况下，有些金融主体特别是融资方就会利用金融信息不对称为自己服务，损害投资方或者金融系统的利益，这种信息不对称案例随处可见，反映了指导原则2，主要表现如下。

标准债依靠国家大系统信用资源。包括事前的征信和事后的惩罚两部分，征信方面依赖于信用评级公司的公正评级，但由于信息不对称的存在，评级公司往往会与融资方沆瀣一气，损害投资方的利益。这种非对称原理的运用是不健康、不可持续的。

非标准债分为基于组织中介的平台和基于信息技术中介的平台两种，前者如银行、小贷公司等，后者如村落农户之间的借贷、P2P 等。前者可以利用信息不对称原理得到利差，特别是在不利用非系统信用资源的条件下，组织中介平台可以通过差异化即非对称的利率来解决信息不对称所导致的风险问题；后者中如 P2P 利用非对称利率应对信息的非对称风险。但是，利率差异化未必能解决金融风险的问题，于是银行通过严密的风控体系将很多人挡在融资门外，而 P2P 由于个人不具有风控意识和风控能力，加之 P2P 平台公司具有极强的信息不对称性，造成 P2P 遭受平台暴雷和融资者坏账等双重风险，从而造成相关部门对 P2P 模式谈虎色变。这种制度基本上被置于屏蔽状态。

【金融案例：AB 股模式】

AB 股模式，即公司股票区分为 A 普通股和 B 普通股，其中 A 普通股通常由投资人与公众股东持有。B 普通股常由创业团队持有，A 普通股与 B 普通股设定不同的投票权[①]。A 普通股有 1 票投票权，而 B 普通股每股则有 N 票（通常为 10 票）投票权。设置 AB 股模式，是为了得到如下好处：（1）保证管理层或创始人的绝对控制权；（2）保证管理层决策不会受到股东的干扰；（3）防范恶意收购。该案例反映了指导原则 1。

① 将管理权赋予对公司创立和发展历史熟悉，并具有足够管理经验的人，从这一点来讲，是符合了 40 个发明原理中的第 3 个“局部质量原理”。

以京东为例，在京东创立的时候，刘强东就考虑到京东做大后，自己的股权会不断被稀释，以致话语权旁落的状况，便设立了 AB 股的双重股权制度。按照 AB 股制度，刘强东持 B 普通股，每股拥有 20 票的投票权，是美国 B 股投票权的 2 倍，即美国的 AB 股投票权比例是 1:10 。除刘强东之外的其他股东持的是 A 普通股，其投票权是 1:1。所以，虽然刘强东是京东的第二大股东，但是他拥有约 80% 的投票权，可以说公司还是刘强东做主。[①] 这个案例类似于标准解中的物质改造原理。

【金融案例：饥饿营销】[②]

饥饿营销就是通过调节供求两端的量来影响终端的售价，达到加价的目的。也就是已经是不对称形状的物体，进一步加大其不对称的程度。表面上，饥饿营销的操作很简单，定个叫好叫座的惊喜价，把潜在消费者吸引过来，然后限制供货量，造成供不应求的热销假象，从而提高售价，赚取利润。如图 5－1 所示。

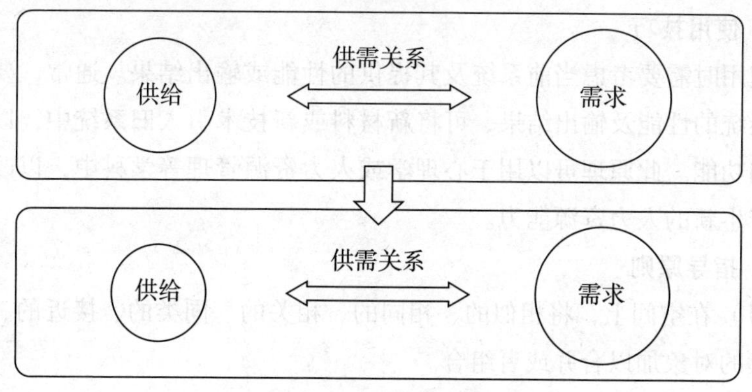

图 5－1　饥饿营销

【金融案例：杠杆收购融资】[③]

杠杆收购融资是以企业兼并为活动背景的，是指某一企业拟收购其他

① 2018 年因为刘强东发生在美国的刑事案件，导致刘强东的股东地位有所变化。

② 王静贤、杨一帆演讲，窦尔翔、杨勇指导，北京大学 2019 年投资银行课的金融萃智作业课件，有修改。

③ 余宗宪演讲，窦尔翔、杨勇指导，“期末汇报”，北京大学 2019 年 MEM 金融创新课的金融萃智作业课件，有修改。

企业进行结构调整和资产重组时，以被收购企业资产和将来的收益能力做抵押，从银行筹集部分资金用于收购行为的一种财务管理活动。在一般情况下，借入资金占收购资金总额的70%～80%，其余部分为自有资金，通过财务杠杆效应便可成功地收购企业或其部分股权。该案例反映了指导原则2。

原理5：组合（合并）原理

1. 英文名称

consolidation，combining，joining，merge，merging

2. 原理描述

（1）组合既可以是空间上的，也可以是时间上的。其目的是将两个或多个相邻的对象（操作或部分）进行组合或合并。

（2）在多种功能、特性或部分之间建立联系，以便产生一种新的、想要的或唯一的结果。通过对已有功能的组合，可以产生新的功能。

3. 使用技巧

使用时需要考虑当前系统及其提供的性能或输出结果。通常，要改善实物系统的性能及输出结果，可将新材料或新技术引入旧系统中，以增强其有用功能。此原理可以用于心理学或人力资源管理等学科中，以改变联系或产生新的人力资源能力。

4. 指导原则

（1）在空间上，将相似的、相同的、相关的、同类的、接近的、空间上连续的对象加以合并或者组合。

- 利用网络将多台计算机连接起来工作；
- 将多种不同颜色的油笔集成一根多色油笔；
- 将多种单一的健身器材组合起来，组成多功能健身器材；
- 将多个单一插座集成到一起，组成插线板。

（2）在时间上，将相似的、相关的、同类的、接近的、相同的、时间上连续的操作或功能加以组合或者合并，最好是实现并行工作，以提高工作效率。

- 流水线作业；
- 将多种单一功能的农业机械按照一定的顺序集成到一起，形成联合收割机；

- 冷热水混合龙头可同时放出冷水和热水，根据需要调节所需的温度。

（3）将具有不同或相反功能的对象合并或组合在一起，实现新的功能。

- 瑞士军刀；
- 带有橡皮头的铅笔就是将橡皮和铅笔这两个相反功能的对象组合在一起。

【金融案例：合伙企业】

合伙企业是指由各合伙人订立合伙协议，共同出资，共同经营，共享收益，共担风险，并对企业债务承担无限连带责任的营利性组织。该案例反映了指导原则3。合伙企业分为普通合伙企业和有限合伙企业。这种合伙一般是多个合伙人在不同功能上的组合，又分为非独立法人型企业－组合和独立法人型企业－多功能（合约）。

【金融案例：负债整合（Debt Consolidation）】

负债整合就是将信用卡、现金卡、信用贷款等的债务全部整合到某一家银行或金融机构，直接在同一家银行缴款即可。此方案适合月缴款额度超过月收入40%～50%，且多为信用卡、现金卡、信贷等多种债务的仅缴循环利息者使用。负债整合种类繁多，银行可以评估债务人的还款能力及状况来调整还款方案，有些也可透过较低利率贷款来整合高利率贷款，而整合负债与其他贷款相比，其缴款期限年限较长，能相对减轻债务人负担，也能省去到多家银行缴款的麻烦。该案例反映了指导原则2。

【金融案例：投资组合】

投资组合是由投资人或金融机构所持有的股票、债券、金融衍生产品等组成的集合，目的是分散风险。投资组合可以看成几个层面上的组合。第一个层面组合，出于安全性与收益性的双重需要，考虑风险资产与无风险资产的组合，为了安全性需要组合无风险资产，为了收益性需要组合风险资产。第二个层面组合，考虑如何组合风险资产，由于任意两个相关性较差或负相关的资产组合，得到的风险回报都会大于单独资产的风险回报，因此不断组合相关性较差的资产，可以使得组合的有效前沿远离风险。该案例反映了指导原则3。

【金融案例：并购（Merger and Acquisition）】

并购指的是两家或者更多的独立企业、公司合并组成一家企业，通常由一家占优势的公司吸收一家或者多家公司。并购的内涵非常广泛，一般是指兼并（Merger）和收购（Acquisition）。并购的实质是在企业控制权运动过程中，各权利主体依据企业产权作出的制度安排而进行的一种权利让渡行为。通过企业并购，企业整体的风险降低，期望收益能力增强。该案例反映了原理描述中的（2）。

【金融案例：隐含价值】①

根据有形账面价值的总和加有效业务价值（现值）进行估值，是北美以外常用的估值方法。通过将有形账面价值和有效业务价值组合起来，可以提高估值的准确性，能更好地反映企业的实际状况。该案例反映了原理描述中的（2）。

原理6：多功能性（多用性、广泛性、普遍性）原理

1. 英文名称

universality，universal，multi – functionality

2. 原理描述

多功能性或通用性就是将不同的功能或非相邻的操作进行合并。使一个对象（例如，对象X）具有多个功能（例如，同时具有功能A、功能B、功能C……），从而消除了这些功能（例如，功能B）在与其他（相关）对象（例如，对象Y具有功能A，对象Z具有功能B）内存在的必要性（进而裁剪对象Y、Z承担该功能的子对象），结果对象X就是可以实现多个对象（例如，对象Y和对象Z……）的功能，使对象具有多用性，可以

① 张玉龙演讲，窦尔翔、杨勇指导，“金融创新期末汇报”，北京大学2019年MEM金融创新课的金融萃智作业课件，有修改。

产生在其他情况下不存在的机会及协力优势。

3. **使用技巧**

多用性是一种普遍的状态，包括四种：（1）特征、作用或状态在空间或时间上的均匀性；（2）将一个对象均匀用于不同目的；（3）将相同对象、作用或特征用于不同目的或以不同方式加以运用；（4）将相同需求或特征应用于不同对象、情况或作用等。多用性还蕴含了综合性，将多种功能综合在一种物体上，即可裁减掉其他物件。多用性强调的是结果和性质。

4. **指导原则**

使一个对象执行多种不同功能，从而使其他只具有单一功能的对象成为多余的，进而可以将其他对象裁剪掉。

- 全栈工程师，全科医生；
- 装有牙膏的牙刷；
- 复合型人才属于具有多种技能的操作人员；
- 瑞士军刀可以提供多种功能；
- 多用性或称可调性扳手，可以适用多种尺寸的螺母；
- 家庭娱乐中心设备，具有录音机、CD 机、电视机、录像机等多种功能；
- 食品安全法律具有多功能性，不仅可以督促国内企业提高产品质量，也可以用来设置贸易壁垒，将其他国家的食品拒之门外；
- 拐杖椅，行走时当拐杖，停下来休息时，可以当椅子。

【金融案例：可转换债券】①

可转换债券，是可以在特定时间、按特定条件转换为普通股票的特殊企业债券。可转换债券作为一种创新性的融资工具，具有较普通债券所不同的特点，不仅具有债权性、股权性、可转换性，还具有萃智原理中的多功能性原理。该债券的可转换属性可以实现由债券转换为股票的功能，从而使投资人不仅可以根据自身投资需要对持有的债券进行投资收益方式的

① 马燕、丁羽珊演讲，窦尔翔指导，“P2P 网络借贷平台分析”，北京大学 MEM 金融创新课的金融萃智作业课件，有修改。

选择，还可以使投资人可以由公司的债权人转变为公司的股东，参与企业的经营决策和红利分配等 。该案例符合指导原则1。

【其他金融案例】

比如，美元等国际化货币，就符合指导原则1。美元有三个功能：一是国内使用，二是国外使用，三是汇率；大额可转让存单：既可以向银行贷款，又可以转让；余额宝：具有支付和存款功能；快钱钱包：具有支付、理财、信用等功能；校园卡：用于餐厅消费、校园超市消费等；各种×××宝、×××卡整合了各种功能，都属于多功能现象；次级证券（包括ABS中权益类证券）：既有债的功能，也有股的剩余索取权功能；身份证与银行卡、信用卡合并成一种新卡；等等。

原理7：嵌套原理

1. 英文名称

nesting，nested doll，nested structures，matrioshka

2. 原理描述

通过递归将一个对象放入另一个对象的内部，或让一个对象通过另一个对象的空腔而实现嵌套。嵌套是指彼此吻合、彼此组合、内部配合的一种性质。

3. 使用技巧

该原理使用时需要考虑不同方向上（如水平、垂直、旋转或包容）的嵌套，来增加系统价值或功能。在多数情况下，嵌套可以节省空间、保护对象不受损伤，以及使整个系统或过程变得轻松。通过将具有不同功能的多个对象嵌套在同一个对象内，可以使该功能产生多个独特的功能。

4. 指导原则

（1）将一个对象嵌入另一个对象，然后将这两个对象再嵌入第三个对象，以此类推。

- 俄罗斯套娃；
- 拉杆天线；
- 可伸缩的单筒望远镜；
- 吊车的吊臂。

(2) 使一个对象穿过或处于另一个对象的空腔。

- 自动铅笔的空腔可以放置多根备用的铅笔芯;
- 飞机起落架在飞机起飞后,被收到飞机的机体内部;
- 嵌套量规、量具。

【金融案例:资管产品嵌套】[①]

若银行理财资金想要为尚不具备二级资质的房地产企业融资,为了规避现有房地产开发贷款监管部门要求的限制,该理财资金应首先设立单一信托计划,由于信托贷款也会受到房地产贷款“四三二”条件的限制,因此该信托委托基金子公司设立一对一资管计划,用于向房企增资,同时关联方提供担保,从而达到银行理财资金服务客户的目的。有些嵌套成为规避金融监管的一把利器,当前国家的监管政策正在规制。

【金融案例:VIE 模式】

基于国内产业政策对外资的限制,互联网、传媒、教育等领域纷纷采取 VIE 模式绕开法律监管,实现境外上市,获得境外资本的投资。所谓 VIE (Variable Interest Entity,直译为“可变利益实体”) 模式,即 VIE 结构,在国内被称为“协议控制”,是指境外注册的上市实体与境内的业务运营实体相分离,境外的上市实体通过协议的方式控制境内的业务实体,业务实体就是上市实体的 VIEs (可变利益实体)。该案例反映了指导原则 1。

VIE 模式一般由境外上市主体、外商独资企业 (WOFE) 和境内经营实体 (外资受限业务牌照持有者,如具有办学资质的学校) 三部分架构组成,如图 5-2 所示。其中,境外上市主体出于税收、注册便利等因素考虑,可能采取开曼公司 (注册地在开曼群岛)、香港壳公司等多种甚至并存的多重模式。

在 VIE 模式中,境外上市主体不直接收购境内经营实体,而是在境内投资设立一家外商独资企业,再通过一揽子协议,取得对境内经营实体全

① 马燕、丁羽珊演讲,窦尔翔指导,“P2P 网络借贷平台分析”,北京大学 MEM 金融创新课的金融萃智作业课件,有修改。

部股权的优先购买权、抵押权和投票表决权、经营控制权等。同时，通过为国内运营实体企业提供垄断性咨询、管理等服务，将境内业务实体的所有净利润，以“服务费”的方式支付给外商独资企业，最终在完税后再将经营利润转移至境外上市主体中。

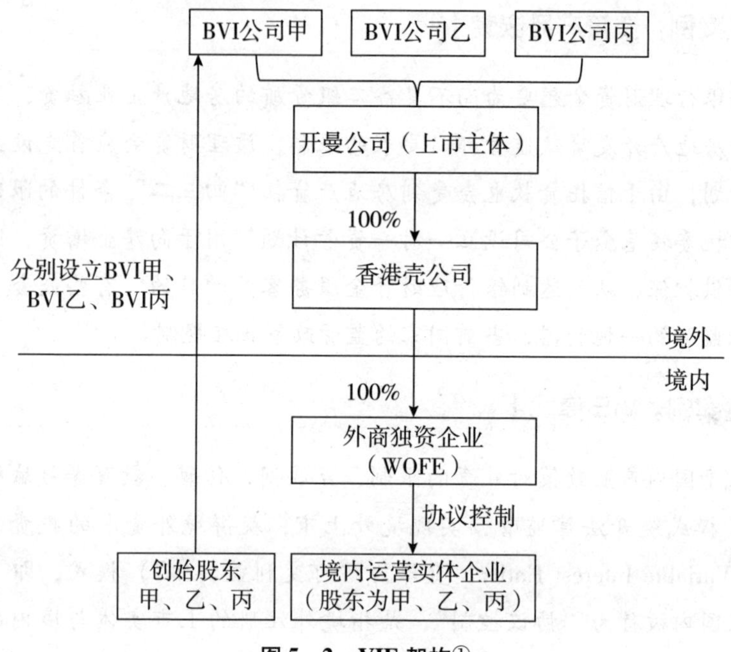

图5－2 VIE架构①

【金融案例：信托基金（Trust Fund）】

在经济生活中，我们把资产托付给值得信任的人打理，这叫信托。把投资者的钱集中起来，交给懂的人投资，这叫基金。当把信托和基金结合到一起时，就有了信托基金。信托基金也叫投资基金，是一种“利益共享、风险共担”的集合投资方式。它是指通过契约或公司的形式，借助发行基金券的方式，将社会上不确定的多数投资者不等额的资金集中起来，形成一定规模的信托资产，交由专门的投资机构按资产组合原理进行分散

① 该图来源于网络。图中的BVI——英属维尔京群岛，在BVI层面转让股权所得，基本不用缴纳任何税收；开曼（Cayman）群岛，著名的离岸金融中心和“避税天堂”，在此注册的公司被称作开曼公司。

投资，获得的收益由投资者按出资比例分享，并承担相应风险的一种集合投资信托制度。信托基金相当于在基金外嵌套了信托机制。该案例反映了指导原则2。

【金融案例：FoF（基金中的基金）】

FoF（Funds of Funds，基金中的基金）与基金最大的区别在于，FoF是以基金为投资标的，而基金是以股票、债券等有价证券为投资标的。它通过专业机构对基金进行筛选，帮助投资者优化基金投资效果。FoF属于在基金中又嵌套了基金，这是一种纵向嵌套。该案例符合指导原则2。

【金融案例：MoM（管理人的管理人基金）】

MoM（Manager of Managers，管理人的管理人基金），是指该基金的基金经理不直接管理基金投资，而是将基金资产委托给一些其他的基金经理来进行管理，直接授予他们投资决策权限，MoM本身的基金经理仅负责挑选和跟踪监督受委托基金经理的表现，并在需要的时候进行更换。MoM也是一种纵向嵌套。该案例反映了指导原则2。

与FoF模式不同，MoM模式直接投资基金经理，通过将母基金产品的资金分设为多个子基金，每个子基金委托一位优秀的投资管理人来管理，实现资产管理由"产品的组合"向"基金经理组合"的转变，且由于投资管理人是由MoM管理人利用多维度、定量与定性相结合的方法从市场中精心优选的，所选的基金经理必须做到个人特质、业绩表现、投资行为及投资理念"四位一体"。除业绩优秀且稳定外，不同投资管理人相互之间风格互补。

【金融案例：借壳上市】

借壳上市是指一家母公司（集团公司）通过把资产注入一家市值较低的已上市公司（壳，Shell），得到该公司一定程度的控股权，利用其上市公司地位，使母公司的资产得以上市。通常该壳公司会被改名。该案例反映了指导原则2。

【金融案例：双 SPV】①

在双 SPV 的典型结构中，SPV1 为中间 SPV，SPV2 为发行 SPV。在双 SPV 交易结构中，SPV1 主要实现基础资产转让和破产隔离功能，SPV2 则主要用来发行资产支持证券。该案例反映了指导原则 2，如图 5－3 所示。

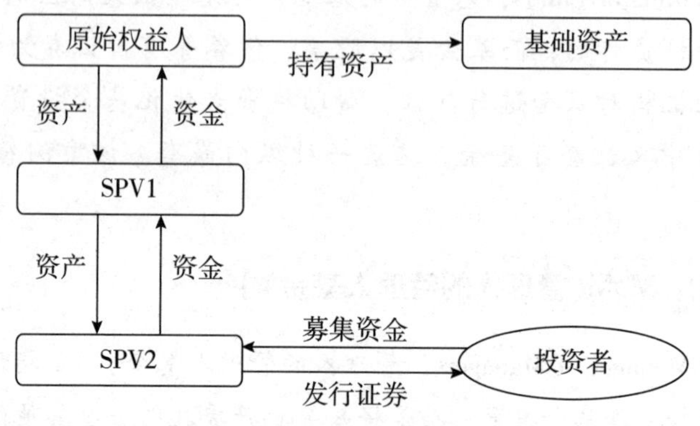

图 5－3　双 SPV 结构②

在双 SPV 结构下，原始权益人将基础资产转让给全资子公司 SPV1，本次转让构成真实销售；SPV1 与 SPV2 的转让交易则采用抵押融资的形式，不构成真实销售。根据美国相关法律，母公司和全资子公司之间的销售活动不计入征税范围，同时贷款由于不构成真实销售也不对其征税。这样，双 SPV 交易结构在实现破产隔离的同时也避免了因缴税而造成的交易成本增加。在美国双 SPV 绕过了征税，降低了交易成本。但是在中国，双 SPV 主要用于解决现金流难以特定化的问题以构建合格的基础资产。

原理 8：重量补偿（配重）原理

1. 英文名称

counterweight，anti－weight

---

① 郝彦演讲，窦尔翔、杨勇指导，“金融创新期末汇报”，北京大学 2019 年 MEM 金融创新课的金融萃智作业课件，有修改。

② 图片引自何小锋等，《资产证券化：中国的模式》，北京大学出版社，2002 年。

2. 原理描述

通过用一个相反的平衡力，如浮力、弹力或类似的力，来阻遏或抵消一个不良的或者说不希望有的力。

3. 使用技巧

此原理可采用机械方式，利用空气、重力、流体等进行举升或产生补偿作用，从而抵消现有系统、超系统、环境中的非所需作用，如重量或力。检验各种抵偿、平衡、弥补、对抗、中和、矫正及关联的方式。

重量补偿原理的引申：如果现有系统（超系统、环境）存在某种不利作用（如重量、力、噪声等），就可以通过引入新的或者利用环境中现成的作用来制造这种不利作用的反作用进行补偿，以抵消这种不利的作用：（1）重量的补偿，如前所述；（2）信号增强补偿装置；（3）温度补偿；（4）功率因素补偿。该原理也可拓展运用于商业问题、人际关系问题，或者其他学科等，本书则尝试用于金融学科。

4. 指导原则

（1）将一个对象与另一个能提供上升力的对象组合，以补偿其（向下力的）重量。

- 飞艇利用浮力来补偿人和货物的重量；
- 用氢气球挂广告条幅；
- 根据鱼可以利用鱼鳔来实现上浮或下潜，发明仿生游泳鳔；
- 公司借助一种畅销产品促进另一种产品的销售；
- 小公司借助大公司的某种资源提升自己；
- 狐假虎威、狗仗人势。

（2）通过与环境的相互作用，利用空气动力、流体动力等实现对象重量补偿。

- 机翼在空气中运动时，机翼上方的空气密度变小，下方的空气密度增加，产生升力；
- 直升机的螺旋桨与空气发生相对运动时，可以提升上升力；
- 利用阿基米德定律，通过排水而使轮船产生巨大浮力。

（3）利用环境中相反的力或作用来补偿系统的消极的、负面的属性。

- 利用船体周围的海水来冷却游轮中所装载的易挥发液体。

【金融案例：对冲基金】①

对冲基金产品，也称避险基金或套期保值基金。对冲是一种旨在降低风险的行为或策略，套期保值的常见形式是在一个市场或资产上做交易，以对冲在另一个市场或资产上的风险。比如，某公司购买一份外汇期权以对冲即期汇率的波动对其经营带来的风险。由此可见，这款投资基金利用了配重指导原则中的第一种情况（将一个物体与另一个能产生提升力的物体组合，来补偿其重量），利用外汇期权可能带来的投资收益来降低即期汇率波动带来的投资风险，提升该基金产品的抗风险能力和整体投资收益能力。该案例反映了指导原则 1。

【金融案例：资金用于投资来抵消通货膨胀】

资产转换理论表明，所谓金融，广义来看就是现金资产、实体资产、证券资产、信贷资产四种资产的周而复始地转换，目的是实现现金流的最大化。当预期出现通货膨胀时，理性的资产配置决策是把现金资产转化为实体资产、证券资产、信贷资产，来抵消货币购买力的贬值。该案例反映了配重原理指导原则 1。

中国实施货币分房制度以来，货币连年处于超发状态，凡是利用货币或者通过贷款将货币转化为房地产者，都获得了房地产升值的好处，其基本原理就是通过用现金购买房地产这种实体资产以避免因货币贬值带来的风险或者从中套利。

【其他金融案例】

趣店利用支付宝流量提升自己的用户流量（指导原则 1）；信用增级手段（指导原则 2）；贴牌（指导原则 1）；与知名教授一起发表文章（指导原则 1）；天弘基金借助余额宝迅速发展成为中国最大的基金公司之一（指导原则 1）；当公司股票大幅下跌时，庄家投入大量的资本维持股票价格，甚至抬升股票价格（指导原则 1）。

① 马燕、丁羽珊演讲，窦尔翔指导，“P2P 网络借贷平台分析”，北京大学 MEM 金融创新课的金融萃智作业课件，有修改。

原理9：预先反作用原理

1. 英文名称

prior counteraction，preliminary anti－action

2. 原理描述

预先了解可能出现的问题，防止问题的出现，采取行动来消除已出现的问题、降低问题的危害。应急预案大都属于此类。与此相应的中文成语有防微杜渐、有备无患，反义词则有临渴掘井、江心补漏、患至呼天等。

3. 使用技巧

此原理用来消除、控制或防止非所需功能、事件或状况的出现。或者预先了解可能出现问题的关键部位，对潜在的问题进行模拟，并预先采取行动，来消除、控制或防止潜在问题的出现。

4. 指导原则

（1）事先施加反作用力，以抵消工作状态下过大的和不期望的应力。

- 预应力钢筋混凝土。

在灌注混凝土之前，拉伸钢筋，然后在拉伸状态下把钢筋固定在模具里并注入水泥。当水泥硬化后，把钢筋两头松开，钢筋缩短并使水泥收缩，从而提高钢筋混凝土的强度。

（2）对于某种既具有有害影响又具有有用影响的作用A，可以预先施加一种效果与A中的有害影响相反的作用B，利用B所具有的有用影响来降低或消除A所产生的有害影响。

- 内有波纹层的包装箱在制作时使其波纹层和表面层反向弯曲，当胶水干燥后，包装箱纸则达到平直状态。

（3）对有害的作用或事件，预先采取相反的作用。

- 某人救火时，通常将这个人全身浇湿，这样可以在短时间内防止被火烧伤；
- 拱桥；
- 在饮酒之前吃些食物或者化解酒精的药物，可以防止醉酒；
- 在溶液中加入缓冲剂，以防止pH值增高时带来的危害；
- 麻醉。

【金融案例：贷前惩罚条款】①

银行通过将贷款人信息与征信系统联网，放贷前对可能的违约签订条款施加威慑作用，如记入黑名单、缴处罚金等，从而减少实际贷款违约风险。

【金融案例：金融反制力】

金融反制力是基于信用资源的反制力，包括三类低能信用资源，把传统显形抵押变成隐形抵押，即影子抵押，也是一种抵押，都是预先反作用。该案例反映了指导原则 1。

【金融案例：反稀释条款】

反稀释条款也称反股权摊薄协议，常见于私募投资领域，是用于优先股协议中的一个条款，是指在目标公司进行后续项目融资或者定向增发过程中，私募投资人避免自己的股份贬值及份额被过分稀释而采取的措施。反稀释条款能够激励目标公司以更高的价格进行后续融资，否则反稀释条款会损害普通股股东的利益。反稀释条款要求企业家及管理团队对商业计划负责任，并承担因为执行不力而导致的后果。私募投资人获得反稀释条款保护，可避免因目标公司进行降价融资而致股份份额被严重稀释，直至被“淘汰”出局。该案例反映了指导原则 3。

【其他金融案例】

贷款协议中限制性条款；金融反垄断法；对赌协议（指导原则 3)；资产证券化中的原始发起人持有次级证券的规定（指导原则 3)；期货合约：预先防范价格波动的风险（指导原则 3)；远期利率合约（指导原则 3)；偿债基金条款：条款是预先反作用，偿债基金是预补偿原理（指导原则 3)；股权成熟机制；赎回条款和回售条款（指导原则 2)；第三方托管；存款保

① 田志伟、陈晔演讲，窦尔翔指导，“TRIZ 与 ABS”，北京大学 MEM 金融创新课的金融萃智作业课件，有修改。

险制度；等等。

原理10：预先作用原理

1. 英文名称

prior action，preliminary action

2. 原理描述

在真正需要某种作用之前，预先执行该作用的全部或一部分。强调预先执行这个行为。

3. 使用技巧

该原理的应用通常是为了提高性能，增加安全性、维护正确的作用、减轻疼痛、简化事情的完成过程，以及增加智力、产生某种优点及简化过程，且在某一事件或过程以前施加。

4. 指导原则

（1）预先对某对象进行所需的改变，这种改变可以是完全的，也可以是部分的。

- 方便面；
- 建筑业中大量使用的预制件；
- 创可贴；
- 预先被打孔的邮票、包装袋；
- 已充值的公交卡；
- 生产出来的棉布被水洗后通常会缩水，因此，当棉布被纺织出来后，通常要进行预先缩水处理，这样制造出来的衣物就不会缩水了。[①]

（2）将有用的物体预置，以便使其在必要时能立即在最方便的位置起作用。

- 商城中预先安置的灭火器；
- 进行阵地战时，战士们会预先将手榴弹的后盖打开（指导原则1），放在触手可及的地方（指导原则2）。

---

① 成思源、周金平、郭钟宁主编，《技术创新方法：TRIZ理论及应用》，清华大学出版社，2014年8月，第106页。

【金融案例：金融中的预先作用】①

金融中的所有金融产品包括债券、股票、基金、ABS 等都是经过处理和包装之后的产品，投资者只需要根据自己预期的收益率和风险购买即可，而不需要知道具体债券股票如何发行，也不需要知道基金中的投资组合和 ABS 的资产池。该案例反映了指导原则 1。

【其他金融案例】

征信（指导原则 2）；支付宝、微信支付功能，方便消费（指导原则 1）；预付款、预收款（指导原则 2）；炒股中的委托指令（指导原则 2）；尽职调查（指导原则 1）；信用卡、支票通过预先审批客户额度，客户可在需要时随时使用授权额度内的资金（指导原则 1）。

原理 11：事先防范（预补偿）原理

1. 英文名称

cushion in advance，cushion，early cushioning，beforehand compensation

2. 原理描述

通过预先准备好的应急措施（例如，备用系统、矫正系统等）来补偿对象较低的可靠性。这个原理的特点是低可靠性、存在偶然性。

3. 使用技巧

使用该原理时必须承认没有任何事物是完全可靠的。一个简单系统的可靠性是能控制的，但是，对于复杂的大系统来说，则可能存在不可接受的故障。若这些故障不能完全消除，则对可靠性预先防范或补偿是非常必要的。并且，还要知道事先防范具有高故障风险或高故障成本的情况。

4. 指导原则

将预先准备好的应急措施来补偿对象相对较低的可靠性。

- 预先涂抹防晒霜，以避免被晒伤；
- 在赛车场，为防止赛车在快速转弯时发生事故，会在赛道的拐弯处

① 梁超、魏国进演讲，窦尔翔指导，“基于 TRIZ 分析中小企业融资难问题”，北京大学 MEM 金融创新课的金融萃智作业课件，有修改。

放置旧轮胎作为保护；

- 降落伞的备用伞；
- 汽车上的备用轮胎和安全气囊；
- 建筑物中的防火通道和应急照明系统。

【金融案例：履约保证保险】

履约保证保险或履约保证险（也称履约责任保险）是指保险公司向履约保证保险的受益人（投资人）承诺，如果投保人（债务人，这里专指借款人）不按照合同约定或法律的规定履行义务，则由该保险公司承担赔偿责任的一种保险形式。目前该险种应用范围已拓展至网贷行业，主要表现为：网贷平台为项目购买履约保险，经保险正式承保的项目，如借款人兑付逾期，保险公司将按照保单约定履行保险责任，投资人的利益将会得到充分保障。例如，2015 年 8 月 12 日，天安财险（天安财产保险股份有限公司）与米缸金融正式签署战略合作协议。由此，米缸金融成为首家与保险公司在履约保证保险方面全面合作的 P2P 平台。P2P 平台的备付金制度也是一种类似的“预补偿制度”。该案例反映了指导原则 1。

【金融案例：可卖回债券（Putable Bond）】

可卖回债券可以认为是一种附带了看跌期权（put option）的债券，债券持有人可以按照特定价格在债券到期日之前强制卖给债券发行人，以防范利率上升带来的损失，卖回价格通常为债券面值。当市场利率较高时，投资人可以将债券卖回并将所得资金投资于其他债券来获得更高的收益。由于该条款对投资人有利，作为补偿，投资人往往愿意接受较低的票面利率。该案例反映了指导原则 1。

【金融案例：金色降落伞计划】[①]

金色降落伞计划是在公司成为兼并或收购目标时，向可能被解聘或离开岗位的高级管理人员提供的一种补偿计划。一方面用于对公司的高级管理人员的利益保护；另一方面避免高级管理人员设置障碍，阻碍收购兼并

① 陆雄文，《管理学大辞典》，上海辞书出版社，2013 年。

的顺利实施。因补偿相对丰厚，且保证高级管理人员获得保护，故取平安落地的意思而得名。该案例符合指导原则 1。

【金融案例：备付金】

所谓备付金就是在网上购买商品或服务时，由客户支付的货款，在客户收到货并确认付款之前，一直存放在支付机构中的资金。总之，所有的保障机制，都符合事先防范原理。比如，存款准备金（指导原则 1）、偿债基金（指导原则 1）、保证金（指导原则 1）、保险机制（指导原则 1）、贷款中的担保机制（指导原则 1），股票市场中的熔断机制，等等。

原理 12：等势原理

1. 英文名称

equipotentiality，remove，tension，equipotentiality

2. 原理描述

（1）通过始终在相同的高度（级别）上执行某个过程或操作，来减轻工作的要求。

（2）等势原理涉及三个既可以单独使用，也可以合并使用的概念。

- 在一个系统或过程中的所有点或方面建立均匀位势，以便获得某种系统增益；
- 在系统内建立某种关联，以维持位势相等；
- 建立连续的、完全互相联系的关联和联系。

3. 使用技巧

主要强调门当户对、势均力敌，该原理主要是以最低的能量消耗来实施一个过程，并使用各种格式，在整个过程或系统的所有点或方面获得相等的位势；或建立关联来支持均匀位势；或使其支持均匀位势，成为连续的完全互联的位势。另外，依赖环境、结构或系统来提供所需资源，消除有害作用（不等势）。

4. 指导原则

以某种方式改变作业条件（工作状态），而不必升高或降低对象。

- 三峡大坝的五级船闸；
- 在同级别的不同单位工作以扩大知识面；

- 公交车的车门底部与候车厅的地面相平，方便残疾人上下车；
- 将位于高处的重物平移到用冰建立的高台上，当冰融化时，重物会从高处缓缓落下。

【金融案例：一价定律】

一价定律（the law of one price）是绝对购买力平价理论的一种表现形式，它是由货币学派的代表人物米尔顿·弗里德曼于1953年提出的。一价定律可简单地表述为：当贸易开放且交易费用为零时，同样的货物无论在何地销售，用同一货币来表示的货物价格都相同。这揭示了国内商品价格和汇率之间的一种基本联系。一价定律的作用是减少了交易成本。

房地产价格中遵循Hedonic模型法（特征价格法），总价格看似没有遵守一价定律，其实就房地产本身的价格来说是遵循一价定律的，引起错觉的地方恰巧是不同的位置，使房地产的相对环境发生了变化，因而同质量的房地产的居住体验有所不同。

【金融案例：基准债券】①

基准债券是指用作比较其他债券表现的标准的债券。通常情况下，美国国库券都被作为其他债券的基准债券。根据对比等势原理的定义，债券市场相当于势能场，避免债券利率过高或过低，基准债券为整个债券市场提供一个同等的标准，用于调控市场平衡，这符合了避免物体位置改变的等势原则。由此可见，基准债券是标准的等势，也就是其他债券的价格起点是等势的，但是依据个性化特征，其他债券价格向上浮动的原因是货币的时间价值和风险溢价。

【金融案例：信用质能联系方程】

所谓信用质能联系方程，其表达式为$E \leqslant cm^k$（$k=1, 2$）。它有三个内涵：其一，所有的金融都符合等价交换原则，为了保证等价交换，低能信用资源的价格要大于或者等于高能信用资源的价格；其二，在不存在换手

---

① 单莉文、李佳，窦尔翔指导，“基于TRIZ原理解析与改进翼龙贷”，北京大学MEM金融创新课的金融萃智作业课件，有修改。

市场的前提下，低能信用资源的结构为C_1、C_2、C_3，不管哪一种类型的信用资源多一些还是少一些，只要价值总额与高能信用资源的总额相等并能保证合约的顺畅执行即可；其三，在存在换手市场的前提下，资产购买者只要预期在换手价格中能找回来差价，即便是其代理人在一级市场上违反了等价交换的原则都无所谓。信用质能联系方程反映了指导原则 1。

【金融案例：婚姻股权】

换股是使双方达到等势的一种方法，以婚姻为例，婚姻就是为了幸福、稳定、持续，只有等势的婚姻才可以达到这一目标。因而只有换股的婚姻才能达到婚姻的目的。婚前等势（门当户对）的，换股可以使等势持续；原来不等势的，可以通过换股达到等势。该案例反映了指导原则 1。

【金融案例：货币兑换】

市场交换原称作等价交换，从原始的交换到现代的交换，经历了以物易物、以币易物、以币易币等阶段，但其价格都是相同的，只是因为使用价值而存在比率上的特征，即包括大于 1、等于 1 和小于 1 三种情况。该案例反映了指导原则 1。

【金融案例：香港的联系汇率制度】①

发钞银行一律以 1 美元兑换 7.8 港元的比价，事先向外汇基金缴纳美元，换取等值的港元“负债证明书”后，才增发港元现钞。同时政府亦承诺港元现钞从流通中回流后，发钞银行同样可以用该比价兑回美元。香港属于小规模高度开放的外向型经济体，联系汇率减少了因投机而引起的汇率波动，有利于降低交易成本。但是在联系汇率制度下，货币管理当局不能推行独立的货币政策，不能运用汇率变化作为经济调节机制，与实施自由浮动汇率制度的情况相比，香港面临竞争对手的货币大幅贬值或出口市

① 慈澍泓演讲，窦尔翔、杨勇指导，“基于 TRIZ 原理解析与改进翼龙贷”，北京大学 MEM 金融创新课的金融萃智作业课件，有修改。

场经济衰退等情况时，香港的产品也面临竞争力下降的局面。

【金融案例：信息的披露和揭示】[①]

由于二级市场投资者和上市公司信息不对等，在掌握信息的准确度上投资者处于劣势地位，因此很难做出正确的判断，容易导致决策错误，进而造成损失。长此下去，投资者信心受到打击，会退出证券市场，没有投资者的支持，证券市场也无法健康地发展。所以，督促上市公司在监管下持续公开信息，形成一个信息公开透明的投资环境，从而减轻投资者在信息层面处于劣势的状态。信息等势后，金融风险将会大大降低。

原理13：逆向思维（反向作用）原理

1. 英文名称

reverse thinking，reaction formation，the other way round

2. 原理描述

通过在空间上将对象翻转过来（上下翻转、左右翻转、前后翻转、内外翻转），在时间上将顺序颠倒（颠倒先后顺序）过来，在逻辑关系上将原因与结果反过来，从而利用不同（或相反）的方法来实现相同的目的。

3. 使用技巧

该原理是TRIZ理论中重要的创新思维之一——逆向思维。若某种事物以一种特殊方式制造或执行，则设法用一种“相反”方式来制造或执行，以避免固有的问题或缺陷。应该是从本质上的逆向。

其实，另外39个原理，都可以采用逆向思维方式来使用，会产生意想不到的效果。参见本节金融案例：利用股票质押借壳上市——小牛入主同洲。

4. 指导原则

（1）用与原来相反的作用实现相同的目的。

- 为了将两个套紧的物体分离，可以将内层物体冷冻（传统的方法是将外层物体升温）；

---

① 郝彦演讲，窦尔翔、杨勇指导，“金融创新期末汇报”，北京大学2019年MEM金融创新课的金融萃智作业课件，有修改。

- 用平车拉货时，既可以推，也可以拉，都可以实现同样的效果；
- 教学过程中，既可以惩罚，也可以奖励，都可以实现相同的教学目的；
- 利用黑水笔和白板的组合代替传统的黑板和白粉笔的组合；
- 信息检索技术中的倒序排列索引技术；
- 饥饿营销：传统营销是薄利多销，以实现企业更多盈利；而饥饿营销则采用相反操作，厚利少销，来实现同样的目的。

（2）让物体或环境中可动的部分不动，不动的部分可动。

- 跑步机；
- 在机加工中，既可以让工件旋转，刀具保持静止，也可以让刀具旋转而工件保持静止。

（3）将对象（物体或系统或过程）（上下、前后、内外、顺序等）颠倒过来。

- 将容器倒过来清洗。

【金融案例：住房反向抵押贷款反向按揭支持证券】①

房地产的最大特征是资金密集，不管是购买房地产，还是销售房地产，都对应着一个巨额的现金流，都容易带来财务的不均衡，从而造成消费者在购买和出售房产时不容易达到效用最大化。所以，在房屋的买卖上达到财务均衡的方法就是房屋与现金流的互换，共有两种类型。

第一种是分期付款购房类型，即购房人从银行一次性借款与房地产商进行交易，但须将房地产抵押给银行，购房人进行分期还款；第二种是分期贷款售卖类型，即卖房人将房子抵押给银行，并从银行获得分期资金，最后一次性将房屋卖给银行或者其他金融机构。显然，第一种适合年轻人，使其提前得到了足够的货币资金从而得到房子；第二种适合老年人，使其提前得到了日常消费的资金。如果第一种叫作住房抵押贷款，那么第二种可以叫作住房反向抵押贷款。对于年轻人来说，解决的是不用金融工具时，延迟消费所带来的效用损失问题；对于老年人来说，解决的是不用

① 岳军、汤嘉辉演讲，窦尔翔指导，“TRIZ 理论分析案例”，北京大学 MEM 金融创新课的金融萃智作业课件，有修改。

金融工具时，“生时无法提前消费，死时没有机会消费”的难题。

住房反向抵押贷款正是受到住房抵押贷款的启发，解决了房地产买卖中所存在的现金流不均衡的问题，利用反向操作的金融工具也达到了和住房抵押贷款一样的效用，既消费了房屋，又得到了消费其他商品所需要资金的机会。两者都达到了提前消费的目标，只不过年轻人提前消费了房屋，而老年人则提前消费了生活费用。该案例反映了指导原则1。

通常正向的按揭支持证券的购房人是年轻人，由于其资金不足，以房产作为抵押向银行贷款，银行以所抵押的房产作为基础资产，发行证券，并以借款人的定期还款作为稳定现金流，支付给投资人，购房者拥有房子所有权。

在逆向的按揭支持证券中，利用逆向思维，年长者拥有房产且不用还房贷，此时房产作为资产，房产持有者希望在生命结束之前，将自己的房产进行变现，提前消费，享受生活。

在反向按揭支持证券发行的过程中，持有房产者获得持续的现金流，到期房子所有权转移，给到进行持续现金流支持的银行或其他投资人。

【金融案例：利用股票质押借壳上市——小牛入主同洲】①

2016年10月25日，深圳市同洲电子股份有限公司（以下简称同洲电子）发布了公司实际控制人拟协议转让公司股份暨公司控制权变更处于筹划阶段的提示性公告。根据公告，同洲电子控股股东、实际控制人袁明正筹划将其持有的公司全部1.23亿股份，以协议转让方式转让给深圳市小牛龙行量化投资企业（有限合伙）（以下简称小牛龙行）。如交易最终完成，袁明将不再持有公司股份，小牛龙行以16.50%的持股比例成为公司的第一大股东。同洲电子将正式易主。

2009—2015年，袁明先后多次减持流通股套现超11.5亿元。2015年5月，其将手中的1.2192亿限售股质押给国元证券，占其持股比例的98.74%，此时同洲电子股价在17元上下浮动。7月，同洲电子股价几乎腰斩，袁明质押的股票爆仓。2016年1月，同洲电子因袁明股权质押接近

① 张海生、刘辉演讲，窦尔翔指导，“TRIZ理论分析案例”，北京大学MEM金融创新课的金融萃智作业课件，有修改。

警戒线被停牌。

公告中表示，袁明正四处寻找资金解决。此时小牛龙行出现了。2016年3月，小牛龙行借款8.7亿元给袁明，3月21日袁明与国元证券解除股权质押，受借款协议条件要求，袁明再次将解质押的1.2192亿股同洲电子股份全部质押给小牛龙行。后因袁明控股子公司不具备担保权，小牛龙行以此提出仲裁申请，袁明需将此部分抵押股权转给小牛龙行用以抵偿债务。

但此时同洲电子发布了一则《差额补足及奖励协议的公告》，提及小牛龙行认为袁明用于抵债的股份价值高于8.7亿元，因此小牛龙行另向袁明支付3.3亿元补偿金和3亿元奖励金。加上此前借款的8.7亿元，袁明手中1.2192亿限售股一前一后共拿到了15亿元，折合每股约12.3元。

然而结合此前袁明的大量减持流通股，有市场分析认为通过股权质押爆仓等方式，袁明成功绕过相关政策处理了手中的限售股和控股权。2016年袁明辞去同洲电子所有职位后，也成功从同洲电子脱身。利用股权质押爆仓，变现限售股，这是变害为利原理的逆向思维的使用。

2015年6月，小牛资本的董事长彭铁公开表示，小牛资本已经将上市纳为重要的战略规划。彭铁正是同洲电子新实际控制人小牛龙行的有限合伙人。但此时小牛资本表示会在国内做并购重组，而后多次传出小牛资本将在港股创业板以及赴美上市的消息，但最终并未获得成功。

整个事件时间节点的巧合，令市场不断质疑，同洲电子的股权质押及爆仓借款，是否是小牛资本欲借壳上市，同时是袁明想全身而退所设的资本局?

简单地说，该事件经过以下四个步骤：(1) 大股东将其持有的股票全部质押给未上市投资企业；(2) 到期后大股东还不起钱，且无法履行协议义务；(3) 投资企业拿着公证过的协议向法院起诉；(4) 法院宣判后，投资企业到登记结算机构划转股权、发布公告。

以上步骤都是司法程序，划转股权是为了保证出借人资产安全，证监会不涉及法院执行。到这一步，就已非常巧妙的形式通过股票质押实现了股票所有权的转换。这其实就是小牛龙行利用股权质押实现了对上市公司同洲电子的借壳上市。这也是变害为利逆向思维的使用。该案例反映了指导原则1。

【金融案例：巴菲特的逆向投资思维】

投资与融资是伴生关系，有卖才有买的实现，有买才有卖的实现，如同在牛市巅峰，如果只有人追涨，或者在熊市只有人卖出，这两个市场都会呈现没有交易量的特殊情况。而且这种情况必然预示了大概率反转的可能性。巴菲特正是看到反转的时机，采取了稀缺性的投资决策，即大部分人在买或者卖的时候，他却选择了卖或者买。他的这种做法推动了投资市场的运转，尽管他领头出售或者领头购买，可能因此失去一部分利润或者造成一部分损失，但从客观上说他在投资市场中取得了主动权，从而造成了提前在高价时实现收益和在低价时补仓的机会。他的这种实现收益的秘密可以理解为“从稀缺中获得收益”。正如巴菲特所说：“在别人恐惧时贪婪，在别人贪婪时恐惧。”该案例反映了指导原则 1。

【金融案例：塔福域社会治理模式】

之前的国家主张主要通过法律治理国家，塔福域道德经济金融模式则主张主要通过道德来治理国家。当以法律为主时，更多的是惩罚的方法，良好的道德缺乏正向奖励机制，社会道德更多地滑向“我又没有违法犯罪”这样靠近违法犯罪边缘的道德水平，导致法律这种正式的制度安排下交易成本居高不下；但塔福域主要依靠对道德水平高者的经济金融行为的对应性奖励，在这种情况下，人们更多地想“我如何才能提升经济活动中的道行和德行水平”，以便获得更多的奖励，这时违法犯罪行为将会得到大幅度的降低。该案例反映了指导原则 1。

【金融案例：互联网平台为企业生产信用数据】

过去的解决思路是对小微企业进行增信，由小微企业提供相应的信用数据。但是，小微企业不仅信用数据难获取，真实性难确认，而且借款额度低、频度高、行业高度分散，抵押物缺乏，银行审批周期长，无法满足小微企业对资金的时效性要求，这些信用特征造成了小微企业融资难问题。创新的做法是凭借互联网电商平台和支付平台积累的交易和现金流数据，评估借款主体资信情况，在线审核，提供方便快捷的短期小额贷款。这些信用资源都是互联网平台生产的。

【金融案例：存款债权转让的资产证券化】

银行一般以贷款债权作为基础资产进行证券化回笼资金，本案例采用逆向思维方法，把银行的存款进行债权转让给SPV。银行存款证券化将会有比传统银行资产证券化更大的市场需求，原因如下：第一，利率空间大。一般银行定期一年期存款利率为1.75%，转为活期存款后利率为0.3%。每一年有很多定期存款者要面临消费或者投资机会，不得不因为固定存款变为活期存款而遭受利率损失，但是如果有存款证券化，存款者则可以将固定存款出售给SPV进行证券化。第二，风险优势。银行存款的债务人是银行，而传统银行的资产债务人则是企业或者自然人，前者风险远远小于后者，甚至风险趋于零，证券化的分层可以主要基于期限而不是风险。本案例是笔者设计的金融创新产品，已申请专利保护。

【其他金融案例】

短期融资长期化（展期）代替长期融资（指导原则1）；对赌协议的逆向思维：有意完不成业绩而达到某种目的（指导原则1）。

原理14：曲面化（曲率增加）原理

1. 英文名称

curve，spheroidality，curvature，curvature increase

2. 原理描述

通过将二维或三维空间中的直线变成曲线、直线运动变为圆周运动，来增加曲率；用曲线属性或球面属性代替线性属性。

3. 使用技巧

此原理不仅与几何结构有关，还与表现形式为线性的事物有关。在各种情况、各个系统中寻找线性情况、线性关系、直线、平面及立方体形状，然后进行评价。当改变为非线性状态后可以实现哪些新的功能。

4. 指导原则

（1）用曲线（或曲面）代替直线（或平面），用球体代替多面体。

- 在建筑领域中，常常采用拱形结构来提高建筑物的强度，如拱门、石拱桥、穹顶。

(2) 采用滚筒、棍、球、螺旋结构。

- 圆珠笔和钢笔笔尖的球形笔尖，使书写流畅，下墨均匀；
- 在家具底部安装球形方向轮，便于移动；
- 螺旋形楼梯可以提高空间利用率；
- 螺丝钉。

(3) 利用离心力，用回转运动代替直线运动。

- 利用离心铸造可以生产出厚度非常均匀的产品；
- 轮流坐庄；
- 宾馆的旋转门保持室内温度；
- 通过高速旋转，甩干机利用离心力去除湿衣服中的水分；
- 扫地机器人；
- 杂技表演中的空中飞人；
- 用带螺纹的木螺丝代替钉子。

【金融案例：循环信用贷款（Revolving Line of Credit）】

循环信用贷款是一种灵活性很大的间接融资方式。作为贷方的银行或其他金融机构对借方做出的一项正式承诺，同意在一定期限内（通常是1~8年）提供一定额度的贷款。首笔贷款有其信用资源依据，后续贷款手续可简化，提供了贷款效率。后续贷款会出现两种情况：一种是当客户信用恶化时，可以停贷；另一种是循环还本付息后，可以继续进行贷款，循环贷中含有循环还，当然循环还款也是对贷款对象的一种非常有效的征信手段，正如俗话所说“有借有还，再借不难”。循环贷的还款方式有多种，最常用的是分期还款和一次性还本付息，互联网现金贷（如支付宝借呗和微信微粒贷）大都采用分期还款，传统金融机构（如银行、小贷公司）采用一次性还本付息。无论哪种循环贷，都是利用曲面化原理对传统线性贷款的改进，降低了贷款风险，同时也提高了贷款效率。该案例反映了指导原则1。

【金融案例：通道业务】

所谓“通道业务”，是指券商向银行发行资管产品吸纳银行资金，再用于购买银行票据，帮助银行曲线完成信托贷款，并将相关资产转移到表外。在这个过程中，券商向银行提供通道，收取一定的过桥费用。通道业务的主要形态曾经是银信（银行与信托机构）合作，因为银保监会的叫停，银行转而与证券公司开展银证合作。该案例反映了指导原则 2。

【金融案例：强制轮换制】[①]

强制轮换制是指根据相关的法律法规，对上市公司聘任会计师事务所进行强制更换的制度安排。意大利从 1974 年开始实施事务所强制轮换制，是最早推行该制度的国家。意大利证券市场监管机构规定上市公司必须实行会计师事务所轮换制度，其雇用同一审计人员的期限最长为三期（每期三年，共九年），九年后就必须更换。

【金融案例：T +0 交易】[②]

投资者在有底仓的基础上，针对同一只股票在同一个交易日内至少完成一次买进和卖出的回转交易行为。如果手里有资金，当天开盘股票下跌，则可以低位买进，等股票冲高后，把原先的筹码卖出，这样总持股数保持不变。如果当天开盘股票上涨，而预计盘中可能会跳水，则可以在高位先卖出一部分股票，等下调的时候再接回（买进），总量仍然保持不变。股票总量保持不变的情况下，充分利用曲面化原理，实现收益最大化。

【其他金融案例】

行业轮动：不是案例是事实，但可以用促进行业螺旋式轮动表达（指导原则 2）；金融产业的行业轮动，突出表现在股票市场的板块轮动、行业轮动、风格轮动（细化）；结算周期（Billing Cycles）（指导原则 2），把结算事件时间化，即把事件结算法变成时间结算法，把结算规律化；经济周期（指导原则 2），市场经济条件下，经济发展往往是周期性的，政府可以用逆周期进行调节。

---

① 庄浩、刘港演讲，窦尔翔、杨勇指导，“投行课期末汇报”，北京大学 2019 年投行课的金融萃智作业课件，有修改。

② 郝彦演讲，窦尔翔、杨勇指导，“金融创新期末汇报”，北京大学 2019 年 MEM 金融创新课的金融萃智作业课件，有修改。

原理 15：动态性原理

1. 英文名称

dynamize，dynamicity，dynamics，dynamic parts

2. 原理描述

使构成整体的各个组成部分处于动态，即各个部分是可调整的、活动的、可互换的，以便于其在工作中每个动作或阶段处于最佳状态。

3. 使用技巧

该原理是关于可变性、可动性和自适应的创新原理，经常用来处理与时间安排相关的问题。如何通过使系统变得更动态、使系统中的某些部分成为可动的、某些特征成为柔性的、使系统可兼容或可适应于不同的应用问题或环境，进而使得系统可获得更高的性能，使某些部分执行多种功能，或是为该部分增加更多特征，使几何结构具有柔性、可动、可自动适应的性质。

4. 指导原则

（1）调整对象或对象所处的环境，使对象在各动作、各阶段的性能达到最佳状态。

- 汽车上可调节的方向盘、座椅、后靠背或后视镜。

（2）将对象分割为各个部分，使其各个部分可以改变相对位置。

- 折叠椅；
- 笔记本电脑。

（3）使不动的对象可动或可自动适应。

- 充气床或水床可以根据人的不同卧姿自动调整形状；
- 美国普渡大学的工业设计师发明了一种“变身三轮车”，当骑车者加速时，它的两个后轮会靠得越来越近，而减速或停车时，两个后轮又张开，骑车者根本不用担心车子会侧翻。①

【金融案例：有效边界上的投资组合】②

在证券市场上可用于投资的证券种类繁多，因此投资者可以建立无数

① 刘训涛、曹贺、陈国晶，《TRIZ 理论及应用》，北京大学出版社，2011 年 8 月第 1 版，第 86 页。

② 金永红，《风险投资机构运作机制与风险管理》，上海财经大学出版社，2007 年 5 月第 1 版。

证券组合进行投资，那么何种证券组合是最有效的投资组合呢？马科维茨认为，在用横轴表示的投资组合的风险 σ_p、纵轴表示投资组合的预期报酬率 μ_p 的坐标图中，可以求得一条最有效率的投资组合边界曲线 EF，如图 5－4 所示。

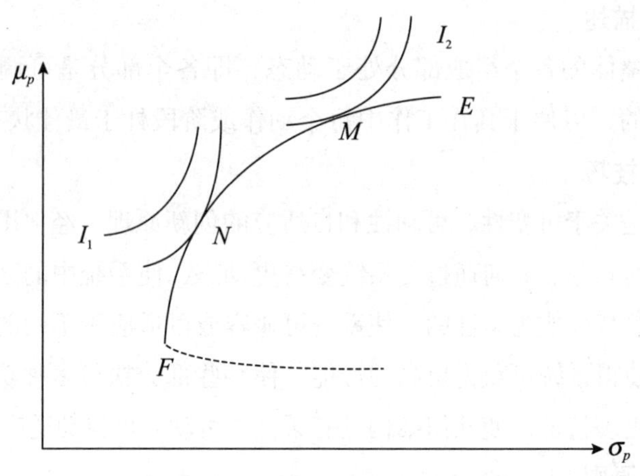

图 5－4　资产组合的有效边界模型

在这条有效的边界曲线上的所有点都是最有效的投资组合点，而在有效边界以内各点的投资组合者是非有效的。由于在有效边界上的每一种资产组合都是最有效的投资点，因此，投资者选择哪一点组合取决于投资者偏好即投资差异曲线。图中的 I_1、I_2 分别代表两种不同的投资偏好的无差异曲线，当投资者 1 选择 N 点，能使该投资者获得满意的有效投资组合。而投资无差异曲线 I_2 与有效边界 EF 相切于 M 点，则表明投资者 2 具有进攻型投资偏好，愿意以较高的风险换取更大的投资报酬率。这就是投资组合的动态特性。

【金融案例：利率互换】

利率互换是交易双方在一笔名义本金数额的基础上相互交换具有不同性质的利率支付，即同种同货不同利率的利息交换。通过这种互换行为，交易一方可将某种固定利率资产或负债换成浮动利率资产或负债，另一方则取得相反结果。利率互换主要是为了降低双方的资金成本（即利息），并使各自得到自己需要的利息支付方式（固定或浮动）。该案例反映了指导原则 1。

【金融案例：利率市场化】

利率市场化是指金融机构在货币市场经营融资的利率水平由市场供求来决定。它包括利率决定、利率传导、利率结构和利率管理的市场化。实际上，它就是将利率的决策权交给金融机构，由金融机构根据资金状况和对金融市场动向的判断自主调节利率水平，最终形成以中央银行基准利率为基础，以货币市场利率为中介，由市场供求决定金融机构存贷款利率的市场利率体系和利率形成机制。该案例反映了指导原则 3。

【金融案例：证券交易所的功能】①

设立证券交易所是为了得到两种功能：一是提供价格发现机制。采用双边竞价的方式达成交易，这种价格在理论水平上是近似公平与合理的，可以及时向社会公告，并被作为各种相关经济活动的重要依据。二是降低交易成本，促进证券的流动性。可以随时把所持有的证券转移变现，集中交易市场的存在可以增加交易机会、提高交易速度、降低信息不对称、增强交易信用，从而可以有效地降低交易成本。

【其他金融案例】

蚂蚁借呗的动态借款额度（指导原则 1），根据用户信用值变化，动态调整借款额度；市场经济中的供需关系平衡（指导原则 3）。

原理 16：不足或超额行动（未达到或过度作用）原理

1. 英文名称

partial or excessive action, slightly less or slightly more

2. 原理描述

如果很难百分之百达到所要求的效果，则可以采用“略少一点”或“略多一点”的做法，这样可以达到降低解决问题的难度。既可以先采用局部的、不足的作用来“略微不足地”初步完成某项任务，然后进行最后

① 慈澍泓演讲，窦尔翔、杨勇指导，“金融创新期末汇报”，北京大学 2019 年 MEM 金融创新课的金融萃智作业课件，有修改。

的调整；也可以先采取过度的、过量的、过大的作用来“略微过量地”、超额地初步完成某项任务，然后进行最后的调整，因而也称为局部作用或过量作用法。

3. **使用技巧**

该原理从获得最易获得东西的角度思考，若有必要则寻找一种方式，以便于在所需要的一个或多个方向上进行一次或多次渐进性调整。在多数情况下，进行渐进式调整的最简单方法就是使用一种不同形式的能量，或多种不同形式能量的一种组合，能量可来自机械场、热场、化学场、电场、磁场等。

4. **指导原则**

当所期望的效果难以百分之百实现时，“稍微大于”或“稍微小于”期望效果，会使问题大大简化。

- 印刷时，用喷雾器加入过量的油墨，然后再去除多余的油墨，可以保证印刷品的字迹清晰；
- 在作战期间使用过度的军事力量，可使敌军士气受挫，并致其及早投降；
- 在孔中填充过多的石膏，然后打磨平滑。

【金融案例：绿鞋机制】①

“绿鞋”由美国名为波士顿绿鞋制造公司1963年首次公开发行股票（IPO）时率先使用而得名，是超额配售选择权制度的俗称。绿鞋机制主要在市场气氛不佳、对发行结果不乐观或难以预料的情况下使用。目的是防止新股发行上市后股价下跌至发行价或发行价以下，增强参与一级市场认购的投资者的信心，实现新股股价由一级市场向二级市场的平稳过渡。采用“绿鞋”可根据市场情况调节融资规模，使供求平衡。

在增发包销部分的股票上市之日起30日内，当股票股价上涨时，主承销商即以发行价行使绿鞋期权，从发行人手中购得超额的15%股票以冲掉自己超额发售的空头，并收取超额发售的费用。此时不必花高价去市场购

① 张晓勇、曹晓鹏演讲，窦尔翔指导，“TRIZ理论分析案例”，北京大学MEM金融创新课的金融萃智作业课件，有修改。

买，只需发行人多发行相应数量的股份给包销商即可。实际发行数量为原定的115%。

当股价下跌时，主承销商将不行使该期权，而是从股票二级市场上购回超额发行的股票以支撑价格并对冲空头（平仓），予以注销，赚取中间差价。此时实际发行数量与原定数量相等，即100%。由于此时市价低于发行价，这个时候要从上市公司和承销商已到嘴的肥肉里再“往回掏”，所以承销商和上市公司都会尽力避免股价跌破发行价。该案例反映了指导原则1。

【金融案例：超额信用保证机制】

超额信用保证机制是资产证券化内部增信方法，一般包括超额利差、超额现金流覆盖、超额抵押三种形式。

其中超额利差是指基础资产池所产生的利息流入要大于资产支持证券支付给投资者的利息和各项税费总和，一般在债券类基础资产中使用较多。采用超额利差增信的资产证券化产品会建立相应的利差账户，在产生超额利差时会将现金流存入该账户，当发生违约事件时可通过该账户的资金来对投资者提供一定的损失保护。如图5-5所示。

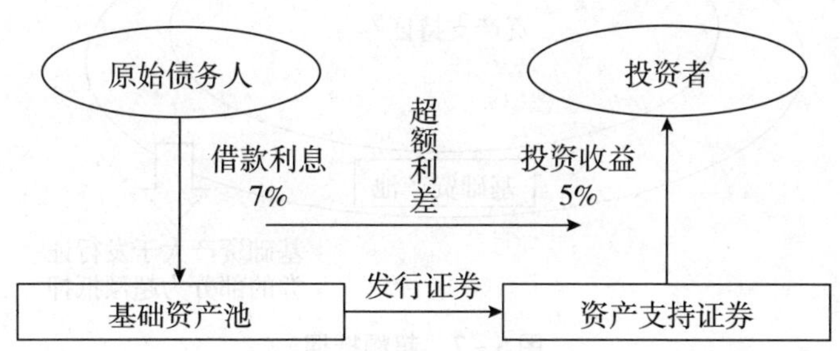

图5-5 超额利差关系

超额现金流覆盖实际上也是超额利差的一种，但一般多出现在权益类基础资产中，如基础资产收益权。在设计资产证券化产品时，使基础资产产生的未来现金流大于需要支付给投资者的本息，从而增加本息偿付的安全系数。超额现金流覆盖的增级效果主要需要考虑现金流回流的保证机制，特别是发行人信用水平降低时，现金流能否维持稳定回收。如图5-6所示。

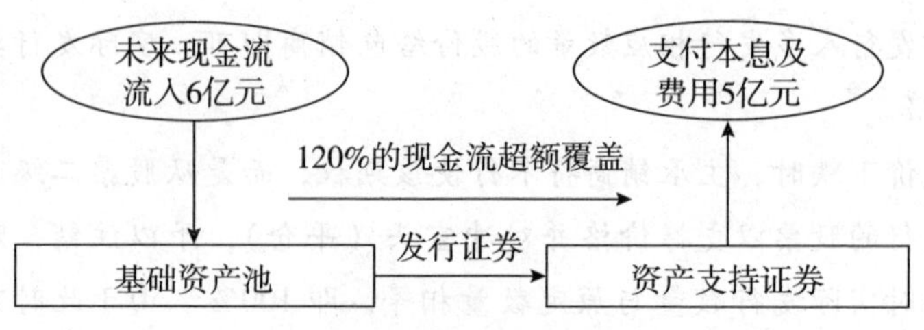

图5-6 超额现金流覆盖

超额抵押是指发行资产支持证券时，基础资产池的规模本金大于发行证券的本金，多出来的这部分可作为差额抵押为所出售的资产支持证券进行信用增级。部分资产化产品约定在证券偿还期间，抵押资产价值下降到预先设定的某一规模时，发行人必须增加抵押资产，从而恢复超额抵押状态。例如，梅赛德斯-奔驰汽车金融公司发行的“速利银丰中国2016年第一期汽车贷款支持证券”就约定每个支付日的目标超额抵押金额为初始起算日的变动后资产池余额的10.77%。一般超额抵押也多用于债权类基础资产，包括各类应收款、租赁租金债权、银行信贷债权等。该案例反映了指导原则1，如图5-7所示。

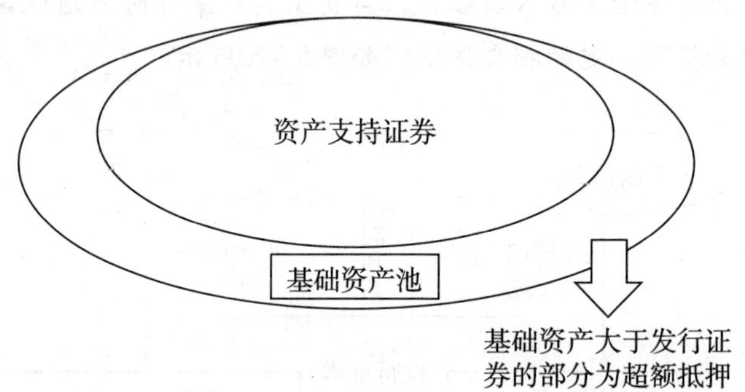

图5-7 超额抵押

【金融案例：超额准备金】①

超额准备金，是指商业银行及存款性金融机构在中央银行存款账户上的实际准备金超过法定准备金的部分。商业银行在其经营活动中，须对其

① 朱洪敏演讲，窦尔翔、杨勇指导，“金融创新期末汇报”，北京大学2019年MEM金融创新课的金融萃智作业课件，有修改。

吸收的存款持有若干准备金，其数量首先受法定准备金率的限制，此处超出的部分即过度作用原则。该案例反映了指导原则1。

【金融案例：重疾险保额需要超出治疗费用】①

购买商业保险是为了规避风险，以重大疾病保险为例，在实际购买中，往往要考虑除罹患重大疾病导致的治疗费用支出之外的康复阶段费用，因病不能工作导致的收入损失等，在确定保额时要把这些费用都计入，而不是单纯地考虑重大疾病的治疗费用。该案例反映了指导原则1。

【金融案例：商业谈判中的报价策略】②

在商业谈判中，对于提供服务的定价，在与甲方讨论时，一般第一版报价，甲方很难认同。这个时候，乙方会稍微打个折扣（体现不足），从而使得甲方接受服务的价格。该案例反映了指导原则1。

【金融案例：折价发行债券】③

公司发行债权融资，目标融资1000万元人民币，债券票面价值1000元，利率为4.0%，期限为5年，假设同期国债的利率为4.3%。如果公司期望以4.0%的成本，原价出售债权，基本无法募集1000万元人民币，原因是对于投资者而言，公司的风险远高于国债风险。因此，公司应采用折价发行公司债券，即以低于债券票面金额的价格为发行价格（体现不足）。该案例反映了指导原则1。

【金融案例：余额包销】④

余额包销是指发行人委托承销机构在约定期限内发行证券，到销售截止日期，未售出的余额由承销商按协议价格认购。余额包销实际上是先代

---

① 朱洪敏演讲，窦尔翔、杨勇指导，“金融创新期末汇报”，北京大学2019年MEM金融创新课的金融萃智作业课件，有修改。

② 同①。

③ 同①。

④ 庄浩、刘港演讲，窦尔翔、杨勇指导，“投行课期末汇报”，北京大学2019年投行课的金融萃智作业课件，有修改。

理发行，后全额包销，是代销和全额包销的结合（体现过度）。该案例反映了指导原则1。

原理17：一维变多维原理

1. **英文名称**

transition into a new dimension, another dimension, change dimension

2. **原理描述**

一维变多维原理也叫作空间维数变化、升维原理，即通过将对象转到不同维度，或通过将对象分层或改变对象的方向来改变对象的维度。

3. **使用技巧**

该原理不仅涉及几何学，还包括新的、有影响的特性与（或）参数的增加、附加变量、新的相互作用及场等。对一个系统进行评价，以发现新的能够增加系统价值的变量，如改善空间的使用率、可达性。找寻新的变量，经过不同方向的变换以达到目的的方法。

如果将一个对象转换到一个新的维度上还不能满足要求，则对其进行第二次或第三次转换。考虑使用一个表面或对象的另一个不同侧面来达到目的。

4. **指导原则**

（1）如果对象沿着直线（一维）运动（或配置）时存在某种问题，则可以使其沿着平面（二维）运动（或配置），来消除存在的问题；同理，如果对象沿着平面（二维）运动（或配置）时存在某种问题，则可以使其过渡到三维空间来运动（或配置），从而消除存在的问题。

- 从顺序操作（一维）变为并行操作（二维）；
- 将刀刃直线型改为锯齿型，可以提高切割效果；
- 将刀刃型改为三棱型，军刺就是这样。

（2）单层变多层。

- 楼房代替平房；
- 立体车库。

（3）将对象倾斜或侧向放置。

- 在货车车厢和地面之间搭载木板形成斜坡，使装卸变得方便；
- 自动装卸汽车。

（4）利用给定表面的反面。

- 双面胶带；
- 双面运动服。

（5）利用照射到邻近表面或对象背面的光线。

- 地面铺镜子反射阳光到果树叶子背面，可以增产。

【金融案例：金融多级监管体系】[①]

一行（央行）三会（证监会、保监会、银监会）及其分支作为金融行业监管者，按照多级结构进行设计。其中央行进行货币市场宏观调控，三会分别监管各自子行业。下属各地方分支、行业自律组织等履行更为微观层面的监管。这种"多层次（多维度）"的监管结构设计，既保证了效率，又降低了监管的成本。该案例反映了指导原则2，如图5－8所示。

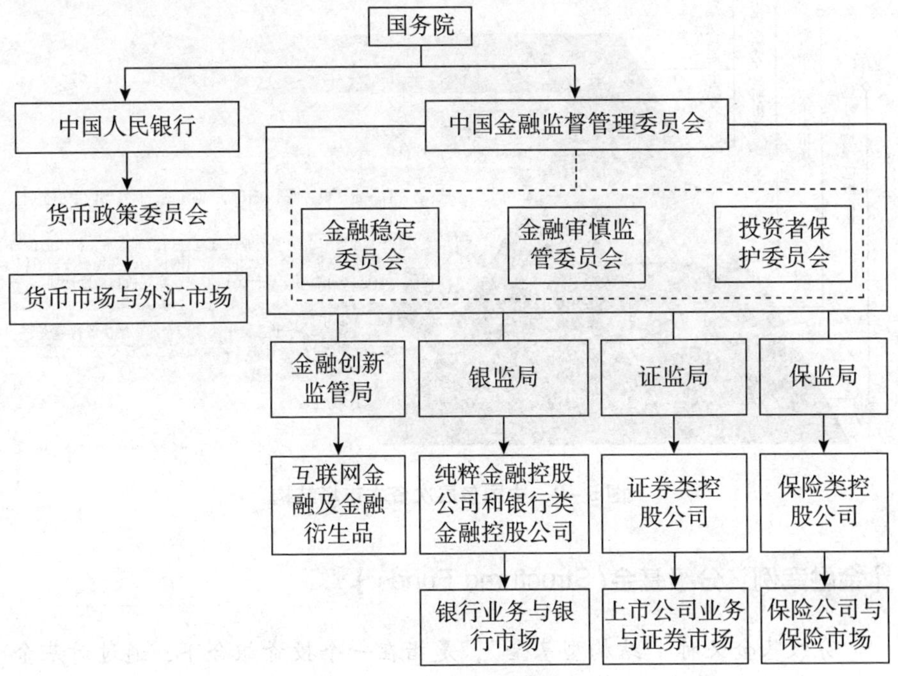

图5－8　中国金融监管体系

① 此监管体系为2018年3月之前的结构体系，2018年3月银监会与保监会合并组建中国银行保险监督管理委员会（银保监会），监管体系略有变化。

【金融案例：多层次资本市场】①

在资本市场上，不同的投资者与融资者都有不同的规模大小与主体特征，存在着对资本市场金融服务的不同需求。投资者与融资者对投融资金融服务的多样化需求决定了资本市场应该是一个多层次的市场体系。

我国资本市场从20世纪90年代发展至今，资本市场已由场内市场和场外市场两部分构成。其中场内市场的主板（含中小板）、创业板（俗称二板）和场外市场的全国中小企业股份转让系统（俗称新三板）、区域性股权交易市场（俗称四板）、证券公司主导的柜台市场共同组成了我国多层次资本市场体系。该案例反映了指导原则2，如图5－9所示。

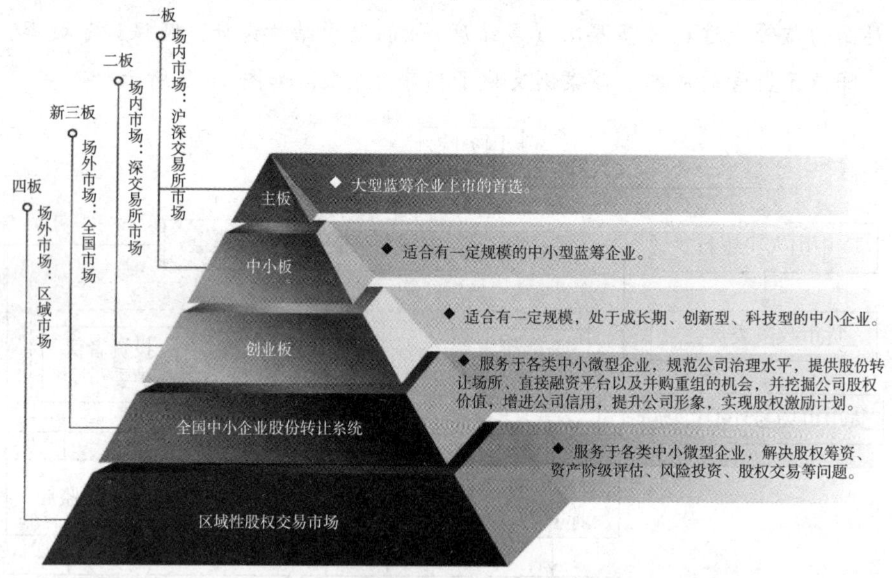

图5－9 中国多层次资本市场结构

【金融案例：分级基金(Structured Fund)】②

分级基金又称“结构型基金”，是指在一个投资组合下，通过对基金收益或净资产的分解，形成两级（或多级）风险收益表现，有一定差异化

① 贠晓锋、魏贤海演讲，窦尔翔指导，“萃智金融－多层次资本市场”，北京大学MEM金融创新课作业，有修改。

② 同①。

基金份额的基金品种。

母基金不进行拆分就是一个普通基金。一旦拆分，就产生两个子基金，分级A和分级B。在投资分级基金时，可以直接申购母基金，也可以通过交易所从二级市场上购买子基金。子基金整体作为一种投资，但是定位不同，分级A相当于借钱给分级B投资，每年收取固定利息，适合追求稳健投资者；分级B相当于给分级A借钱投资，除去每年给分级A的利息外，剩下的整体投资盈亏都由分级B承担，适合崇尚“富贵险中求”的投资者。

分级基金中各个子基金的净值与份额占比的乘积之和等于母基金的净值。例如拆分成两类份额的母基金净值=A类子基净值×A份额占比+B类子基净值×B份额占比。

在分级基金中，投资者的收益是通过折算完成的，不同情况下有不同的折算方法。第一种是定折，是指一个计息周期结束时，兑付分级A约定的利息。第二种是上折，是指当母基金的盈利涨到一定程度时，将利润折算，兑付给分级B的收益。第三种是下折，是在年景不好时，分级B亏损到一定程度时，返还给分级A大部分本金，最大程度上保证分级A不会遭受损失。

分级基金相当于把在基金内部的风险和收益进行了分层，满足了不同偏好的投资者，提供了方便快捷的基金投资方式。但是分级基金也是一把双刃剑，尤其是分级B，在放大收益时也放大了亏损。投资者还需理性看待，谨慎投资。该案例反映了指导原则2。

【金融案例：TIF塔福域中的三维四面五螺旋结构】

TIF塔福域是典型的一维变多维模式。首先，不同性质的三个维度的整合，信息、经济、金融都不是独立地运行，而是形成了三维融合的运行模式，形成了T、I、F三维协同的TIF塔福域模式，这样使得三维系统的整体成本、风险都会有明显的下降，效率、收益却有明显的上升，即三维协同模式和一维、二维等相比，更能达到效用的最大化。

其次，在三大各自维度上，如同指导原则1中“将刀刃直线型变为锯齿型”，各维度总体上各自进一步划分为五个“锯齿”，便于消除经济金融发展中的信息不对称程度。信息技术分为互联互通、大数据、区块链、人工智能、人机交互；经济链分为学校教育、研究和技术创新、基于创新的创业、成熟产业的中游、成熟产业的下游；资金筹集链则分为慈善、政府引导、公益创投、纯粹市场、域金融等。

以上这种“三维四面五螺旋”的道德经济、道德金融发展模式有利于经济的持续稳定。

【金融案例：资产证券化的分层结构】

资产证券化是指以特定资产组合或特定现金流为支持，发行可交易证券的一种融资行为。提高特定的资产证券化产品的信用等级，可以通过优先或次级分层结构，即通过调整资产支持证券的内部结构，将其划分为优先级证券和次级证券或者更多的级别，以达到内部增信的手段（体现一维变多维，将一个打包的基础资产划分为多个层级的资产）。

【金融案例：反向 ETF 基金】①

反向 ETF，又称做空 ETF 或看空 ETF，是通过运用股指期货、互换合约等杠杆投资工具，实现每日追踪目标指数收益的反向一定倍数（如 –1 倍、–2 倍甚至 –3 倍）的交易型开放式指数基金。当目标指数收益变化 1% 时，基金净值变化达到合同约定的 –1%、–2% 或 –3%。TRIZ 发明原理一维变多维中的“另一面”是指指定面的另一面，即做空 ETF，把握熊市的盈利机会。

【金融案例：FoF】②

FoF 是在两个维度上实现一维变多维、单层变多层，是一种专门投资其他投资基金的基金。FoF 并不直接投资股票或债券，其投资范围仅限于其他基金，通过持有其他证券投资基金而间接持有股票、债券等证券资产。FoF 实际上就是帮助投资者一次买“一揽子基金”的基金，通过专家二次精选，有效降低了非系统风险。如图 5 – 10 所示。

① 田力旭、马淑静演讲，窦尔翔、杨勇指导，“金融创新学期报告”，北京大学投资银行课作业，有修改。

② 同①。

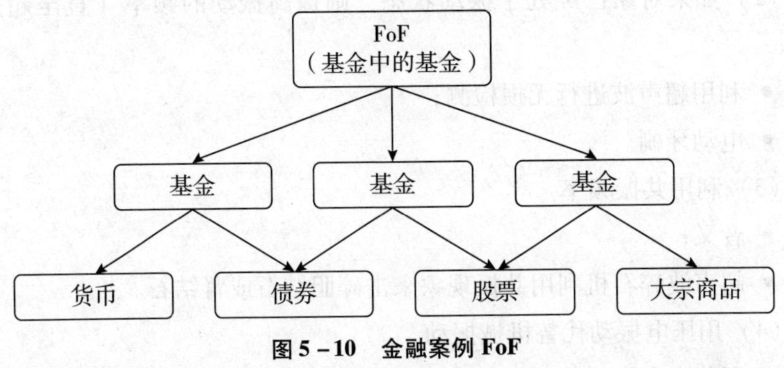

图 5-10 金融案例 FoF

原理 18：机械振动原理

1. 英文名称

mechanical vibration，vibrate

2. 原理描述

（1）通过振动（振荡）或摇动（振动）对象而使对象产生机械振动，增加振动的频率或利用共振频率。

（2）利用振动（颤动、摇动、摇摆）或振荡（振动、振荡、摆动），在某个区间内产生一种规则的、周期性的变化。

3. 使用技巧

使用时考虑多种方式，以运用振动或振荡；使一个物体发生振荡或振动；改变振动或振动的程度（频率或振幅）；使频率改变到超声级别；利用一个物体的共振频率；将机械振捣传递到压电振子；组合超声场（机械场）与电磁场；此原理不只针对机械振动，尤其是当本原理与“动态特性原理”或“周期性作用”组合时，如当电流由直流转变为交流的时候，可以产生多种新的特征，如电磁波、电磁感应灯等。

4. 指导原则

（1）使对象发生机械振动。

- 振动剃须刀；
- 在浇筑混凝土时，利用振动式励磁机去除混凝土中的空隙；
- 振动可以使生锈的、腐蚀的或拧得过紧的零件松动；
- 若欲使人快速视觉疲劳，可利用断续照明代替持续照明。

（2）如果对象已经处于振动状态，则提高振动的频率（直至超声振动）。

- 利用超声波进行无损检测；
- 电动牙刷。

（3）利用共振频率

- 音叉；
- 超声波碎石机利用共振现象来击碎胆结石或肾结石。

（4）用压电振动代替机械振动

- 石英表利用石英振动机芯代替了机械表的机械振动机芯；
- 利用压电振动器可以改善喷雾嘴对流体的雾化效果。

（5）将超声波振动与电磁场合并使用

- 在高频炉中对液态金属进行电磁搅拌，使其混合均匀；
- 利用感应电炉制作合金；
- 将超声波与加热组合使用进行烘干。

【金融案例：“基准利率”调整】①

基准利率是利率市场化的重要前提之一，在利率市场化条件下，融资者衡量融资成本，投资者计算投资收益，以及管理层对宏观经济的调控，客观上都要求有一个普遍公认的基准利率水平做参考。所以，从某种意义上讲，基准利率是利率市场化机制形成的核心。

在我国，以中国人民银行对国家专业银行和其他金融机构规定的存贷款利率为基准利率。具体而言，一般普通民众把银行一年定期存款利率作为市场基准利率指标，银行则是把隔夜拆借利率作为市场基准利率。

基准利率是中国人民银行实现货币政策目标的重要手段之一，制定基准利率的依据只能是货币政策目标。货币政策的目标一般可概括为：稳定物价、充分就业、经济增长、国际收支平衡、金融稳定。央行通过使“基准利率”振动，去影响市场上其他利率的变化，从而达到调节整个社会经

① 黎梦、张文杰演讲，窦尔翔指导，“萃智金融－基准利率的调整”，北京大学MEM金融创新课作业，有修改。

济活动的目的。该案例反映了指导原则1。

【金融案例：股票期权】[①]

公司各利益相关者的利益如何达成一致？公司的所有者，即股东追求增加财富，公司的经营者追求“活少钱多离家近”，那如何平衡双方的需求呢？

可以采用赋予管理者股票期权方法，使经营者可分享公司增加的财富（使管理者与股东目标统一化，体现共振）。该案例反映了指导原则1。

【金融案例：利用市场波动，辨认淘汰企业】[②]

当市场波动不大时，企业面临的外部风险较小，部分经营较差的企业仍然可以存活。当外部市场波动增大时，供应链上游的原材料采购价格上涨或者是下游产品价格下降时，都有可能会导致经营不善的企业无法继续生存。利用萃智理论，在市场波动变化时，可以辨认经营水平与风控程度不同的企业。当市场振动频率增大时会将风险抵御能力不足的企业筛选出来。

【金融案例：索罗斯套利】

索罗斯通过做空机制，让金融市场振动起来，增大股市的波动幅度，进行套利。

原理19：周期性作用原理

1. 英文名称

periodic action

2. 原理描述

通过有节奏的行为、操作方式、振幅和频率的变化以及利用脉冲间隔，来实现周期性作用。

---

① 陈宏慧演讲，窦尔翔、杨勇指导，“萃智金融－基准利率的调整”，北京大学2019年MEM金融创新课作业，有修改。

② 田力旭、马淑静演讲，窦尔翔、杨勇指导，“金融创新学期报告”，北京大学投资银行课作业，有修改。

3. **使用技巧**

若一种作用是连续的，则考虑使其变为周期性的或脉动的。若一种作用是周期性的或脉动的，则考虑改变其振幅或频率，然后考虑利用脉冲来改变作用。此外，考虑将均匀与随机模式作用于振幅及频率，以产生所需结果。

4. **指导原则**

（1）用周期性作用或脉动代替非周期性作用。

• 在建筑工地上，利用打桩机周期性地作用于桩子，可以快速地将桩子打入地下；

• 警笛的周期性鸣叫和警灯的周期性闪烁，更能引起注意；

• 汽车在冰面上使用“多次轻踩刹车的方式”以避免打滑。

（2）如果作用已经是周期性的，则改变其作用频率。

• 利用调频代替摩尔斯电码来传递信息；

• 在不同工作状态下，洗衣机（或洗碗机）会采用不同的水流喷射方式。

（3）利用脉动的间隙，来完成其他有用作用。

• 在心肺复苏中，每压迫胸部5次，人工呼吸1次；

• 当过滤器暂停使用时，通过倒流将其冲洗干净。

【金融案例：基金定投】①

基金定投是定期定额投资基金的简称，是指在固定的时间（如每月8日）以固定的金额（如500元）投资到指定的开放式基金中，类似于银行的零存整取方式。

基金定投（Automatic Investment Plan，AIP）有“懒人理财”之称，其价值缘于华尔街流传的一句话：“要在市场中准确地踩点入市，比在空中接住一把飞刀更难。”如果采取分批买入法，就克服了只选择一个时点进行买进和沽出的缺陷，可以均衡成本，使自己在投资中立于不败之地，即定投法。

基金定期定额投资具有类似长期储蓄的特点，能积少成多，平摊投资

① 参见百度百科同名词条，有改写。

成本，降低整体风险。它有自动逢低加码、逢高减码的功能，无论市场价格如何变化总能获得一个比较低的平均成本，因此定期定额投资可抹平基金净值的高峰和低谷，消除市场的波动性。只要选择的基金有整体增长，投资人就会获得一个相对平均的收益，不必再为入市的择时问题而苦恼。该案例符合指导原则 1。

【金融案例：滚动预算编制法】[①]

一般企业是以固定不变的会计期间（如年度、季度）作为预算的编制期间，但是不便于前后各个期间的预算的衔接，不能适应连续不断的业务活动过程的预算管理。

在这种情况下，可以考虑采用滚动预算编制法，即在上期预算完成的基础上，调整和编制预算，并将预算期间逐期连续向后滚动推移，使预算期间保持一定的时期跨度（改变原有的周期性）。该案例反映了指导原则 1。

【金融案例：逆周期调控】[②]

逆周期调控是一种宏观审慎政策。逆周期调控就是用宏观政策，包括货币和财政政策，在经济萧条时实行宽松的货币政策和积极的财政政策，在经济繁荣时为了抑制泡沫采用消极的财政政策和紧缩的货币政策。比如，在经济萧条时，通常采用的逆周期政策有减税、增加政府投资、增加财政补贴、降低存款准备金率、增发货币、公开市场逆回购债券。运用萃智的周期性作用，国家通过逆周期调控，改变经济萧条和经济过热的时间，改变周期频率。

【其他金融案例】

月报、季报、年报进行信息披露，该案例反映了指导原则 1；定期对账制度[③]，为了提高财务数据的真实水平，规避和及时发现财务问题，企

① 陈宏慧演讲，窦尔翔、杨勇指导，“萃智金融 - 基准利率的调整”，北京大学 2019 年 MEM 金融创新课作业，有修改。

② 田力旭、马淑静演讲，窦尔翔、杨勇指导，“金融创新学期报告”，北京大学投资银行课作业，有修改。

③ 同①。

业可以建立定期的对账制度，确保账账相符，账实相符（周期作用）。该案例反映了指导原则 1。

原理 20：有效（益）作用的连续性原理

1. 英文名称

continuity of useful action，useful action continuity

2. 原理描述

在时间、顺序、物质组成或范围广度上，建立联系的流程并（或）消除所有空闲及间歇性动作以提高效率。

3. 使用技巧

任何过渡工程，尤其是“从零开始”或使流中断的过渡过程，均可损害一个系统的效率。因此，搜寻动态系统的非动态时刻或已损失能量（动作）并将其消除。如计算机应维持开机状态，避免不时开机、关机，以延长硬盘的寿命。

4. 指导原则

（1）让工作不间断地进行，对象的所有部分都应一直满负荷工作。

- 流水线工作；
- 心脏起搏器；
- 炼铁的高炉始终处于一种连续的生产状态。

（2）消除空闲和间歇性动作。

- 新式打印机在回程时也执行打印动作；
- 自清洁过滤器可以避免生产过程中的停机清洁；
- 终身学习。

（3）用旋转运动代替往复运动。

- 绞肉机代替菜刀来剁肉馅；
- 电风扇代替手摇扇；
- 用盘式铣刀代替立式铣刀；
- 用水车取水代替水桶打水（前者为系统旋转，后者为系统往复）。

【金融案例：比特币挖矿】[①]

比特币系统，通过自身的算法可以动态调整全网节点的挖矿难度，保证每过大约10分钟，比特币网络中就会有一个节点挖矿成功；一旦有人挖矿成功，比特币系统就会奖励此人一定数量的比特币，这个数量也是通过算法控制的。这正是有效作用的连续性原理的实际应用，能够保证比特币持续有效地被挖出。正是计算机持续不间断的工作才能使比特币不断地被挖出。该案例反映了指导原则1。

【金融案例：高频交易】[②]

高频交易是指从人们无法利用的极为短暂的市场变化中寻求获利的计算机化交易。比如，某种证券买入价和卖出价差价的微小变化，或者某只股票在不同交易所之间的微小价差。这种交易的速度如此之快，以至于有些交易机构将自己的“服务器群组”（Server Farms）安置到了离交易所的计算机很近的地方，以缩短交易指令通过光缆以光速运行的距离。高频交易是通过连续赚取微小价差而获得总体的高收益。

【金融案例：金融监管持续高压态势】[③]

近几年金融监管维持高压态势，银行规范经营任重道远。目的就是防范和化解重大金融风险。持续施压、持续作用，让各金融机构及相关单位处在满负荷工作的状态，合规经营不放松。该案例反映了指导原则1。

【金融案例：银行支付系统持续服务】[④]

支付系统是由于社会在经济活动过程中对债务清偿和资金转移的市场需求而出现、产生和发展而不断完善的。以银行为主的支付系统和以企业第三方为辅的支付系统，本质上都是一个社会系统，需要持续为个人及企

---

① 宋伟博、曹干演讲，窦尔翔指导，“金融创新学期报告”，北京大学MEM金融创新课作业，有修改。

② 参见百度百科同名词条，有改写。

③ 朱洪敏演讲，窦尔翔、杨勇指导，“金融创新期末汇报”，北京大学2019年MEM金融创新课的金融萃智作业课件，有修改。

④ 同③。

事业单位提供服务。该案例反映了指导原则 1。

【金融案例：房地产金融政策的连续性】[①]

中国人民银行金融市场司副司长邹澜在 2019 年 5 月 10 日表示，中国人民银行一直在密切跟踪监测房价，相关主管部门也加强了对相关城市政府的指导，进一步落实城市政府的主体责任。2019 年中国人民银行还将继续严格遵循“房子是用来住的，不是用来炒的”的定位，以及“稳地价、稳房价、稳预期”的目标，坚持房地产金融政策的连续性、稳定性。鉴于房地产金融政策近几年的稳定，部分城市房价得到了明显的控制。其实，所有的政策都应当有连续性。

【其他金融案例】

商业银行持续监管，反映了指导原则 1；连续复利，反映了指导原则 2。

原理 21：减少有害作用的时间（紧急行动/快速通过）原理

1. 英文名称

rushing through，hurrying or skipping over，hurry，skip，skipping

2. 原理描述

在尽可能短的时间，快速通过某个过程中困难的或有害的部分。包括快速通过法、紧急行动法、急速动作法等。

3. 使用技巧

评价在一个动作执行期间出现有害（或危险）功能、事件或状况的原因，寻找各种方式来改变速度。

4. 指导原则

若某事物在给定的速度下会出问题（发生故障或造成破坏的、有害的、危险的后果），则可以通过加快其速度来避免出现问题或降低危害的程度。

---

① 田力旭、马淑静演讲，窦尔翔、杨勇指导，“金融创新学期报告”，北京大学投资银行课作业，有修改。

- 高速牙钻可防止牙齿组织受热损伤；
- 照相时使用的闪光灯；
- 超音速飞机快速通过音障区，以免共振；
- 巴氏灭菌法采用短时超热处理来杀菌；
- “要想成功，以两倍的速度失败”（Thomas J. Watson，IBM 奠基人）。

【金融案例：止损】

止损也叫“割肉”，是指当某一投资出现的亏损达到预定数额时，及时斩仓出局，以避免造成更大的亏损。其目的就在于投资失误时把损失限定在较小的范围内。股票投资与赌博的一个重要区别就在于前者可通过止损把损失限制在一定的范围之内，同时又能够最大限度地获取成功的报酬，换言之，止损使得以较小代价博取较大利益成为可能。股市中无数“血的事实”表明，一次意外的投资错误足以致命，但止损能帮助投资者化险为夷。

“证券分析之父”格雷厄姆认为，作为一个成功的投资者应遵循两个投资原则：一是严禁损失，二是不要忘记第一原则。止损是把投资中有害作用控制在一定范围内，尽量减少有害作用的时间，避免对投资者造成更大的伤害，为以后的扭亏为盈保留资本。

止损才有机会重生。有三种情况：第一种是从事实上来说的，或者从事后来说的；第二种是从主观上来说的；第三种是从会计制度上来说的，比如次贷危机时，很多握有次贷证券的人由于没有及时卖出，一旦当更多的人都需要急速出售的时候，证券的供给量几乎变得无限大，证券的需求量几乎变得无穷小，从逻辑上来讲，这些证券的公允价格就会趋于零。按照财务制度，公司就要倒闭了。当然还有清算、强行平仓、补充保证金等后果。这就要求投资者必须及时洞察到市场的金融心理，在市场产生羊群效应之前抓住时机，及时出手。该案例反映了指导原则 1。

【金融案例：加速折旧法】①

加速折旧法是指在固定资产使用前期提取折旧较多，后期提取较少，使固定资产价值在使用年限内尽早得到补偿的方法。这种计提折旧的方法是

① 姚立根、王学文主编，《工程导论》，电子工业出版社，2012 年。

国家先让利给企业，以加速回收投资，增强企业还贷能力。因此，只对某些确有特殊原因的企业才准许采用加速折旧法。该案例反映了指导原则 1。

【金融案例：趣店快速上市】

趣店上市可以看作一个典型的符合“快速通过”原理的案例。趣店在可见的现金贷监管趋势不断严峻的情况下达到快速上市的目标。我们可以从趣店上市前后严峻的市场氛围和密集的互联网金融监管政策的出台上加以体会。

2017 年 4 月 10 日，银监会首次点名“现金贷”，银监会发文要求做好“现金贷”业务活动的清理整顿工作。现金贷监管被提上议程。

2017 年 10 月 18 日，趣店在美国上市。

2017 年 11 月 9 日前后，多个地方金融办（局）组织了对现金贷的摸底自查。

2017 年 11 月 21 日，互联网金融整治办公室发文件要求，各级监管部门一律不得新批设网络小贷公司，禁止新增批小额贷款公司跨省（区、市）开展小额贷款业务。

2017 年 11 月 23 日，央行、银监会联合召开了网络小额贷款治理整顿工作会议，对网络小贷提出监管措施。

2017 年 11 月 25 日，北京互金协会（互联网金融行业协会）召开成员会议商讨现金贷监管，让成员单位“报备”是否从事现金贷，并要求从事现金贷的 P2P 平台 12 月 31 日前将利息加费率调整到 36% 以内。

2017 年 12 月 1 日，互联网金融风险专项整治、P2P 网络风险专项整治工作领导小组办公室下发通知，明确统筹监管，开展对网络小额贷款清理整顿工作。

趣店已经感受到网络小贷的严峻形势，它所能做的就是在极短时间达到在美国上市的标准，这需要趣店创造性地对传统的网贷推陈出新。

趣店所做的现金贷，可以看成对 P2P 和高利贷的改良，P2P 的难点是获客难，成本高，一般要进行隐性担保，相当于涉及资金池，容易触犯监管红线，现金贷相当于投资方与平台方的合一，将平台上的顾客招揽变为企业的私下融资，同时可以将投资收益权纳入趣店公司；趣店同时又可以看作借鉴 P2P 额度微化和期限微化来改良市场对高利率忍耐度的改良，借用支付宝和芝麻信用来改良传统高利贷的熟人特征，放大客户量。这些方法，可以保证趣店在极短的时间获得大量的客户和收益，一方面尽快达到上市的要求，另一方面在民众和监管层看懂趣店模式之前达到上市目的。该案例反映了指导原则1。

【金融案例：尽早偿还债务】

债务为什么要尽早还？迟还有什么不好？比如在预期通货紧缩，也就是钱更值钱的情况下要早还。在市场上，要遵循的原则是，在钱值钱的时候借钱，在钱不值钱的时候还钱。是否按照额定期限还钱，主要遵循的原则是，要避免让实际还款时点落在比借款时钱更值钱的区间。

与此相对应的是债务展期，即延缓或者缓慢通过。在汽车通过深水区时要遵循慢速通过的原则，还有缓兵之计，相当于柔性外壳。该案例反映了指导原则1。

【金融案例：上市公司即时信息披露】

由于信息披露的主动权掌握在上市公司，我们选择的主体是上市公司，在此前提下，上市公司晚些披露会带来害处时，可以通过早披露来减少危害。这需要披露制度的规定和披露设施的建设符合尽力快速的要求，比如理想的信息披露是即时披露，比如基于电子披露的微信等披露设施。然而事实上，现在的披露制度或者披露设施可能并无法达到。上市公司只能在现有披露制度和设施的基础上做到快速反应，尽力及时披露。

当然，信息的及时披露是上市公司的本分，这是从公正公平的原则上来说的。当这一原则与上市公司的利益有冲突时，上市公司可能会发生道德风险，这时从理论上来说，只有那些能从某一次信息的及时披露中获得收益的人才有动力去采取相应措施促进信息的披露。该案例反映了指导原则1。

【金融案例：超短线交易】①

超短线交易是指买进股票后，持股时间较短而获利相对较高的一种操

① 张晓飞演讲，窦尔翔、杨勇指导，“金融创新期末汇报”，北京大学2019年MEM金融创新课的金融萃智作业课件，有修改。

作方法。超短线操作利用股价的强势涨升趋势和某上升阶段进行操作，通过快速周转资金，始终把资金放在有快速上涨潜力的股票里面，提高了资金的利润率。“超短线之父”拉瑞·威廉姆斯1987年参加了罗宾斯世界交易锦标赛，在一年内将1万美元做到了113万美元，这一纪录至今无人能破。该案例反映了指导原则1。

【金融案例：HVPS】①

大额实时支付系统（High Value Payment System，HVPS）采用逐笔实时方式处理支付业务，全额清算资金。处理跨行之间和行内的各种大额贷记及紧急的小额贷记支付业务，处理中国人民银行系统的各种贷记支付业务，处理债券交易的即时转账业务。

HVPS提供了快速、高效、安全、可靠的支付清算服务，防范支付风险，它对央行更加灵活、有效地实施货币政策和实施货币市场交易的及时清算具有重要作用。该案例反映了指导原则1。

【金融案例：银行间的隔夜贷款】②

银行之间短期的资金拆借，快速的资金流入和流出解决了临时的资金短缺问题，免受存款准备金不足的经济处罚。该案例反映了指导原则1。

【金融案例：索罗斯做空泰铢】③

索罗斯先将美国国债抵押给泰国银行，借出大量泰铢，再将泰铢集中在外汇现货市场抛出，买入美金；同时沽空泰铢外汇期货，并在市场上唱空泰铢，引发撤资恐慌，迅速消耗掉泰国政府美元储备，汇率崩盘，索罗斯带着几十亿美元的收益离场。货币做空依靠短时间内释放的外汇兑换量，对汇率形成巨大冲击，造成做空对象大幅贬值。该案例反映了指导原则1。

---

① 洪舒林演讲，窦尔翔、杨勇指导，“金融创新期末汇报”，北京大学2019年MEM金融创新课的金融萃智作业课件，有修改。

② 同①。

③ 同①。

原理22：变害为利原理

1. **英文名称**

convert harm into benefit，blessing in disguise，spin harm to gold，turn lemons into lemonade，turn the harm to one’s good

2. **原理描述**

通过将有害的作用或情况变为有用的作用来利用有害的因素。

3. **使用技巧**

“有害”或“有利”的定义是基于某一时间点上，人为的解释需要根据不同的情况而改变。我们应当鉴别一个系统或一种情况的任何有害方面，确定怎样将无法使用的东西转变为可以使用的东西，以便提供价值。特别是寻找对环境有消极影响的东西，如废弃的材料、能量、信息、功能、空间、时间等。考虑使一种有害作用与其他作用相结合从而将其消除，以便解决某一个问题。若不能使损害降低到一个可以接受的较低水平，则可以尝试使其增大到不再构成问题的较高水平。

4. **指导原则**

（1）利用有害的因素，特别是环境中的有害效应，得到有益的结果。

- 焚烧垃圾进行发电；
- 汽车发动机产生的热能可以用来加热车厢；
- 利用老鼠的高繁殖率，将其作为被实验动物。

（2）将两个有害的因素相结合进而中和或消除它们的有害作用。

- 潜水员使用氮氧混合气体，以避免单独使用其一造成的氮昏迷或氧中毒；
- 向腐蚀性溶液中加一种缓冲材料；
- 通过增加市内停车费用，减少郊区停车费用，来减轻市内交通拥挤状况；
- 以毒攻毒。

（3）增大有害因素的幅度直至有害性消失。

- 利用爆炸来扑灭油井大火；
- 饥饿营销，即限制某种产品的生产，通过供不应求使价格自然上涨；

• 通常风助火势，但是风力灭火机产生的高速气流可以快速吹散可燃物，降低燃点，快速灭火。①

【金融案例：不良资产证券化】②

不良资产证券化（NPAS），就是以不良资产所产生的现金流作为偿付基础，发行资产支持证券的业务过程，包括不良贷款（NPL）、准履约贷款（SPL）、重组贷款、不良债券和抵债资产的证券化。贷款被分为“正常”“关注”“次级”“可疑”“损失”五个级别。银行不良资产证券化其实就是把银行坏账（害）变成资产（利）再进行证券化（收益），如图5－11所示。

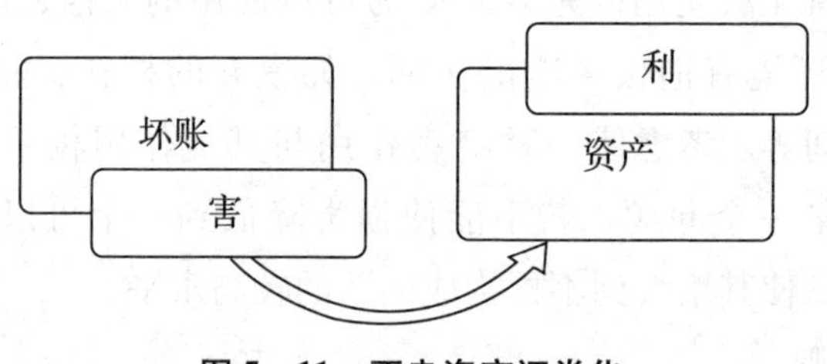

图5－11　不良资产证券化

美国的危机处理机构——重组信托公司（RTC）为解决储蓄贷款系统的不良资产在20世纪80年代推出“N”系列计划，首开NPAS先河，成为NPAS的最大市场，占全球发行总额的一半以上，并对NPAS交易结构、资产评估、资产管理、债券评级等方面的规范化、标准化起决定作用。该案例反映了指导原则1。

【金融案例：缺乏反制力的融资行为】

“如果你欠银行1000美元，你会有麻烦；但如果你欠银行1亿美元，有麻烦的是银行。”站在融资人的立场上，这符合指导原则3，即增大有害因素的幅度直到有害性消失。其诀窍就是改变自己在矛盾中的主动权，由

① 赵敏、张武城、王冠殊，《TRIZ进阶及实战：大道至明的发明方法》，机械工业出版社，2015年10月第1版，第119页。

② 张昊、何艳利演讲，窦尔翔指导，“金融创新期末报告”，北京大学MEM金融创新课作业，有修改。

"孙子"变"大爷"。华尔街上存在的"大而不倒"企业属于这种情况，中国目前也存在以就业和稳定绑架市场和政府的企业。

【金融案例：资产重组】

企业其实就是现金资产、实体资产、证券资产、信贷资产等各种资产的组合体，但由于企业在某时某地的资产结构不良或者与环境不相匹配，导致企业的成本、风险、效率、收益存在问题或未能处于最佳状态。根据变害为利的指导原则（原则 1），通过对企业的资金、资产、劳动力、技术、管理等要素进行重新配置，构建新的生产经营模式，使企业在变化中保持竞争优势。资产重组后可以使企业集中优势资源去发展某一方面，强化企业在某些方面的竞争力，使原本可能处于弱势的产业变得更有竞争力。

【金融案例："白衣骑士"与"毒丸计划"】

使用"白衣骑士"与"毒丸计划"策略，可以在一定程度上阻止恶意收购行为。从而在面对敌意收购时，利用指导原则 2，即"将两个有害的因素相结合进而中和或消除它们的有害作用"。

【金融案例：并购亏损企业避税】①

针对税法中的"净经营亏损递延"条款，如果一个企业长期经营亏损并且在短期内没有扭亏为盈的可能时，由于其拥有相当数量的累积亏损，往往会被考虑作为并购对象，以利用其在纳税方面的优势。该案例反映了指导原则 2。

【金融案例：破产清算】②

对于经营状况非常糟糕的企业，破产清算实质上是控制了企业亏损的进一步蔓延，达到了止损的效果。该案例反映了指导原则 2。

---

① 洪舒林演讲，窦尔翔、杨勇指导，"金融创新期末汇报"，北京大学 2019 年 MEM 金融创新课的金融萃智作业课件，有修改。

② 同①。

【金融案例：余额宝】

一个完整的投资行为有很多要素支撑，如时间、专业知识、资金量、牌照等，可惜一般人却很难两全，这是短处，可以看作投资的害处，但如果互相分工合作，就可以互相弥补短处，消除害处。支付宝有巨额资金，利用余额宝牌照获得了增值，余额宝利用 T+0 制度满足了消费者的随机消费用款需求。

【其他金融案例】

股票抄底，反映了指导原则 1；利率下降时再融资，反映了指导原则 1；下跌趋势中做空，反映了指导原则 1。

原理 23：反馈原理

1. 英文名称

feedback

2. 原理描述

将系统的输出作为输入返回到系统中，以便增强对输出的控制。反馈（feedback）是系统与环境相互作用的一种形式。在系统与环境相互作用过程中，系统的输出成为输入的部分，反过来作用于系统本身，从而影响系统的输出。根据反馈对输出产生影响的性质，可区分为正反馈和负反馈，前者增强系统的输出，后者减弱系统的输出。

以人体的反射活动为例：当刺激（输入）作用于感受器之后，神经兴奋沿传入神经传递给大脑中枢，再沿传出神经控制效应器的活动（输出）；效应器的活动情况又作为刺激信息（输入）返回作用于感受器，进而通过大脑中枢的调节影响效应器的活动（输出）。

在讨论反馈系统时，因果关系的概念应当特别仔细对待："对于反馈系统，很难作出简单的推理归因，因为当系统 A 影响到系统 B，系统 B 又影响到系统 A 时，形成了循环。这使得基于因果关系的分析特别困难，需要将系统作为一个整体来看待。"

3. 使用技巧

系统或情境中的任何信息的改变，均可被用来执行校正系统的行为。

将任何有用的或有害的改变均视为反馈信息源，若反馈已被运用，则寻找各种方式来改变其幅度。

4. **指导原则**

(1) 向系统中引入反馈，以改善性能。

- 声控灯开关；
- 恒温开关控制温度；
- 自动导航系统；
- 智能绳索；
- 路灯根据环境亮度调节照明功率；
- 设计产品过程中引入顾客参与。

(2) 如果已经引入反馈，则改变它。

- 在距离机场5000米航程范围内，改变导航系统的灵敏度；
- 当温度由高变低时，改变恒温开关中负反馈装置的灵敏度，因为温度降低时运用能量的效率会降低。

【金融案例：IPO询价发行制度】[①]

新股的发行一般都是通过向询价对象询价来确定发行价格的。询价对象是指依法设立的证券投资基金、合格境外投资者（QFII）、符合中国证监会规定条件的证券公司，以及其他中国证监会认可的机构投资者。这种制度接近于“设计产品过程中引入顾客参与”的做法。

股票定价时，投资银行和发行人根据发行人的情况和市场需求，先确定一个发行价格的区间。然后根据投资者的反馈，按照大多数投资者能接受的价格水平确定发行价格。早先新股发行价的确定，都是由发行人（拟上市公司）和承销商（保荐机构）自行定价，自2004年以后，证监会出台“询价制”，用来确定新股发行价，据说这符合“市场定价的原则”。该案例反映了指导原则1。

【金融案例：金融政策征求意见稿】[②]

金融政策在发布前都会先发布征求意见稿，通过市场的反馈发现问

① 谢良伟、郑晓东演讲，窦尔翔指导，“金融创新期末报告”，北京大学2018年MEM金融创新课作业，有修改。

② 同①。

题，然后再有针对性地进行讨论修改，之后再发布正式文件。该案例反映了指导原则1。

【金融案例：绿鞋期权】

此案例在之前的原理中提到过，这次主要从案例中存在的反馈机制来解读，那就是股价反馈给发行量，再通过调解发行量来稳定股价。绿鞋期权既是超额作用和不足作用，也是反馈作用，但最终是为了稳定股价。作为超额作用和不足作用时，是手段，是反馈作用和稳定股价的手段；作为反馈作用时，是超额作用和不足作用的目的，是稳定股价的手段。该案例反映了指导原则1。

【金融案例：上市公司的定期公开披露政策】①

上市公司定期的公开披露，使得股东和潜在投资者对企业的经营情况获得了及时的跟踪和了解，并根据披露信息加以分析，作出投资或撤出投资的决策。该案例反映了指导原则1。

【金融案例：芝麻信用征信】②

所谓征信是对企业、事业单位等组织（以下统称企业）的信用信息和个人的信用信息进行采集、整理、保存、加工，并向信息使用者提供决策依据的活动。征信作为一种信用信息共享机制，在金融中应用的核心是解决授信机构和借款人之间的信息不对称问题。芝麻信用数据主要存储在各数据源，如政府机构、合作伙伴、电商平台等。系统会通过运算规则的设置，按照法规要求，同时对用户隐私数据脱敏，生成不含用户地址等指向数据的芝麻信用评分等信用评价。每月分数随用户数据动态调整，进而蚂蚁金服决定是否提高其借呗、花呗额度等。其实，用户也可以根据自己的信用评分来调整自己的行为。

---

① 洪舒林演讲，窦尔翔、杨勇指导，“金融创新期末汇报”，北京大学2019年MEM金融创新课的金融萃智作业课件，有修改。

② 张翔、陈影演讲，窦尔翔、杨勇指导，“金融创新期末汇报”，北京大学2019年MEM金融创新课的金融萃智作业课件，有修改。

【其他金融案例】

资产的实物盘点，反映指导原则1；审计制度，创建一个内部审计委员会，向董事会汇报工作，以及时反馈公司出现的问题，该案例反映了指导原则1。

原理24：借助中介物原理

1. 英文名称

mediator，go between，intermediary

2. 原理描述

通过将某对象临时或永久地放置在两个或多个现有的对象中间作为一个“调停装置”来实现该原理。调停或协商就是指两个不相容的（互相矛盾的、性质相反的）参与者、功能、事件或条件（情形、环境、情境）之间的某种临时性的链接。通常，利用某种易于去除的中间载体、中间阻断物或中间过程来实现这种链接。

3. 使用技巧

寻找与相关功能、事件和（或）情况不相容或不匹配的功能、事件和（或情况），然后确定可以在不匹配系统之间充当链接（过程载体）的一个中介物，也可以在有害作用、对象、功能、特征等之间寻找中间阻断物。

4. 指导原则

（1）利用中介物来转移或传递某种作用。

- 演奏乐器的拨子（琴拨、拨弦片）；
- 将两相电转换为三相电的转换插头；
- 代理人。

（2）将一个对象与另一个容易去除的对象暂时结合在一起。

- 上菜的托盘；
- 药片上的糖衣；
- 借助钳子、镊子等工具来完成原本难以完成的任务。

【金融案例：金融中介】

所有的中介都是“信息技术平台中介”和“组织制度平台中介”的复合体。不管是降幂型融资，还是升幂型融资，在宏观上都起到“转移或者传递资产和资金”的作用。其中，“信息技术平台中介”和直接性“组织制度平台中介”（比如，作为经纪商的投行、基金、SPV等）都属于典型的金融中介；而在“组织制度平台中介”中，作为购买关系的投行（承销商、自营商、做市商）以及作为购买关系的银行都不具有微观上的中介物功能，但是银行作为钱夹则是中介物。从这个意义上说，支付宝、微信、信用卡等支付工具都属于中介物。该案例反映了指导原则1。

【金融案例：借壳上市】①

借壳上市过程中，计划上市的企业在购买壳资源后，先要把自己的业务注入壳公司，和壳公司原有业务临时结合在一起，后期再置换，完成上市。这中间壳公司的原有业务就相当于中介物，符合指导原则2。

其实，上市是一个融资和传递企业信息，整合各种资源的中介物，任何利用“壳资源”的行为都是在利用中介物，因而不管是利用存量壳资源的买壳上市、借壳上市，还是利用增量壳资源的改制上市等都属于同一个道理。VIE也算，只不过是到国外上市的一种变通手段。

【金融案例：货币】

货币有一项功能叫作“流通手段”，指的是人们在进行物物交换的时候会存在空间上和实践上的需求错位问题，为此货币将包含在使用价值中的无差异的人类劳动即价值提炼出来，专门充当交换价值。人们需要货币，正是为了通过货币购买万物，因而货币只是一个使用价值的交换中介而已。所谓金融也“不是为了融金，而是为了融物”，说明人们融金的终极目的是用资金购买各种生活生产资料。该案例反映了指导原则1。

【其他金融案例】

金融合约，是作为暂时的融资和投资中介，到期后就没有用了；域金融，是融资人和投资人的中间物，是评级机构和劣后担保机构的复合体。两个案例均反映了指导原则1。

---

① 付博熠、尚宝亮演讲，窦尔翔指导，“金融创新期末报告”，北京大学MEM金融创新课作业，有修改。

原理 25：自服务原理

1. **英文名称**

self－service，self service，self－organization

2. **原理描述**

在执行主要功能的同时执行相关功能。

3. **使用技巧**

自服务是物理、化学或几何效应的一种结果，且在两个级别上起作用：主要功能和相关或并行功能。可利用或采用一个系统的基本功能来实现自服务或辅助服务。另外，自服务是一种测量（或检测）过程的功能，并且在测量过程后面会跟随一个反馈过程，以校正某种系统的不足。

自服务是理想系统中的一个重要部分。在如何做到自服务方面，反馈原理是个不错的搭档。有时，自服务和反馈很难区分。因为自服务采用了某种反馈，但是没有一个特定的"反馈系统"。例如，若我们需要一个可以放出干蒸汽的阀门，而不允许其放出水或湿蒸汽，则可以使用湿涨干缩的材料（如木头）。

4. **指导原则**

（1）使对象能执行辅助性或维护性的工作，以便进行自我服务。

- 收割机的自磨刃；
- 自清洁玻璃；
- 在卤灯工作的过程中，蒸发的材料会重新进行沉淀，使灯丝的材料在损耗的同时也不断地补充；
- 自动售货机；
- 能够自我平衡的轮子；
- 进行自我充电的智慧机器人；
- 走路即可充电的鞋子；
- 环保型无针订书机；
- 品牌效应环：哈佛大学管理学院培养了一些著名人士，这些人士增加了学院的知名度，很多学生申请入学，学院仅招收最优秀的学生，进行培养的学生是最优秀的，由此形成良性循环。①

---

① 檀润华，《TRIZ 及应用：技术创新过程与方法》，高等教育出版社，2010 年第 1 版，第 198 页。

自服务强调的就是让系统尽量少地减少对环境，特别是对其他系统的依赖。也就是说，如果一个系统在运行过程中需要进行辅助和维护操作时，最好不要借助外界（系统），而是自己就能完成，这样可以减少成本（包括时间、材料、能耗等）。比如：铁路铺设中的边铺边通行、自动饮水机、不倒翁玩具、宇宙空间站上的封闭生态系统等。

（2）利用废物（能量、物质）。

与变害为利的区别：范围更广，利用废物这个原则强调的是环节的循环。

- 用生活垃圾当肥料；
- 用钢铁厂的余热进行发电，用于钢铁厂使用；
- 将作物的秸秆粉碎后作为下一季庄稼的肥料。

【金融案例：金融业的自助服务终端】

自助服务终端（Self Service Terminals，SST），顾名思义就是自助。金融行业用户可以通过自助服务终端进行账户查询、自助转账、对账单打印、补登、自助挂失业务办理，ATM就是一种自助终端设备；该设备具有节省人员开支、降低营业成本、24小时连续工作、无差错运行等优点，可放置于电信营业厅、代收费点、车站、码头、机场、大型商场等公共场所。该案例反映了指导原则1。

【金融案例：经济周期性地自我修复】

在以价格为信号的经济模式下，经济避免不了要按照衰退、萧条、复苏、繁荣的周期性的过程自我调节，这也是“哈耶克派”所强调的反对政府干预的那种模式；但事实上，经济不可能是一个纯粹的市场经济，一般都是政府与市场共同作用的混合经济。当一个国家发生经济危机的时候，既需要靠市场的自我服务式的自我修复，也需要靠政府的外在干预。随着信息技术的发展以及经济信息挖掘能力的增强，智慧决策的成分将会越来越强，经济危机发生的频率、程度都将随之而降低。该案例反映了指导原则1。

【金融案例：信用卡“自动授信”功能】

信用卡有“二次授信”的功能，授信分为两步：第一步是银行进行总额度的授信，第二步是由持卡人最终实现授信额度的真实发生额。此处主要强调第二步授信，这一部分叫作自动授信；另一个意思是信用卡这个工具具有相反的双重功能，既是授信工具，也是还款工具。这两种身份随着借款人行为的借款和还款自动转换。该案例反映了指导原则 1。

【金融案例：类银行】

类银行主要有以下三种。

第一种是格莱珉银行：借款人和股东身份的自动转换。

第二种是信用合作社：主要强调地域性、熟人性互助。不一定股东、存款人、借款人需要同时具备两种身份。

第三种是合会：主要不强调熟人，尽管往往是熟人，但必定是存款人和贷款人身份的自动转换。该案例反映了指导原则 1。

【金融案例：域金融】

只要在经济活动中有道德约束，达到了一定的道德标准，就能进入域享受各种域福利，包括替代广告的声誉福利，替代融资的金融福利；反之，如果提供的商品和服务道德不足，金融信用道德水平不足，就会自动滑落到道德败坏区，甚至滑落到法律惩罚的区域。这种分域而治的关键是法律域与道德域的同时构建，但以道德域的构建为先。这种“三域构造”的经济行为治理机制具有“好人有好报、恶人有恶报”的自服务效应。该案例反映了指导原则 1。

【金融案例：看不见的手】①

亚当·斯密在《国富论》中提出，市场中每个人的动机都是利己的，而在利己心的驱使下，人们会在市场交易中都奔着最大的利益而去，在每个人获得了利益后，社会也就得到了利益。“看不见的手”即强调市场对资源的配置作用，通过价格、供求、竞争和风险机制，市场能够促使生产要素优化组合，促进商品生产者改善经营管理、提高生产技术，并最终实

① 张晓飞演讲，窦尔翔、杨勇指导，“金融创新期末汇报”北京大学 2019 年 MEM 金融创新课的金融萃智作业课件，有修改。

现资源的优化配置。该案例反映了指导原则 1。

【金融案例：盒马鲜生超市】①

与传统零售最大的区别是，盒马鲜生运用大数据、移动互联、智能物联网、自动化等技术及先进设备，实现人、货、场三者之间的最优化匹配，从供应链、仓储到配送，盒马鲜生都有自己的完整物流体系。自服务体现为两个方面：一个是链环之间的互相配合；另一个是顾客的自服务。顾客使用盒马 App 自主下单，自主结账，在超市完成自我服务。收银系统收集消费数据，帮助超市进一步改进服务，提高营收。整个超市的运行是自我完成，因而可以说，盒马鲜生是阿里巴巴对线下超市完全重构的新零售业态。该案例反映了指导原则 1。

【金融案例：印度工业信贷投资银行（ICICI Bank）】②

印度农村贫困人口约占农村总人口的 70%，农村的贫困人口一直得不到银行服务，是因为成本与效益的问题，农民分布较为广泛，银行要宣传业务、设立网点，以及日常经营，都要付出很大代价，相对农民的小额存贷款，银行的收入难以支撑庞大开支。

为了解决这个问题，印度工业信贷投资银行便与农村的网络小店（internet kiosks）建立伙伴关系，在这些小店中设置银行网点，放置可以连接银行网络的终端，供农民使用。另外还设置自动柜员机（ATM），在有需要的时候才派出员工到农村收款或放贷。由于这些小店店主是银行的合作伙伴，他们会负责网点的联络及安保工作，大大节省了银行的人力资源。

另外，印度工业信贷投资银行还与协助农民的非政府志愿组织建立了伙伴关系，一方面，由这些组织推介客户，并向农民解释银行的服务，除了存贷服务，还包括互惠基金、各种保险甚至证券买卖等，在宣传方面节省了大量的人力物力；另一方面，由志愿组织对客户群进行首轮的筛选，可以减少坏账概率，在有纠纷时也有协助调解的中间人。

① 王磊演讲，窦尔翔、杨勇指导，“金融创新期末汇报”，北京大学 2019 年 MEM 金融创新课的金融萃智作业课件，有修改。

② 同①。

该银行利用自服务原理成功解决了印度农民贷款问题，符合指导原则1。

【金融案例：自动化交易系统】

面向股票、基金、证券等金融资产的自动化交易系统就是运用自服务原理。自动化交易系统由交易员预先写好投资策略，当市场行情达到已经写好的投资策略的条件时，即自动进行买入卖出金融资产的程序。自动化交易系统的策略写好之后，当系统运行时，不再需要其他系统的干预，可以自行完成其预定的功能，不需要人为干预，减少了人力成本。

以股票自动交易软件为例，这种新兴的股票软件，可以帮助股票投资者按预设条件进行自动化和智能化的交易。其交易理念为严格遵循股市运行规律，遵循股价波段走势，自带多种后市预期条件，结合设定者的投资经验，严格执行投资人预设条件，条件达成时自动触发交易。它是可有效实现博弈股市的必备工具之一。

从生物学意义上来说，器官、细胞和细胞器作为生物个体的部分，可以自主完成一些生命活动，称为自主性。例如：线粒体、叶绿体等细胞器带有DNA（脱氧核糖核酸），可以产生某些蛋白质来完成自身功能，而不需要细胞核、染色质的指导；癌细胞不受控制地增殖，破坏了机体内部平衡。这些都表现出它们具有一定程度的基于自主性的自服务性。

从人文意义上来说，自主性是人的品格特性，是人的素质的基本内核。作为社会的一个人，这种基本素质体现在自身特性与社会特性两个方面。前者有主体性、主动性、上进心、判断力、独创性、自信心等；后者有自我控制、自律性、责任感等。在自主性发展的过程中，这些特性都融汇在自主性态度和自主性行为之中，构成了一个人的统一的品格特点，进而形成自服务的过程。

原理26：复制原理

1. 英文名称

copy，copying，use of copies

2. 原理描述

通过使用较便宜的复制品或模型来代替成本过高而不能使用的对象。

3. **使用技巧**

如果系统（或某种情况）缺乏可用性、成本过高或容易损坏，就需要找到某种可用的、成本低或耐用的复制品来替代，必须考虑到复制物的比例。同时，不仅要考虑事物的模型，还要考虑计算机模型、数学模型、流程图或其他能够满足要求的模拟技术。

4. **指导原则**

（1）用经过简化的、廉价的复制品代替原来的、昂贵的、易损的或不易获得的对象。

- 服装店的塑料模特代替真人模特；
- 虚拟现实（VR）技术；
- 虚拟博物馆代替真正的博物馆；
- 人造皮革；
- 手机卖场中摆放的模型手机；
- 通过对模型的实验代替对真实对象的实验。

（2）用光学复制品（图像）代替实际的对象或过程，同时还可以利用比例的变化（按一定比例放大或缩小复制品）。

- 通过测量卫星图代替地理测量；
- 通过测量旗杆影子的长度，经过相应的计算就可以得到旗杆的实际高度。

（3）如果已经使用了可见光的复制品，则可以考虑使用红外线或紫外线等不可见光的复制品。

- 在黑夜中，夜视仪可以利用红外线来帮助人们观察物体；
- 用B超（B型超声诊断）设备观察胎儿。

【金融案例：指数基金】

指数型基金（Index Fund）投资策略的核心思想是相信市场的有效性，从而通过复制与市场指数结构相同的投资组合，排除非系统性风险的干扰而获得与所跟踪指数相近，相当于市场平均水平的收益。比如以特定指数（如沪深300指数、标普500指数、纳斯达克100指数、日经225指数等）为标的指数，并以该指数的成分股为投资对象，通过购买该指数的全部或部分成分股构建投资组合，以追踪标的指数表现的基金产品。

一般来说，指数基金以减小跟踪误差为目的，使投资组合的变动趋势与标的指数相一致，以取得与标的指数大致相同的收益率。ETF（Exchange Traded Fund）即“交易型开放式指数证券投资基金”和指数型“上市型开放式基金”（Listed Open－ended Fund，LOF），都属于符合指导原则 1 的金融产品类型。

【金融案例：纸黄金】[①]

“纸黄金”是一种个人凭证式黄金，投资者按银行报价在账面上买卖“虚拟”黄金，个人通过把握国际金价走势低吸高抛，赚取黄金价格的波动差价。投资者的买卖交易记录只在个人预先开立的“黄金存折账户”上体现，不发生实金提取和交割。为了方便黄金交易，纸黄金是对黄金实物所有权的复制，并不是真正的黄金。该案例反映了指导原则 1。

【金融案例：存托凭证】

存托凭证（Depository Receipts，DR），又称存券收据或存股证，是指在一国证券市场流通的代表外国公司有价证券的可转让凭证，属于公司融资业务范畴的金融衍生工具。存托凭证一般代表公司股票，但有时也代表债券。1927 年，J. P. 摩根公司为了方便美国人投资英国的股票发明了存托凭证。

以股票为例，存托凭证是这样产生的：某国的一家公司为使其股票在外国流通，就将一定数额的股票，委托某中间机构（通常为银行，称为保管银行或受托银行）保管，由保管银行通知外国的存托银行在当地发行代表该股份的存托凭证，之后存托凭证便开始在外国证券交易所或柜台市场交易。从投资人的角度来说，存托凭证是由存托银行所发行的几种可转让股票凭证，证明一定数额的某外国公司股票已寄存在该银行在外国的保管机构，而凭证的持有人实际上是寄存股票的所有人，其所

① 赵志银、吴树江演讲，窦尔翔指导，“金融创新期末报告”，北京大学 MEM 金融创新课作业，有修改。

有的权力与原股票持有人相同。存托凭证一般代表公司股票，但有时也代表债券。

存托凭证的当事人，在本地有证券发行公司、保管机构，在国外有存托银行、证券承销商及投资人。按其发行或交易地点之不同，存托凭证被冠以不同的名称，如美国存托凭证（American Depository Receipt，ADR）、欧洲存托凭证（European Depository Receipt，EDR）、全球存托凭证（Global Depository Receipts，GDR）、中国存托凭证（Chinese Depository Receipt，CDR）等。该案例反映了指导原则1。

【金融案例：模拟盘交易】[①]

模拟盘炒股就是根据股票的交易规则，基于一种虚拟的平台，实现股票买卖的一种炒股手段。模拟炒股系统，是一种利用互联网技术，根据股市实盘交易规则设计的模拟仿真操作的系统。股票投资者通过模拟炒股系统可以进行系统的锻炼或学习操盘技术。模拟股票买卖的规则同证交所规定的基本一致。

模拟盘交易无投资成本，无风险；对交易结果的评价有利于模拟者了解自己的水平，总结投资经验；有利于在真实的行情、交易规则里锻炼金融投资思维。股票模拟盘、期货模拟盘、债券模拟盘等模拟盘交易，被很多人视为新手在进入股市、期市前最好的训练场。该案例反映了指导原则1。

【金融案例：ETF】[②]

ETF指数基金代表一揽子股票的所有权，其交易价格、基金份额净值走势与所跟踪的指数基本一致。因此，投资者买卖一只ETF，就等同于买卖了它所跟踪的指数，可取得与该指数基本一致的收益。由于ETF追踪的是一揽子股票，因此，当投资者购入ETF份额时，则相当于同时投资了成分股公司，这极大地降低了非系统性风险。同时，指数追踪股票具有一定

① 宋成松演讲，窦尔翔、杨勇指导，“金融创新期末报告”，北京大学2019年MEM金融创新课作业，有修改。

② 张卓、杨东冀演讲，窦尔翔、杨勇指导，“金融创新期末报告”，北京大学2019年投资银行课作业，有修改。

的条件，例如上证50指数，追踪的是沪市中盘子最大、流通性最好、最能代表中国经济形势的大公司。而且指数的标的股每半年调整一次，一旦标的股不满足指数条件，则会被剔除。这自动对黑天鹅和爆雷公司进行了过滤，给指数的长期成长提供了优质而健康的血液，也让散户投资指数变得可行和具有持续性。ETF特点有：(1) 交易成本低廉；(2) 投资者可以当天套利；(3) 高透明性；(4) 增加市场避险工具；(5) 分散投资并降低投资风险。

【金融案例：期权】①

期权，是指一种合约，该合约赋予持有人在某一特定日期或该日之前的任何时间以固定价格购进或售出一种资产的权利。期权定义的要点如下：(1) 期权是一种权利。期权合约至少涉及买家和出售人两方，持有人享有权力但不承担相应的义务。(2) 期权的标的物。期权的标的物是指选择购买或出售的资产，包括股票、政府债券、货币、股票指数、商品期货等。期权是对标的物买卖权力的复制。

【金融案例：金融模型】②

金融模型则运用了复制原理，将现实世界的金融状况映射为可量化的数学模型，用以展示投资表现或某些项目的财务资产状况。例如：用来估值的资本资产定价模型（CAPM）、计算和预测风险的模型。类似的还有计量回归模型（指导原则2）。

【其他金融案例】

股票，实际上是对公司价值的复制，符合指导原则2；期货对现货的复制，符合指导原则2；电子货币复制纸币币值，符合指导原则1；期货交割代替实物交割，符合指导原则1。

---

① 张卓、杨东冀演讲，窦尔翔、杨勇指导，“金融创新期末报告”，北京大学2019年投资银行课作业，有修改。

② 朱松、林承栋演讲，窦尔翔、杨勇指导，“金融创新期末报告”，北京大学2019年投资银行课作业，有修改。

原理 27：廉价替代品原理

1. **英文名称**

cheap disposables, cheap short - lift instead of costly long - life, disposables

2. **原理描述**

用廉价的、易处理的或一次性的等效物来代替昂贵的、使用寿命长的对象，以便降低成本、增加便利性、延长使用寿命等。注意与复制品原理的指导原则 1 的区别，即“用经过简化的、廉价的复制品代替复杂的、昂贵的、易损的或不易获得的对象”。

3. **使用技巧**

使用时着重于将系统或情况中的高成本材料（气体、液体、固体）替代成能提供所需要结果的廉价材料。或者，用许多廉价材料代替高成本材料，这些廉价材料放置、分布或排列的方式可使其产生协同作用，从而提供所需特征。或者用低成本、廉价的材料重复代替高成本材料。同时，寻找可代替复杂对象的简单对象。最后，考虑舍弃一些良好的特性或属性（如长寿命）。考虑所有的系统、情况或功能，不单是机械的或化学的，如能量、信息、人或过程。

4. **指导原则**

用廉价的对象代替昂贵的对象。虽然降低了某些特性（如耐用性），但是能够实现相同的功能。

- 一次性餐具、水杯、医疗耗材、纸尿布、打火机等；
- 一次性捕鼠器；
- 在切割工具中，利用工业钻石代替天然钻石。

【金融案例：各类融资替代】

这种替代可以站在两个对立角度来看：对于商品和服务的提供方来说，利用预收款代替短期融资，如购物卡、理发卡、消费众筹，实际上是将当期的瞬时双边交易变为当期和未来分别进行的瞬时单边交易；对于商品和服务的需求方来说，则有赊销、租赁、“融资租赁”等，单位用人、小时工则属于租人。该案例反映了指导原则 1。

【金融案例：过桥资金】[①]

过桥资金是一种短期资金的融通，以六个月为期限，是一种与长期资金相对接的资金。提供过桥资金的目的是通过过桥资金的融通，达到与长期资金对接的条件，然后以长期资金替代过桥资金。过桥只是一种暂时状态。

例如：2017 年 6 月 1 日，A 企业在银行贷款了 1000 万元，期限一年，一年后即 2018 年 5 月 31 日，该笔贷款到期。这时候 A 企业经营出了点问题（如应收款没有及时回收），导致没有足够的资金归还给银行，怎么办？

在此种情况下，A 企业可以选择使用过桥贷款。因为 A 企业是有正常经营能力的，可能只是应收账款没有都及时回收，才导致没有足够的款项按时偿还银行贷款，但对于归还利息还是很轻松的。因此，A 企业会去找一家有资金的企业比如 B，让 B 企业打款 1000 万元归还银行；然后银行重新续贷一笔 1000 万元的贷款给 A 企业，A 再把这笔款项及使用期间的利息归还给 B 企业。这就叫过桥资金。过桥对于银行来说，贷款仍为正常类，对于 A 企业来说避免倒闭或者风险分类下调，对于 B 企业来说赚到一笔不菲的利息，三者互赢。该案例反映了指导原则 1。

【其他金融案例】

利用纸币代替贵金属货币，反映了指导原则 1；凭证类，反映了指导原则 1；支票代替现金，交割单代替实物，反映了指导原则 1；智能客服机器人代替真人机器人，反映了指导原则 1；金融技术平台替代金融组织平台，反映了指导原则 1；系统信用资源代替非系统信用资源，反映了指导原则 1。

原理 28：机械系统替代原理

1. 英文名称

replacement of mechanical system，another sense，interaction substitute，

① 王磊演讲，窦尔翔、杨勇指导，“金融创新期末报告”，北京大学 2019 年 MEM 金融创新课作业，有修改。

mechanical principle replacement, mechanics substitution

2. **原理描述**

利用物理场（如光场、电场、磁场等）或其他物理结构、物理作用或状态来代替机械的相互作用、装置、机构或系统。此原理涉及操作原理的改变或替代。

3. **使用技巧**

首先用物理场代替机械相互作用、装置、机构或系统。某个系统已被替代，当不能提供应有的功能时，则此原理可提供多种可能来进行附加改变。

若替代的机械系统不存在，考虑是否可通过利用某种生物（如人、动物、昆虫、植物等）感觉来实现替代：视觉—光学，听觉—声音，嗅觉—气味或味觉。

在替代时可运用某一种或某些物质或对象相互作用的热场、化学场、电场、磁场或其任意组合。

另外，需要考虑由恒定场转变为可变场，以及由非结构场转变为结构场。并且，考虑到利用场来合并具有活性的物质——气体、液体以及固体。

在非物理系统中，需要从概念、价值或属性替代方面进行思考。

4. **指导原则**

(1) 利用光学、声学、电磁学、味觉、触觉或嗅觉系统来代替机械系统。

- 用语音识别系统代替键盘输入；
- 用声纹、指纹、虹膜识别代替传统的钥匙；
- 用动物可以听见的“声音栅栏”代替实物栅栏圈住牛羊；
- 光学键盘是一种通过激光在桌面上显示虚拟键盘，并使用红外线的反射来检测虚拟键盘上的手指动作，然后通过识别处理来操作按键输入及鼠标动作的装置。

(2) 使用与对象相互作用的电场、磁场、电磁场。

- 为了混合两种粉末，让一种粉末带正电荷，另一种粉末带负电荷，然后利用场来驱动它们，使粉末颗粒均匀混合在一起；
- 电子标签（射频标签）；

• 场控开关；

• 磁性轴承代替传统轴承。

（3）用移动场代替固定场，用动态场代替静态场，用结构场代替非结构场，用确定场代替随机场。

• 核磁共振成像扫描仪；

• 磁光压力传感器。

（4）把场和能够与场发生作用的粒子组合起来使用。

• 用变化的磁场加热含铁粒子的物质，当温度达到居里点时，物质变成顺磁，不再吸收热量，从而实现恒温；

• 铁磁催化剂；

• 铁磁流体；

• 电流变体；

• 对光反应变色的玻璃。

和廉价替代品原理相比较，该原理不主要在价值方面进行强调，而在于强调替代物和被替代物之间的关系，两个物不仅不同，而且特别指的是要用其他场来替代机械系统。

【金融案例：数字货币代替纸币】

传统的纸币作为一种机械系统被替代，主要分为两个层面：

第一个层面是传统纸币的电子化，即货币的无纸化。这是在传统的货币数量决定论的逻辑下的货币生产层面的电子化，货币制造的场由原来的机械场转化成了电磁场，这是操作原理的替代，符合指导原则1，但是货币生产的逻辑场依然没有变化。

第二个层面是货币生产的逻辑场发生了重大变化。如比特币等不仅是一种数字货币，而且是一种合约场的变化。货币生产在一个核心决定机制的信用场化外，出现了一种大家共同决定货币生产量并共同生产的共识货币，这不仅是一种电磁场，更是一种共识场。

但是目前的区块链货币还不能替代传统的电子货币，缘于前者尚有诸多缺陷：

第一，货币性比较低，如果官方不认同，这种货币就是徒有虚名，如果受到了官方的有限限制，那么这种货币的价值就会受到干扰；第二，如果任何人都有发币的权利，就导致了货币币种选择的倒退，货币进入春秋战国时代，基于货币的交易成本大大增加，汇率复杂不堪重负；第三，数字货币是一种高耗能货币，比电子货币甚至纸币的生产消耗的能量都大，因而不是一种绿色环保货币。

【金融案例：无纸化】

基于货币的无纸化，出现了基于无纸货币的一系列无纸行为：

（1）无纸支付即电子支付

比如，POS 机（销售点终端机）刷卡支付、网银支付、指纹支付、刷脸支付、虹膜支付、NFC（一种近距离无线通信技术）支付、二维码支付等，用以代替现金支付。

（2）无纸化账户

2015 年 10 月，花旗财富与交易解决方案在北美开启了无纸化的银行账户开户与维护业务，加快了银行对账户管理请求的响应速度。不只是银行账户，各类账户都在进行无纸化革新，尤其是区块链技术的出现，更增加了无纸化账户的安全性。

（3）无纸化证券

无纸化证券是当今各国证券的重要表现形式，是指以证券登记结算机构的电子记录替代纸质凭证，并通过证券账户记载证券权利及其变动的电子信息记录，也可称为数字式证券或者非实体证券。股票、债券、基金等都是电脑里面账户中的数字，没有纸质凭证。

随着信息技术和环保理念深入社会的各个角落，还出现了无纸化办公、无纸化会议、无纸化考试、无纸化办税、银行柜台业务无纸化、无纸化电子口岸网上签约等服务。人类逐渐进入无纸化社会。该案例反映了指导原则 1。

【金融案例：域金融对新场效应】

域金融会在两方面产生新的场效应：一是在货币方面，由重资产的区块链货币转变为轻资产的区块链货币；二是在信用资源方面，由非暴力性信贷代替暴力性信用贷。

域数字货币具有两大特征：一是实物货币转化为共识信用货币，货币信用化是一个趋势，从这一点来讲，区块链挖矿货币实际上是货币发展的一种倒退。二是货币回归商品，即信用货币回归实物货币，回归的方法其实是实物价值的测量器和交流记录仪。那种离开实物，让货币独立空转的模式是与“货币本是信息”的本质相悖的。

域货币是一种域信用货币，包含以下三层意思：一是信息货币，即信息技术货币，可以说成是网络货币、大数据货币、区块链货币、人工智能货币、人机交互货币都没有问题；二是基于产业链的货币即产业链货币，确保货币与产业链中所有利益相关人的生产、交易的使用价值和交换价值的道行和德行水平相关联，所谓货币只不过是所有利益相关人在同一条价值链中的互相估值而已，因而叫作基于产业生命链的估值货币；三是共识货币，就是说货币估值总要有一个明确的单位，这个共识的“单位命名”是由域的类别所决定的，但如果我们假定随着某一个开域之人悟性、智慧以及与政府关系的协同程度的加深，一定会做成一个政府与市场合作的母域，只要有母域给出一个统一的“单位名”即可。

域的形成，不仅会产生货币形成效应，还会产生信用资源的生产效应，这种信用资源叫作市场型系统性低能信用资源。这既是对市场型非系统性低能信用资源的替代，也是对政府型系统性低能信用资源的替代，前文有述，此处不做赘述。该案例反映了指导原则 1。

【其他金融案例】

使用银行卡、购物卡等，替代现金和支票；使用网上银行和手机银行替代传统的银行网点和柜台服务，均符合指导原则 1。

原理 29：气压或液压结构原理

1. 英文名称

pneumatic or hydraulic construction, fluid, pneumatics and hydraulics, pneumatics and hydraulics structures

2. 原理描述

利用气体或液体部件代替普通的系统部件，即通过利用液体或气体，甚至利用可膨胀的或可充气的对象来实现气动和液压原理。起到缓冲作用。

3. **使用技巧**

该原理利用系统的可压缩性或不可压缩性的属性，改善系统。空气及液体的属性在系统中具有很多用途，使用该原理时，不妨考虑以下几个问题：能否用一个气动或液压元件代替一个易出故障的元件？通过使用气体或液体能否产生一个更好的效果？系统中是否包含可压缩性、流动性、弹性及能量吸收等属性的元件？

4. **指导原则**

利用气体或液体代替对象中的固体部件，例如，充气结构、充液结构、气垫、液体静力结构和流体动力结构等。

- 用气垫船代替木船；
- 充气的儿童城堡、充气靠枕、充气内胎；
- 利用液压缓冲装置和液压传动装置分别替代机械缓冲装置和机械传动装置；
- 气垫运动鞋；
- 安全气囊。

【金融案例：熔断机制（Circuit Breaker）】①

如果从缓冲功能的角度来理解气压与液压结构原理，那么熔断机制就是股市大幅度震荡时的一种缓冲机制。

熔断机制（Circuit Breaker），也叫自动停盘机制，是指当股指波幅达到规定的熔断点时，交易所为控制风险采取的暂停交易措施。具体来说是对某一合约在达到涨跌停板之前，设置一个熔断价格，使合约买卖报价在一段时间内只能在这一价格范围内交易的机制。

熔断机制有以下作用：（1）对股指期货市场的交易风险提供预警作用，有效防止风险的突发性和风险发生的严重性；（2）为控制交易风险赢得思考时间和操作时间；（3）有利于消除陈旧价格导致的市场流动性下降；（4）为逐步化解交易风险提供制度上的保障。该案例反映了指导原则1。

① 参见百度百科同名词条，有修改。

【金融案例：股票紧急停牌】①

紧急停牌是指在交易日早间和午间提交的，因重大资产重组、非公开发行、筹划其他重大事项等而停牌，仅于当日停牌。这一般属于对市场情绪过热的一种缓冲机制，避免股价异常波动或者因内幕消息而炒作股票。该案例反映了指导原则1。

【金融案例：国家股灾救市】②

2015年7月股灾时，国家紧急救市，首先是双降，之后是券商自查、万亿养老金入市、大范围紧急停牌、禁止大股东减持等一些快速动作，最后终于基本稳定了股市。股票市场既不能听之任之，也不能推倒重来，而是由国家通过对资金方向的调控和制度改革来优化估值运作机制，以便达到二级市场与一级市场的良好互动效应。该案例反映了指导原则1。

【金融案例：信用风险缓释工具】③

信用风险缓释工具是指交易双方达成的，约定在未来一定期限内，信用保护买方按照约定的标准和方式向信用保护卖方支付信用保护费用，由信用保护卖方就约定的标的债务向信用保护买方提供信用风险保护的金融合约或有价凭证。

银行在给企业提供贷款的同时，承担了企业违约无法及时偿还的风险，银行此时就是承担风险（危机）的系统，贷款违约则使这个系统可能会受到冲击；发放贷款的银行利用信用风险缓释工具（信用违约互换或信用风险缓释凭证），形成了一个对银行贷款进行保护的“救生气垫”，当贷款发生违约时由信用保护卖方赔偿银行的损失，银行的风险得到缓冲，危机得以避免。

具体案例内容：J. P. 摩根每年向欧洲重建和发展银行支付一定的费用，而欧洲重建和发展银行则承担埃克森公司这笔贷款的信贷风险，以有

---

① 马群、曾凡杰、贾云龙、刘亚锋演讲，窦尔翔指导，“金融创新期末报告”，北京大学MEM金融创新课的金融萃智作业课件，有修改。

② 同①。

③ 郭知娇、周月演讲，窦尔翔、杨勇指导，“投资银行学报告”，北京大学投资银行学新课作业，有修改。

效保证 J. P. 摩根的这笔贷款没有任何风险；如果埃克森公司违约无法偿还贷款，欧洲重建和发展银行则承担 J. P. 摩根的损失。该案例反映了指导原则 1，如图 5－12 所示。

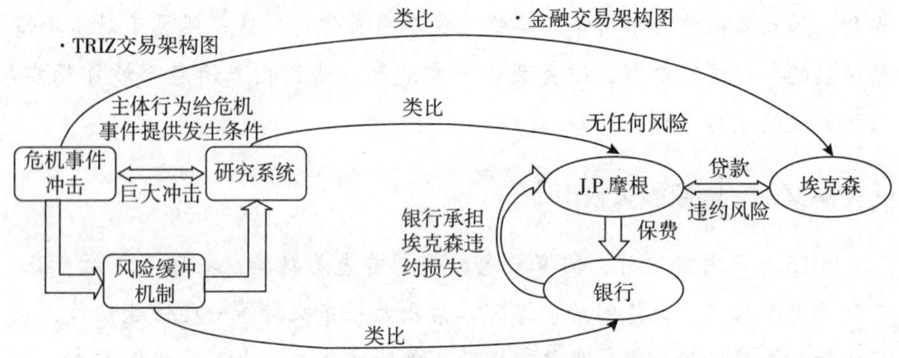

图 5－12 信用风险缓释工具与 TRIZ 原理的对比图

【其他金融案例】

账户冻结，紧急冻结账户，以避免更大的损失，符合指导原则 1；债变股，刚性收益变为权益类收益，符合指导原则 1；有管理的浮动汇率制，符合指导原则 1；债务展期，符合指导原则 1；域监管代替政府监管，符合指导原则 1；对员工进行股权激励代替现金激励，符合指导原则 1。

原理 30：柔性壳体或薄膜原理

1. 英文名称

flexible membranes or thin films, flexible shells and thin films, thin and flexible

2. 原理描述

利用柔性壳体或薄膜来代替传统的结构，或利用柔性壳体或薄膜将一个对象与其所处的外界环境隔离开。

3. 使用技巧

使用该原理时，应考虑以下问题：在一个采用了传统构造的系统内，哪些类型的薄膜或柔性壳体构造能改进工艺、降低成本或提高可靠度？怎样将一个物体与环境隔离，能否提供一个解决方案？怎样利用薄膜或柔性壳体执行该任务？同时，要考虑运用薄的对象代替厚的对象。

4. **指导原则**

（1）使用柔性壳体或薄膜代替传统的结构形式。

- 充气服装模特；
- 2008 年北京奥运会的游泳比赛场馆水立方采用了塑料充气薄膜代替传统的建筑结构；
- 装牛奶的利乐包装，有效阻隔了空气和光线；
- 隐形眼镜。

（2）使用柔性的壳体或薄膜将对象与所处的环境隔离开。

- 潜水服、游泳帽、塑料浴帽；
- 茶叶包；
- 薄的油层可防止金属表面被氧化；
- 鞋油为皮鞋提供保护；
- 农业中用地膜防止水分蒸发。

【金融案例：结构性债券（Structured Debt）】[①]

结构性债券是期权或者远期合约同债券的一种混合工具。它的本金偿还一般包括固定支付部分和变动部分，后者的数额随着某种商品的价格波动而变动。

通过结构性债券，投资者可以间接进入他们被禁止进入的市场。结构性债券主要包括双货币债券（Dual – currency Bonds）、股指联系债券（Equity index – linked Notes）、商品联系债券（Commodity – linked Bull and Bear Bonds）以及互换联系债券（Swap – linked Notes）。

结构性债券类似于使用柔性壳体或薄膜代替传统的债券结构形式。该案例反映了指导原则 1。

【金融案例：投资者适当性管理】

投资者适当性管理是通过适用于个人投资者的“风险承受能力问卷”调查，考察财务状况、投资知识、投资经验、投资目标、风险偏好、年龄

① 参见百度百科同名词条，有修改。

学历等内容。以证券期货为例，问卷得分的高低，基本上对应着协会制定的风险等级名录，比如问卷得分低于20分，则会被划为保守型投资者。

按照基金产品的风险等级由低到高，划分了R1、R2、R3、R4、R5五个等级。同时，《证券期货投资者适当性管理办法》将投资者也分为五个等级。按照风险承受能力，将普通投资者由低到高至少分为C1（含风险承受能力最低类别）、C2、C3、C4、C5五种类型。

这种分类其实是一种柔性隔离风险，符合指导原则2，如表5－2所示。

表5－2　投资者类型及其所能投资的金融产品等级

风险等级	产品类型参考	投资者类型
R1	货币市场基金、短期理财债券型基金	C1（含风险承受能力最低类别）、C2、C3、C4、C5
R2	普通债券基金	C2、C3、C4、C5
R3	股票基金、混合基金、可转债基金、分级基金A份额	C3、C4、C5
R4	可转债基金分级B份额	C4、C5
R5	债券基金分级B份额、股票分级基金B份额、大宗商品基金、私募股权基金、私募创投基金	C5

【金融案例：域金融的柔性隔离】

之前对金融行为的治理，主要采取的隔离措施属于强制性法律隔离，对应的隔离工具也是非柔性的公安局、监狱、法院等法律金融工具，成本、风险、效率的指标都不太理想。域金融的方法则是采用柔性的道德金融工具，如果一个主体的道行和德行指标高，则其所获得的市场回报就大；反之则小，甚至被驱逐出域，相当于“市场流放”。但这些都是市场的对利益相关人的奖励或者惩罚。该案例反映了指导原则2。

【金融案例：中国墙】[①]

中国墙（Chinese Wall）指投资银行部与销售部或交易人员之间的

① 宋成松演讲，窦尔翔、杨勇指导，“金融创新期末汇报”，北京大学2019年MEM金融创新课的金融萃智作业课件，有修改。

隔离，以防范敏感消息外泄，从而构成内幕交易。几十年前，为了限制投资银行利用自己的资讯优势和资金实力发布歪曲事实的报告和分析研究评论而强行要求投资银行的研究部门必须独立。该案例反映了指导原则 2。

【金融案例：破产保护】①

提出破产重组申请后，债务人要制定一个破产重组方案，就债务偿还的期限、方式以及可能减损某些债权人和股东的利益作出安排。这个方案的制定要给予其一定的时间，然后经过债权人通过，并经过法院确认，债务人才可以继续营业。该案例反映了指导原则 2。

【金融案例：监管沙箱】②

监管沙箱项目为金融科技、新金融等新兴业态提供“监管实验区”，对于新兴产业的条件限制，类似于一个柔性隔离，以实验的方式，创造了一个“安全区域（safe place）”，对满足条件的企业采取柔性监管，适当放松参与实验的创新产品和服务的监管约束，从而激发创新活力，支持初创企业发展。

互联网金融的发展如何避免“一管就死、一放就乱”，就是一个柔性隔离问题。要承认和顺应“变”这一永恒不变的主题，兼顾时间和空间的维度而提出的监管思路，在“变”中寻求效率与安全的平衡。

例如，针对英国 Fintech（金融科技）产业的快速发展，英国政府专设机构予以支持，并在税收和投资方面给予初创企业适当优惠，尤其提出英国金融监管环境要有助于促进 Fintech 行业创新，支持初创企业发展。新加坡金融管理局针对 Fintech 企业推出了“沙盒（Sandbox）”机制，即只要任何在沙盒中注册的 Fintech 公司，均允许在事先报备的情况下，从事和目前法律法规有所冲突的业务。并且即使以后被官方终止相关业务，也不会追究相关法律责任。该案例反映了指导原则 2，如图 5－13 所示。

---

① 赵冰演讲，窦尔翔、杨勇指导，“金融创新期末汇报”，北京大学 2019 年 MEM 金融创新课的金融萃智作业课件，有修改。

② 郭知娇、周月演讲，窦尔翔、杨勇指导，“投资银行学期末汇报”，北京大学投资银行学新课的金融萃智课件，有修改。

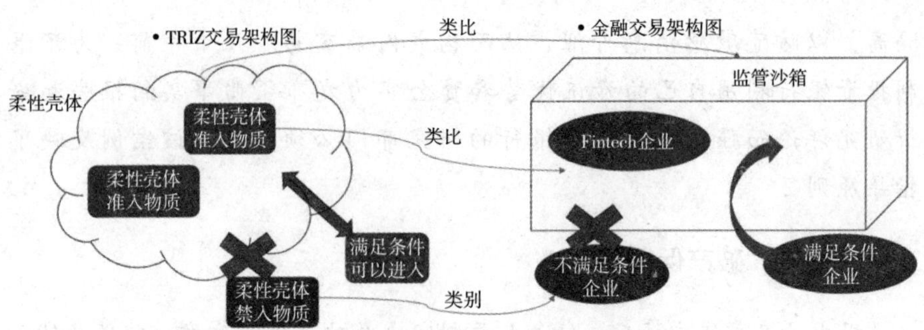

图 5-13 监管沙箱与 TRIZ 原理的对比图

原理 31：多孔材料原理

1. 英文名称

porous material, hole

2. 原理描述

通过在材料或对象中打孔、开空腔或通道来增强其多孔性，从而改变某种气体、液体、固体的状态。

3. 使用技巧

通过产生孔穴、气泡、毛细管等，来增强介质的多孔性。这些孔隙可不用包含任何实体粒子，可以是真空的，也可以是充满某种能够提供一种或多种有用功能的气体、液体、固体。多孔性还可存在于其他级别上，如从微观到宏观（钻制孔或蜂窝结构）。

该原理不仅可应用于机械结构，还可应用于任何多孔资源物质、空间、时间、信息、场或功能。如信息是多孔的，时间是多孔的。

4. 指导原则

（1）使对象变为多孔的，或向对象中加入多孔的添加物，如多孔嵌入物、多孔覆盖物。

- 泡沫塑料，泡沫金属；
- 用空心墙代替实心墙；
- 活性炭过滤器；
- 椰碳纤维运动服。

（2）如果对象已经是多孔的，则可以利用这些孔结构引入有用的物质或功能。

- 药棉、酒精棉球、创可贴；

- 利用多孔金属网通过毛细作用从焊接处吸除多余的焊料。

【金融案例：噪声交易理论（Noise Deal）】

该理论认为，在有效市场假说中，证券价格与价值之间存在着一个偏差，这个偏差就是噪声。由于证券市场中的交易者依靠信息对交易品种的价值作出判断，尽管价值是先于价格的产生而客观存在的，但在实际交易过程中对价值的判断表现为一种"共识"，"价值发现"就是对价值的"共识"达成一致的行为。共识的达成受到众多的投资者行为的影响，所以这种一致的认识即价值判断的标准无法实现静态的均衡，同时无法先验地判断哪些信息与价值有关，哪些信息与价值无关。于是价格与价值之间就会出现偏差，噪声由此产生。该案例反映了指导原则 2。

【金融案例：金融交易中的信息干扰】

信息干扰指的是在金融交易中，交易者通过多种干扰手段来分散竞争对手的注意力，产生有利于自己的迷乱。相当于使交易对手的注意力产生多孔性，以扰乱竞争对手的决策秩序。这是一种有效的金融交易牵制战术，符合指导原则 2。

【金融案例：相互保险（互助保险）】

相互保险是指具有同质风险保障需求的单位或个人，通过订立合同成为会员，并缴纳保费形成互助基金，由该基金对合同约定的事故发生所造成的损失承担赔偿责任，或者当被保险人死亡、伤残、疾病或者达到合同约定的年龄、期限等条件时承担给付保险金责任的保险活动。相互保险是社会保障和商业保险的补充，以低收入人群和特定人群为主，受制于政策、经济发展水平等因素，相互保险在我国一直表现得"不温不火"。

相互保险相当于对一份大的保险，通过大量参与投保的人互助，从而分散每一个人的风险。每一个参与互助保险的会员类似于多孔材料中的一个孔，每一个会员（孔）的力量都很小，但是大量聚集后的功效很明显。该案例反映了指导原则 1。

【金融案例：TIF 域金融与多孔性】

TIF 域金融具有典型的多孔性特征，表现在以下几个方面：

第一，域金融道德市场的存在，使得人类社会的金融场产生了“多孔性”，即构造了三个场：一是域金融场，二是金融道德败坏场，三是金融法律场。

第二，低能信用资源也体现为“多孔性”：由原来的市场型非系统信用资源 C_1，增加到市场型系统性信用资源 C_2，以及基于 C_2 启发而扩展到政府型系统性信用资源 C_3。

第三，经济发展体呈现“多孔性”：原来信息技术、产业、金融的联系性紧密程度不足，甚至出现了金融空转的局面，而塔福域金融讲究以上三个元素的融合互动。

第四，每个元素都呈现“多孔化”：信息技术包括联通、大数据、区块链、人工智能和人机交互；产业生命链包括学、研、产、中、下；资金链包括慈善、政府、公益、市场、域等。

“多孔性”使得塔福域模式调动了经济发展的三大基本要素，并使得每一个元素嬗变出最大丰富度的资源价值，并在经济市场的治理空间上具有道德孵化的有效结构。该案例反映了指导原则 1。

原理 32：改变颜色（颜色改变）原理

1. 英文名称

changing the color，changing color，color change，color changes，optical property change

2. 原理描述

通过改变颜色或一些其他的光学特性来改变对象的光学性质，以便提升系统价值或解决检测问题。

3. 使用技巧

改变系统或部件颜色，以便于区别多种系统特征。使用时，应考虑以下问题：如何通过改变颜色来促进检测，改善测量或标识位置？可以检测哪些问题？可以指示哪些状态的改变？可以对哪些能力进行目视控制？可以掩盖哪些问题？

4. 指导原则

（1）改变对象或外部环境的颜色。

- 伪装；

• 在表面结构上利用干扰来改变颜色，如斑马身上的条纹，蝴蝶翅膀上的图案；

• 光敏玻璃；

• 高亮显示搜索列表中的关键词。

（2）改变对象或外部环境的透明度，或改变某一过程的可视性。

• 烟幕；

• 透明绷带，可以在不揭开绷带情况下观察伤情。

（3）采用带颜色的添加物，使不易观察到的对象或过程被观察到。

• 在无损检测中，利用着色探伤法检测工件的表面缺陷；

• 屠夫用绿色材料包装猪肉，显得猪肉色泽更加红润好看；

• 为了更好地观察病人的肠道情况，在检查前，让病人服用钡餐；

• 为节约用水，利用中水来冲马桶，同时为避免人们误饮，在水中加入蓝色染料。

（4）如果已经使用了颜色添加物，则考虑利用荧光物质。

• 在纸币中加入荧光物质，以提高纸币的防伪能力；

• 在高速公路两侧利用荧光物质制作的道路标志，便于司机夜间行驶；

• 利用 C^{14} 同位素来研究植物的碳代谢过程。

【金融案例：纸币颜色】

不同颜色的货币代表不同的币值，方便区分。如第五套人民币的颜色是这样的：100 元主色为红色，50 元主色为绿色，20 元主色为棕色，10 元主色为蓝黑色，5 元主色为紫色，1 元主色为橄榄绿色。这一金融现象符合指导原则 1。

【金融案例：证券信息披露制度】

信息披露制度，也称公示制度、公开披露制度，是上市公司为保障投资者利益、接受社会公众的监督而依照法律规定必须将其自身的财务变化、经营状况等信息和资料向证券管理部门和证券交易所报告，并向社会公开或公告，以便使投资者充分了解情况的制度。它既包括发行前的披露，也包括上市后的持续信息公开，主要由招股说明书制度、定期报告制度和临时报告制度组成。

从信息披露法律制度的主体上看，它是以发行人为主线、由多方主体共同参加的制度。大体分为四类：第一类是证券市场的监管机构和政府有关部门，主要披露有关证券市场大政方针；第二类是证券发行人，主要披露自己及与自己有关的信息；第三类是证券市场的投资者，只有在特定情况下才履行披露义务；第四类是股票交易场所等自律组织、各类证券中介机构，披露一些市场交易规则等。

证券交易所中的信息披露机制，可以增加信息透明度，方便投资者识别投资风险，符合指导原则 2。

【金融案例：个人信用评分】

个人信用评分系统（Credit Scoring System）是一套定量评估个人信用风险的应用系统，它通过对个人客户信息进行量化计算得出信用分值，反映个人客户的信用状况。个人信用评分系统被广泛地应用于个人信贷、信用卡、保险理赔等金融业务中，为信用政策的制定、分析、评估、优化提供量化支持。

美国的 FICO（美国个人消费信用评估公司）评分系统得出的信用分数范围在 300 ~ 850 分。分数越高，说明客户的信用风险越小。不同的分值相当于不同的颜色，符合指导原则 3。每个贷款方都会根据自己的贷款策略和标准以及每种产品的特定风险来参考信用评分，决定可以接受的信用分数水平。FICO 评分模型中所关注的主要因素有五类：客户的信用偿还历史、信用账户数、使用信用的年限、正在使用的信用类型、新开立的信用账户，符合指导原则 2。

【金融案例：证券交易的颜色设置】

证券交易及其管理中，一般使用颜色来增加交易的可视性和管理效率。比如：

第一，不同工种穿不同颜色的衣服。

在证券交易所里，一线柜台员工穿的是黑色马甲，交易所交易员穿的是红色马甲，交易所管理人员穿的是黄色马甲。

第二，K 线图的涨跌颜色不同。

K 线又称蜡烛图、日本线、阴阳线、棒线等，目前常用的说法是“K 线”，起源于日本 18 世纪德川幕府时代（1603—1868 年）的米市交易，用来计算米价每天的涨跌。因其标画方法具有独到之处，被引入股票市场价格走势的分析中，经过 300 多年的发展，目前广泛地应用于股票、期货、外汇、期权等证券市场。

股市及期货市场中的 K 线图的画法包含四个数据，即开盘价、最高价、最低价、收盘价，所有的 K 线都是围绕这四个数据展开，反映大势的状况和价格信息。在中国收盘价高于开盘价的为红，反之为绿，而成交量的颜色与 K 线一致。这种颜色区分，便于更加明显地区分当天上涨的成交量和下跌的成交量。

第三，金融警告颜色。

金融业种也引入了不同的颜色警告：黄牌警告，红牌禁入。比如 2011 年 7 月 4 日，证监会通过其官方网站首次披露了一批未能尽责的保荐人被亮黄牌的名单，遭遇黄牌警告的保荐人清一色的来自大牌券商。这是自证监会正式推出保荐信用监管系统以来首次出示黄牌进行警告。此举虽不涉及具体的处罚，但也足以给保荐人震慑。该案例反映了指导原则 1。

【金融案例：绿色债券】①

绿色债券是指任何将所得资金专门用于资助符合规定条件的绿色项目或为这些项目进行再融资的债券工具。而绿色项目是指那些可以促进环境可持续发展，并且通过发行主体和相关机构评估和选择的项目和计划，包含减缓和适应气候变化，遏制自然资源枯竭，生物多样性保护，污染治理等几大关键领域。

项目名称上会加“绿色”二字来区别普通债券，发出信号，来达到和改变颜色原理相同的、增强视觉系统感知的效果（尽管不是真正改变成视觉上的绿色）。因为有了“颜色”的区分，使得我们给予其便利。该案例反映了指导原则 1。

---

① 郭知娇、周月演讲，窦尔翔、杨勇指导，“投资银行学报告”，北京大学投资银行学新课作业，有修改。

【其他金融案例】

金融现象的颜色称谓，如黑天鹅、灰犀牛、黑色星期五、黑马股、白马股，均符合指导原则1。

原理33：同质性（均质性）原理

1. **英文名称**

homogeneity，homogeneous

2. **原理描述**

所谓同质性原理，就是指若两个或多个对象之间存在很强的相互作用，那么其应包含相同的材料、能量或者信息，也称为均质化法。

3. **使用技巧**

应用该原理时，首先确定采用均质材料的可能性，再寻找各种作用、对象、特征及功能中的均质性，同时，对改变的技术性与非技术性方面同时进行寻找。寻找各种方式，以便将此原理应用于所有级别的材料、能量、信息及相互作用中。

边际均质性是指一种或多种材料之间的等同性（显著性差异的缺乏性），即两种材料或属性足够接近、一致，不会产生大的害处。

4. **指导原则**

与指定对象发生相互作用的对象，应该采用与指定对象相同的材料（或性质接近的材料）。

- 用金刚石切割钻石；
- 输血时，献血者与受血者血型必须一致；
- 先将饮料冻成冰块，在需要给饮料降温时，放入冻好的饮料冰块，这样就可以在不降低饮料浓度的前提下，给饮料降温；
- 为减少化学反应，尽量采用与被包装对象一致的包装材料；
- 用糯米制作的糖纸来包装软糖。

【金融案例：口碑营销】

口碑营销是指企业努力使消费者通过其亲朋好友之间的交流将自己的产品信息、品牌传播开来。这种营销方式的特点是成功率高、可信度强，这种以口碑传播为途径的营销方式，称为口碑营销。从企业营销的实践层面分析，口碑营销是企业运用各种有效的手段，引发企业的顾客对其产品、服务以及企业整体形象的谈论和交流，并激励顾客向其周边人群介绍和推荐的市场营销方式和过程。

口碑营销是利用消费者向消费者进行推销产品的营销策略，这使用的是同质性原理，符合指导原则1。

【金融案例：同业拆借】①

各银行在日常经营活动中会经常发生头寸不足或盈余的情况，银行同业间为了互相 支持对方业务的正常开展，并使多余资金产生短期收益，就会产生银行同业之间的资金拆借交易。同业拆借分为同业拆入和同业拆出。

【金融案例：利率互换】②

交易双方在同一笔名义本金数额的基础上相互交换具有不同性质的利率支付，即同种货币基础上的不同利率计息方式的交换。一般是进行固定利率和浮动利率的互换，主要目的是降低双方的资金成本（利息），并使之各自得到自己需要的利息支付方式（固定或浮动）。

【其他案例】

相互保险（互助保险）③，符合指导原则1；道德域：拥有及格的诚信指标者在同一个域内（原理描述）；民族区域自治，港人治港、澳人治澳，符合指导原则1；党要管党，符合指导原则1；批评与自我批评，符合指导原则1；犯人管犯人，符合指导原则1；推荐系统，是根据用户的信息需求、兴趣等，将用户感兴趣的信息、产品等推荐给用户的个性化信息筛选系统。企业文化“统战”，企业通过一致的行为及共同的价值观而建立的

① 刘倩演讲，窦尔翔、杨勇指导，“金融创新期末汇报”，北京大学2019年MEM金融创新课的金融萃智作业课件，有修改。

② 同①。

③ 庄维国、杜一诗演讲，窦尔翔、杨勇指导，“巧妙的股权设计”，北京大学2018年MEM金融创新课作业，有修改。

企业文化也是均质性原理的应用，符合指导原则1；土地革命时期，农民现身说法，以激发更多群众加入土地革命中来，农民说服农民参加革命，使用的是同质性原理，符合指导原则1。

原理34：抛弃与再生原理

1. 英文名称

rejecting and regenerating parts，discard and recover，discarding and recovering，reject and regeneration of parts

2. 原理描述

抛弃和再生是由两条原理合而为一形成的一个发明原理。抛弃是从系统中去除某些对象；再生是指对系统中的某些被消耗的对象进行恢复，以便再次利用。

3. 使用技巧

时间在此原理的利用中起到至关重要的作用，一旦某种功能已完成，立即将其从系统中去除，或者立即对其进行恢复再利用。

4. 指导原则

（1）对于系统中已经完成了其使命的部分，应当去除（采用溶解、蒸发等手段），或在系统运行过程中直接改变它。

- 公司雇用的临时工；
- 可吸收的外科手术缝合线；
- 火箭助推器在完成其作用后就会被抛弃；
- 用干冰或冰打磨工件，打磨完后自行消失，无残留；
- 用氨水做输油管的隔离层。

（2）对于系统中的消耗性部分，应该直接在工作过程中再生或得到迅速补充。

- 自动铅笔；
- 自动步枪在发射一发子弹后自动装填另一发子弹。

【金融案例：企业阶段性股权融资】

企业在发展过程中需要不断融资，就像人在成长中需要不断从外界获取营养一样。资本支持企业创业，是经济创新的重要动力，由此诞生了一大批我们耳熟能详的公司。在创业时代，如果没有风险资本的支持，恐怕早就输在起跑线了。我国现在的新经济力量，如腾讯、阿里巴巴、京东、滴滴等，都得益于风险资本的支持。

企业在风险资本融资时，一般会经历以下阶段：天使投资→A 轮（1 轮）融资→B 轮（2 轮）融资→C 轮（3 轮）融资等，一直到 Pre－IPO（上市前），IPO（首次公开募股）。企业的成长过程与融资阶段如图 5－14 所示。不同阶段的融资就是企业对资本的抛弃与再生。该案例反映了指导原则 2。

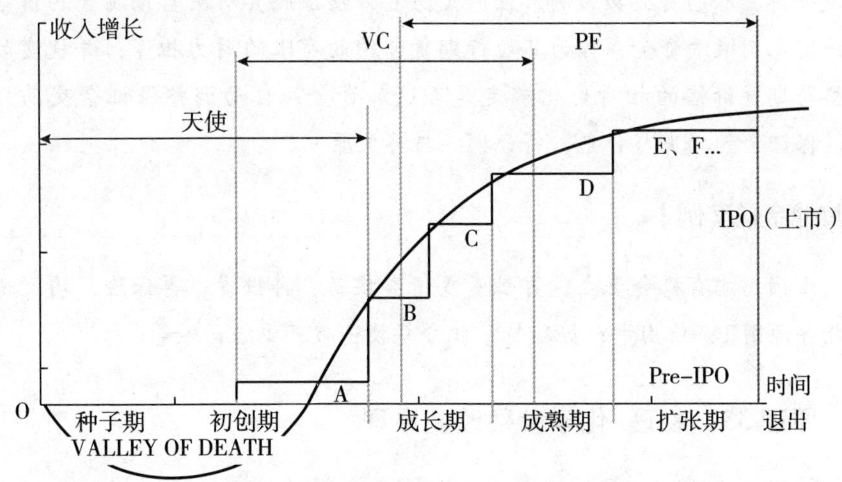

图 5－14　企业的成长过程与融资阶段

【金融案例：过桥贷款】

过桥资金是一种短期资金的融通，以六个月为期限，是一种与长期资金相对接的资金。提供过桥资金的目的是通过过桥资金的融通，达到与长期资金对接的条件，然后以长期资金替代过桥资金。过桥只是一种暂时状态。

过桥资金和助保贷充分显现了财政资金“四两拨千斤”的杠杆效应和引导作用，已成为企业普遍认可的最直接、最有效的政府服务中小微企业的有力措施。该案例反映了指导原则 1。

【金融案例：银行注销坏账】[①]

商业银行依据借款人的实际还款能力，按风险程度将贷款划分为五类：正常、关注、次级、可疑、损失。对于损失类贷款，商业银行在履行了必要的法律程序之后应立即予以注销，这符合抛弃原理。

【金融案例：保证金的减损与补充】[②]

保证金的减损与补充是指在期货交易或者融资融券制度中的一种交易制度安排。以期货交易为例，任何交易者必须按照其所买卖期货合约价格的一定比例缴纳资金，作为其履行期货合约的有限的财力担保，并视实际价格与期货价格的相对变化确定是否追加资金，自动调整保证金交易规模。保证金的损失与补充，符合抛弃与再生原理。

【其他金融案例】

止损，才有机会重生；再融资或债券换新、再投资、再保险，均反映了指导原则 1；信用卡；循环贷；积分兑换；破产重组；等等。

原理 35：物理/化学参数改变原理

1. 英文名称

transformation of properties, change of physical and chemical parameters, parameter change, parameter changes, parameters and properties changes

2. 原理描述

改变某个对象或系统的属性，以便提供某种有用的功能。

3. 使用技巧

对象或系统的属性是指对象的物理或化学状态、密度、导电性、机械柔性、温度、几何结构等。

利用几何变化、温度变化、化学变化来改变对象或系统的属性。而利

① 刘倩演讲，窦尔翔、杨勇指导，“金融创新期末汇报”，北京大学 2019 年 MEM 金融创新课的金融萃智作业课件，有修改。

② 同①。

用密度或导电性的改变来传送系统的相关信息。

使用时需要明白用户的需求是什么，系统中哪些资源（属性）可以用来满足这种需求，以及这些属性与所期望的新功能之间存在什么样的联系？

4. **指导原则（强调变化结果产生的影响）**

（1）改变对象的物理聚集状态（例如，在气态、液态、固态之间变化）。

- 将二氧化碳制成干冰；
- 制作酒心巧克力的工艺：先将酒心冻成一定的形状，然后在热巧克力中蘸一下；
- 用液态形式运输氧、氮、天然气，从而取代气体形式的运输，可以减少货物的体积，提高运输效率；
- 向磁流变液施加或解除磁场，使磁流变液在业态和固态之间转换。

（2）改变对象的密度、浓度、黏度。

- 脱水的橘子粉比橘子汁更方便运输；
- 用液态的肥皂液代替固体肥皂，可以定量使用，减少浪费；
- 改变硫酸的浓度，得到不同性质的硫酸。

（3）改变对象的柔性。

- 通过硫化过程来提高天然橡胶的强度和耐久性；
- 用可调节的消音器，减小油箱噪声；
- 车轮换为充气胎，减小震动。

（4）改变对象的温度。

- 利用冰箱将食物冷冻起来；
- 在烹饪过程中，通过控制温度可以改变食物的色、香、味；
- 将铁磁性物质温度提高到居里点以上，可以将磁性物体变为顺磁性。

【金融案例：资产转换理论】

“资产是某一特定主体由过去的交易或事项而获得或控制的可预期的未来的经济利益”，[①] 资产的价值形态分为实体资产、现金资产、信贷资产

① 引自美国财务会计准则委员会。

和证券资产。[1] 资产的四种形态间的相互转化形成16种运营模式，如表5-3所示。

表5-3　资产转换

资产及其相互动态转换					
动态转化		资产转换			
		资产实体化	资产现金化	资产信贷化	资产证券化
资产	实体	实体资产实体化	实体资产现金化	实体资产信贷化	实体资产证券化
	现金	现金资产实体化	现金资产现金化	现金资产信贷化	现金资产证券化
	信贷	信贷资产实体化	信贷资产现金化	信贷资产信贷化	信贷资产证券化
	证券	证券资产实体化	证券资产现金化	证券资产信贷化	证券资产证券化

这些资产转换总体上是实体资产和不同种类的金融资产的转换，这种资产的转换从形态上来讲具有不同的使用价值特性，以及不同的流动性风险和投资性风险（原理35）；从转换原则上来讲是为了保持货币化价值的最大化（原理36：相变原理）。

如图5-15中，现金资产的流动性和转换度最强，类似于气态物质；信贷资产、证券资产的流动性和转换度次之，类似于液态物质；实体资产的流动性和转换度最差，类似于固体物质。资产转换的过程，相当于改变

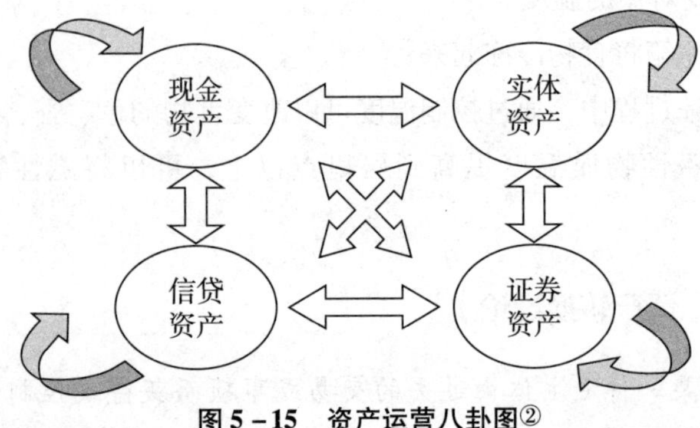

图5-15　资产运营八卦图[2]

① 何小锋等著，《资产证券化：中国的模式》，北京大学出版社，2002年。
② 同①。

了资产的“物理聚集状态”，符合指导原则1。

指导原则1中涉及的大都是向固态转化，这相当于金融经济需要脱虚向实，特朗普上台以后一直在做这件事，我们也在做这件事。因而，我国要提倡资产的实体化，经济金融制度要向这个方向倾斜。但最重要的是需要通过大数据来计算我们需要的实体化特征。

实体资产中的股权资产变为上市企业的股票资产，实际上改变了证券化的密度、浓度和黏度。这种改变使物质自身的密度下降，但是作为溶质更加融入了经济大池子，说明这种企业在经济中的影响力得到提升，同时大量投资者的进入说明经济主体与该企业的黏度增强。这一点符合指导原则2。

产生于20世纪30年代的资产转换理论认为，银行保持流动性的关键不在于贷款期限与存款期限一致，而在于银行所持有的资产的变现能力，只要资产在需要时能够迅速地、无损失地转换成现金，就可以保持充足的流动性。这种在主要保持流动性的同时，又可以顺带追求较高的收益的资产选择策略符合指导原则3（如果强调后者则是原理36）。

【金融案例：可变合约】

所谓可变合约，指的是合约本身在一定的触发条件下可以发生性质上的改变。比如债转股、股转债、可转债、可交换债等。以可转债为例，公司发行的含有转换特征的债券，是一种可以在特定时间、按特定条件转换为普通股票的特殊企业债券。可转换债券兼具债权和股权的双重特性。

【金融案例：银行贷款合约的多样性】①

银行的资产业务中，银行通过改变贷款产品的申请条件、放贷方式、放贷期限、额度等属性来组合出丰富的贷款产品。比如抵押贷产品满足额度高的需求，小额信用贷满足突发短期的小额需求。银行提供不同属性的贷款产品来支持丰富的场景，扩大贷款业务。

另外，银行的负债业务中，定期存款转活期存款也反映了该原理。

---

① 姚红伟演讲，窦尔翔、杨勇指导，“金融创新期末汇报”，北京大学2019年MEM金融创新课的金融萃智作业课件，有修改。

原理 36：相变原理

1. 英文名称

phase transition，phase transitions

2. 原理描述

利用对象在相变过程中所出现的现象，来实现某种效应或使某个系统发生改变。

3. 使用技巧

典型的相变包括：气体到液体或液体到气体；液体到固体或固体到液体；固体到气体或气体到固体。这些相变常用于产生气溶胶、吸收或释放能量、改变体积，以及产生一种有用的力。

4. 指导原则（强调变化过程产生的影响）

利用对象在相变（相变改变）过程中所产生的某种现象或效应，如体积改变、吸热或放热。

- 利用材料相变时吸收热量的特性来制造降温服；
- 水凝成冰时，体积膨胀，可以利用这一特性进行无声爆破；
- 热泵是利用蒸发的热量和在闭合循环中压缩气体产生的热量而工作；
- 蒸汽机、制冷设备。

参数变化主要强调的是自体的变化及其结果所导致的效应，相变强调的是自体参数变化对他体所产生的作用和后果，特别是指在过程中对他体产生的效应。不过原理 35 所涉及的参数类型多于原理 36 相变所涉及的参数类型。

载物形态的变化，也就是参数的变化。但是如果考察价值承载物的稀缺度的变化，不管这个稀缺度指的是由于绝对数量的变化而发生的稀缺度的变化，还是由于主体主观偏好的变化而产生的稀缺度的变化，都相当于人们开始考虑承载物形态的变化对环境所造成的影响。也就是说开始考察是否是相变。

比如，如果只看货币兑换本身，同样是一张价值承载物的纸，但是人民币形态变为美元形态，仅此而已。这种金融现象属于原理 35。但是如果强调一个企业通过价值承载物的变化，如将房屋价值承载物变为货币这一价值承载物，用来改变企业的速动比率，从而避免企业偿债等风险。此时，我们考察的其实属于原理36。

佛教中有一个词叫作“住相”（“不住相而生其心”，又有“应无所住而生其心”，这句经文是《金刚经》中最紧要的关节），中国体育主要为了相变；美国的体育重在参与，那就是参数。如果工作是谋生的手段，那就是相变；但是如果使工作成为人生活的第一需要，那就是参数变化。

【金融案例：功能性基金】

所有的基金都有理财的功能，但是这里不仅强调基金的理财功能，而且主要强调基金是为了产生对环境或者对象物的影响。比如主权财富基金、索罗斯的对冲基金、恶意并购基金等，都会给对象带来重大的后果和效应，符合相变原理。该案例反映了指导原则1。

【金融案例：马克思的产业资本循环理论】

产业资本循环是指产业资本运动依次经过购买阶段、生产阶段和销售阶段这三个阶段，分别采取货币资本、生产资本和商品资本三种职能形式，最后又回到原来的出发点，最终实现价值增值。每一种职能资本的形态变化，都会产生相应的效应。货币资本的产生，为货币资本主体提供了投资机会，为生产企业主和商业企业主提供了与资金提供者合作的机会，为企业主组织各种资源提供了条件。生产资本的实现为企业职能部门的合作提供了条件，为企业生产无形资产、调动所有人力资源的潜能提供了条件，为不同资源之间的协同提供了条件，为改变一个国家的产业结构和人才成长平台提供了条件。商品资本形式为消费者购买终极消费品和中间品提供了条件，为终极消费者的人力资本积累提供了条件，为下游企业的繁荣提供了条件，为一个国家的产业生命链的构造提供了条件，因而企业存在的价值的高低与其产品是否有利于提升人力资本积累和产业链的形成相关。该案例反映了指导原则1。

【金融案例：调整存款准备金率】

央行可以提高银行存款准备金率，如约千亿规模的资金在此前是流动的、活跃的，具备流体的属性，一旦被央行控制，即转化为固相，不再流动了。这就从宏观上调控了社会资金的总体流动规模，可以产生降低物价、减少投资的作用。

【其他金融案例】

股市的“熊牛”转换，进行投机套利（指导原则1）；外汇兑换的结果如果是为了套利，那就是相变（指导原则1）。

原理37：热膨胀原理

1. **英文名称**

thermal expansion

2. **原理描述**

利用对象受热膨胀的基本原理来产生“动力”，从而将热能转化为机械能或机械作用。

3. **使用技巧**

该原理是将一种形式的能量转化为另一种形式的能量，以便产生某种特定的结果。使用时，应考虑以下问题：

确定系统中材料的种类及各种材料是否受温度变化的影响？若受影响，那么热量诱导产生的变化如何提供所需功能？

确定热膨胀的方向是正向还是负向。找出利用热量使材料膨胀或收缩的各种方式。同一热源使一种材料膨胀时，能否使系统内的另一种材料收缩？将热源去除后，系统会发生什么样的变化？能否利用这种变化？

该原理常用于线性的热膨胀或收缩，但运动范围并不仅限于热场。因此，需要考虑如何利用其他类型的环境场引起变化。如系统在重力、气压、海拔或光线等因素的作用下会产生哪些效应？另外，还可拓展思维范围，如社会现象、思维现象等。

4. **指导原则**

（1）利用对象的热膨胀或热收缩特性。

- 收缩包装；
- 温度计；
- 先将石头烧热，再浇冷水，可让石头崩裂；
- 踩瘪的乒乓球用热水一烫就恢复原状；

• 让员工处于兴奋状态（热膨胀），会大大提升工作效率。

（2）将几种不同热膨胀系数的对象组合起来使用。

• 双金属片热敏开关（两条粘在一起的金属片，由于热膨胀系数不同，对温度的敏感程度不同，温度改变时就能产生弯曲，从而实现开关功能）；

• 工作团队中的个性匹配。

【金融案例：动量反转策略】

动量与反转效应是市场上经常出现的一种情况。所谓动量效应就是在前一段时间强势的股票（股票价格膨胀期），在未来一段时间继续保持强势；反转效应就是前一段时间弱势的股票，未来一段时间会变强势。动量策略就是寻找前期强势的股票，判断它将继续强势后买入持有；反转策略就是寻找前期弱势的股票，判断它将出现逆转后买入持有。该案例反映了指导原则1。

【金融案例：塔福域的正向激励功能】

塔福域的功能在于利用信息对称的制度装置对道行和德行好的企业进行正向的激励，而不是通过传统的广告、人际去做商业，因而制造塔福域就可以改善中国企业的营商环境，刺激企业的可持续性行为。可见塔福域是一种社会场、资信场、行为场。该案例反映了指导原则1。

【金融案例：索罗斯的市场泡沫理论（市场膨胀）】

真正的投资是顺应趋势，索罗斯正是一名敏锐的趋势猎手，抓住机会“吹大泡沫”（热膨胀），做多；等待时机再反手做空（热收缩）。他眼中没有价值高低，只有是不是正确的时机。索罗斯正是利用市场的热膨胀和热收缩特性进行赚钱，符合指导原则1。

索罗斯认为，金融市场远不会准确反映所有现有的认识，总是提供一种扭曲的现实观。扭曲程度随着时间而变化，有时不太明显，但有时则很显著。当市场价格和根本现实间出现明显分化，平衡状态就消失了。

他由此发表了泡沫的根本理论，认为每种泡沫都包含两个因素：主导现实的潜在趋势，以及与该趋势相关的错觉。当趋势与错觉间出现正面反馈，大起大落的走势就开始启动，而该过程也易于受到负面反馈的测试，如果走势足够强大能通过这些测试，这两种趋势和错觉都会加强。最终，市场预期变得距离现实很远，远到人们被迫认识到自己参与到错觉当中。紧随而来的是黄昏期，质疑声越来越多，更多人丧失信心，但惯性推着趋势持续向前。就像花旗集团前CEO（首席执行官）普林斯（Chuck Prince）所说的，“只要音乐没停，就得跟着跳舞”。我们还在跳舞，随着趋势的扭转，引爆点出现，最终变成方向相反的自我加强过程。

【金融案例：电商消费节日的预付款活动】①

电商消费节日指诸如“双11”“618”等，这些节日并非只有一天的活动时长，而是早早地就有了预热，即预付款活动。预付款活动的本质内容分为两种：商品定金和优惠券。这里主要讨论作为商品定金的情况。此类定金可以用作新品、热销产品的“预付款”+“折扣”，起到了“热膨胀”的作用，使得消费者的资金向指定商品领域倾斜，不同的定金模式和折扣力度代表了不同的“热膨胀系数”，平台可以根据以往的数据加入一部分资金作为补贴，以此实现流量最大化，同时利用商家的销量、广告效应等实现更多的收入。而未参加活动或未得到补贴的领域相当于在“冷却”处理，即现金流入受到限制。最终完成资金流向的倾斜以及收益最大化。该案例反映了指导原则1。

【其他金融案例】

风投机构投资行业热点（指导原则1）；金融圈或娱乐圈利用炒作行为进行赚钱（指导原则1）；通过通货膨胀情况能够及时地查看供需之间的关系（指导原则1）；避险资产诸如黄金、白银等，可以在经济形势波动比较大的情况下保持较好的稳定程度，起到避险的效果。

原理38：强氧化剂原理

1. 英文名称

enrich，strong oxidizers，strong oxidants，accelerated oxidation

① 张聚良、张航演讲，窦尔翔、杨勇指导，“投行课期末汇报”，北京大学2019年投行课的金融萃智作业课件，有修改。

2. **原理描述**

强氧化剂原理又称加速氧化、使用强氧化剂，是通过使用更加丰富的“氧”的供应，使氧化作用的强度从一个级别增强到更高的级别。

3. **使用技巧**

寻找各种使用氧化剂的特殊方法，以便增加系统内部的价值。确定氧化剂当前的水平，然后评估提高氧化水平可能产生的影响。确定系统当前的氧化水平，考察各种氧化方式对系统产生的结果，直到获得最佳的氧化效果。

可从化学的角度深入考虑此原理；也可以从更加抽象的观点来看待该问题，建立更加活跃的、活性更好的作用、对象和方法。在非物理系统中，“氧化剂”可以是能够导致过程加速或失衡的任何外部引入的环境。

4. **指导原则**

(1) 用富氧空气代替普通空气。

- 用风箱或鼓风机将大量空气吹入火炉中，提高空气的流动速度，以便向炉中提供更多的氧气；
- 将病人放入氧气帐，为其增加氧气供应量；
- 利用 N_2O（一氧化二氮）提高发动机的性能。

(2) 用纯氧代替富氧。

- 用高压氧杀灭伤口处的厌氧菌，加速伤口的愈合；
- 乙炔切割中用纯氧代替空气，乙炔燃烧更加充分。

(3) 用离子化氧气代替纯氧。

- 空气过滤器通过电离空气来捕获污染物；
- 对食物进行放射处理，以改善其储藏质量。

(4) 用臭氧化氧代替离子化氧气。

- 在水处理中，利用臭氧灭菌系统杀灭水中的细菌；
- 利用离子化作用将氧气分开。

(5) 用臭氧代替臭氧化氧。

- 用臭氧杀死谷物中的微生物；
- 用溶解了臭氧的水去除船体上的有机污染物。

【金融案例：股权投资的增值服务功能】

股权投资的增值服务功能相当于为企业引入了“建立更加活跃的、活性更好的作用、对象和方法”。该“氧化剂”能够“导致过程加速或失衡的任何外部引入的环境”。股权投资不仅仅是为了资金，更需要股权投资者的能力。反面来看，就会出现“门口的野蛮人”这种情况。这才是容易发生产融结合的金融模式，而二级市场主义则容易背离产融结合的初衷。该案例反映了指导原则1。

【金融案例：互联网金融】

P2P、众筹、互联网保险、互联网银行、互联网基金等都属于互联网金融的不同形态，互联网金融相当于让金融从线下跃迁到线上，从而拓展了金融交易潜在对手的范围和规模，促进了金融的数字化，提升了金融交易的速度。但是由于我国的互联网金融没有在金融安全的前提下进行，导致了基于陌生人间的大量的金融风险的爆发。该案例反映了指导原则1。

【金融案例：做市商制度】①

做市商制度是一种市场交易制度，由具备一定实力和信誉的法人充当做市商，不断地向投资者提供买卖价格，并按其提供的价格接受投资者的买卖要求，以其自有资金和证券与投资者进行交易，从而为市场提供即时性和流动性，并通过买卖价差实现一定利润。简单地说就是报出价格，并能按这个价格买入或卖出。美国纳斯达克作为美国高科技新兴企业上市融资的服务场所，其成功的一个关键要素就是做市商制度。对于新三板的企业来说，选择做市商制度，能够更确切地反映一些企业股票的真实价值，尤其在流动性偏弱的场外市场上，做市商的介入能够使得股转系统的投资者产生卖出的预期，进而催化出买入的欲望，最终形成了一个正向的积极的回应，为场外市场的流动性提供持续的动力。做市商相当于市场交易的氧化剂，符合指导原则1。

【金融案例：TIF（塔福）域】

TIF（塔福）域相当于在产业I的基础上加入了信息技术T和金融制度F，相当于产业被注入了“双氧化物”，形成了TIF（塔福）域这种强氧化

① 孙建华、宗超杰、崔广英、李滕演讲，窦尔翔指导，“金融创新期末报告”，北京大学MEM金融创新课作业，有修改。

物式的新型经济模式，不仅使产业发展的信息和金融传递速度加快，也使产业发展的力量得到了充分的整合，安全性得到了大幅度提升。

【金融案例：国家出台税收优惠政策等】[①]

国家对高科技企业出台了各种税收优惠政策，加快了高科技行业发展。相比正常税率，低税率优惠就像一个催化剂，促进了高科技行业发展。再比如，通过国企改革引入民营资本，增强了公司内部经营决策的活力，提升了国有企业竞争力。相比正常国企改革，引入民营资金就像一个催化剂，促进了国企改革速度和效果。

【金融案例：自贸区】[②]

在自贸区（自由贸易区）中，通常拥有更为宽松的贸易政策，给企业提供了更为便利的发展环境，如上海自贸区、深圳自贸区等。

【金融案例：支付宝体验金】[③]

支付宝提供的理财产品数量十分丰富，种类也非常繁多，但对于投资小白来说可能并不能很好地区分不同种类及不同产品之间的吸引力的大小，因此会陷入一种迷茫的境地，并不知道该从哪里入手。支付宝体验金提供了一种引导和催化的作用，类似于“氧化剂”的作用。其往往以消费后的奖励红包形式出现，需要用户进入理财频道并购买理财产品才能生效。体验金成功带动了投资小白的理财行为，提升了资金的流通性和市场的活力，提供了一定的优惠和引导作用等。

原理39：惰性环境原理

1. 英文名称

calm（inert）atmosphere

---

① 樊跑演讲，窦尔翔、杨勇指导，“金融创新期末汇报”，北京大学2019年MEM金融创新课的金融萃智作业课件，有修改。潘健伟演讲，窦尔翔、杨勇指导，“金融创新期末汇报”，北京大学2019年MEM金融创新课的金融萃智作业课件，有修改。

② 张聚良、张航演讲，窦尔翔、杨勇指导，“投行课期末汇报”，北京大学2019年投行课的金融萃智作业课件，有修改。

③ 同②。

2. **原理描述**

通过去除所有的氧化性的资源和容易与目标对象起反应的资源，从而建立一个惰性或中性环境。

3. **使用技巧**

使用该原理时，首先要了解系统的相关风险，即究竟是什么妨碍了所需功能的实现？确定哪些东西是需要保护的，并为相关参数提供一种惰性环境。考虑各种可用的环境类型：真空、气体、液体或固体。固体惰性环境包括中性涂层、微粒或要素，还要确定需要的是全封闭环境还是局部环境。不仅要考虑化学惰性环境，还要考虑“不产生有害作用的环境”。

4. **指导原则**

(1) 用惰性环境代替正常环境。

- 在焊接过程中，在焊接区，利用惰性气体建立一个惰性环境，以减少氧化作用；
- 利用二氧化氮灭火；
- 在食物的加工、储存和运输中，利用惰性气体进行保鲜；
- 在电灯泡内充入惰性气体或将灯泡内部制成真空，防止灯丝过快氧化；
- 在商务谈判或政治谈判中，将谈判地点定在第三方，以构建一个中性环境；
- 谈判过程中的休会期；
- 为团队营造一种免受攻击、安全的（惰性）环境，以便于团队成员畅所欲言。

(2) 向对象中添加中性或惰性成分。

- 吸音板或隔音结构；
- 向钛中加入阻燃剂，以防止在高温中燃烧；
- 在困难的谈判过程中，引入公正的第三方当评判。

(3) 使用真空环境。

- 真空电子束焊接；
- 真空包装；
- 在零重力条件下进行制造活动。

【金融案例：封闭式基金（Closed – end Funds）】

封闭式基金是指基金发行总额和发行期在设立时已确定，在发行完毕后的规定期限内发行总额固定不变的证券投资基金。封闭式基金的投资者在基金存续期间内不能向发行机构赎回基金份额，基金份额的变现必须通过证券交易场所上市交易。基金单位的流通采取在证券交易所上市的办法，投资者日后买卖基金单位，都必须通过证券经纪商在二级市场上进行竞价交易。封闭式基金不需要考虑申购赎回风险，相当于为基金经理营造一个“惰性环境”，使其免受投资者干扰，专注于基金管理。封闭式基金现在已成为培养人才的“基地”，大多经验少的年轻基金经理一般先从管理封闭式基金开始，而一旦经验丰富后，基金公司对其岗位作出相应调整。在基金行业，一般最好的基金经理去做专户理财，中等水平的做开放式基金，而封闭式基金因为不存在赎回压力，成为年轻基金经理练手的地方。该案例反映了指导原则2。

【金融案例：破产隔离】①

破产隔离也称“破产豁免”“远离破产”，是指将基础资产原始所有人的破产风险与证券化交易隔离开来。破产隔离是资产证券化的核心，因为实现资产证券化的中心环节是利用超额担保等手段进行信用增级，提高资信级别以通过资本市场发行证券，将不良资产的风险和收益进行分割和重组。而进行信用增级，必然要求立法上对于破产隔离的支持。

通过破产隔离，把基础资产原始所有人不愿或不能承担的风险转移到愿意而且能够承担的人那里去；而且投资人只能够承担他们愿意承担的风险，而不是资产原始所有人其他的风险资产。这种破产隔离制度安排符合“用惰性环境代替正常环境”，即指导原则1。

【金融案例：TIF（塔福）域的惰性金融环境】

塔福域最显著的特点有两个：一是产业隔离，或者道行隔离，即只有明显处于同一产业生命链的企业才能同处一域，不然会出现“鸡不懂鸭”

① 参见百度百科同名词条，有修改。

的情形，不同生命链的企业也难以高效率发现其价值；二是德行隔离，将品德有问题的人加以隔离，首先是将基于使用价值或者服务主体的德行不合标准的使用价值交易者加以隔离，其次是将基于交换价值的投融资主体的德行不合标准的交换价值交易者加以隔离。这就相当于用惰性环境（指导原则 1）或者真空环境（指导原则 3）保证了好人有好报，产生“良币驱逐劣币”的效应而不是相反。该案例反映了指导原则 1 或指导原则 3。

【金融案例：金融牌照】

国家对金融牌照设置了严格的审核准入机制，通过严格的牌照审核，使金融行业在相对封闭可控的环境中发展，保证金融行业的持续安全稳定发展。相比一般行业的准入规则，金融行业牌照准入控制更加严格，相当于让金融行业处于惰性环境。

【金融案例：企业内控机制】

公司建立内部控制机制，增强了公司合规经营水平，使公司处于健康的控制内的发展环境，以防范公司经营风险。相比于未建立内部控制之前，企业内部控制机制的建立使公司处于相对封闭的惰性环境中，有利于公司的长期持续稳定发展。

【其他金融案例】

金融中的中性第三方机构（指导原则 2），如评级机构、审计机构、增信机构等；AB 股权设计，对管理层和创始人营造一个掌控公司的惰性环境（指导原则 1）；紧缩银根①（指导原则 1），即当市场中货币的流通数额较大时，国家可以通过各种政策来紧缩银根，降低货币的流通程度，从而达到平衡的状况。

原理 40：复合材料原理

1. 英文名称

composite（s），composite material（s）

---

① 潘健伟演讲，窦尔翔、杨勇指导，“金融创新期末汇报”，北京大学 2019 年 MEM 金融创新课的金融萃智作业课件，有修改。

2. **原理描述**

通过将两种或多种不同的材料（或服务）紧密结合在一起而形成的复合材料。

3. **使用技巧**

该原理宽泛的理解是改变材料的成分。“复合材料”可以指高科技材料，也可指情境。

确定某特定问题的结构与（或）情境是非常重要的。如果材料或情境是均质的，那么，在保持作用、对象、特征（或其他条件）等条件不变的情况下，可以将其变为多层的结构，并考虑由此产生的影响。也可考虑向材料中加入纤维结构，或在该情境的群体中加入不同类型的人员。

如果结构或情境已经是分层的，但有些层是均质的，则可以考虑如何改变这些层，使其由均质变为不均质，即发明原理33“均质性原理”的反原理。

4. **指导原则**

用复合材料代替均质材料。

- 钢筋混凝土（由钢筋、水泥、小石子等物质组成的复合材料）；
- 汽车轮胎（由橡胶、金属等组成的多层复合结构体）；
- 多媒体、多学科、多文化的商业组织；
- 聚合（面向对象设计）；
- 使用复合环氧树脂或碳化纤维制成的高尔夫球杆更加结实、轻便；
- 跨国公司将不同文化与地域背景的开发人员组成研发团队，力图满足不同区域市场需求。

【金融案例：混合型基金】

混合型基金（blend fund/hybrid fund）是在投资组合中既有成长型股票、收益型股票，又有债券等固定收益投资的共同基金。混合型基金设计的目的是让投资者通过选择一款基金产品就能实现投资的多元化，而无须去分别购买风格不同的股票型基金、债券型基金和货币市场基金。该案例符合指导原则1。

【金融案例：万能保险】

万能保险，属于一类保险产品。除了与传统寿险一样给予生命保障外，还可以让客户直接参与由保险公司为投保人建立的投资账户内资金的投资活动，保单价值与保险公司独立运作的投保人投资账户资金的业绩挂钩。万能保险兼具保险与投资理财功能，是保险与理财的复合品。该案例符合指导原则1。

【金融案例：企业】

如果将人看作材料，那么不同人所形成的经济机构就相当于具有复合材料的特征。这个正如科斯《企业的性质》中所言，不仅可以节约交易成本，还可以因为分工效应和协同效应降低成本，增加效率。这些经济机构可以呈现为不同级别，比如：无限责任公司、（有限）合伙制、有限责任公司、股份有限责任公司等。

【金融案例：可转债】

可转债具有股票与债券的双重特性，对于发行公司而言，附认股权公司债或可转债的发行，具有降低公司债利息、节省发行成本及易于销售等益处；就投资人来说，有获得固定利息及享有发行公司股票未来上涨获利的优点。除此之外，可交换债、永续债中都含有股的成分，都是股债复合材料。该案例符合指导原则1。

【其他金融案例】

混合所有制①，即不同的所有制方式具有不同的优缺点，使用混合所有制可以在不同的经济环境下发挥不同所有制的优势（指导原则1）；各种金融衍生品，是多种金融产品的融合（指导原则1）；现代公司制是四类资产的复合品（指导原则1）；TIF（塔福）域的“复合材料”特性（指导原则1）。

第三节 40个发明原理的分组

为了方便记忆和使用这些发明原理，按照一定的标准可以分成9组：

① 潘健伟演讲，窦尔翔、杨勇指导，“金融创新期末汇报”，北京大学2019年MEM金融创新课的金融萃智作业课件，有修改。

第1组是空间分离：1. 分割；2. 抽取；3. 局部质量；4. 非对称。

这4项措施如果用一个字概括，那就是“分”。第1项分割，不必说了；第2项抽取，也是将有负面影响或必要的部分或属性与原物体分开；第3项局部质量，区分均匀和不均匀结构以及不同功能；第4项非对称，区分对称与不对称，进而增加非对称程度。并且这种“分”都是空间上的，所以这组措施可称为“空间分离”。

第2组是时空组合：5. 组合；6. 多用性；7. 嵌套；8. 重量补偿。

第2组的共性是一个“合”字。第5项组合，不必说了；第6项多用性，是将多个功能组合到一起；第7项嵌套，也是一种特殊的组合方式；第8项重量补偿，初看起来与组合无关，但是仔细分析，“将物体与具有上升力的另一个物体结合以抵消质量”，也是将两种相互抵消的“力”组合到一起。与第1组略有不同，这种“合”不仅包括空间上的，也包括时间上的，如第5个发明原理的第2个指导原则：在时间上将相同或类似的物体或操作连续化或并列进行。所以这组原理可称为“时空组合”。

第3组是预先安排：9. 预先反作用；10. 预先作用；11. 事先防范；12. 等势。

这4个原理体现了一个“预”字：第9~11项都带一个“预”字，它们都是通过预先采取措施来解决问题的；第12项等势，“改变工作状态而不必升高或降低物体”，也是一种预先对工作状态的改变，是在时间上想办法，这与前两组原理明显不同。所以这组原理可称为“预先安排”。

第4组是稳态逆变：13. 逆向思维；14. 曲面化；15. 动态性；16. 不足或超额行动。

这组初看起来没有什么共同点，第13项逆向思维是将正向变为逆向；第14项曲面化，是将直的变为曲的；第15项动态化，是将静的变为动的；第16项不足或超额行动，是将等于变为大于或小于。它们的共同特点是“逆变”，就是将物体的状态从一种稳定态转变为与之相反或相异的另一种稳定态。所以这组原理可称为“稳态逆变”。如果用一个字表示，就是“逆”字。

第5组是高效化：17. 一维变多维；18. 机械振动；19. 周期性作用；20. 有效作用的连续性。

该组原理中，后3项原理主要跟频率和时间有关，而一维变多维主要涉及维度变化。但仔细思考就会发现，它们无论是频率变化还是维度变化，都是在不改变资源投入的情况下，提高效率的措施，所以这组原理的名称是“高效化”。如果用一个字表示，就是“效”字。

第6组是无害化：21. 快速通过；22. 变害为利；23. 反馈；24. 中介物。

这4项原理，目的都是减少或消除有害影响，所以这组原理的名称就是“无害化”。如果用一个字表示，就是“益”字，有益无害。

第7组是省力化：25. 自服务；26. 复制；27. 廉价替代品；28. 机械系统替代。

这4项原理，目的都是在不影响效果的情况下，减少投入或成本，节省资源，所以这组原理的名称就是“省力化”。如果用一个字表示，就是“省”字。

第8组是材料改变：29. 气压或液压结构；30. 柔性壳体或薄膜；31. 多孔材料；32. 改变颜色；33. 均质性；40. 复合材料。

该组有6项原理，有个明显特点，就是它们都是在改变材料，所以这组原理的名称就是“材料改变”。如果用一个字表示，就是“材”字。

第9组是属性改变：34. 抛弃与再生；35. 物理/化学参数改变；36. 相变；37. 热膨胀；38. 强氧化剂；39. 惰性环境。

该组也有6项原理，共同特点就是改变属性，所以该组原理就是“属性改变”。如果用一个字表示，就是“性”字。

这9组原理可以进一步简化为9个字：分、合、预、逆、效、益、省、材、性。这9组原理的划分标准、分组及简称如表5-4所示。

表5-4　发明原理的分组

划分标准		**划分标准**		**划分标准**	
时空	简称	目标	简称	材性	简称
1. 空间分离	分	4. 高效化	效	7. 稳态逆变	逆
2. 时空组合	合	5. 无害化	益	8. 材料改变	材
3. 预先安排	预	6. 省力化	省	9. 属性改变	性

附录1 【综合案例：用成语或俗语解释发明原理】

为了帮助读者更好地理解40个发明原理，本附录中收录了关于40个发明原理的成语解释，如表5-5所示。

表5-5 用成语解释发明原理

编号及原理	成语或俗语表达	编号及原理	成语或俗语表达
1. 分割	化整为零	21. 快速通过	快刀斩乱麻
2. 抽取	披沙拣金	22. 变害为利	以毒攻毒
3. 局部质量	天方地圆	23. 反馈	察言观色
4. 非对称	以偏概全	24. 中介物	穿针引线
5. 组合	集思广益	25. 自服务	自动自发
6. 多功能性	一专多能	26. 复制	以假乱真
7. 嵌套	层出不穷	27. 廉价替代品	废物利用
8. 重量补偿	借势而为，借力而行	28. 机械系统替代	以桃代李
9. 预先反作用	先发制人	29. 气压或液压结构	以柔克刚
10. 预先作用	先斩后奏	30. 柔性壳体或薄膜	薄如蝉翼
11. 事先防范	未雨绸缪	31. 多孔材料	无孔不入
12. 等势	平起平坐	32. 改变颜色	五颜六色
13. 逆向思维	倒行逆施	33. 同质性（均质性）	物以类聚
14. 曲面化	毁方投圆	34. 抛弃与再生	兔死狗烹
15. 动态性	一动不如一静	35. 物理/化学参数改变	随机应变
16. 不足或超额行动	多退少补	36. 相变	女大十八变
17. 一维变多维	山不转水转	37. 热膨胀	热胀冷缩
18. 机械振动	撼天动地	38. 强氧化剂	推波助澜
19. 周期性作用	周而复始	39. 惰性环境	孟母三迁
20. 有效作用的连续性	趁热打铁	40. 复合材料	相辅相成

附录2 【综合案例：用中华诗词诠释发明原理】

由于TRIZ起源于苏联，而且大部分TRIZ文献又经英文转译，为了减少由于文化差异等因素导致的对发明原理的学习和理解难度，提高读者对发明原理和TRIZ创新方法学习的兴趣和效果，结合中华文化情境，以科学与艺术相结合激发创新的基本思想为基础，周贤永、陈光等人①运用中国古典诗歌文化解读40项发明原理。本附录收录其内容。

1. **分割原理**

分割发明原理的基本思想就是增加物体的可分性，包括将物体分成可相互独立的部分，或者将一个物体分成容易被组装和拆卸的部分。可用来诠释其基本思想的诗词有：

（1）“转轴拨弦三两声，未成曲调先有情。”（唐·白居易《琵琶行》）

（2）“锦瑟无端五十弦，一弦一柱思华年。”（唐·李商隐《锦瑟》）

（3）“江上调玉琴，一弦清一心。泠泠七弦遍，万木澄幽阴。”（唐·常建《江上琴兴》）

（4）“十二三弦共五音，每声如截远人心。”（唐·薛能《京中客舍闻筝》）

2. **抽取原理**

抽取发明原理的基本思想是“去粗取精”，隔离物体有害或无用部分，抽出物体有益部分。可用来诠释这一原理的相关诗词有：

（1）“美人首饰侯王印，尽是沙中浪底来。”（唐·刘禹锡《浪淘沙九首　其六》）

（2）“后宫佳丽三千人，三千宠爱在一身。”（唐·白居易《长恨歌》）

（3）“独爱千峰最高处，一峰初日白云中。”（唐·薛能《雨后早发永宁》）

---

① 周贤永，陈光，唐志红，刘凤. TRIZ40条发明原理的中华诗词诠释及教学模式创新探析［J］. 世界教育信息，2017（22）：38－49.

3. 局部质量原理

局部质量发明原理的基本思想是将同构结构转化为异构结构；让物体的不同部分实现不同功能；或者将物体的每个部分放在最利于其运行的条件下。其相关诗词有：

（1）“大弦嘈嘈如急雨，小弦切切如私语。嘈嘈切切错杂弹，大珠小珠落玉盘。”（唐·白居易《琵琶行》）

（2）“东边日出西边雨，道是无晴却有晴。”（唐·刘禹锡《竹枝词二首 其一》）

4. 非对称原理

非对称发明原理的基本思想是将物体变成不对称形式或增加物体的不对称程度。其相关诗词有：

（1）“朱门酒肉臭，路有冻死骨。”（唐·杜甫《自京赴奉先县咏怀五百字》）

（2）“桑条无叶土生烟，箫管迎龙水庙前。朱门几处看歌舞，犹恐春阴咽管弦。”（唐·李约《观祈雨》）

（3）“知否，知否？应是绿肥红瘦。”（宋·李清照《如梦令 其二》）

（4）“若将富贵比贫贱，一在平地一在天。若将贫贱比车马，他得驱驰我得闲。

别人笑我太疯癫，我笑他人看不穿。不见五陵豪杰墓，无花无酒锄作田。”（明·唐寅《桃花庵歌》）

5. 组合原理

组合发明原理的基本思想是将空间或时间上同类或相邻的物体或操作组合在一起。其相关诗词有：

（1）“曲终收拨当心画，四弦一声如裂帛。”（唐·白居易《琵琶行》）

（2）“枯藤老树昏鸦，小桥流水人家，古道西风瘦马。夕阳西下，断肠人在天涯。”（元·马致远《天净沙·秋思》）

（3）“东市买骏马，西市买鞍鞯，南市买辔头，北市买长鞭。”（南北朝·佚名《木兰辞》）

6. 多功能性原理

多功能性发明原理的基本思想是让一个物体能实现多种功能。其相关诗词有：

（1）“用不著处用有馀，一箭双雕随手落。”（宋·释道冲《偈颂五十一首 其二十五》）

（2）“今人长爱李将军，一箭离弦双雕落。”（宋·释慧空《示僧 其五》）

（3）“翻身控弦响若掣，一箭射落双飞雕。”（元末明初·钱宰《题蕃王出猎图》）

7. 嵌套原理

嵌套发明原理的基本思想是将一个物体放入另一个物体中，或者将一个物体穿过另一个物体的空腔。其相关诗词有：

（1）“山外青山楼外楼，西湖歌舞几时休?”（宋·林升《题临安邸》）

（2）“一层云结一层巅，贯腹成溪异物潜。”（宋·刘子澄《游层岩》）

（3）“窗含西岭千秋雪，门泊东吴万里船。”（唐·杜甫《绝句四首 其三》）

8. 重量补偿原理

重量补偿发明原理的基本思想是与其他物体结合，或依靠外部环境产生的上升或上浮动力补偿物体重量。其相关诗词有：

（1）“我欲乘风归去，又恐琼楼玉宇，高处不胜寒。”（宋·苏轼《水调歌头·明月几时有》）

（2）“两岸猿声啼不住，轻舟已过万重山。”（唐·李白《早发白帝城》）

9. 预先反作用原理

预先反作用发明原理的基本思想是预先给物体施加反作用，以补偿过量的或者不想要的压力。其相关诗词有：

（1）“但使龙城飞将在，不教胡马度阴山。”（唐·王昌龄《出塞二首 其一》）

（2）“有志者，事竟成，破釜沉舟，百二秦关终属楚；苦心人，天不负，卧薪尝胆，三千越甲可吞吴。”（清·蒲松龄《自勉联》）

10. 预先作用原理

预先作用发明原理的基本思想是“磨刀不误砍柴工”，其相关诗词有：

（1）“黑发不知勤学早，白首方悔读书迟。”（唐·颜真卿《劝学》）

（2）“少壮不努力，老大徒伤悲。”（汉乐府《长歌行》）

11. 事先防范原理

事先防范发明原理的基本思想就是“未雨绸缪”，其相关诗词有：

（1）“迨天之未阴雨，彻彼桑土，绸缪牖户。”（先秦·《诗经·豳风·鸱鸮》）

（2）“常将有日思无日，莫待无时思有时。”（明·冯梦龙《警世通言·卷二十五》）

（3）“未雨绸缪桑土计，长林归鸟稳栖巢。”（明·黄公辅《龙榜看土镇 其一》）

12. 等势原理

等势发明原理的基本思想就是“平起平坐”，其相关诗词有：

（1）“同是天涯沦落人，相逢何必曾相识。”（唐·白居易《琵琶行》）

（2）“落霞与孤鹜齐飞，秋水共长天一色。”（唐·王勃《滕王阁序》）

（3）“初挟儒书战举场，弟兄旗鼓亦相当。”（宋·王庭圭《挽罗荆老》）

13. 逆向思维原理

逆向思维发明原理建议进行与原动作相反的动作，反其道而行之。其相关诗词有：

（1）“蝉噪林逾静，鸟鸣山更幽。”（南北朝·王籍《入若邪溪》）

（2）“别有幽愁暗恨生，此时无声胜有声。”（唐·白居易《琵琶行》）

（3）“平生有意师老氏，以退为进卑为尊。”（宋·李纲《次韵子美寄》）

从诗词本身的创作来看，回文诗集中体现了“反过来做发明原理”的核心思想，例如：

（4）“落花闲院春衫薄，薄衫春院闲花落。迟日恨依依，依依恨日迟。梦回莺舌弄，弄舌莺回梦。邮便问人羞，羞人问便邮。”（宋·苏轼《菩萨蛮·落花闲院春衫薄》）

（5）“莺啼岸柳弄春晴，柳弄春晴夜月明。明月夜晴春弄柳，晴春弄柳岸啼莺。”（明·吴绛雪《春夏秋冬·春》）

14. 曲面化原理

曲面化发明原理的基本思想是采用圆形代替直线形，采用球形代替方形。其相关诗词有：

（1）“轮曲揉而就，木直在中绳。”（宋·欧阳修《赠学者》）

（2）“轮辕呈曲直，凿枘取方圆。”（唐·元稹《献荥阳公诗五十韵》）

15. 动态性原理

动态性发明原理的基本思想是让物体在操作的每个阶段都发挥最佳性能；让物体及其各个部分可以相互移动，或者将物体分成可以相互移动的几个部分。其相关诗词有：

（1）“人有悲欢离合，月有阴晴圆缺。”（宋·苏轼《水调歌头·明月几时有》）

（2）“逢河散复卷，经风合且开。”（南北朝·吴均《咏云诗二首 其二》）

（3）“从云合且散，因风卷复斜。”（南北朝·裴子野《咏雪诗》）

16. 不足或超额行动原理

不足或超额行动发明原理的基本思想是如果一次性达到规定效果很难，就先完成多一些或少一些，然后再去除多余部分或填补缺少部分。其相关诗词有：

“三顾频烦天下计，两朝开济老臣心。”（唐·杜甫《蜀相》）

17. 一维变多维原理

一维变多维发明原理的基本思想是从多个维度来观察或处理事物，以突破某些困境。其相关诗词有：

（1）“山重水复疑无路，柳暗花明又一村。”（宋·陆游《游山西村》）

（2）“横看成岭侧成峰，远近高低各不同。”（宋·苏轼《题西林壁》）

（3）“人间四月芳菲尽，山寺桃花始盛开。”（唐·白居易《大林寺桃花》）

18. 机械振动原理

机械振动发明原理的基本思想是采用振动的方式来完成工作。其相关诗词有：

（1）“姑苏城外寒山寺，夜半钟声到客船。”（唐·张继《枫桥夜泊》）

（2）“乱石穿空，惊涛拍岸，卷起千堆雪。”（宋·苏轼《念奴娇·赤壁怀古》）

（3）“银瓶乍破水浆迸，铁骑突出刀枪鸣。”（唐·白居易《琵琶行》）

（4）“喇叭，唢呐，曲儿小腔儿大。”（明·王磐《朝天子·咏喇叭》）

（5）“秋风萧瑟，洪波涌起。”（东汉·曹操《观沧海》

19. 周期性作用原理

周期性作用发明原理的基本思想主要是采用周期动作代替连续动作。其相关诗词有：

（1）“一张一弛，文武之道也。”（西汉·戴圣《礼记·杂记下》）

（2）“年年岁岁花相似，岁岁年年人不同。”（唐·刘希夷《代悲白头翁》）

（3）“一别之后，二地相悬。只道是三四月，又谁知五六年？七弦琴无心弹，八行书无可传。九连环从中折断，十里长亭望眼欲穿。百思想，千系念，万般无奈把郎怨。万语千言说不尽，百无聊赖十倚栏。重九登高看孤雁，八月中秋月圆人不圆。七月半烧香秉烛问苍天。六月伏天人人摇扇我心寒。五月石榴红胜火，偏遇阵阵冷雨浇花端。四月枇杷未黄，我欲对镜心意乱。急匆匆，三月桃花随水转。飘零零，二月风筝线儿断。噫，郎呀郎，巴不得、下一世，你为女来我为男。”（西汉·卓文君《怨郎诗》）这是中国古代四大才女之一卓文君写给司马相如的词，巧妙地运用了数字的循环，表达了对司马相如强烈的思念之情。

20. 有效作用的连续性原理

有效作用的连续性发明原理的基本思想是连续实施，动作不间断。其相关诗词有：

（1）“天长地久有时尽，此恨绵绵无绝期。”（唐·白居易《长恨歌》）

（2）“春蚕到死丝方尽，蜡炬成灰泪始干。”（唐·李商隐《无题》）

（3）“生当作人杰，死亦为鬼雄。”（宋·李清照《夏日绝句》）

（4）“自信人生二百年，会当水击三千里。”（1917 年·毛泽东《七言·残句》）

21. 快速通过原理

快速通过发明原理的基本思想是非常快速地实施有害的或者危险的操作。其相关诗词有：

（1）“你若频捻必酸牙，焰头过了形多变。”（宋·贾似道《斗法八条 其六 审势》）

（2）“当断不断，千驷莫追。”（宋·释居简《偈颂一百三十三首 其一〇五》）

（3）“忽作风驰如电掣，更点飞花兼散雪。”（唐·王謩《怀素上人草书歌》）

（4）“雄关漫道真如铁，而今迈步从头越。”（1935 年·毛泽东《忆秦娥·娄山关》）

22. 变害为利原理

变害为利发明原理的基本思想是“变废为宝”或者“以毒攻毒”。其相关诗词有：

“落红不是无情物，化作春泥更护花。”（清·龚自珍《已亥杂诗 其五》）

23. 反馈原理

反馈发明原理的基本思想是引入反馈或者改变已有反馈，其特征是巧妙运用过程中的相关伴随信息。其相关诗词有：

（1）“竹外桃花三两枝，春江水暖鸭先知。”（宋·苏轼《惠崇春江晚景二首 其一》）

（2）“小荷才露尖尖角，早有蜻蜓立上头。”（宋·杨万里《小池》）

24. 中介物原理

中介物发明原理建议依靠中介物来完成某种功能。其相关诗词有：

（1）“书山有路勤为径，学海无涯苦作舟。”（唐· 韩愈《增广贤文·劝学篇》）

（2）“愿君多采撷，此物最相思。”（唐·王维《相思》）

（3）“借刀杀人向荆浦，江夏豺狼曰黄祖。”（清·张笃庆《鹦鹉洲哀辞》）

25. 自服务原理

自服务发明原理的基本思想是自给自足，无须外界其他因素帮助。其相关诗词有：

（1）“莫笑农家腊酒浑，丰年留客足鸡豚。”（宋·陆游《游山西村》）

（2）“春潮带雨晚来急，野渡无人舟自横。”（唐·韦应物《滁州西涧》）

（3）“花自飘零水自流。一种相思，两处闲愁。”（宋·李清照《一剪梅》）

（4）“自己动手，丰衣足食。”（1939 年·毛泽东·延安生产动员大

会）

26. 复制原理

复制发明原理的基本思想是使用简化的、便宜的复制品代替实际物品。其相关诗词有：

（1）“双兔傍地走，安能辨我是雄雌？”（南北朝·佚名《木兰辞》）

（2）“假作真时真亦假，无为有处有还无。”（清·曹雪芹《太虚幻境对联》）

27. 廉价替代品原理

廉价替代品发明原理的基本思想是使用廉价物品替代昂贵物品，在某些特性（如寿命等）上做出妥协。其相关诗词有：

（1）“少年不识愁滋味，爱上层楼。爱上层楼，为赋新词强说愁。”（宋·辛弃疾《丑奴儿·书博山道中壁》）

（2）“丑女来效颦，还家惊四邻。”（唐·李白《古风 其三十五》）

28. 机械系统替代原理

机械系统替代原理的基本思想是采用光、声、嗅觉系统或者非机械的电、磁等系统替代机械系统。其相关诗词有：

（1）“不知细叶谁裁出，二月春风似剪刀。”（唐·贺知章《咏柳》）

（2）“臣心一片磁针石，不指南方不肯休。”（宋·文天祥《扬子江》）

29. 气压或液压结构原理

气压或液压结构发明原理的基本思想是采用气态或液态部件来代替固体部件，使用空气、水等，使这些部件膨胀。其相关诗词有：

（1）“林疏邑屋高低见，水涨航船来往轻。”（宋·刘过《次张昌化合溪新亭韵》）

（2）“野水无人渡，孤舟尽日横。”（宋·寇准《春日登楼怀归》）

30. 柔性壳体或薄膜原理

柔性壳体或薄膜发明原理的基本思想是采用柔性壳体或薄膜取代常用结构。其相关诗词有：

“轻薄如蝉翼，择兮风未休。”（宋·刘克庄《戏效屏山书斋十咏 其六》）

31. 多孔材料原理

多孔材料发明原理的基本思想是让物体变成多孔的，或者加入多孔物体；如果物体已经是多孔的，那么事先往孔里填充某种物质。其相关诗词有：

（1）“泉眼无声惜细流，树阴照水爱晴柔。”（宋·杨万里《小池》）

（2）“明月松间照，清泉石上流。”（唐·王维《山居秋暝》）

（3）“微风摇庭树，细雪下帘隙。”（南北朝·吴均《咏雪》）

32. 改变颜色原理

改变颜色发明原理的基本思想是改变物体或环境的颜色和透明度，或者增添某种容易发现的颜色。其相关诗词有：

（1）“日出江花红胜火，春来江水绿如蓝。”（唐·白居易《忆江南·江南好》）

（2）“等闲识得东风面，万紫千红总是春。”（宋·朱熹《春日》）

（3）“停车坐爱枫林晚，霜叶红于二月花。”（唐·杜牧《山行》）

（4）“天街小雨润如酥，草色遥看近却无。”（唐·韩愈《早春呈水部张十八员外　其一》）

33. 同质性原理

同质性发明原理的基本思想是与主物体相互作用的物体，应该由主物体的同种材料制成。其相关诗词有：

（1）“煮豆燃豆萁，豆在釜中泣。本是同根生，相煎何太急?”（三国·曹植《七步诗》）

（2）“故君子之治人也，即以其人之道，还治其人之身。”（宋·朱熹《中庸集注》）

34. 抛弃与再生原理

抛弃与再生发明原理的基本思想是当部件的作用完成后予以抛弃，或者重新恢复消耗掉的有用部件。其相关诗词有：

（1）“沉舟侧畔千帆过，病树前头万木春。”（唐·刘禹锡《酬乐天扬州初逢席上见赠》）

（2）“野火烧不尽，春风吹又生。”（唐·白居易《赋得古原草送别》）

35. 物理/化学参数改变原理

物理/化学参数改变发明原理的基本思想是建议改变系统的物理状态（固态、液态、气态），浓度，密度，柔韧程度，体积，面积等。其相关诗词有：

（1）“欲渡黄河冰塞川，将登太行雪满山。”（唐·李白《行路难　其

一》）

（2）“月落乌啼霜满天，江枫渔火对愁眠。”（唐·张继《枫桥夜泊》）

（3）“可怜九月初三夜，露似真珠月似弓。”（唐·白居易《暮江吟》）

（4）“夜阑卧听风吹雨，铁马冰河入梦来。”（宋·陆游《十一月四日风雨大作》）

（5）“水声冰下咽，砂路雪中平。”（唐·刘长卿《酬张夏雪夜赴州访别途中苦寒作》）

（6）“零落成泥碾作尘，只有香如故。”（宋·陆游《卜算子·咏梅》）

36. 相变原理

相变发明原理的基本思想是利用状态转变时的现象，如体积变化、热量的吸收和释放等。其相关诗词有：

（1）“天山雪后海风寒，横笛偏吹行路难。”（唐·李益《从军北征》）

（2）“雪化霜融好泼醅，满壶冰冻向春开。”（唐·徐夤《白酒两瓶送崔侍御》）

（3）“冰缩寒流，川凝冻霭，前回鹭渚冬晚。”（宋·刘天游《氐州第一》）

（4）“风解池冰蝉翅薄，庭树枝枯笼翠萼。”（宋·杜安世《玉楼春·风解池冰蝉翅薄》）

（5）“霜严衣带断，指直不得结。”（唐·杜甫《自京赴奉先县咏怀五百字》）

（6）“北国风光，千里冰封，万里雪飘。望长城内外，惟余莽莽；大河上下，顿失滔滔。山舞银蛇，原驰蜡象，欲与天公试比高。须晴日，看红装素裹，分外妖娆。”（1936 年·毛泽东《沁园春·雪》）

37. 热膨胀原理

热膨胀发明原理的基本思想就是“热胀冷缩”。其相关诗词有：

“花气袭人知骤暖，鹊声穿树喜新晴。”（宋·陆游《村居书喜》）

38. 强氧化剂原理

强氧化剂发明原理的基本思想是从氧化的一个级别，转变到下一个更高的级别，也可指“推波助澜”的相关作用。其相关诗词有：

（1）“熟读唐诗三百首，不会作诗也会吟。”（清·孙洙《唐诗三百首·序》）

（2）“欲穷千里目，更上一层楼。”（唐·王之涣《登鹳雀楼》）

（3）“屋漏更遭连夜雨，船迟又遇打头风。”（明·冯梦龙《醒世恒言》）

（4）“读书破万卷，下笔如有神。”（唐·杜甫《奉赠韦左丞丈二十二韵》）

（5）“不是一番寒彻骨，怎得梅花扑鼻香。”（唐·裴休《宛陵录·上堂开示颂》）

39. **惰性环境原理**

惰性环境发明原理的基本思想是使用惰性环境代替通常环境。其相关诗词有：

（1）“千磨万击还坚劲，任尔东西南北风。”（清·郑燮《竹石》）

（2）“躲进小楼成一统，管他冬夏与春秋。”（近现代·鲁迅《自嘲》）

（3）“自云先世避秦时乱，率妻子邑人来此绝境，不复出焉，遂与外人间隔。问今是何世，乃不知有汉，无论魏晋。”（东晋·陶渊明《桃花源记》）

40. **复合材料原理**

复合材料发明原理的基本思想是用复合材料代替同性质的材料，以使物质具备那些原本不属于单个成分的特性。其相关诗词有：

“梅须逊雪三分白，雪却输梅一段香。”（宋·卢梅坡《雪梅　其一》）

附录3　【综合案例：用发明原理解读党的十九大】[①]

2017年10月，中国共产党第十九次全国代表大会胜利召开。习近平总书记所作的党的十九大报告高屋建瓴，开拓创新，内涵丰富，明确了新时代中国社会的主要矛盾，提出了新时代中国共产党的历史使命，确立了新时代中国特色社会主义思想和基本方略，作出了决胜全面建成小康社会、建设社会主义现代化强国“两步走”的战略安排，是一部具有重要历史意义的政治纲领。

作为经典TRIZ中解决问题的主要工具，发明原理已被成功应用于解

① 韩冰，现就职于天津市科学研究所，微信公众号“创新方法”，有修改。

决工程技术、商业、教育、管理等领域的问题。在经典 TRIZ 中，每个发明原理下面都有若干解释，并给出了相关领域的案例。本文从发明原理的视角解读党的十九大报告，在介绍每个发明原理及其解释的基础上，对党的十九大报告中体现该原理的相关内容进行了梳理。

1. 分割

（1）把一个系统分成相互独立的部分。

——中国特色社会主义事业“五位一体”的总体布局。将中国特色社会主义事业总体布局分割为经济建设、政治建设、文化建设、社会建设、生态文明建设五个相互独立的方面。

——新时代中国特色社会主义基本方略的“十四个坚持”。将新时代中国特色社会主义基本方略分割为领导力量、政治立场、发展动力、发展导向、依靠力量、法治保障、精神力量、发展目的、人与自然关系、国家安全、国防和军队建设、国家统一、中国和世界的关系、党的自身建设十四个相互独立的方面。

（2）增加系统的分割程度。

——决胜全面建成小康社会、建成社会主义现代化强国“两步走”。将全面建成社会主义现代化强国分割成为两个阶段：2020 年到 2035 年基本实现社会主义现代化；2035 年到 21 世纪中叶把我国建设成为富强民主文明和谐美丽的社会主义现代化强国。

2. 抽取

从系统中抽取产生负面影响的部分或属性。

——深化事业单位改革，强化公益属性，推进政事分开、事企分开、管办分离。将一些事业单位现有的一些有负面影响的、不利于改革发展的职能抽取出来，保留其必要的职能。如将现有的事业单位政府行政职能剥离出来，更多从事公共事业运作的职能。

3. 局部质量

让物体各部分均处于完成各自动作的最佳状态。

——精准扶贫。党的十九大报告提出了“精准扶贫、精准脱贫”，针对不同贫困居民状况，对扶贫对象实施“一户一策”式的帮扶，做到精确识别、精确帮扶、精确管理。这样各种特性对每个特定扶贫对象而言被构造为不均匀的或是最优的。

4. **非对称**

将对称的物体变为非对称。

——“一国两制”。在坚持一个中国原则的前提下，国家主体实行社会主义制度，中国香港、澳门和台湾保持原有的资本主义制度。“一国两制”是解决台湾问题的基本方针、也是实现国家统一的最佳方式。在这个制度中，“一国”和“两制”有着明显的层级和主次之分，这是将国家管理形态由对称形式转向不对称形式。

5. **组合**

（1）在空间上将相似的（相同、相关、同类、接近、时间上连续的）对象加以组合或合并。

——探索党政机关合署办公。两个不同的党政机关在同一地点办公，使得两个机构的资源可以有效整合，在上级部门统一指挥调度下统筹灵活安排。这是在空间上进行组合。

（2）在时间上将相似的（相同、相关、同类、接近、时间上连续的）对象加以组合或合并。

——党政军民学，东西南北中，党是领导一切的。要坚持党始终总揽全局，协调各方的领导核心地位，这是社会主义政治制度的优越性所在。各行各业都要贯彻执行党从全局出发、集中各方面智慧作出的决定。

——巩固和发展爱国统一战线。要高举爱国主义、社会主义旗帜，牢牢把握大团结大联合的主题。党能够团结一切可以团结的力量，将各界资源整合在一起，为实现中华民族伟大复兴贡献力量。

6. **多用性**

使一个物体具备多项功能。

——全面增强党的执政本领。党既有一个政党的属性，又有执政能力。

——党带领全国人民实现中华民族伟大复兴。党既有作为一个政党的属性，又能够领导和团结全国人民抓发展。

7. **嵌套**

把一个物体嵌入另一个物体，然后将这两个物体嵌入第三个物体，以此类推。

——科技创新作为建设现代化经济体系的战略支撑。嵌套的本质是彼此吻合、彼此组合、内部配合。党的十九大报告将科技创新不再作为单独的一个部分，而是作为支持“五位一体”、军事智能化等现代化建设的重要手段和方法，将科技创新嵌入社会主义现代化建设当中去，符合嵌套原理。

8. **重量补偿**

将某一物体与另一能提供升力的物体相结合，实现重量补偿。

——深度实施东西部扶贫协作。东西部通过开展扶贫协作，用东部资源优势带动西部发展，符合重量补偿原理。

9. **预先反作用**

如果问题定义中需要某种作用，那么事先施加反作用。

——注重在基层一线和困难艰苦的地方培养锻炼年轻干部。干部在提拔之前，需要对其事先施加反作用，去基层锻炼，符合预先反作用原理。

10. **预先作用**

（1）预先对物体（全部或部分）施加必要的改变。

——加强党对意识形态工作的领导。

——社会主义核心价值观从娃娃抓起。意识形态作为党的一项极端重要的工作，一刻也不能放松和削弱。通过预先作用，掌握意识形态工作领导权，让习近平新时代中国特色社会主义思想深入人心，对于提升国家文化软实力，坚持中国特色社会主义文化发展道路有着非常积极和重要的作用。

（2）预先安置物体，使其在最方便的位置发挥作用而不浪费时间。

——扎实做好各战略方向军事斗争准备。提前做好战略方向的储备，一旦战争开始，就能够做到“能打仗、打胜仗”，符合预先作用原理。

11. **事先防范**

采用事先准备好的应急措施，补偿物体相对较低的可靠性。

——推进反腐败国家立法，建设覆盖纪检监察系统的检举举报平台。以立法、检举举报平台等形式来补偿传统意义上的监督这种可靠性相对较低的模式，符合事先防范原理。

12. **等势**

建立连续及完全互联的关联及联系。

——建立全国统一的社会保险公共服务平台。所谓“势”，从物理学的概念可以看作一种“位置”，进一步可以理解为“水平”“层级”等。党的十九大报告提出的在全国范围内建立起统一的社会保险服务体系，就是让全国所有地方的社会保险服务建立关联和联系，不论你在中国的哪一个地方缴纳社会保险都是一样的，都能够享受社会保险服务，符合等势原理。

13. 逆向思维

用相反的动作代替问题定义中所规定的动作。

——全面实施市场准入负面清单制度。负面清单就是将不该做的事列出清单。这是用逆变行动来解决问题，符合逆向思维原理。

14. 曲面化

用曲线或球面代替物体的直线、平面部分。

——尊重世界文明多样性，以文明交流超越文明隔阂、文明互鉴超越文明冲突、文明共存超越文明优越。曲面化的本质就是将线性关系转化为非线性关系，党的十九大报告提出的这一观点，是中国共产党人“各美其美、美人之美、美美与共”的文化自信在对外关系上的生动展现。世界是多元的，不是单一的，将文明隔阂、文明冲突作为一种反馈，进而设计一系列活动促进文明交流和文明互鉴，将传统的线性思维转化为球面思维，符合曲面化原理。

15. 动态性

如果一个物体整体是静止的，使之可动或移动。

——发展多种形式适度规模经营。作为农业发展所必需的资源，土地是不可移动的、是静止的。但通过发展土地流转、土地确权等诸多农业经营的新模式，让土地“移动”起来，让不能动的资源“流动”起来，从而提高资源利用效率，符合动态性原理。

16. 不足或超额行动

如果所期望的效果难以百分之百实现，稍微超过或小于期望效果，会使问题大大简化。

——加强纪律教育，强化纪律执行，让党员、干部知敬畏、存戒惧、守底线，习惯在受监督和约束的环境中工作生活。

——坚持反腐败无禁区、强高压、零容忍。

党的十九大报告提出的这两方面内容可以理解为“过度”作用，即实施过程中稍微超过一些期望效果，让大家更加适应全面从严治党这样一种新常态。

17. 一维变多维

将物体变为二维（如平面）运动，以克服一维直线运动或定位的困难；或过渡到三维空间运动以消除物体在二维平面运动或定位的问题。

——党的基本路线对社会主义现代化建设目标从最初的三个维度变成五个维度。党的十三大将“把我国建设成为富强民主文明的社会主义现代化国家”作为长期奋斗的目标，只有富强、民主、文明三个维度；2006 年十六届六中全会把“和谐”与“富强民主文明”一起作为社会主义现代化建设的目标；到了党的十九大提出“富强民主文明和谐美丽的社会主义现代化强国”的目标，增加了“美丽”，变成了五个维度。这里将“社会主义现代化建设目标”作为一个系统，将其移动到多维空间，通过维数变化使目标更加清晰可行，符合一维变多维原理。

18. 机械振动

如果已处于振动状态，则提高振动频率（直至超声振动）。

——深化政治巡视，坚持发现问题、形成震慑不动摇，建立巡视巡察上下联动的监督网。党的十八大以来，党中央把巡视作为加强党内监督的战略性制度安排，将其纳入全面从严治党总体部署。通过巡视不断发现问题、形成震慑，取得了很好的成效，可以认为处于振动状态。党的十九大之后还要进一步加强巡视和巡察工作，可以认为是提高振动频率，符合机械振动原理。

19. 周期性作用

（1）用周期性动作或脉冲动作代替连续动作。

——保障和改善民生要抓住人民最关心最直接最现实的利益问题，既尽力而为，又量力而行，一件事情接着一件事情办，一年接着一年干。

解决民生问题，需要改变过去每年什么都做，但什么都做不到位的现状，集中力量，各个击破，每年抓几项不同的重点工作，随着形势变化在几年之后这几项工作又会成为当年的重点工作，具有明显的周期性特点。

（2）如果周期性动作正在进行，改变其运动频率。

——坚持开展批评和自我批评。用好“四种形态”，让咬耳扯袖、红脸出汗成为常态。党的十九大报告提出的这一内容，可以将其看作提高

“批评与自我批评”这项本就属于周期性动作的运动频率。

20. 有效作用的连续性

物体的各个部分同时满载持续工作，以提供持续可靠的性能。

——推进“两学一做”学习教育常态化制度化。“两学一做”学习教育开展以来取得了很好的效果，可以认为达到了可靠的性能。今后还要持续开展，并将其作为常态化工作，以提供持续可靠的性能，符合有效作用的连续性原理。

21. 快速通过

将危险或有害的流程或步骤在高速下进行。

——抓早抓小，防微杜渐。对于苗头性、倾向性的问题，需要迅速地发现问题并采取相应措施，以缩短有害作用的发生时间。

22. 变害为利

利用有害的因素（特别是环境中的有害效应），得到有益的结果。

——人民群众最痛恨腐败现象，必须夺取反腐败斗争压倒性胜利。腐败在这里作为有害因素，党就要利用这一有害因素，将反腐败工作抓到底，以此赢得民心，符合变害为利原理。

23. 反馈

（1）在系统中引入反馈。

——有事好商量，众人的事情由众人商量，是人民民主的真谛。

——凡是群众反映强烈的问题都要严肃认真对待。

党的十九大报告提出的上述内容，都是要充分听取来自人民群众的意见和反馈，将其作为党开展工作的动力，使党和国家的各项工作更好地为人民服务。

（2）如果已引入反馈，改变其大小或作用。

——扩大党内基层民主，推进党务公开，畅通党员参与党内事务的渠道。倾听基层党员的呼声，扩大来自基层党员的反馈渠道。

——坚持惩前毖后，治病救人。依托民主生活会等组织形式，将批评与自我批评作为一种反馈，对党员干部进行教育。通过进一步扩大反馈的作用，使党员从别人对自己的批评中吸取教训，改正错误。

24. 中介物

使用中介物实现所需动作。

——支持社会办医。将社会力量作为“中介物”，鼓励举办各类医疗机构，打破只有政府办医的局面。

——加快要素价格市场化改革。借助“市场”这一中介物进行要素价格调节。

25. **自服务**

物体通过执行辅助或维护功能为自身服务。

——强化党的自我监督，增强党的自我净化能力。党通过执行监督这一维护功能，为自身服务，符合自服务原理。

26. **复制**

（1）用简单、廉价的复制品代替复杂、昂贵、不方便、易损、不易获得的物体。

——全党来一个大学习：通过书籍、报纸、网络、广播电视等多种方式宣传党的十九大精神（其实这一条也符合该原理的第二条解释）。

（2）用光学复制品（图像）代替实物或实物系统。

——通过电视或网络收看开幕式实况转播，通过视频在线学习代替去现场实地参会。

27. **廉价替代品**

用若干便宜的物体代替昂贵的物体，同时降低某些质量要求，实现相同功能。

——一张图概述党的十九大精神：将三万多字的报告全文浓缩成为一张图或几句话，通过更简单的方式了解十九大精神的实质内容。采用这种方式学习不仅能非常全面地了解报告内容，还能够了解到最重要的内容。

28. **机械系统替代**

用视觉系统、听觉系统、味觉系统或嗅觉系统代替机械系统。

——增强改革创新本领，善于运用互联网技术和信息化手段开展工作。采用互联网和信息化替代传统的现场办公，让数据多跑道，百姓少跑腿。再如，开幕式同步直播：利用互联网技术让每位党员都能够在第一时间直接了解和学习到党的十九大精神，极大地缩短了以往通过集中开会等方式逐级上传下达所需要的时间，很好地实现了“一竿子打到底”。

29. **气压或液压结构**

将物体的固体部分用气体或流体代替，如充气结构、充液结构、气垫、液体静力结构和流体动力结构等。

——经济体制改革必须以完善产权制度和要素市场化配置为重点，实现产权有效激励、要素自由流动、价格反应灵活。

党的十九大报告提到的该项内容，实际上是建立灵活的要素流动机制和价格调节机制，将要素、价格等比较固化的系统变成流体结构。

30. 柔性壳体或薄膜

（1）使用柔性壳体或薄膜代替标准结构。

——推动社会治理重心向基层下移，发挥社会组织作用，实现政府治理与社会调节、居民自治良性互动。这里可以将政府治理看作社会治理的标准结构，社会调节和居民自治作为社会治理模式的有益补充，可以看作柔性壳体或薄膜结构，让居民来管理其他居民。

（2）使用柔性壳体或薄膜，将物体与环境隔离。

——保持党同人民群众的血肉联系。党员是全党的最小单元，将党员看作柔性壳体或薄膜，直接与群众联系，面对面解决群众的难题。同时群众有什么困难或问题，可以直接找身边的各位党员，无须再去越过党员找党的各级组织，进而督促每位党员发挥模范带头作用。符合柔性壳体或薄膜原理。

31. 多孔材料

使物体变为多孔或加入多孔物体。

——畅通党员参与党内事务、监督党的组织和干部、向上级党组织提出意见和建议的渠道。这里将基层党员作为党组织体系的一层多孔膜，让党内民主渠道更加畅通，提高普通党员对党内事务的参与度，保证普通党员拥有向党的上级组织提出意见和建议的权利。

32. 改变颜色

改变物体或环境的透明度。

——推进党务公开。

——建立全面规范透明、标准科学、约束有力的预算制度。

党的十九大报告提出的上述内容，都是旨在提高党务工作以及预算制度的透明度，符合改变颜色原理。

33. 均质性

存在相互作用的物体用相同材料或特性相近的材料制成。

——建设具有强大凝聚力和引领力的社会主义意识形态，使全体人民在理想信念、价值理念、道德观念上紧紧团结在一起。这里将理想信念、价值理念、道德观念作为物质的属性，通过意识形态建设，使全体人民具有相同的物质属性，做到“万众一心”。可以认为存在相同或特性相近的材料，符合均质性原理。

34. **抛弃与再生**

在工作过程中迅速补充系统或物体中消耗的部分。

——加大对生态系统的保护力度，实施重要生态系统保护和修复重大工程，扩大轮作休耕试点。这里指出了生态系统的某项功能实现后，立即对其进行恢复和再利用，符合抛弃与再生原理。

35. **物理/化学参数改变**

参数改变原理的实质是改变物质或系统的属性。因此除了经典TRIZ理论中提到的改变聚集态、浓度或密度、柔度以及温度之外，在其他非技术领域还可以通过其他方式去改变其他的参数或者属性。

——新时期我国社会主要矛盾发生转化：中国特色社会主义进入新时代，我国社会主要矛盾已经转化为人民日益增长的美好生活需要和不平衡不充分的发展之间的矛盾。让人民过上美好的生活作为IFR，它的实现就需要充分利用各种资源对系统进行改进和优化，在这一过程中则必然会带来各种各样的问题，而其中的根源就是主要矛盾的转化，也就是参数的改变。因此各项工作也都需要围绕改变后的参数——新的主要矛盾来展开。

——坚持房子是用来住的、不是用来炒的定位。将房子的属性作为一个参数，从“用来炒”变成“用来住”，进而改变房地产未来的发展格局。

36. **相变**

利用物质相变时产生的某种效应。在非技术领域，该原理也可以描述为利用发生在过渡阶段所发生的现象。

——新时代中国特色社会主义思想的产生，正是基于新的时代背景。

——中国社会主要矛盾发生变化，在新常态下实现新变革。党的十九大召开之时，我国的发展环境及发展阶段正在发生深刻的变化，中国社会主要矛盾也发生了历史性的转化，这个“相变”的过程也为中国特色社会主义建设提出了新的要求。这样一个需求的转换，催生了习近平新时代中国特色社会主义思想。

37. 热膨胀

使用热膨胀或热收缩材料。

——赋予省级及以下政府更多自主权。

——强化基层党组织作用。

热膨胀原理通常是用于线性的热膨胀或者热收缩，但实际上该原理体现出的实质是两种不同形式能量之间的转换。利用其他类型的场使物质本身的性质发生改变。在党的十九大报告中提到的上述内容，实际上就是利用环境中的场，让基层政府或基层党组织发生“热膨胀”，即强化其本身的功能。

38. 强氧化剂

用纯氧代替富氧空气。

——全党要更加自觉地坚定党性原则，勇于直面问题，敢于刮骨疗毒，消除一切损害党的先进性和纯洁性的因素。保持党的纯洁性从根本上说是为了永葆党的政治本色和生机活力，从而更好地肩负起中国共产党的历史使命。

39. 惰性环境

用惰性环境代替正常环境。

——保持土地承包关系稳定并长久不变。

——构建总体稳定、均衡发展的大国关系框架。

党的十九大报告提到的上述两点都是希望构建一个安全稳定的（惰性）环境，因此符合惰性环境原理。

40. 复合材料

用复合材料代替均质材料。

——坚持五湖四海，任人唯贤。

——加强党外知识分子工作，做好新的社会阶层人士工作，发挥他们在中国特色社会主义事业中的重要作用。

——广泛团结联系海外侨胞和归侨侨眷，共同致力于中华民族伟大复兴。

使用复合材料，可以实现意识的组合及使用不同的技能或能力。党的十九大报告提出的上述内容都可以看作运用复合材料，即集各界人才的多个方面的能力和智慧，共同实现中华民族伟大复兴的中国梦，因此符合复合材料原理。

技术矛盾与矛盾矩阵

第六章

掌握新技术，要善于领悟，更要善于创新。

——邓小平

矛盾存在是真理的标准，矛盾的缺失是错误的标准。

——黑格尔（Hegel）

创新应当是企业家的主要特征，企业家不是投机商，也不是只知道赚钱、存钱的守财奴，而应该是一个大胆创新，敢于冒险，善于开拓的创造型人才。

——约瑟夫·熊彼特（Joseph Alois Schumpeter）

【趣味故事】 坦克装甲的改进

1915 年，英国利用内燃机、履带、武器和装甲技术，制造出了世界上第一辆坦克。第一次使用前，在运输中为了保密，根据其外形被谎称为“tank（水箱）”。

1916 年 9 月 15 日，在索姆河战役中，英军为了突破德军防御，首次使用坦克。英军坦克在泥泞的弹坑间如履平地般驶过，压倒了曾阻挡过无数步兵的铁丝网，越过了堑壕，将德军的工事碾压得支离破碎。与此同时，他们用机枪和火炮猛烈射击，打得德军尸横遍野。

坦克的首次作战便取得了成功，给德军步兵以极大的震撼。自此以后，各国纷纷开始研制坦克这种重型武器，同时，各国也开始寻找有效摧毁这种新式武器的方法，并研发出反坦克兵器。

在以后的战争中，随着坦克与反坦克武器之间的博弈，坦克的装甲也越来越厚。到第二次世界大战结束时，坦克装甲的厚度已经由最初的十几毫米增加至 180 毫米左右。装甲厚度的增加，带来了体积和重量的极速增加，这又导致坦克的速度、机动性、耗油量等一系列问题的出现。

在本故事中，坦克的厚度与重量这两个参数之间就构成了一对技术矛盾——厚度要厚、重量要轻，这对技术矛盾究竟应该如何解决？本章将通过矛盾矩阵的方法加以解决。

第一节　技术矛盾

技术矛盾是指在改善对象的某个参数（A）时，导致另一个参数（B）的恶化。此时，我们称参数 A 和参数 B 构成了一对技术矛盾。例如，提高了某个对象的生产率，却导致了其复杂度的恶化。在金融中，提高了金融资产的收益率，却导致了风险的增加。降低对融资者风险的容忍度会提升融资者普惠度，投资风险却增加了。

从矛盾的观点来看，参数 A 和参数 B 的关系类似跷跷板，如图 6－1 所示。它们之间既对立又统一，对立面表现为参数 A 和参数 B 之间类似反比关系，统一面表现为参数 A 和参数 B 是统一于一个系统中，两者相互依存，紧密联系在一起。

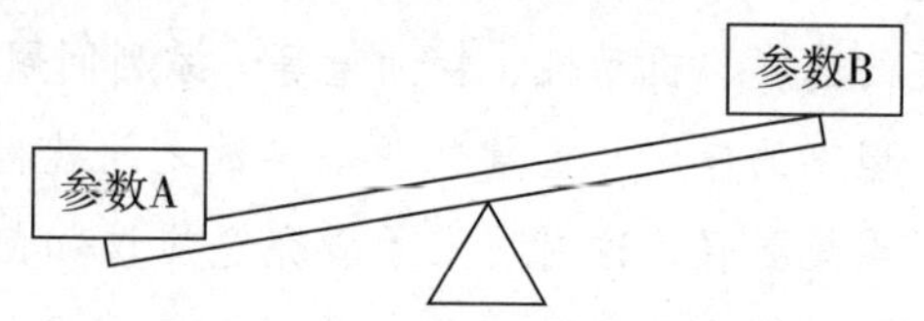

图 6－1　技术矛盾的两个参数之间的关系

技术矛盾常常以下列几种情况出现。

（1）在一个子系统中引入一个有用功能，导致另一个子系统产生一个有害功能或者加强了已存在的有害功能。

（2）消除一个有害功能时导致另一个子系统有用功能减弱。

（3）有用功能的加强或有害功能的减弱使另一个子系统或系统变得复杂化。

发现并确定技术矛盾的方法很多，可以通过第四章介绍的功能分析、因果链分析来确定，也可以通过第八章物－场模型来分析问题。当然，也可以结合其他创新方法来确定。

下面举两个更具体的技术矛盾的例子。飞机油箱的问题。飞机油箱越大装载的油越多，飞机的续航能力越强，飞得也就越远，但是飞机油箱越大也影响了飞机的机动性和耗油量。这时，飞机油箱大小这个参数与飞机的机动性、耗油量多少就构成了技术矛盾。

P2P 网络借贷的问题。2015 年以前，为解决中小企业融资难问题，国家鼓励互联网金融创新，在政策上对 P2P 网络借贷给予肯定和放松管理，各种借贷平台纷纷成立。P2P 网络借贷提高投融资效率的同时，也带来了巨大的信用风险和道德风险，出现了大量借款人违约、平台跑路、平台自融等问题。这时，网络借贷投融资效率与平台的信用风险、道德风险就构成了技术矛盾。

第二节 39 个通用参数①

找到问题后，为了快速、准确地解决问题，还需要把问题标准化，确定特定问题的技术矛盾，这就需要将具体领域的技术矛盾用通用工程参数重新描述。通用工程参数，是阿奇舒勒通过对大量发明专利的研究，总结出工程领域内常用的表述形式，一般是物理、几何和技术性能的参数。

从 1964 年，首次发布“矛盾矩阵”时，仅包含 16 个通用工程参数；1965 年发布的“矛盾矩阵”中，包含 32 个；再到 1971 年发布的“矛盾矩阵”中，包含 39 个。最后 MATRIZ 官方将数字定在 39 个。这 39 个通用工程参数是阿奇舒勒在 1940 年到 1970 年，选择了大约 4 万个属于二级至四级的发明专利后通过验证和确认的。通用工程参数是连接具体问题与 TRIZ 理论的桥梁，学习通用工程参数有助于我们把具体问题转化为 TRIZ 问题，从而方便利用本章第三节的矛盾矩阵解决问题。39 个通用工程参数如表 6－1所示。

---

① 从 1985 年到 2002 年，D. Mann 整合 75 人力分析，超过 15 万件专利，提出新的矛盾矩阵 Mrtrix 2003，增加至 48 个工程参数（Engineering Parameters）。新增的工程参数包括噪声、美观、安全、整合、有害排放等，皆是近代设计所着重说明的议题。Matrix 2003 的另一特点是除了对角线之外，没有空矩阵元素。由于经典的 39 个参数还有巨大的参考实用价值，本章还是采用阿奇舒勒的 39 个参数作为研究对象。

表 6－1　　39 个通用工程参数①

序号	参数名称	序号	参数名称	序号	参数名称
1	运动对象的重量	14	强度	27	可靠性
2	静止对象的重量	15	运动对象作用时间	28	测量的精确性
3	运动对象的长度	16	静止对象作用时间	29	制造精度
4	静止对象的长度	17	温度	30	作用于对象的外部有害因素
5	运动对象的面积	18	光照度（光强度）	31	对象产生的有害因素
6	静止对象的面积	19	运动对象的能量	32	可制造性
7	运动对象的体积	20	静止对象的能量	33	可操作性
8	静止对象的体积	21	功率	34	可维修性
9	速度	22	能量的无效损失	35	适应性
10	力	23	物质的无效损失	36	系统的复杂性
11	应力或压力	24	信息的损失	37	检测的难度
12	形状	25	时间的无效损耗	38	自动化程度
13	结构的稳定性	26	物质或事物的数量	39	生产率

从表 6－1 可以看出，有 6 对参数有“运动对象”和“静止对象”之分。在工程领域中，运动对象是指可以很容易改变空间位置的对象，不论对象是靠自己的能力还是借助外力的作用。例如，书、手机、自行车、笔记本电脑等。静止对象是指空间位置不变的对象，不论对象是靠自己的能力来保持不变还是借助外力保证其空间位置不变。判断的标准是：在对象实现功能时，空间位置是否保持不变。例如，课桌、建筑物、冰箱、台式计算机等。

在金融领域中，我们对“运动”和“静止”解释为两种情况：一种情况是资产相对于现金的流动性，这是狭义的流动性，也是主流教科书上所强调的流动性。流动性强表明具有较强的“运动性”，流动性差表明具有较强的“静止性”。另一种情况是广义的流动性，泛指两种资产之间转换的难易程度，难以转换表明这两种资产更多地处于“静止性”状态，容易转换表明这两种资产更多地处于“运动性”状态，下文将针对每个参数有详细的解释。

① 39 个参数与前面所讲的 40 个发明原理一样都具有固定的序号，具体体现为矛盾矩阵参数序号。

任何基本的融资模式都可以抽象为三个合约的交易，如果按照流动性的升幂排列，即原始合约、派生合约和货币合约。此处的原始合约称作派生合约的标的物，此处的派生合约可以称作货币合约的标的物。

由于这39个参数具有高度概括性，所以很难将其定义得非常准确。所以我们使用时要灵活，不要过于死板。下面详细介绍每个参数的具体含义，并对每一个参数做相应的金融化解释。

1. 运动对象的重量

运动对象的重量是指在重力场中运动对象所受到的重力。如运动对象作用于其支撑或悬挂装置上的力。

【金融解释】运动对象的重量（派生合约的价值）

所谓派生合约的价值，是相对流动性较强的合约的价值而言的。当然这个价值的大小取决于原始合约的价值，比如取决于资产证券化中原始资产的价值，房地产投资基金中房地产的价值，企业融资中企业的价值等。

2. 静止对象的重量

静止对象的重量是指在重力场中静止对象所受到的重力。如静止对象作用于其支撑或悬挂装置上的力。

【金融解释】静止对象的重量（派生合约标的物的价值）

在特定的金融环境下，流动性较弱的派生合约的标的物的价值。

3. 运动对象的长度

运动对象的长度是指运动对象任意线性尺寸。注意：不一定是最长的那个尺寸。

【金融解释】运动对象的长度（派生合约被持有期间）

在特定的金融环境下，流动性较强的派生合约被持有期间。

4. 静止对象的长度

静止对象的长度是指静止对象任意线性尺寸。注意：不一定是最长的那个尺寸。

【金融解释】静止对象的长度（派生合约标的物被持有期间）

在特定的金融环境下，流动性较弱的派生合约的标的物的被持有期间。

5. 运动对象的面积

运动对象的面积是指运动对象内部或外部所具有的表面或部分表面的面积。

【金融解释】运动对象的面积（派生合约涉及元素的多寡）

在特定的金融环境下，流动性较强的派生合约所涉及的元素的多寡。这些元素包括派生合约的原始单价、性质等元素，以及派生合约的成本、风险、效率之间的均衡度。以金融产品中的期货和远期为例，前者需要交纳保证金，但是违约风险较小。

6. 静止对象的面积

静止对象的面积是指静止对象内部或外部所具有的表面或部分表面的面积。

【金融解释】静止对象的面积（派生合约标的物涉及元素的多寡）

在特定的金融环境下，流动性较弱的派生合约的标的物所涉及的元素的多寡。

7. 运动对象的体积

运动对象的体积是指运动对象所占有的空间体积。

【金融解释】运动对象的体积（派生合约的交易量）

在特定的金融环境下，流动性较强的派生合约的交易量。交易量有一级市场和二级市场之分，也有合约总数和交易总额之分。

8. 静止对象的体积

静止对象的体积是指静止对象所占有的空间体积。

【金融解释】静止对象的体积（派生合约标的物的交易量）

在特定的金融环境下，流动性较弱的派生合约的标的物的交易量。

9. **速度**

速度是指对象的运动速度、过程或活动与时间之比。即单位时间内完成某种动作或过程的量。

【金融解释】速度（派生合约或其标的物转化为货币的难易程度）

派生合约或其标的物的流动性，是专指转化为货币的难易程度。运动和静止指的是相对流动性，不一定要转换成货币，而资产置换，此时的流动性指的是绝对的流动性，一定要转换成货币。

10. **力**

力是指两个系统之间的相互作用。在牛顿力学中，力等于质量与加速度之积。在TRIZ中，力是试图改变对象状态的任何相互作用，即对象或系统产生部分或完全地、暂时地或永久地变化的能力。

【金融解释】力（派生合约或者原始合约估计的报酬率）

派生合约或者原始合约估计的报酬率简称投资“力”，指的是当下的货币合约转换成派生合约以期望获得原始合约未来现金流的能力。

11. **应力或压力**

应力或压力是指单位面积上的力，也包括张力。

【金融解释】压力（派生合约或者原始合约的必要报酬率）

“必要报酬率”指的是投资人根据投资风险要求得到的“最低报酬率”，也叫“要求收益率”。按照“必要报酬率”折现计算得出的是派生合约的“内在价值”，计算公式为：必要报酬率＝无风险收益率＋贝塔系数×（市场平均收益率－无风险收益率）。因为有投资人的要求在里面，所以解释为派生合约的“压力”。

12. **形状**

形状是指对象外部轮廓或系统的外貌。

【金融解释】形状（派生合约或者原始合约的现金流重整）

可以通俗地理解为派生合约或者原始合约的包装。比如，对上市公司进行资产重组；资产证券化可以看成是对基础资产的包装，用现金流进行包装；庞氏骗局用高回报进行包装；中国的电影明星进入公司对企业（股票）进行包装；上市公司对财务报表的粉饰；影业公司通过刷票房对现金流进行包装。

13. 结构（成分、组成、布局）的稳定性

结构的稳定性是指系统的完整性及系统组成部分之间的关系。磨损、化学分解及拆卸都可能会降低稳定性。

【金融解释】结构(成分、组成、布局)稳定性（派生合约或者原始合约相关要素的稳定性）

派生合约或者原始合约基于价格、金融制度、金融组织结构等的稳定性。例如，国外的股票市场合法、规范强有效、有分红，因而股价比较稳定。但是国内市场弱有效、不分红，有内幕交易又缺乏辨识和惩罚（比如退出机制），这样的股票市场制度导致股票获利过度依赖炒作，造成了股票市场的不稳定。金融组织缺乏监管容易跑路。

14. 强度

强度是指对象抵抗外力作用使之变化的能力。

【金融解释】强度（派生合约或者原始合约所发起的金融资产的低能信用资源充足度）

强度指的是最原始、最狭义的概念，即派生合约或者原始合约发起的金融资产的反制力，反制力越强，信用风险越低。这里一般不包括除信用风险之外的风险，比如操作风险、市场风险、不可抗力风险等。

15. 运动对象作用时间（耐久性、稳定性）

运动对象作用时间是指对象完成规定动作的时间、服务期。两次误动作之间的时间也是作用时间的一种度量。

【金融解释】运动对象的作用时间［min（派生合约的周期，派生合约的发生风险周期）］

在特定金融环境下，min是指流动性较强的金融产品的周期，流动性较强的金融产品的发生风险周期。

16. **静止对象作用时间（耐久性、稳定性）**

静止对象作用时间是指对象完成规定动作的时间、服务期。两次误动作之间的时间也是作用时间的一种度量。

【金融解释】静止对象的作用时间［min（派生合约标的物的周期，派生合约标的物的发生风险周期）］

在特定金融环境下，min是指派生合约的标的物周期，派生合约的标的物发生风险周期，如契约型基金、合伙制企业，甚至一般企业都存在“作用时间”。

17. **温度**

温度是指对象或系统所处的热状态，包括其他热参数，如影响改变温度变化速度的热容量。

【金融解释】温度（广义贝塔系数）

个体资产相对于其所属的整体市场的价格波动性。比如，单个房产相对于所属的房地产市场的价格波动性，单只股票相对于所属的股票市场的价格波动性（贝塔系数）。一般而言，资产组合越接近M组合，这组资产的贝塔系数越小。

18. **光照度（光强度）**

光照度是指单位面积上的光通量，系统的光照特性，如亮度、光线质量。

【金融解释】照度（派生合约或者原始合约构成元素的辨识度）

基于派生合约的金融元素的辨识度。包括派生合约的内部元素以及派生合约的市场元素。一般而言，金融元素余额越标准化，辨识度越强。比如债券就比非标准债的辨识度强（当然标准化又会造成精确度的正相关）。反面的例子有次贷危机与中国金融理财的层层嵌套。

19. **运动对象的能量**

运动对象的能量中所说的能量是对象做功的一种度量。在经典力学中，能量等于力与距离的乘积。能量也包括电能、热能及核能等。

【金融解释】运动对象的能量（派生合约形成过程所产生的成本）

在特定的金融环境中，流动性较强的派生合约在形成过程中所消耗的财务费用和时间。比如，完成企业上市，把企业未来的收益变成股票，这个过程所消耗的财务费用和时间，就是“运动对象的能量消耗”。

20. **静止对象的能量**

静止对象的能量中所说的能量是对象做功的一种度量。在经典力学中，能量等于力与距离的乘积。能量也包括电能、热能及核能等。

【金融解释】静止对象的能量（派生合约标的物形成过程所产生的成本）

在特定的金融环境中，流动性较弱的原始合约在形成过程中所消耗的财务费用和时间。例如，一家企业的形成以及获得另外一家企业控股权，这个过程所花费的成本，就是“静止对象的能量消耗”。企业控股权流动性较弱。

21. **功率**

功率是指完成的工作量与所用时间的比率，或能量的使用速率。

【金融解释】功率（广义的杠杆率）

广义的杠杆率，是指撬动资金的能力。比如存款准备金率、保证金制度、杠杆收购等一切放大或者缩小资金使用规模的制度设计。

22. **能量的无效损失**

能量的无效损失是指从事的工作没有贡献的能量耗费。

【金融解释】能量的无效损失（货币时间价值的浪费）

能量的无效损失，在金融市场中，指货币时间价值的浪费。从系统角度看，资金空转是一个“能量损失”；从微观角度看，如果资金没有很好地使用，也是一种“能量损失”；行权机会的丧失，也是一种“能量损失”。

23. 物质的无效损失

物质的无效损失是指部分或全部、永久或临时的材料、部件或子系统等物质的损失，对从事的工作没有任何贡献。

【金融解释】物质的无效损失（资产减值）

物质的无效损失，在金融市场中，指资产减值，资产净现值为负值。

24. 信息的损失

信息的损失是指部分或全部、永久或临时的数据损失。

【金融解释】信息损失（信息的不对称程度）

信息损失，在金融市场中，指信息的不对称程度。

25. 时间的无效消耗

时间是指某个行为的持续时间。时间的无效损耗是指所从事的工作没有贡献的时间的耗费。改善时间的损失指减少某个行为所花费的时间。

【金融解释】时间的无效损失（时间的无效性）

时间的无效损失，在金融市场中，指时间的无效性。派生合约或者原始合约由于提前解约所造成的基于特定期限价值的损失，这种损失的关键原因在于时间期限的无效性。例如，定期存款变为活期存款，由于时间的无效性，造成收益的损失。

26. 物质或事物的数量

物质或事物的数量是指材料、部件及子系统等的数量，它们可以被部分或全部、临时或永久地改变。

【金融解释】物质的量（金融合约的数量、规模、种类等）

金融参数中的物质的量是指金融合约的数量、规模、种类等。此处的金融合约包括原始合约、派生合约和货币合约三大类。

27. 可靠性

可靠性是指系统在规定的方法及状态下完成规定功能的能力。

【金融解释】可靠性（派生合约保本利率的稳定性）

金融参数中的可靠性指的是派生合约保本利率的稳定性。保本利率＝资金成本率＋管理费用率＋风险溢价率。

28. 测量的精确性

测量的精确性是指系统特征的测量值与实际值之间的误差。减少误差将提高测量精度。

【金融解释】测量的精确性（派生合约信用评估精确性）

投融资双方在达成交易前，首先必须对合约进行信用评估，特别是投资方需要对融资方进行信用揭示。比如，个人贷款时的“信用评分模型”，芝麻信用分就属于这一类。除此之外，还包括对发行股权的企业的信用揭示，当这种揭示不准确甚至是错误的时候，就会出现圈钱等危害投资方利益的事，从而发生了“逆向选择”。

29. 制造精度

制造精度是指系统或对象的实际性能与所需性能之间的误差。

【金融解释】制造精度（派生合约的“匹配度”）

派生合约的“匹配度”指的是派生合约的内涵，即权责利的配置能够反映或者匹配双方的特征的程度。派生合约是投融资双方合意的合约，但由于双方的诉求包括方方面面，就衍生出了对派生合约“匹配度”的关注。理想状态是在符合国家、行业规定的标准化程度的前提下，能尽力制造出的“颗粒度”比较精细的合约。

30. 作用于对象的外部有害因素

作用于对象的外部有害因素是指对象对受外部或环境中的有害因素作用的敏感程度。

【金融解释】作用于对象的外部有害因素（外部风险）

比如国内金融市场受美国金融市场的不利影响。

31. **对象产生的有害因素**

对象产生的有害因素是指有害因素将降低对象或系统的效率，或降低完成功能的质量。这些有害因素是由对象或系统操作的一部分而产生的。

【金融解释】对象产生的有害因素（内部风险）

比如国内金融市场受本国金融市场所产生的不利影响。

32. **可制造性（易制造性）**

可制造性是指对象或系统制造过程中简单、方便的程度。

【金融解释】可制造性（发行派生合约的难易程度）

在金融市场中，有多种因素会影响制造（发行）派生合约的难易程度，比如企业的信用等级、监管政策等。制造分为无效制造和有效制造。前者指的是制造了但是没有成交，比如公募融资未达到标准而撤销。

33. **可操作性（易用性、易操作性）**

可操作性是指要完成的操作应需要较少的操作者、较少的步骤以及使用尽可能简单的工具。一个操作的产出要尽可能多。

【金融解释】可操作性（金融合约实现的方便性）

金融合约实现的方便性指的是派生合约或者原始合约买卖、支付等操作流程，结算约定安排，资金使用性质转换的难易程度。例如，互联网保险、互联网基金、互联网银行的操作流程比传统的保险、基金、银行更方便。支付宝、余额宝T+0的转账、支付、结算比传统银行卡更方便。期货中的现金交割比实物交割更方便。

34. **可维修性（易修性、易操作性）**

可维修性是指对于系统可能出现失误所进行的维修要快速、方便和简单。

【金融解释】可维修性（派生合约或者原始合约的避险度）

在金融市场中，可维修性指的是当发生风险的时候，派生合约或者原始合约本身所具有的容易避险的特征。比如：股比债具有易维修性，可转债比债具有易修理性。

35. **适应性（多功能性）**

适应性及多用性是指对象或系统响应外部变化的能力，或应用于不同条件下的能力。

【金融解释】适应性（适用性）

所谓派生合约或者原始合约的适应性指的是其“八面玲珑性”，即其功能的发挥没有环境偏好的限制，也可以叫作环境的通用性。比如，可转债既适应于对方盈利不好，也适应于对方盈利好。再比如多空交易，都可以为买卖双方带来盈利机会。再如万能保险，具有保险和投资功能，可以适用于不同的人群。

36. **系统的复杂性**

系统的复杂性是指系统中元件数目和多样性以及元素间相互作用关系的数量和多样性，用户也可能是使系统增加复杂性的元素。掌握系统的难易程度是其复杂性的一种度量。

【金融解释】系统的复杂性（派生合约或者原始合约研发的难易程度）

在金融市场中，系统的复杂性是指派生合约或者原始合约研发的难易程度。比如，非标准化的股权和债权比标准化的债权和股权复杂度高一些；基金和证券化产品比非标准化债权和股权复杂一些；结构性金融产品和金融衍生品比上文说过的合约复杂一些；期货比远期复杂一些；期权比期货复杂一些。

37. **检测的难度**

检测的难度是指如果一个系统复杂、成本高、需要较长的时间建造及使用，或部件与部件之间关系复杂，都使得系统的监控与测试困难。测试精度高，增加了测试的成本，也是测试困难的一种标志。

【金融解释】检测的难度（派生合约风险预警的难度）

派生合约或者原始合约“信用保证机制”包括三个阶段：事前测量、事中预警和事后惩戒。很显然，派生合约风险预警处在“信用保证机制”

的中段。一般会通过各种各样的风险预警模型，来减小风险预警的难度。风险预警可以分为非系统信用资源、市场型系统性信用资源、政府型系统性信用资源三类。

38. **自动化程度**

自动化程度是指系统或对象在无人操作的情况下完成任务的能力。自动化程度的最低级别是完全人工操作。最高级别是机器能自动感知所需的操作、自动编程和对操作自动监控。中等级别则需要人工编程、人工观察正在进行的操作、改变正在进行的操作及重新编程。

【金融解释】自动化程度（金融智能化程度）

金融智能化程度分为三个等级：低级是金融服务或操作的机械化，如ATM；中级是金融服务或操作的互联网化，如互联网金融；高级则是金融的人工智能化和智慧化，如量化交易、智能投顾等。

39. **生产率**

生产率是指单位时间内所完成的功能或操作数。执行一个单位的功能或操作所需要的时间，或者指单位时间内，子系统或整个系统的输出，或产生一个单位的输出所需要的成本。

【金融解释】生产率（派生合约或者原始合约的绝对收益率）

所谓派生合约或者原始合约的绝对收益率，是指单位时间内合约价值的增加量。以基金为例，所谓绝对收益率是与基金自身做比较，例如3个月来的绝对收益率是指3个月以来该基金自身的增长率。所谓相对收益率是与大盘指数（如沪深300指数）做比较，例如3个月来相对收益的多少，指的是该基金在3个月里比沪深300指数增长或者下跌了多少。

上述39个通用工程参数可分为如下三类：

（1）物理及几何参数：1～12条，17～18条，21条。

（2）技术负向参数：15～16条，19～20条，22～26条，30～31条。

（3）技术正向参数：13～14条，27～29条，32～39条。

负向参数（Negative Parameters）指这些参数变大时，使系统或子系统的性能变差。如子系统为完成特定的功能所消耗的能量（第 19、20 条）越大，则设计越不合理。正向参数（Positive Parameters）指这些参数变大时，使系统或子系统的性能变好。如子系统可制造性（第 32 条）指标越高，子系统制造成本就越低。

第三节 矛盾矩阵①

1970 年，阿奇舒勒将 40 个发明原理与 39 个通用工程参数相结合，建立了如表 6－2 所示的矛盾矩阵（局部）。建立矛盾矩阵的初衷是：通过对大量专利研究，阿奇舒勒发现了一个现象，即针对某一种由两个通用工程参数所确定的技术矛盾来说，40 个发明原理中的某些原理被使用的次数比其他发明原理多。如果能够将发明原理与技术矛盾之间的这种对应关系描述出来，技术人员就可以直接使用那些对解决自己所遇到的技术矛盾最有效的发明原理，而不用将 40 个发明原理逐个尝试，这样可以提升分析和解决问题的效率。

表 6－2　　矛盾矩阵（局部）

改善＼恶化	运动对象的重量	静止对象的重量	运动对象的长度	静止对象的长度	运动对象的面积	静止对象的面积
运动对象的重量		—	15，8，29，34	—	29，17，38，34	—
静止对象的重量	—		—	10，1，29，35	—	35，30，13，2
运动对象的长度	8，15，29，34	—		—	15，17，4	—
静止对象的长度	—	35，28，40，29	—		—	17，7，10，40
运动对象的面积	2，17，29，4	—	14，15，18，4	—		—
静止对象的面积	—	30，2，14，18	—	26，7，9，39	—	

① 李海军、丁雪燕，《经典 TRIZ 通俗读本》，中国科学技术出版社，2009 年 12 月第 1 版、2013 年 8 月第三次印刷，第 96 页。

正是基于这种想法，阿奇舒勒利用39个参数建立了一个表。在表最左边的一列中，是表示希望改善的参数；在表的最上面一行，是表示被恶化的参数，即改善了第一列中的某个参数而导致第一行中某个参数的恶化。

在矛盾矩阵中，单元格中的数字是发明原理的序号，每个序号对应于一个发明原理。为什么是这些原理呢？阿奇舒勒在专著《创造是一门精密的科学》中给出的解释是：矛盾矩阵中解决技术矛盾的发明原理来自解决了某技术矛盾的“领先技术部门”的解决方案和递交了但被驳回的专利申请，是几代发明家集体创造的经验和智慧。这些原理序号是按照使用次数进行系统排序的，即排在前面的原理比排在后面的使用次数更多。当然，在大量专利的分析中，用于解决某个单元格所对应的发明原理，绝不仅仅是单元格所列出的那几个。只不过，从统计的角度来说，单元格中的原理使用次数更多些。

在矛盾矩阵中，图中的“—”号表示：我们改善某一参数时，另一个参数发生了不想要的恶化。存在三种情况：（1）不存在该类型的技术矛盾，如“改善参数1恶化参数2”。例如，改善“运动物体的重量”，而“静止物体的重量”恶化了。对于同一个参照物来说，是不存在“既静止又运动的物体”的。（2）在该矩阵完成时，没有可以解决这个技术矛盾的发明原理。（3）可以解决这个技术矛盾的发明原理比较多，不太好“优选”，如果想要解决这样的技术矛盾，得从1号原理开始一个个试，这是流传最广的说法。

使用矛盾矩阵的具体步骤：

（1）从问题中找出改善的参数A。

（2）从问题中找出恶化的参数B。

（3）在矛盾矩阵最左边一列中，找到要改善的参数A；在矛盾矩阵最上面一行中，找到恶化的参数B；从改善的参数向右作水平线，从恶化的参数B所在的位置向下作垂线，位于这两条线交叉的单元格的数字就是矛盾矩阵推荐给我们的最常用的发明原理序号。

注意：

（1）矛盾矩阵所推荐的发明原理，只是给我们指出了最有希望解决这种技术矛盾的思考方向而已。但是，在实际工作中，对于遇到的技术矛盾来说，并不是每个被推荐的发明原理都一定能解决该技术矛盾。

（2）对于复杂问题来说，如果我们使用某个发明原理解决了问题，同时又引起一个新问题的时候，不要马上放弃这个发明原理。我们可以先尝试解决现有问题，然后再想办法解决新问题。

（3）矛盾矩阵不是对称的。

第七章 物理矛盾及分离原理

技术系统的设计，在一百年前是一种艺术，现在已经成为精确科学，且正变成系统发展科学。TRIZ 理论的出现和迅速发展都不是偶然的，而是必然的，是由现代科学技术革命提出的。“TRIZ 理论”式工作必然会取代“碰运气”式的工作。但是人类的智力不会无所事事，人们将会考虑更为复杂的问题。

——根里奇·S. 阿奇舒勒（Genrich S. Altshuler）

一个人是否具有创新能力，是一流人才和三流人才之间的分水岭。

——美国哈佛大学校长普西（Pusey）

【趣味故事】 土地爷的哲学

这是中国古代的一个神话故事。有一次土地爷外出，临行前嘱咐他的儿子替他在土地庙“值班”，并且一定要把前来祈祷者的话记下来。他走后，前前后后来了四个祈祷者。一位船夫祈祷赶快刮风，以便乘风远航；一位果农祈祷别刮风，避免把快成熟的果子给刮下来；一个种地的农民祈祷赶紧下雨，以免耽误播种的季节；一位商人祈祷千万别下雨，以便趁着好天气带着大量的货物赶路。这一下子可难住了土地爷的儿子，他不知道该怎么办才能满足这些人相互矛盾的要求，只好把所有祈祷者的话都原封不动记下来。

很快，土地爷回来了，看了儿子的记录，哈哈一笑说：“别愁眉苦脸了，照我的办法做就是了，肯定能满足他们各自的要求。”土地爷提笔在上面批了四句话：刮风莫到果树园，刮风河边好行船，白天天晴好走路，夜晚下雨润良田。如此一来，四个不同的祈祷者都如愿以偿、皆大欢喜。土地爷用了什么奇妙的办法呢？

在这个神话故事中，四个不同祈祷者的要求是彼此相互矛盾的，既要有风又要无风，既要下雨又要不下雨。这就是本章所说的一种不同于“技术矛盾”的新矛盾——物理矛盾。神话故事中土地爷所采用的解决“物理矛盾”的方法就是采用了“分离原理”。用“空间分离”解决了前两句话所对应的难题，用“时间分离”解决了后两句话所对应的难题。

在日常生活中包括在公务员考试中，经常会遇到两难类的问题。如果能用本章所学的方法来尝试解决问题，一定会有意想不到的收获。

第一节 物理矛盾

1. **定义**

物理矛盾是指同一个参数具有相反的并且合乎情理的需求。与技术矛盾不同，技术矛盾是指两个不同参数之间的矛盾，而物理矛盾是单一参数的矛盾。

例如，汽车玻璃应该尽量透明，这样视野好且驾驶安全，但是汽车玻璃又应该尽量不透明，这样可以防止紫外线晒伤皮肤；飞机的机翼应该尽量大，以便在起飞时获得最大升力，但是飞机的机翼又应该尽量小，以便在飞行时获得最小的阻力（气流拖曳力）。类似这样，对同一个参数有合乎情理的相反需求就是物理矛盾，如表 7－1 所示。

表 7－1 物理矛盾

类别	物理矛盾			
几何类	长与短	对称与非对称	平行与交叉	厚与薄
	圆与非圆	锋利与钝	宽与窄	水平与垂直
材料及能量类	时间长与短	黏度高与低	功率大与小	摩擦系数大与小
	多与少	密度大与小	导热高与低	温度高与低
功能类	喷射与堵塞	推与拉	冷与热	快与慢
	运动与静止	强与弱	软与硬	成本高与低

2. **表述方式**

为寻找规律，物理矛盾通常被描述为：参数 A 需要 P，因为 B；但是参数 A 又需要－P，因为 C。

以上面的汽车玻璃为例，可以将物理矛盾描述为：汽车玻璃需要透明，因为可以扩大视野；但是汽车玻璃又需要不透明，因为可以防止紫外线晒伤皮肤。

第二节 寻找物理矛盾①

物理矛盾是解决系统中问题的“抓手”和方向，能找到的物理矛盾越多，解决问题的思路就越多，彻底解决问题的可能性就越大。发现与寻找物理矛盾有多种途径，下面列举五种分析方法：

1. 直观分析

对于不是很复杂的问题情境，通常用直观分析的方法就可以看出问题中的物理矛盾。例如“白”与“黑”的物理矛盾，如果能熟练掌握物理矛盾的基本定义，也很容易给出其他形式的诸如“白”与“红”、“白”与“黄”、“白”与“灰”等成千上万的物理矛盾。

2. 功能分析

在功能分析中，若任何一个系统组件（通常画作一个长方框）上，同时有“有用功能”和“不良（不足、过度、有害）功能”的作用连线出现，不管同时出现的连线有多少，在这个组件上必定有物理矛盾存在。由此就可以对这个组件的所有相关参数及其属性上所施加的“需求”进行逐一分析查找，就会较为容易地发现其中的物理矛盾。

3. 流分析

与功能分析类似，在任何一个系统组件上同时有“有用流”和“不良（不足、过度、有害）流”出现的话，不管同时出现的流有多少，在这个组件上必定有物理矛盾存在。如果画出流分析图，就比较容易地看到图中出现了“有用流”和“不良（不足、过度、有害）流”共存于某一个相互作用界面的现象，那么相互作用的两个组件上就有物理矛盾。

4. 因果分析

在任何一个系统组件因果链上，如果随着时间的推进，该组件在时序上有前后不同的结果出现，那么这个组件上就有物理矛盾。

5. SAFC 模型分析

凡是在某一个系统组件上交汇了不同的功能或属性需求，那么在该组

---

① 参见赵敏、张武城、王冠殊，《TRIZ 进阶及实战：大道至明的发明方法》，机械工业出版社，2015 年 10 月第 1 版、2017 年 6 月第二次印刷。

件或物质上就有物理矛盾。

除以上五种分析和寻找物理矛盾的方法，还可以用其他不同的分析模型，来找到物理矛盾的存在。这需要在分析的过程中不断总结经验，积累使用技巧。其实，不管用什么分析模型，其分析指向都很明确：分析施加在一个组件上的不同的作用或观察其前后结果，而且这种不同的作用或结果代表了不同的需求，就有可能形成各式各样的物理矛盾。

第三节　物理矛盾的解决方法原理

在解决物理矛盾时，需要先通过前面介绍的功能分析、因果链分析、裁剪或者特性传递等方法分析后找到关键问题，把关键问题转化为物理矛盾，再尝试用以下三种方法来解决：（1）分离矛盾需求；（2）满足矛盾需求；（3）绕过矛盾需求。解决物理矛盾的一般步骤可以用下面的图 7－1 来表示。

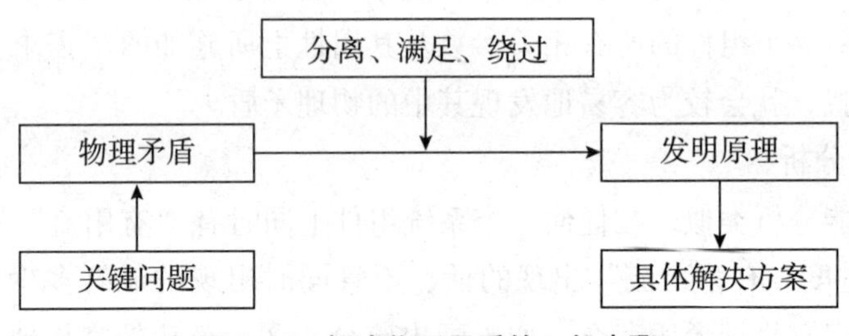

图 7－1　解决物理矛盾的一般步骤

一、分离矛盾需求

分离矛盾需求是指造成物理矛盾中的单一参数，在不同的条件下有不同的需求，可以按照相应的条件进行分离，让工程系统在相应的条件下具备某种特性而满足这种需求。分离矛盾需求的方法有五种：（1）基于空间分离；（2）基于时间分离；（3）基于条件分离；（4）基于方向分离；（5）基于系统级别分离。分类方法的类别和 40 个发明原理之间的分组对应关系如表 7－2 所示：

表 7－2　分类方法的类别和 40 个发明原理之间的分组对应关系

原理	分离原理				
方法	空间分离	时间分离	条件分离	方向分离	系统级别分离
发明原理	1. 分割 2. 抽取 3. 局部质量 7. 嵌套 4. 非对称 17. 一维变多维	9. 预先反作用 10. 预先作用 11. 事先防范 15. 动态化 16. 不足或超额行动 34. 抛弃与再生	3. 局部质量 17. 一维变多维 19. 周期性作用 31. 多孔材料 32. 改变颜色 40. 复合材料	4. 非对称 40. 复合材料 35. 物理/化学参数改变 14. 曲面化 17. 一维变多维 32. 改变颜色 7. 嵌套	1. 分割 5. 组合 12. 等势 33. 均质性

用这五个分离原理解决物理矛盾的一般步骤如图 7－2 所示：

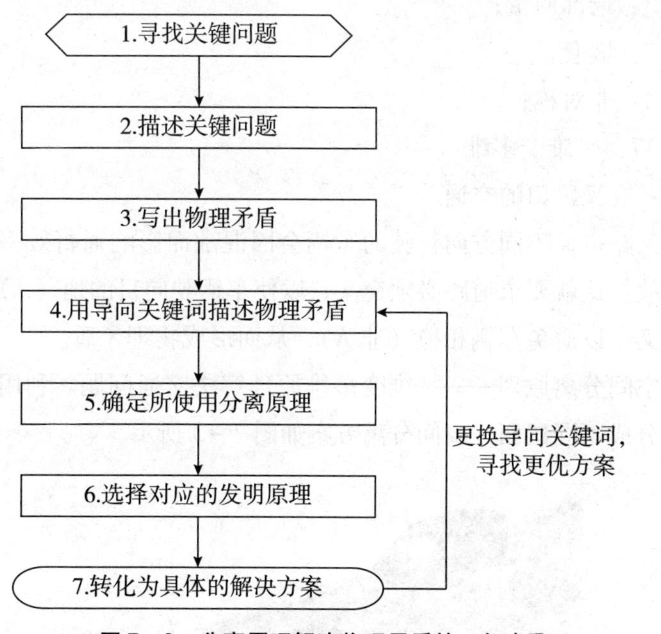

图 7－2　分离原理解决物理矛盾的一般步骤

1. 基于空间分离

所谓空间分离，是将矛盾双方在不同的空间上分离开来，以获得问题的解决或降低解决问题的难度。

通常描述此类矛盾的导向关键问题是“在哪里”，即“在哪里需要……正向需求，在哪里需要……反向需求”。使用空间分离前，先确定矛盾的需求在整个空间中是否都在沿着某个方向变化。如果在空间中的某一处，矛盾的一方可以不按一个方向变化，则可以使用空间分离原理来解决问题，即当系统矛盾双方在某一空间出现一方时，空间分离是可能的。

也就是说，两个空间段不交叉，可以应用空间分离，否则不可以应用空间分离。例如，红蓝铅笔的发明问题。物理矛盾是颜色既要红色又要蓝色。在什么空间需要满足什么要求呢？铅笔的一端和另一端。以上两个空间段是否交叉？不交叉。因此，可以使用空间分离原理。

如果确定可以使用空间分离来解决这个物理矛盾，则可以尝试以下几个发明原理：

原理1：分割；

原理2：抽取；

原理3：局部质量；

原理7：嵌套；

原理4：非对称；

原理17：一维变多维。

案例：交叉路口的交通

在交叉路口，不同方向行驶的车辆会因混乱而影响通行效率，甚至出现交通事故。这就要求道路必须交叉，以使车辆驶向目的地（A），道路一定不得交叉，以避免车辆相撞（非A），从而形成物理矛盾。

运用空间分离原理——一维变多维原理解决交通问题。利用桥梁、隧洞把道路分成不同层面，空间分离方案如图7-3所示。

图7-3　把道路分成不同层面实现空间分离

【金融案例：小微企业的投融资难问题】

金融领域的两难问题颇多，小微企业的投融资两难问题就是其一。国家监管部门要求银行等金融机构既要加大小微企业的信贷投放，又要不提高小微企业贷款利率，还要防控风险。对于银行来说，既要放款给小微企业，因为有监管部门要求；又要不能放款给小微企业，因为小微企业既没有稳定现金流也没有优质资产抵押，违约风险比较高。

这种既要给小微企业贷款又不要给小微企业贷款的问题，一直是困扰银行的两难问题。那么如何才能解决这个问题呢？有两种解决方法：一种是基于塔福域基地的思想，利用空间分离原理来解决矛盾；另一种是使用嵌套原理来解决。

第一种方法的解决思路是：先建立小微企业域，在域上的小微企业都是经过域筛选的既有“道”又有“德”的企业，不会轻易违约，因而只给域上的小微企业贷款。银行作为域金融的供资方之一，可以放心把资金投放进来。域外的企业要么没有经过域的筛选，要么经过域筛选之后发现“道”和“德”不及格或败坏，存在风险可能不能得到贷款。这种方式就是通过区分域内空间和域外空间来分离矛盾，这就是空间分离原理。

第二种方法的解决思路是：目前银行中比较流行的一种对小微企业贷款方式——投贷联动。银行与风险投资机构合作，先由风险投资机构筛选优良企业，如果风投机构对该小微企业投资了，那么银行就嵌套在风险投资机构外面，再进行贷款。一旦小微企业出现违约风险，由于银行债务人具有优先受偿权，因而可以避免损失。

【金融案例：设立第三方支付备付金】①

所谓备付金就是在网上购买商品或服务时，由客户支付的货款，在客户收到货并做出确认付款之前，一直存放在支付机构上的资金。但是备付金存放在第三方支付机构中会存在一定的风险，对此2018年央行要求支付机构在商业银行的备付金账户必须于2019年1月16日前全部销户，转存

① 陈林演讲，窦尔翔、杨勇指导，“金融创新期末汇报”，北京大学2019年MEM金融创新课的金融萃智作业课件，有修改。

到中国人民银行。第三方存管模式备付金风险可能有：

（1）客户备付金存在被支付机构挪用的风险，这一风险曾大面积出现过；（2）支付机构违规占用客户备付金用于购买理财产品或其他高风险投资；（3）支付机构可能搞跨行资金清算、超范围经营，甚至洗钱等犯罪活动；（4）不利于支付机构统筹资金管理，存在流动性风险；（5）支付机构可能绕开银联的“直联银行”模式，央行看不到线上交易完整的资金转移链条。

2. **基于时间分离**

所谓时间分离，是将矛盾双方在不同的时间段分离开来，以获得问题的解决或降低解决问题的难度。

通常描述此类问题矛盾的导向关键词是“什么时候”，即“在什么时候需要……正向需求，在什么时候需要……反向需求”，这样的物理矛盾可以尝试用“基于时间分离”来解决。使用时间分离前，先确定矛盾的需求在整个时间段上是否都在沿着某个方向变化。如果在某一时间段，矛盾的一方可以不按一个方向变化，则可以使用时间分离原理来解决问题，即当系统矛盾双方在某时间段中只出现一方时，时间分离是可能的。

也就是说，如果两个时间段不交叉，可以应用时间分离，否则不可以应用时间分离。例如，折叠雨伞在下雨时需要撑开，在不下雨时需要折叠，以便携带和存放，这两个时间段不存在交叉，因此可以应用时间分离原理解决问题。

如果确定可以使用基于时间分离来解决物理矛盾，则可以尝试以下几个发明原理：

原理 9：预先反作用；

原理 10：预先作用；

原理 11：事先防范；

原理 15：动态化；

原理 16：不足或超额行动；

原理 34：抛弃与再生。

案例 1：折叠自行车

自行车在行走时体积要大，以便载人；在存放时要小，以节省空间。

自行车既大又小的矛盾发生在行走与存放两个不同的时间段，因此采用了时间分离原理，得到折叠式自行车的解决方案。

案例2：如何在汽车发生碰撞时，安全气囊最大限度保护驾驶员安全

安全气囊充气压力不足，对驾驶员不能起到有效的保护作用；安全气囊的充气压力过大，则又会因压力过大对驾驶员造成伤害。

物理矛盾分析：安全气囊充气既要快，又要慢。充气速度过快，会使气囊硬度大，伤害乘客；充气速度过慢，又会导致气囊不能有效保护乘客。

应用发明原理16："不足或超额行动"。首先可以迅速使气囊膨胀到一定的压力值，保证在最短时间内达到保护乘客的气压。在气囊上面开一些微小的孔，当气囊压力超过阈值后，气囊上的微小孔会张开，使气囊的压力不再升高。这样就能很好地解决气囊的膨胀速度既要快，又要慢的矛盾。

【金融案例：互助保险】

对于普通人来说，平时不需要大额资金，但是，天有不测风云，人有旦夕祸福，面对突发灾难时，也需要大额资金来应急。这种既需要又不需要大额资金问题，就是一对物理矛盾。

从上面分析可以知道，对于大额资金的需求是在不同时间段上，可以尝试用基于时间分离原理——事先防范原理来解决。通过参加互助保险，平时只需要缴纳少量保费，在突发灾难时，可以获得几十万元的保障。

所谓互助保险，是指有一定量的具有共同要求和面临同样风险的人以预交风险损失补偿分摊金为加入条件，并自愿组织起来的一种保险形式。

中国古代的府兵制，就是使用的基于时间分离原理，来解决兵力不足和养兵负担的矛盾。该制度最重要的特点是兵农合一，府兵平时为耕种土地的农民，农闲时训练，战时从军打仗。毛泽东曾说"兵民是胜利之本"，也是使用了基于时间分离的原理。

3. 基于条件分离（关系分离）

所谓条件分离，是将矛盾双方在不同的条件下分离，以获得问题的解决或降低解决问题的难度。

通常描述此类矛盾的导向关键问题是"对谁"，即"对某对象需要……正向需求，对另一个对象需要……反向需求"，则这样的物理矛盾可以尝试用“基于条件分离”来解决。基于条件分离前，先确定矛盾的需求在各种条件下是否都在沿着某个方向变化。如果在条件下，矛盾的一方可以不按一个方向变化，则可以使用基于条件分离原理来解决问题，即当系统矛盾双方在某一条件只出现一方时，基于条件分离是可能的。

如果确定可以使用基于条件分离来解决这个物理矛盾，则可以尝试以下几个发明原理：

原理3：局部质量；

原理17：一维变多维；

原理19：周期性动作；

原理31：多孔材料；

原理32：改变颜色；

原理40：复合材料。

案例：燃气灶燃气输入控制

问题分析：燃气灶工作时燃气输入大小希望可控，从而减少能源浪费。在加热锅时，应加大燃气输入量，当空锅或者锅不在燃气灶上时，应输入少量燃气，起到保持燃烧的功能。

物理矛盾提取：根据条件的不同，希望燃气输入可大可小，构成一对物理矛盾。

使用条件分离原理来解决，设计图如图7－4所示。

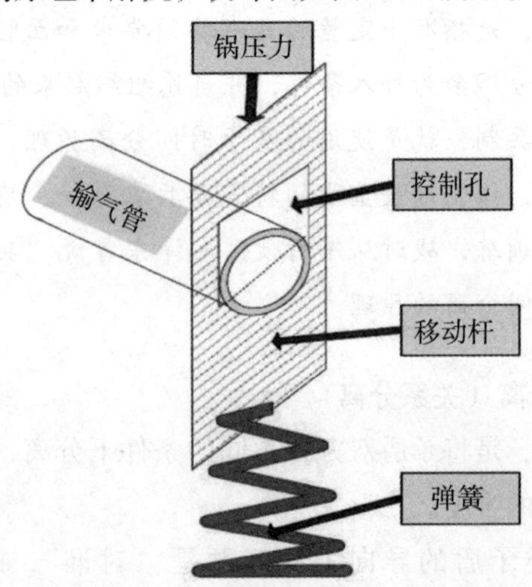

图7－4　燃气灶燃气输入控制装置

（1）当锅被取走或锅内食物较少时，移动杆受弹簧推力向上移动，移动杆的控制孔与输气管道上的孔几乎封合，燃气输入会变小。

（2）当锅内装有食物并被放在燃具上时，移动杆受锅的重力下移量增加，控制孔与主管上的孔口相连部分变大，输气量也随之变大。

这样燃气就随着需要变大变小，问题就解决了。

【金融案例：房地产价格调控】

我国近年来房地产价格调控效果不理想的原因，在于房地产调控政策所面临的控房价与保增长的两难选择困境。如果房价过高，会影响普通老百姓住房刚需；如果房价太低，会影响 GDP 增长。房价既要高又要低，这是一对物理矛盾。

仔细分析住房需求人群发现，住房需求分三类：刚需性房产、投资性房产和投机性房产。针对这三类不同的需求，可以采用基于条件分离（关系分离）原理进行解决，应该对不同的房产需求对象采取不同的策略。首先，对于刚需性房产，比如一个家庭的首套住房，进行价格严格控制，以满足普通老百姓住房需求；其次，对于投资性房产进行价格上限控制，可以让其在一定价格范围内变动；最后，对于投机性房产价格不控制，随行就市，由投机者自担风险，自负盈亏。这样既可以满足普通老百姓住房刚需，又不影响 GDP 增长，还能满足投资者和投机者的投资需求，可谓一石三鸟。

至于如何区分这三类房产需求，可以采取其他 TRIZ 原理来解决。

【金融案例：多层次资本市场】

总体上来说，中国资本市场呈现为多层次性，这主要是基于融资对象的特征而分层设立的，符合条件分离原理。主板市场属于利润较为稳定、规模较大的企业上市平台；创业板则主要适合那些创业性质的企业利润稳定后的上市平台；新三板企业的成熟度有所下降；而科创板的定位是“符合国家战略、突破关键核心技术、市场认可度高”的科技创新企业；地方政府则还有各类产权交易市场，企业的成熟度和流动性就更低了。

4. 基于方向分离

如果在不同的方向上有物理矛盾的相反需求，可以让系统在不同方向上具备不同的特征，从而满足相应的需求。

通常描述此类矛盾的导向关键词是“哪个方向”，即“在什么方向需要……正向需求，在什么方向需要……反向需求”时，可以尝试用“基于方向分离”来解决。

如果确定可以采用基于方向分离来解决这个物理矛盾，则可以尝试下面几个发明原理：

原理4：非对称；

原理40：复合材料；

原理35：物理/化学参数改变；

原理14：曲面化；

原理17：一维变多维；

原理32：改变颜色；

原理7：嵌套。

案例：捕鱼笼

在捕鱼时，需要捕鱼器的开口要大，方便鱼进入；同时，要求开口要小，防止鱼逃出。这两个要求都是合情合理的，所以是一对物理矛盾。

通过分析，可以使用基于方向分离原理来解决问题。根据所提供的发明原理，可以使用“非对称原理”和“一维变多维原理”，把开口设计为圆锥体，当鱼从外往内游动时方便进入；进入鱼笼后，从内往外游动时变得困难，矛盾得以解决。

【金融案例：塔福域域成员筛选】

塔福域在筛选域成员时，假设存在一种域评分机制，可以根据评分判断一个人是否满足成为域成员的条件。那么，域外的人进入域内时需要严格筛选，不能让得分太低的人进入域，防止域退化为二手市场；但是，如果评分要求太高，又会影响域内成员的数量，太高的话，更多的域成员会被驱逐出域，进而影响域黏度。所以域评分既要求高，又要求低，而且这两个要求都是合情合理的，所以构成一对物理矛盾。

通过分析，可以得出基于方向分离原理比较适合解决该问题矛盾。根据“非对称原理”，把域评分设计为非对称，从域外进入域时要高要求，得分不能低于60分；在驱逐出域时，为了给域成员试错机会和忏悔机会，得分不能低于50分。这样就可以解决矛盾了。

【金融案例：掉期】[①]

掉期：指在外汇市场上买进即期外汇的同时又卖出同种货币的远期外汇，或者卖出即期外汇的同时又买进同种货币的远期外汇。也就是说，在同一笔交易中将一笔即期和一笔远期业务合在一起做。运用方向分离原理，解决了回避利率风险和汇率风险的问题。例如：1981年，IBM公司和世界银行进行了一笔瑞士法郎和德国马克与美元之间的货币掉期交易，在没有改变与原来的债权人之间的法律关系的情况下，双方以低成本筹集到了自身所需的资金，这是世界上第一笔货币掉期交易。

5. 基于系统级别分离

所谓系统级别分离，是将矛盾双方在不同的系统级别分离开来，以获得问题的解决或降低解决问题的难度。

这个分离原理，没有导向关键词。当系统或关键子系统的矛盾双方在子系统、系统、超系统级别内只出现一方时，系统级别分离是可能的。对于基于系统级别的物理矛盾，可以尝试使用以下几个发明原理：

原理1：分割；

原理5：组合；

原理12：等势；

原理33：均质性。

案例：安全的安眠药

安眠药是一种快速诱导睡眠、延长睡眠总时间及深度睡眠过程的处方药，可以帮助失眠者快速入睡。但若轻生者一次性大量服用该药物，将会导致很严重的后果。失眠者需要快速睡着，因此安眠药的剂量要大；但是，对于轻生者为了保障生命安全，安眠药的剂量要小。“安眠药的剂量”既要大又要小，这是一对物理矛盾。

如何解决这个矛盾呢？可以尝试用组合（或合并）原理，在安眠药片

---

① 陈芳平演讲，窦尔翔、杨勇指导，“金融创新期末汇报”，北京大学2019年MEM金融创新课的金融萃智作业课件，有修改。

中加入少量呕吐成分，在安全剂量范围内，呕吐成分不起作用，也可以帮助失眠者入睡；但在服用大剂量时，呕吐成分则起作用，轻生者不但睡不着，还会呕吐，从而保障生命安全。呕吐成分的含量，可以在药物本身的系统层级上少，以达到保证睡眠的目的；在大剂量超系统层级上多，以达到保证生命安全的目的。

类似的案例还有钢丝绳，既需要足够硬度，具有足够强度；又需要足够柔软，方便折叠存放。所以，我们可以做成链条式的钢绳，在系统级别上是柔软的，方便折叠；在子系统单个链条上又是刚性的。

【金融案例：按工资比例偿还学生贷款】

基于学生的资源禀赋，贷款会导致这样的矛盾：既要让其偿还贷款，因为对于银行来说需要正常运营；又不能强制学生还款，因为会影响学生正常学习。如何解决这个物理矛盾呢？我们尝试一下基于系统级别分离——分割发明原理，可以采用如下方法：学生毕业后，拿出工资的一定比例按月还款，还完为止。对于子系统，每个月的还款额度根据工资高低调整，是灵活（柔性）的；对于系统，整体的还款额度是刚性的，必须要还。

二、满足矛盾需求[①]

前面讲的是利用分离原理来解决物理矛盾的方法，但是有时会碰到无法用分离原理来解决物理矛盾的时候，这时可以尝试用满足矛盾不同需求的方法来解决。

用满足矛盾需求解决物理矛盾的步骤如下：

（1）描述关键问题；

（2）写出物理矛盾；

（3）选择对应的发明原理；

（4）产生具体的解决方案。

适用于满足矛盾需求的发明原理有：

① 孙永伟、谢尔盖·伊克万科，《TRIZ：打开创新之门的金钥匙 I》，科学出版社，2015 年 11 月第 1 版、2018 年 1 月第五次印刷，第 167 页。

原理 13：逆向思维；

原理 36：相变；

原理 37：热膨胀；

原理 28：机械系统替代；

原理 35：物理/化学状态变化；

原理 38：强氧化剂；

原理 39：惰性环境。

案例：变色龙变色

为了适应外界环境的变化，变色龙的肤色会随着背景、温度和心情的变化而改变。为了逃避天敌的侵犯和接近自己的猎物，变色龙的身体会变为与环境类似的颜色，然后一动不动地将自己融入周围的环境之中。为了捍卫领地，雄性变色龙会将暗黑的保护色变成明亮的颜色，以警告其他变色龙离开自己的领地；为了示威敌人，变色龙还会把绿色变成红色来威吓敌人。在大自然激烈的竞争环境下，各种危机随时会出现，每次危机都有可能丢掉生命，变色龙通过调节皮肤表面的纳米晶体，改变光的折射而变色（发明原理 35：物理/化学状态变化），通过变色应对不同的危机，免遭袭击，使自己生存下来。

在生活中，人不能生活在“真空”中与世隔绝，每天都会面对不同的人，如果只用一种方式或态度来对待所有的人，是行不通的。为了与人和谐相处，应该向变色龙学习，学会变通，与不同的人相处采取不同的策略。当然，这要有个前提条件，那就是内心要善良，不作恶。如果是为了牟取私利，虚伪逢迎、见风使舵，见人说人话，见鬼说鬼话，正如俄国作家契诃夫在短篇小说《变色龙》中所描写的巡警奥楚蔑洛夫的丑恶嘴脸，则是我们社会所唾弃和不齿的行为。

【金融案例：股债型复合投资基金】

在风险投资中，投资基金总是无法规避风险，同时也想获得高收益。针对这两种矛盾需求，可以设计这样的基金模式：每年年初都用投资基金选择收益方式，如果判断项目投资收益高，就选择按比例分成；如果判断项目投资收益低，就选择固定收益。这样就可以满足投资基金的既可以规避投资风险，又能获得高收益的要求。当然，这样的投资方式要以出让更多的股权为代价。

【金融案例：互联网金融解决小微企业贷款难】①

在传统银行金融模式下，小微企业贷款难，表现在以下五个方面：(1) 借款额度低，频度高，行业高度分散；(2) 信用数据难获取，真实性难确认；(3) 抵押物缺乏；(4) 银行审批周期长，无法满足小微企业对资金的时效性要求；(5) 过度依赖小微企业自身提供相应的信用数据。在互联网金融模式下，平台作为贷款机构，凭借电商平台和支付平台积累的交易和现金流数据，评估借款主体资信状况，在线审核，提供方便快捷的短期小额贷款。从单笔规模成本来说，小额贷款公司代替银行也是满足矛盾的金融案例。

【金融案例：余额宝】②

用户想灵活支配自己的资金，但是放在自己手里没有利息，又不想因为钱被定期存入银行或者购买长期理财产品而不能灵活取出。余额宝的出现刚好解决了这个矛盾，用户闲余资金既可以投资理财又可以灵活支配。

【金融案例：GNP 思维代替 GDP 思维】

GDP（国内生产总值）能使国内经济呈现繁荣状态，但会存在一个缺陷。比如，若国外公司赚钱了，本国公司并未赚到理想的钱，同时可能造成当地的高耗能、高污染。但 GNP（国民生产总值）思维强调国民收入，不强调经济行为是否一定发生在国内。于是我们可以充分利用跨国价值管理的办法来规避 GDP 的缺陷，办法有：(1) 货币的国际化，收取全球铸币税；(2) 基于跨国公司的全球价值链管理；(3) 全球投资布局，特别是投向国外那些高耗能高污染高回报的企业投资，从而将经济发展中所带来的问题转移到国外。

---

① 陈林演讲，窦尔翔、杨勇指导，“金融创新期末汇报”，北京大学 2019 年 MEM 金融创新课的金融萃智作业课件，有修改。

② 李娜演讲，窦尔翔、杨勇指导，“金融创新期末汇报”，北京大学 2019 年 MEM 金融创新课的金融萃智作业课件，有修改。

三、绕过矛盾需求[①]

绕过矛盾是指如果不能以分离和满足的方法解决物理矛盾时，可以尝试改变工作原理的方法，使原有的物理矛盾不存在，从而绕过这个物理矛盾。需要注意的是，绕过矛盾并不是真正解决了矛盾，而是改变了工作原理。

例如，有这样一对矛盾，船应该是窄的，因为受到水的阻力小，以便在水中快速移动，缺点是在水中运行的时候不太稳定；但船又应该是宽的，以便保持平稳和具有更多的座位，缺点是因为受水的阻力太大而行驶缓慢。船体既要宽又要窄，而且这两个需求都是合情合理的，所以这是一对物理矛盾。

在这个问题中，可以不通过解决水的阻力和船的设计问题来尝试解决这个矛盾需求，即将普通的船改造为气垫船，气垫船与普通船的工作原理完全不同，它是漂浮在水面上的一层空气上移动，所以并不受阻力的影响，所以船体宽度的物理矛盾也就不复存在了。

"围魏救赵"就是军事中的"绕过矛盾"的经典案例。公元前353年，魏国围攻赵国都城邯郸。赵国求救于齐国。齐将田忌、孙膑率军救赵，趁魏国都城兵力空虚，引兵直攻魏国。魏军回救，齐军乘其疲惫，于中途大败魏军，遂解赵围。围魏救赵体现了绕过矛盾解决矛盾的智慧，孙膑并没有直接去帮助赵国解围，而是绕过这个直接矛盾，通过攻打魏国国都大梁，迫使魏国回援，从而解救了赵国。如图7－5所示。

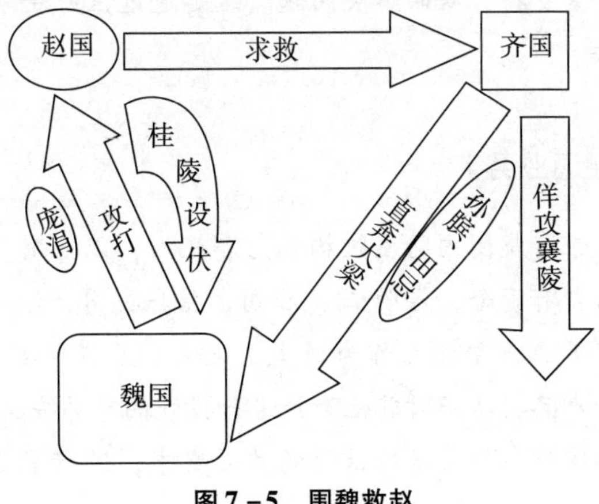

图7－5　围魏救赵

① 孙永伟、［美］谢尔盖·伊克万科，《TRIZ：打开创新之门的金钥匙I》，科学出版社，2015年11月第1版、2018年1月第五次印刷。

在生活中遇到两难类问题时，若不能以分离和满足的方法解决矛盾，则可以采用三十六计走为上计，这也是绕过矛盾的案例。

【金融案例：新型医疗制度】

当今社会，有医疗保险的公民看病的大部分开销都由医疗保险公司来承担，个人只需要承担其中一小部分即可。而没有医保的人，相对来说看病就不太方便。对于医院来说，存在着这样一对矛盾：对于没有医保的人，出于人道主义精神，医院应该救死扶伤；但是，医院作为一家公益或营利机构为了维持正常的运营，应该收费，而且这两个需求都是合情合理的。

政府应该设计这样的医疗制度：对于所有的医院，必须对急诊病人进行基本的医疗检查，必须对患有急诊病症者给予治疗并稳定病情，一般必须在稳定急诊病症后才能让病人转院或离开。治完之后，如果病人无法支付治疗费用，把个人医疗费用永久记录在一个账号体系中，可以采取如下方法解决：第一，患者可以分期付款；第二，可以申请公益救济和援助；第三，如果实在没钱就算了，但是个人信用一直记录下来，将来享受社会福利时会受到影响。

在这个问题中，并没有直接从医院的角度出发解决矛盾，比如强制收费或者降低费用，而是绕过这个问题，从患者自身、政府信用或者公益组织方面来寻找资金支持，从而解决问题。这是通过医疗金融实现“绕过医患矛盾”的方法。

【金融案例：通道业务】①

商业银行或银行集团内附属机构作为委托人，以理财、委托贷款等代理资金或者利用自有资金，借助证券 公司、信托公司、保险公司等银行集团内部或者外部第三方受托人作为通道，设立一层或多层资产管理计划、信托产品等投资产品，从而对其他资产进行投资的交易安排。

通道业务的实质是绕过银行信贷的监管要求，进行融资活动。各方的

① 陈林演讲，窦尔翔、杨勇指导，“金融创新期末汇报”，北京大学 2019 年 MEM 金融创新课的金融萃智作业课件，有修改。

角色是：对于银行，资产出表，绕开了表内监管，获取高额利息或投资收益；对于项目方，融到了资本，发展了生产；对于通道机构，收取了无风险的通道费用。如图7－6所示。

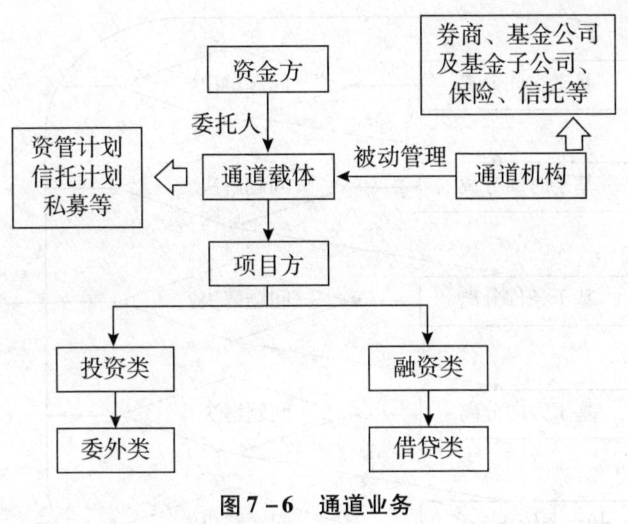

图7－6　通道业务

【金融案例：互联网公司海外上市】①

对于融资来说，上市无疑是快速获得资本金，以及打通未来融资渠道，乃至对公司进行资本定价的有效手段。A股上市排队现象非常严重，再加上互联网金融企业无论是盈利还是发展，其实都难以达到A股上市的要求，所以在国内上市较为困难的情况下，互联网金融企业选择境外市场上市，绕开了国内A股无法上市的矛盾，满足了需求。

四、解决物理矛盾的步骤

解决物理矛盾有三种方法：分离原理、满足矛盾需求、绕过矛盾需求。首先考虑分离原理，然后尝试满足矛盾需求，最后尝试绕过矛盾需求。需要指出的是，对于同样一个物理矛盾，所适用的解决方法并不一定

① 陈林演讲，窦尔翔、杨勇指导，“金融创新期末汇报”，北京大学2019年MEM金融创新课的金融萃智作业课件，有修改。

只有一种，即对于同样一个物理矛盾，既可以基于空间分离，又可以基于系统级别分离，还有可能适用满足矛盾需求的方法，甚至可以使用绕过矛盾需求的方法。如图7－7所示。

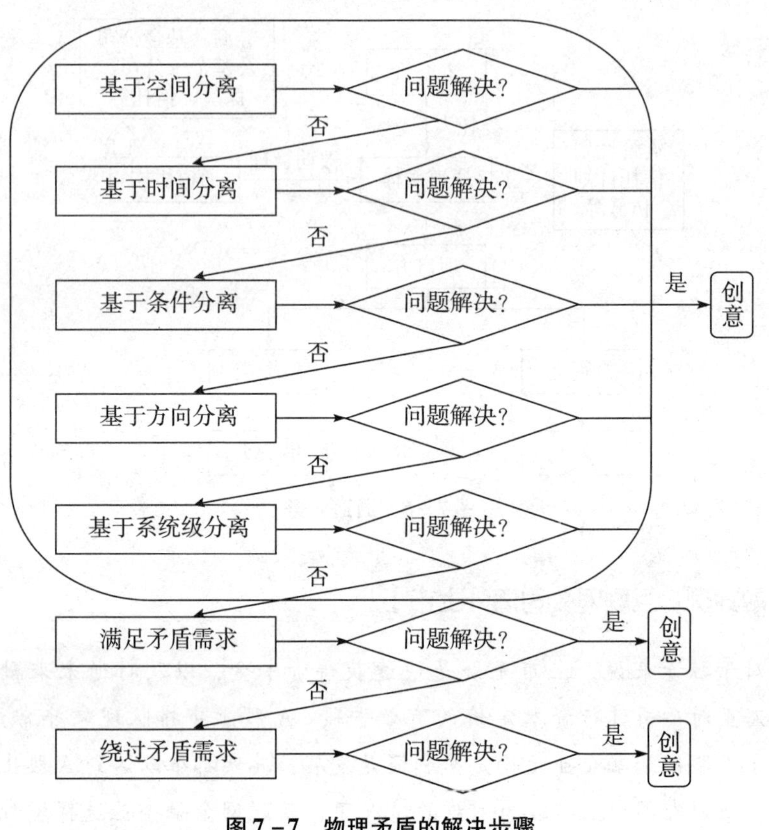

图7－7　物理矛盾的解决步骤

【综合案例：美国鞋业遇到的问题】①

某美国知名运动鞋公司，为了节约生产成本，把工厂转移到东南亚某个国家。

刚开始生产时生产工艺和质量控制得非常严格，一切似乎都很顺利。但是没过多久，问题出现了，管理者很快发现少数当地工人有偷鞋行为。管理者曾多次公开警告，包括使用降薪、开除等管理手段，但始终难以奏效。

① 资料来源于网络。

我们现在分析这个鞋业公司遇到的问题。生产过程需要降低成本，因此需要雇用东南亚国家当地工人生产鞋子，但是因为当地工人偷鞋子，所以又不能让当地工人生产鞋子。在这里，“既要”又“不要”让当地工人生产鞋子的矛盾出现了，这就是典型的物理矛盾。解决这个矛盾的资源，就在这双鞋子本身。我们尝试用以下生产方案：

生产地点还是选在东南亚，但是在A国生产左脚鞋子，在B国生产右脚鞋子，在C国生产鞋带。对于生产地点来说，应用的是空间分离原理；对于鞋子来说，应用的是系统级别（整体与部分）的分离原理。从此，工人偷鞋子的现象得以杜绝。类似的案例还有生产枪械等军工产品的时候，也常常采用枪栓、枪管等零部件异地生产的方法，以避免在某一地枪支零部件丢失以后被窃贼组装成整枪的危险。

第四节　技术矛盾与物理矛盾的联系

物理矛盾和技术矛盾都是TRIZ理论中问题的模型，二者是相互联系的，物理矛盾可以转化为技术矛盾，同样，技术矛盾也可以转化为物理矛盾。

技术矛盾是一个系统中两个参数之间的矛盾，物理矛盾是一个组件中同一个参数上两个相反需求造成的矛盾，如表7-3所示。技术矛盾是更显而易见的矛盾，而物理矛盾是隐藏得更深入的、更尖锐的矛盾。从更深层次来分析，技术系统中的技术矛盾是由系统中矛盾的物理性质造成的，从研究一个系统深入研究一个组件，从而可以把技术矛盾转化为物理矛盾；从研究整个系统的矛盾转向研究系统的一个元件的矛盾，可以缩小解决方案搜索的范围和候选方案。因此，物理矛盾是更本质的矛盾，解决物理矛盾使解决问题更为彻底。

表7-3　技术矛盾和物理矛盾矩阵

物理矛盾	技术矛盾
一个参数	两个参数
一个组件	一个系统

系统参数有相反的、矛盾的要求，即一方（石油企业）要求的价高（大），另一方（油品消费者）又要求油价低（小）。萃智（TRIZ）理论给出了全新的解决思路：分离原理。按照系统内不同子系统的不同要求，分别对待，差别政策，以求问题彻底解决。按照这一思路，我们对油价问题的解决提出以下三层分离方案：第一层，基本需求和非基本需求分离；第二层，国内资源和国际资源分离；第三层，政府与市场分离。具体模式如表7-4所示：

表7-4　　解决油价问题的分离方法

消费层级	消费性质	额定数量	价格
A1级	必要消费	200公升/辆·月	a
A2级	公共消费	201~500公升/辆·月	$2a$
B1级	高级消费	501~700公升/辆·月	a^2
B2级	奢侈消费	700公升以上/辆·月	a^3

第一层是基本需求和非基本需求分离。根据油品消费与国计民生的关系将油品消费分为A和B两级四档，并假设数量、价格如表7-4所示（以私家车为例）：其中A级为基本消费，此类消费价格基本上保持稳定，原则上不涨价或涨价幅度较小。B级消费为非基本消费，随行就市，由市场调节。

第二层是国内资源和国际资源分离，即国内资源供应基本需求，国际资源供应非基本需求。如此，基本消费价格 a 的构成应为：国内资源成本+石油企业合理利润；非基本消费价格 a^2、a^3 的构成应为：进口资源成本+石油企业合理利润+调节基金①（该基金下文详述）。在非基本消费价格中，进口资源成本是该类消费必须支出的必要成本，而调节基金是该类消费必须承担的社会责任。

第三层是政府与市场分离。政府与市场分离的基本条件是石油供销市场具有自调节功能。在第二层分离中，非基本消费价格中所设立的调节基金已使石油供销市场具有了自调节功能。这也是萃智（TRIZ）理论中著名

① 价格调节基金，是政府为了平抑市场价格，用于吞吐商品、平衡供求或者支持经营者的专项基金。

的“自服务原理”。[①] 国内石油市场涨价的基本原因是进口资源涨价，在第一、二层分离的基础上，当国内资源不足以供应基本需求，需要进口国际资源造成价格倒挂时，由非基本消费价格中的调节基金予以弥补，该基金的水平可根据进口资源量大小随时调节。这样，石油市场供应完全由石油企业根据国内外资源价格自我平衡，不再需要动用国家财政资源和国家政策资源，从而减少了政府系统资源支出和行政系统复杂性提高，同时有效地降低了可能的有害作用的发生。

按此思路，事关国计民生的基本石油消费需求由国内资源供应，价格原则上不变（或变幅较小），以保障国民经济平稳运行和反通货膨胀。社会的非基本消费部分由进口资源供应，随行就市，高进高供，自求平衡。同时，在非基本消费价格中设置的调节基金以保证国内基本需求的价格稳定。如此，不该涨的不涨，该涨的就涨。此项措施的实施需要耗费的资源是一车一张加油卡，加油站结合加油设备升级换代，增设读卡器，以反映一定时间内此车所加油的累计量，便于加油站确定该车此次加油的价格。总的来说，增加的资源并不多，系统的复杂性没有多大提高，重要的是国家并不增加资源消耗，而且还实现了该保的保，该限的限。作为消费者，则将根据自己的经济能力和事情的轻重缓急确定石油消费行为，有利于节约资源，同时减少排放。在此种情况下，国家将责成国有石油企业保证国内油品资源基本消费供应稳定，石油企业也将通过增加国内石油资源产量和提高管理水平创造利润，增加收入；同时国家授权石油企业根据国内基本消费需求量和国内资源供应量之间的差额调整石油生产量，而进口的国际资源量的大小决定非基本消费价格中的调节基金量的大小，以保证国内基本消费需求量的稳定。这样国有石油企业有责任，也有手段保证整个国内油品市场的供应。

运用萃智（TRIZ）理论的分离原理解决油价问题，深刻地反映了这样一个基本事实：在当今这个收入多元化、资源来源多元化、消费行为多元化的时代里，在一个基本经济系统里，用一个统一的参数，是难以反映各方需求，也难以解决一个基本矛盾的。必须按照唯物辩证法和矛

① 该原理是指当系统中某一参数发生变化影响系统稳定运行时，可提前设置一个专用参数以抵消这种变化，保证系统稳定运行。

盾论的思想，科学拆解矛盾，对矛盾的不同方面采取不同的对策，才能实现矛盾的对立统一，使系统稳定运行。表现在油价上的不同需求，同样是由矛盾的不同方面构成的。运用萃智（TRIZ）理论分而治之，就能彻底解决问题。

第八章

物-场模型及一般解[①]

① 原理内容参见杨清亮，《发明是这样诞生的：TRIZ理论全接触》，机械工业出版社，2006年7月第1版、2008年1月第三次印刷，第88页。

19 世纪，能工巧匠就是发明家，他们用自己的双手制造了新机器，从多方面对机器进行了改进使其能够更有效地工作。现代的发明家，首先是思想家，脑力劳动者。最重要的是——精细并且准确的智力作业。

——根里奇 · S. 阿奇舒勒（Genrich S. Altshuler）

我们不能人云亦云，这不是科学精神，科学精神最重要的就是创新。

——世界著名科学家、中国航天之父钱学森

【趣味故事】 淘宝网创新哲学

淘宝网是亚太地区较大的网络零售商圈，由阿里巴巴集团在2003年5月创立。目前淘宝网是享誉海内外的世界级电子商务平台，一路走来，创新不断。下面从物–场模型的角度来诠释淘宝网的创新之路。

从物–场模型来分析，淘宝网是由企业、利益相关者及场（相互关系）构成的技术系统，并可将其分解为若干由企业、特定利益相关者、场构成的物–场模型。场可以是生产场、资本市场、商品交易的市场，也可以是企业与各种利益相关者进行价值交换的平台。

物–场模型可分为有效完整模型、不完整模型、效应不足模型、有害效应模型四种。在TRIZ中重点关注是三种非正常模型：不完整模型、效应不足模型和有害效应模型。淘宝网在发展中遇到的问题，可以用这三种非正常模型来解释。

淘宝网的出现，就是对不完整模型的完善，传统的线下店面交易覆盖地域有限，限制了商业的发展，淘宝网作为一个B2C（企业对消费者）平台，连接了全球的卖家与买家，真正实现了“商无界”。

淘宝网成立不久就遭受来自国际电商巨头eBay（易趣）的疯狂打压，如何化解这个来自强大竞争对手的有害作用呢？淘宝网采取免费策略，宣布三年不收费。通过免费这个撒手锏，淘宝网迅速吸引了大量用户，eBay的用户开始加速流失，因为有更好的免费模式，用户一去不复返。直到2006年年底，eBay选择关闭了在中国的易趣网站，eBay彻底被淘宝网打败。如图8–1所示。

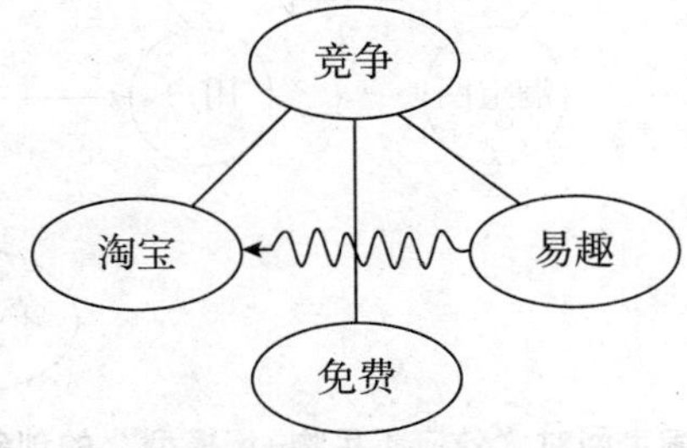

图8–1 淘宝网对“有害物–场模型”的创新性改进

同样的手法也被360公司使用，为了消除来自国内外竞争对手的有害作用，2008年360公司推出免费杀毒软件，经过两年的用户快速积累，到2010年用户量超越瑞星，成为国内用户量最多的杀毒软件。

针对在淘宝网平台上，买家与卖家之间存在不信任、欺诈可能的有害作用关系，2003年10月淘宝网通过引入第三方支付工具支付宝，构造新的支付市场，抑制有害作用。如图8－2所示。

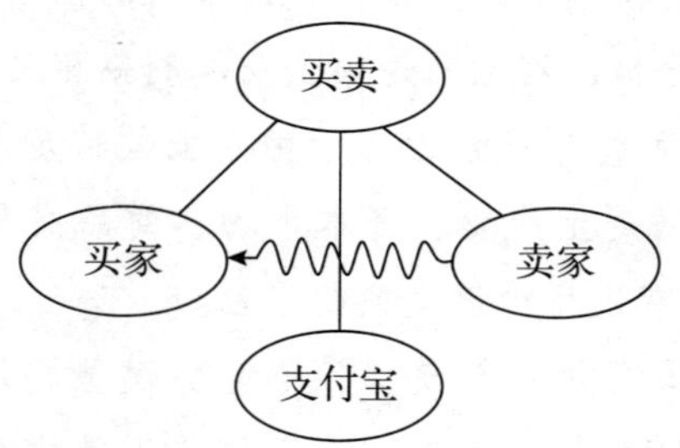

图8－2　淘宝网对"有害物–场模型"的创新性改进

买家与卖家之间虽然交易方便，但是相互联系的作用力不足，于是2004年推出淘宝旺旺，将即时聊天工具和网络购物联系起来，加强了买家与卖家之间的相互作用。这种模式如今又被招聘平台BOSS直聘所采纳，BOSS直聘在招聘平台中引入即时聊天功能，加强了招聘者与求职者之间的相互作用关系。

为了加强用户与平台之间的关系，2013年成立菜鸟网络，解决了快递"最后一公里"问题。如图8－3所示。

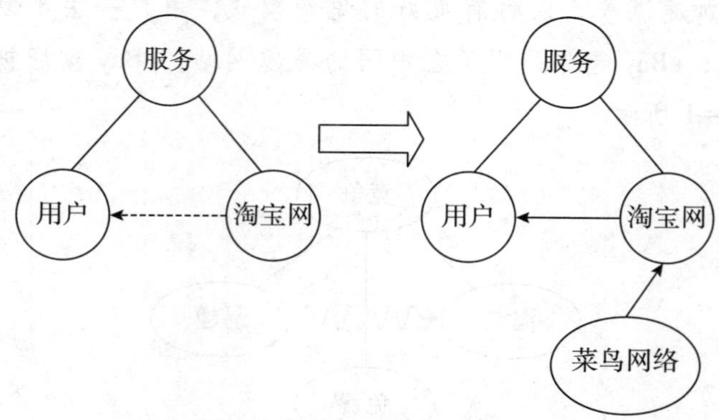

图8－3　淘宝网对"效应不足物–场模型"的创新性改进

2015年成立O2O（线上到线下）盒马鲜生超市，增加了购物真实体验感，同时消除了生鲜类产品损耗大的有害作用。盒马鲜生超市的核心逻辑是“仓店一体”，既一个门店是一个仓库，也是一个餐馆，可以生熟联动。

16年来，淘宝网坚持创新发展，从最初的电子商务网站生长为包含千万商家、百万生态伙伴和十亿消费者的超级商业系统，打造了一个“全民C位”的世界。

淘宝网的创新并不止这些内容，并非刻意使用TRIZ创新方法，而是一种无意中的使用。本章就开始学习TRIZ中一些新的创新方法物-场模型和一般解法。只有当我们掌握这些创新方法时，才能更好地运用这些创新方法，在面对商业和金融领域的问题时，有意使用去解决问题。

我们在前面章节学习了39个工程参数和矛盾矩阵，在实际问题分析过程中，为表述系统中存在的问题，工程参数的选择是一个较困难的事情。需要工程人员掌握比较全面的专业知识、丰富的经验以及对39个通用工程参数的正确理解，才可以正确利用矛盾矩阵解决技术矛盾。

但是，在许多未知领域，无法确定系统矛盾类型，那该怎么办呢？阿奇舒勒提供了另一种分析和解决问题的工具——物-场模型和标准解。物-场模型分析是TRIZ理论中一种重要的问题描述和分析工具，阿奇舒勒在1979年发表的专著《创造是一门精密的科学》中首次对其全面系统地论述。它从技术系统的功能出发，用符号语言来建立与已存在的系统或新技术系统问题相联系的功能模型，并对系统功能进行分析，在问题的解决过程中，可以根据物-场模型所描述的问题，来查找相对应的一般解法和标准解法。本章主要介绍一般解法，76个标准解法将在下一章进行详细介绍。

第一节　物-场分析

每个系统的出现都是为了实现某种确定的功能。产品是功能的具体实现。

系统的功能既可以是一个比较大的总功能，也可以是分解到子系统的功能，当然可以一直分解下去，直达底层的功能为止。越底层的功能结构越简单，越容易进行理解和表达。

阿奇舒勒对功能进行了认真分析，发现并总结了以下三条定律：

（1）所有的功能都可以分解为3个基本元素（两个物质S_1、S_2和一个场F）；

（2）一个完整的功能必定由3个基本元素组成；

（3）将相互作用的3个基本元素进行有机组合，可构成一个功能。

在物-场模型分析法中，理想功能是场F通过物质S_2作用于物质S_1并

改变 S_1。

参与相互作用的物质 S_1 和 S_2 是一种与任何结构、功能、形状、材质等复杂性无关的实物，可以是材料、工具、零件、人、环境等。一般是 S_1 表示工件和原料，充当被作用、被操作、被改变的对象；S_2 表示工具，作用、操作或改变被动元件 S_1。在金融领域，S_1 和 S_2 则可能是一些抽象概念，比如金融元素借款人、贷款人等。

场 F 是物体之间的效应或相互作用，它是传递 S_1、S_2 之间相互作用的媒介。主要包括两类形式的场：（1）物理学定义的场：电磁场、引力场、强作用场和弱作用场；（2）由物质场推广而来的能量场：机械能、热能、化学能、核能、光能等。

对场的进化趋势进行排序，可以发现机械能、热能、化学能、电能、磁能、量子纠缠与技术系统的进化趋势是一致的，可以根据系统所采用的能量场形式，来判断技术系统所处的进化阶段和未来可能的进化方向。

在金融领域中，场主要表现为金融元素之间的相互关系的保障力，例如契约关系或合约关系的保障力可以是抵押、质押、担保等，也可以是国家的法律保障，或者是某些市场化的约束力，比如村落、黏度较大的平台等。

通常，任何一个完整的系统功能，都可以用一个完善的物-场三角形进行模型化表达，称为物-场分析模型，如图 8-4 所示。如果是一个复杂的系统，可以通过多个物-场模型进行模型化表达。

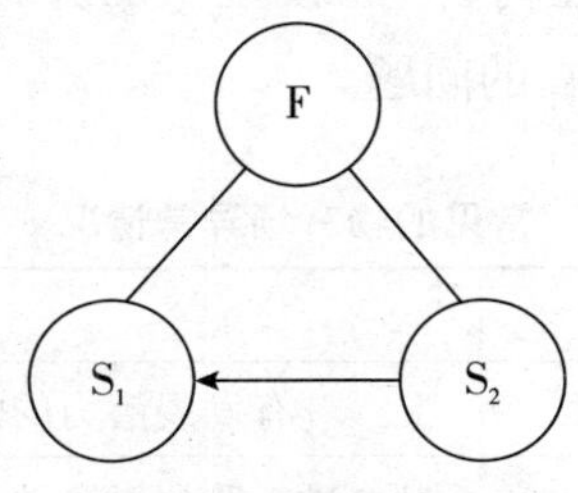

图 8-4　物-场模型

下面举两个简单的例子来熟悉一下物-场模型分析。例如，吸尘器清洁地毯。其中，S_1——地毯（工件），S_2——吸尘器（工具），F——清洁（机械场），如图 8-5 所示。再如，民间借贷。S_1——借款人（工件），S_2——出借人（工具），F——借贷关系（场），如图 8-6 所示。

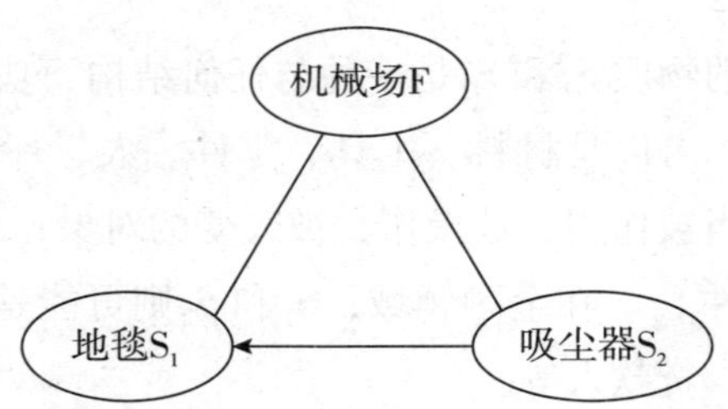

图8－5　吸尘器清洁地毯物－场模型

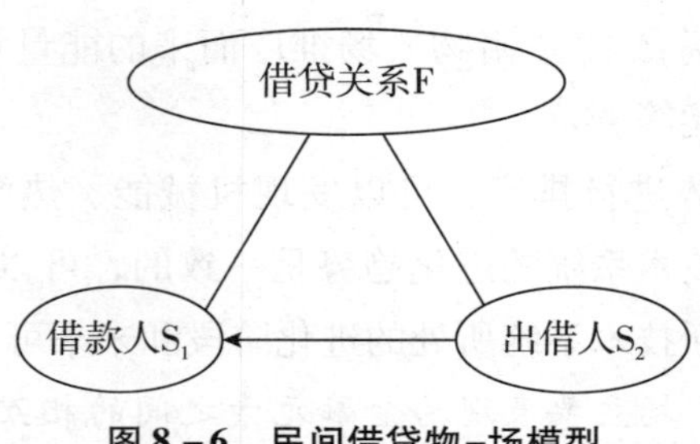

图8－6　民间借贷物－场模型

第二节　物－场模型的类型

使用物－场模型有助于使问题聚焦于关键问题，并建立问题所在的特别“模型组”，事实上，任何物－场模型中的异常情况，如表8－1所示，都来自这些模型组中所存在的问题。

表8－1　常见的物－场异常情况

异常情况	举例
期望的效应或作用没有产生	有发展潜力的学生因为贫穷而辍学
有害的效应或作用产生	过多进行股权融资的企业，创始团队失去控制权
期望的效应或作用不足或无效	中国小微企业融资难

为建立针对以上三种异常情况的图形化模型描述，要用到表达效应的几何符号，常见的效应图形表示符号如表8－2所示。

表 8-2 常见的效应图形表示符号

符号	意义
————————	未来评估的作用或效应
————→	期望的作用或效应
– – – – – – – –→	不足的作用或效应
～～～～→	有害的作用或效应
━━━━→	模型间的转换

根据以上各种情况，TRIZ 理论总结出五类常见的物-场模型：

（1）有效完整的物-场模型

有效完整的物-场模型是一种理想的状态，也是设计者追求的状态，功能的三个元素都存在，相互之间的作用充分。例如，手拿杯子，杯子稳且不掉。比如金融的例子中，金融“萃智”就是一种完整有效的物-场模型。

（2）不完善的物-场模型

组成功能的三个元素不全，可能缺少场，也有可能是缺少物质。例如，手拿杯子，因手受伤无法产生握力拿住杯子。金融例子中，比如 P2P，在陌生人之间缺乏保证资金出借者利益的场“F”，从而导致平台跑路或者融资方违约。

（3）效应不足的物-场模型

功能的三个元素齐全，但设计者所追求的效应或作用未能实现或者只实现了部分。例如，手拿杯子，杯子没被拿稳而下滑。金融的例子中，比如助学贷款，有的学生会延迟还款或者部分违约。

（4）有害效应的物-场模型

虽然功能的三个元素齐全，但是产生的相互作用是一种与预期相反的作用，或者设计者想消除的有害作用。例如，手拿杯子，杯子烫手。金融的例子中，比如庞氏骗局，融资者直接危害了投资方的利益。

（5）效应过度的物-场模型

功能的三个元素齐全，设计者追求的相互作用能实现但效应过度。例如，手拿杯子，杯子变形。金融的例子中，比如校园贷中的“裸条贷”，出借人损害借款人的问题。

有时，第（4）种和第（5）种合并称为有害效应模型。TRIZ 中，重点关注的是非正常模型：不完善的物–场模型、效应不足的物–场模型、有害效应的物–场模型和效应过度的物–场模型。

第三节　物–场分析的一般解法

TRIZ 认为，针对非正常物–场模型，可以使用“一般解法”来尝试问题的解决。物–场分析的“一般解法”基本上与非正常物–场模型相对应，大致共有六个。

1. 不完善物–场模型

一般解法一：

（1）补齐所缺失的元素，增加场 F 或工具 S_2，完善模型，如图 8－7 所示。

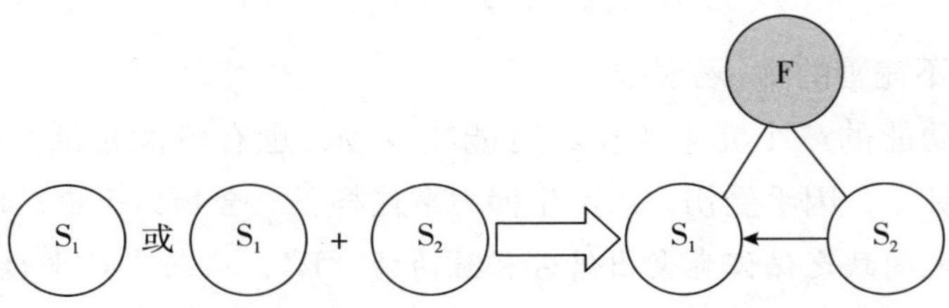

图 8－7　不完善物–场模型的完善化

（2）系统研究各种能量场，机械场—热能—化学能—电能—磁能—量子纠缠。

例如，气泡的分离。液体（S_1）中存在着气泡（S_2）。使用离心机（增加机械场 F）将气泡从液体中分解出来，如图 8－8 所示。

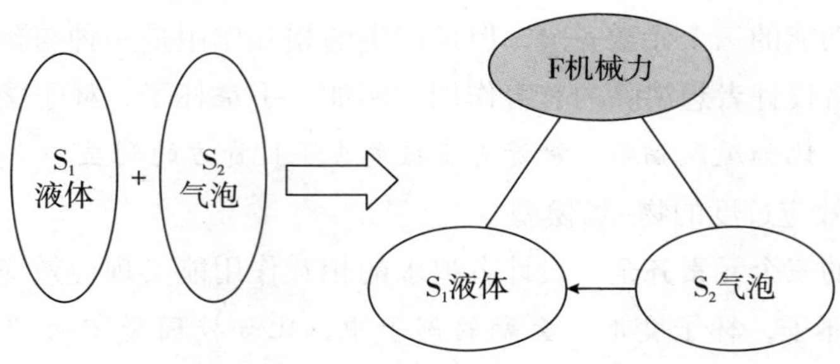

图 8－8　气泡分离物–场模型

【金融案例：初创企业股权融资】

初创小微企业，由于固定资产少、土地房产抵押物不足等问题，无法从银行贷款。如果企业有发展潜力，可以引入风投机构，进行股权融资来满足企业资金需求，如图8－9所示。为什么引入风投机构就可以减小初创企业股权融资的风险从而激励风投的投资行为？是因为风投采用了类似于保险机构“大数法则”的原理，通过投资组合在一定程度上消解了部分“非系统性风险”的缘故。

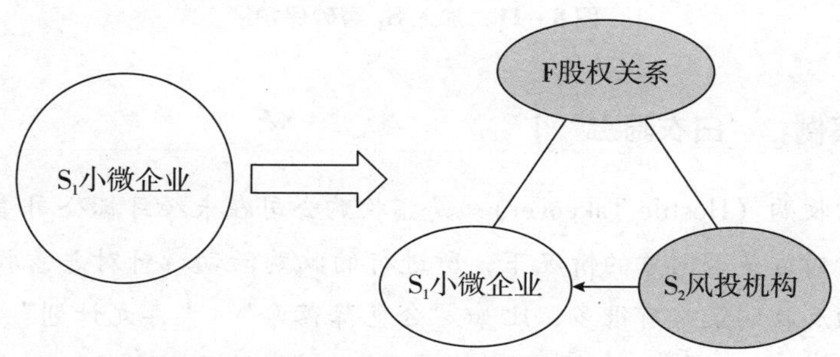

图8－9 小微企业股权融资物－场模型

2. 有害效应的物－场模型

有害效应的完善模型，元素齐全，但 S_1 和 S_2 之间的相互作用的结果是有害的或不希望得到的，因此，场F是有害的。

一般解法二：加入第三种物质 S_3，来阻止有害作用。S_3 可以是通过 S_1 或 S_2 改变而来，或者由 S_1、S_2 共同改变而来，如图8－10所示。

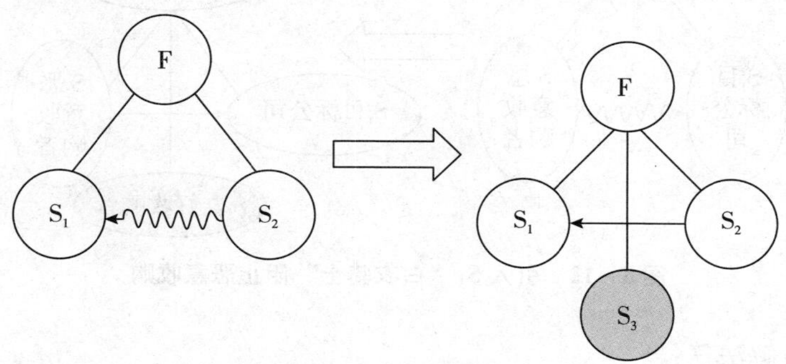

图8－10 加入 S_3 阻止有害作用

例如，办公室的玻璃。将窗户玻璃进行磨砂处理，变成半透明的，以保护办公人员的隐私。如图 8－11 所示。

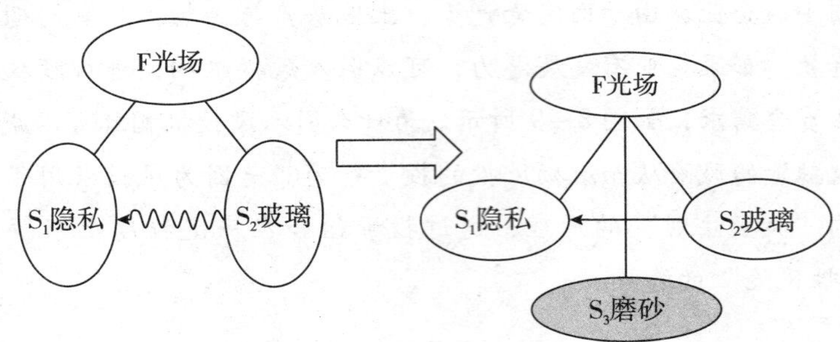

图 8－11　加入 S_3 磨砂保护

【金融案例："白衣骑士"】

恶意收购（Hostile Takeover），是指收购公司在未经目标公司董事会允许，不管对方是否同意的情况下，所进行的收购活动。针对恶意收购，可以采取的反收购策略有很多，比如"金色降落伞"、"毒丸计划"、"绿票讹诈"、终止协议、"白衣骑士"、"白衣护士"、资本结构变化、"反噬防御"等。本文以"白衣骑士"策略为例进行说明，在被恶意收购时企业可以找一个跟自己企业有合作关系的，但又不想控制企业的资金充沛者来控股自己的企业，以驱逐那个不受欢迎的恶意收购者。如图 8－12 所示。大家可以用其他反收购策略进行类似分析。

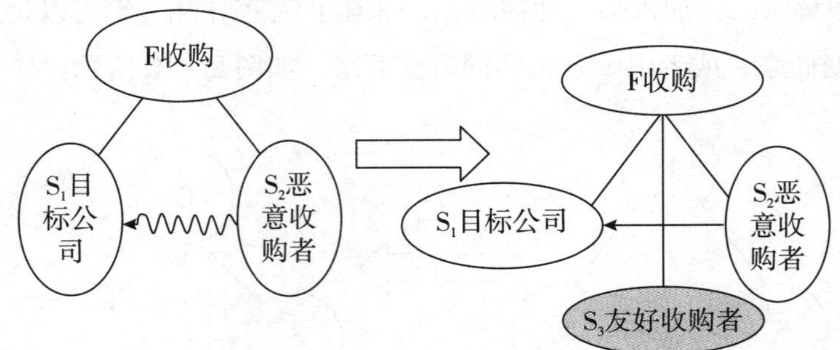

图 8－12　引入 S_3"白衣骑士"阻止恶意收购

一般解法三：

（1）不像之前的解法是在增加元素，这里可以通过增加另外一个场 F_2

来抵消原来有害场 F 的效应。如图 8 – 13 所示。

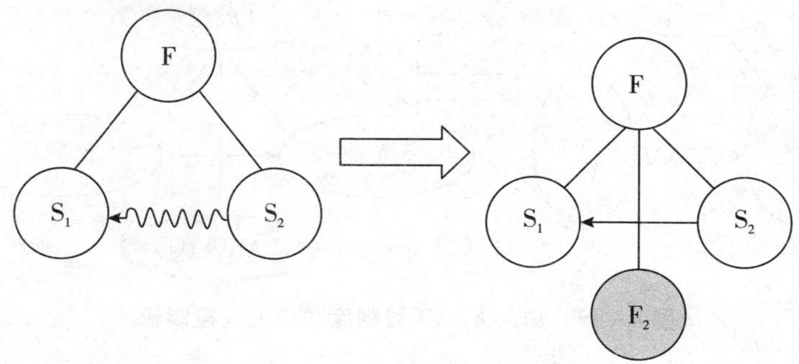

图 8 – 13　加入 F_2 阻止有害作用

（2）系统研究各种能量场，机械场—热能—化学能—电能—磁能—量子纠缠。

例如，细长轴的切削加工。为了防止零件在加工中产生偏歪，增加一个反向作用力。如图 8 – 14 所示。

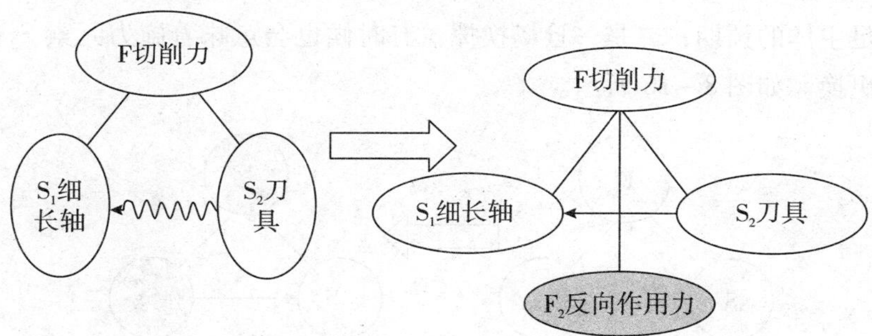

图 8 – 14　加入 F_2 反向作用防止偏歪

【金融案例：双层股权架构】

企业在发展过程中，如果过度进行股权融资，创始团队的股权会被过度稀释而失去对企业的控制权，为防止这种情况发生，企业可以设计 AB 股制度，AB 股的核心，就是同股不同权。在 AB 股的双层股权架构下，公司可以发行拥有不同投票权的普通股，一般称 A 类、B 类，即 AB 股。通常，A 类 1 股有 1 票投票权，B 类 1 股有 n 票投票权。其中 A 普通股通常由投资人与公众股东持有，B 普通股常由创始团队持有。如图 8 – 15 所示。

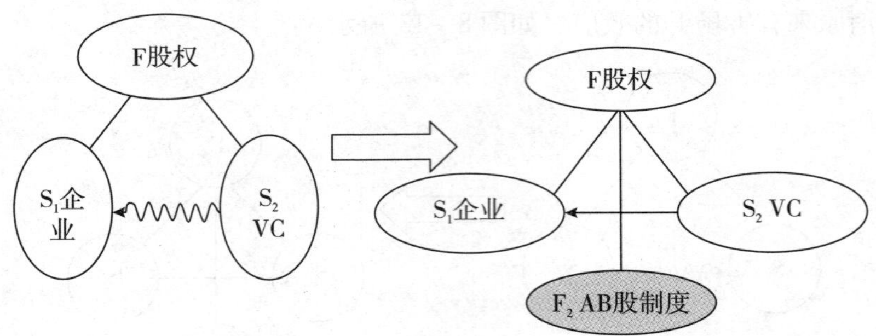

图 8-15 加入 F_2 AB 股制度防止失去控制权

3. 效应不足的物-场模型

效应不足的模型中构成物-场模型的元素是完整的，但有用的场 F 效应不足，比如太弱、太慢等。

一般解法四：

用另一个场 F_2（或者 F_2和 S_3一起）代替原来的场 F_1（或者 F_1及 S_2）。这种方法有两个特征：一是与主体对场效应的评价有关，往往是场效应不能满足主体的预期；二是一旦场换掉，有时候也会意味着施力元素 S_2也发生了更换。如图 8-16 所示。

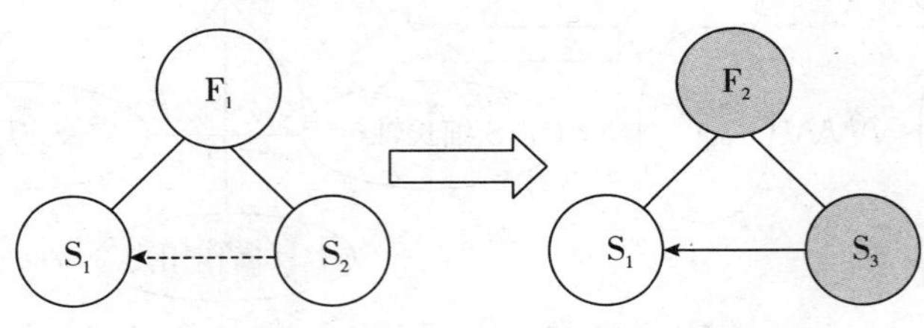

图 8-16 用 F_2（S_3）代替 F_1（S_2）

例如，墙纸的去除。利用水蒸气来代替机械力，以去除墙壁上的墙纸，效果和效率提升许多。如图 8-17 所示。

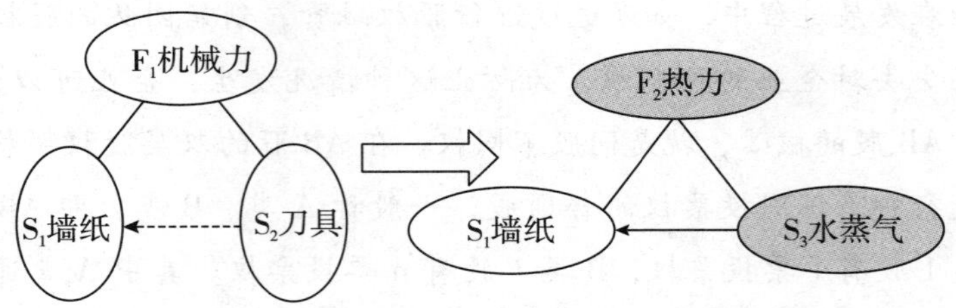

图 8-17 用 F_2（S_3）代替 F_1（S_2）提升去除墙纸的效率

【金融案例：分成制教育金融制度】

在传统学生融资方法中，债性融资违约率居高不下，国家转移支付数量有限。分成制教育金融制度的出现就是为了解决学生教育融资的问题。① 第一种分成制教育金融制度指的是学生毕业后，每个月拿出一定比例的收入，作为偿还资金，直到还完所有贷款。第二种分成制教育金融制度则是投资者和学生共同承担成长风险。尤其是第二种合约的改变，完全改变了双方合作的关系和关系保障机制，相当于用新的“关系场”代替了旧的“关系场”。如图 8－18 所示。

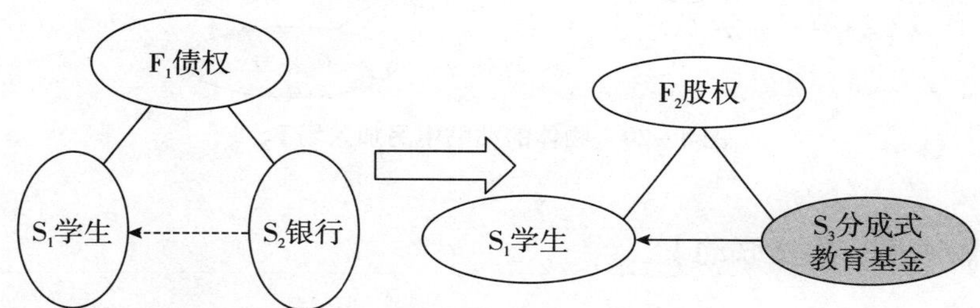

图 8－18　分成制教育金融制度用 F_2（S_3）代替 F_1（S_2）

一般解法五：

（1）增加另一个场 F_2 来强化有用的效应，如图 8－19 所示。

（2）系统研究各种能量场，机械场—热场—化学场—电能—磁能—量子纠缠。

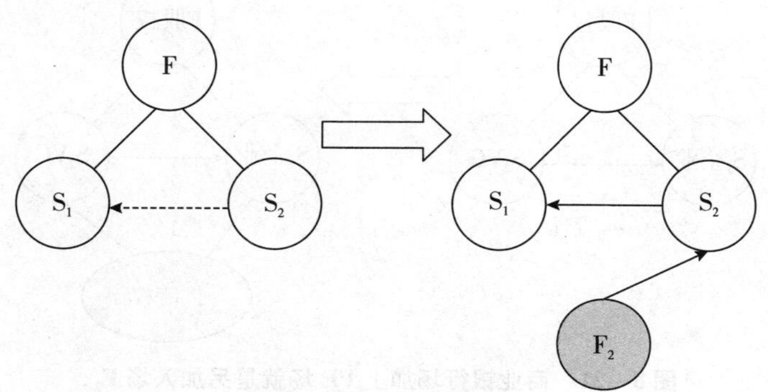

图 8－19　另加入场 F_2

① 参见窦尔翔，《教育金融制度创新》，清华大学出版社，2012 年。

例如，促进物体的粘贴强度。在粘贴两个物体过程中，当胶水还没有完全凝固前，先用夹子夹紧让粘贴面紧密结合，以帮助粘贴。这夹子的夹力就是外加的场 F_2。如图 8－20 所示。

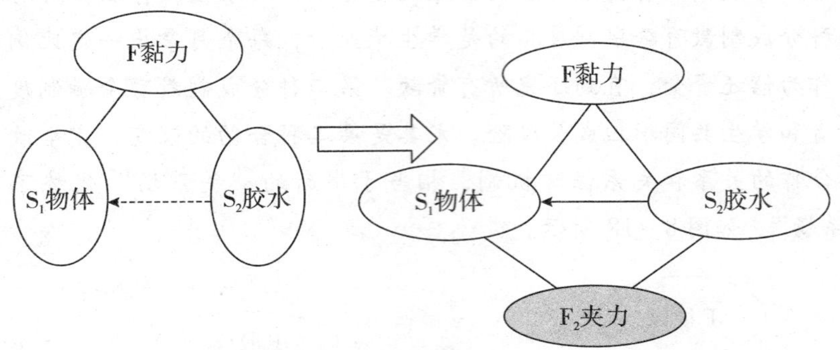

图 8－20 物体的粘贴中另加入场 F_2

【金融案例：投贷联动】

中小科技企业在发展过程中需要大量资金，单纯的股权或债权融资难以满足资金需求，这时可以使用投贷联动模式。所谓投贷联动，主要是对中小科技企业，在风险投资机构评估、股权投资的基础上，商业银行和 PE（私募股权投资）等投资机构达成战略合作，以“股权＋债权”的模式对企业进行投资，形成股权投资和银行信贷之间的联动融资模式。如图 8－21 所示。

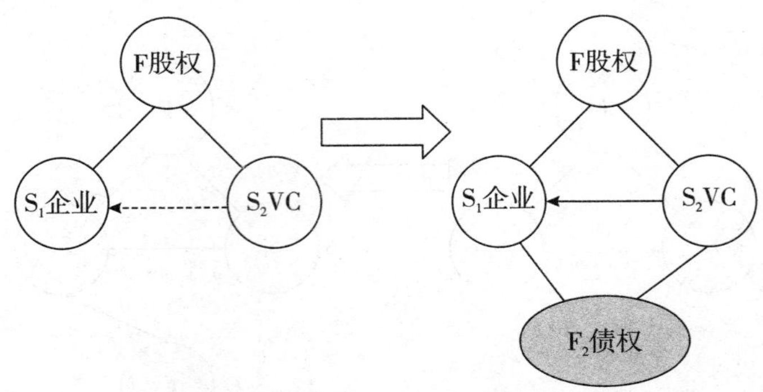

图 8－21 商业银行场加上 PE 场就是另加入场 F_2

其实，前面案例中的“分成制教育金融制度”中的第一种情况，也属于将原来的债权关系改由债权总量约束与股权期限变通联合完成。相当于在原来的场上又增加了一个场，也可以理解为将原来的场用两个新场加以替代。

一般解法六：

（1）插入一个物质S_3并附加上另一个场F_2提高有用效应，如图 8－22 所示。

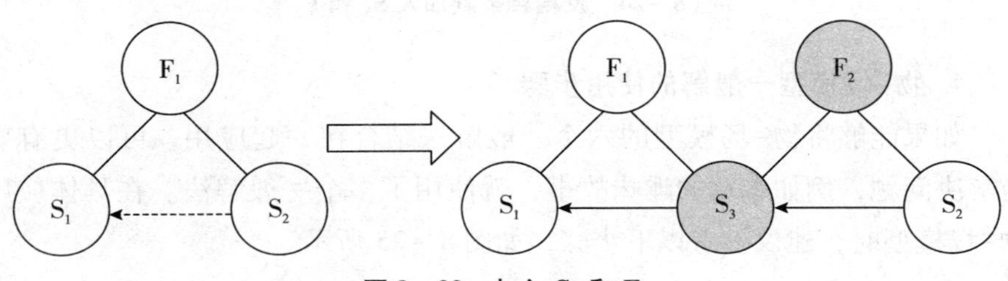

图 8－22 加入 S_3 和 F_2

（2）系统研究各种能量场，机械场—热场—化学场—电能—磁能—量子纠缠。

例如，带有衬垫固件中的楔子能够被轻易地拔出。这是在原来的物–场中加入了易熔合金和热场，组成了链式物–场模型来增强物–场模型。如图 8－23 所示。

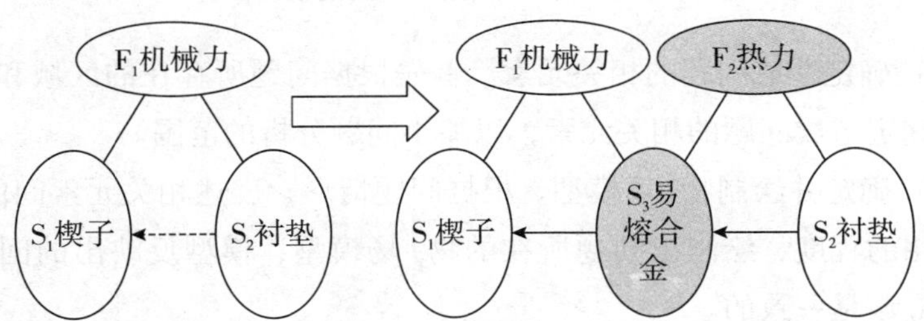

图 8－23 加入易熔合金的楔子就是加入 S_3 和 F_2

【金融案例：反稀释条款】

反稀释条款也称“反股权摊薄协议”，是指在目标公司进行后续融资过程中，投资人为避免自己的股份贬值及份额被过分稀释而采取的措施。这是在原来的股权关系场中，增加反稀释条款和反稀释制约，建立了链式物–场模型来增加物–场模型。如图 8－24 所示。

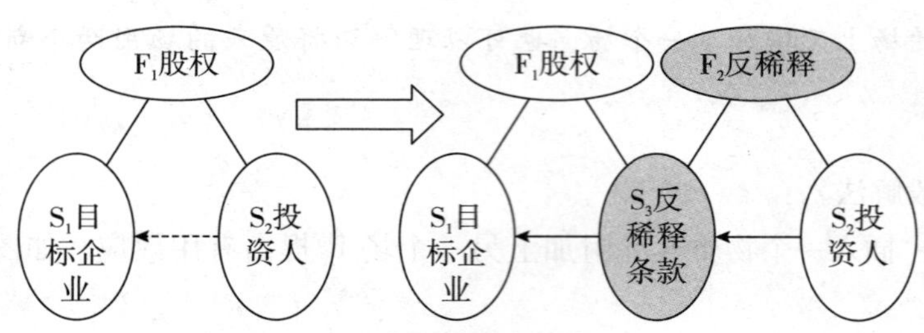

图 8－24　反稀释条款加入 S_3 和 F_2

4. 物–场模型一般解的使用步骤

如果能够将物–场模型的六个一般解法结合在一起应用，可以更有效地解决问题，例如本章的趣味故事，就使用了多个一般解法。在具体应用物–场模型时，建议参考以下步骤，如图 8－25 所示。

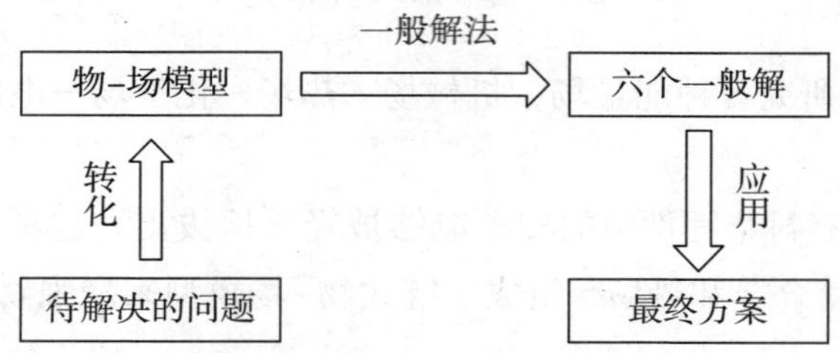

图 8－25　物－场模型一般解的使用步骤

（1）确定造成问题的相关元素。首先根据问题所存在的区域和问题的表现，确定造成问题的相关元素，以缩小问题分析的范围。

（2）确定并绘制物–场模型。根据问题情形，表述相关元素间的作用，确定作用的程度，绘制出问题所在的物–场模型，模型反映出的问题与实际问题应该是一致的。

（3）选择问题模型的一般解法。按照物–场模型所表现出的问题，查找此类物–场模型的一般解法，如果有多个，则逐一进行对照，寻找最佳解法。

（4）开发设计概念。将一般解法与实际问题相对照，并考虑各种限制条件下的实现方式，在设计中加以应用，从而形成产品的解决方案。

本章所介绍的六个一般解法，只是物–场分析的一个初步应用，而更全面的解法将在下章中进行讲解。

第九章

标准解[①]

① 原理内容主要参照《经典TRIZ通俗读本》，李海军、丁雪燕编著，中国科学技术出版社，2009年12月第1版，2013年8月第三次印刷。

发明者常常会用到两到三个熟练掌握的方法。最熟练的发明者会使用五到七个。TRIZ 理论扩充了创造方法资源，包括几十个方法，共同构成解决问题的合理系统。

——根里奇 · S. 阿奇舒勒（Genrich S. Altshuler）

工欲善其事，必先利其器。

——《论语 · 卫灵公》

【趣味故事】 换个思路思考问题

一个犹太人走进纽约的一家银行，来到贷款部，大模大样地坐下来。

“请问先生有什么事情吗?”贷款部经理一边问，一边打量着来人的穿着：豪华的西服、高级皮鞋、昂贵的手表，还有镶宝石的领带夹子。

“我想借些钱。”

“好啊，你要借多少?”

“1 美元。”

“只需要 1 美元?”

“不错，只借 1 美元。可以吗?”

“当然可以，只要有担保，再多点也无妨。”

“好吧，这些担保可以吗?”

犹太人说着，从豪华的皮包里取出一堆股票、国债等，放在经理的写字台上。

“总共 50 万美元，够了吧?”

“当然，当然！不过，你真的只要借 1 美元吗?”

“是的。”说着，犹太人接过了 1 美元。

“年息为 6%。只要您付出 6% 的利息，一年后归还，我们可以把这些股票还给你。”

“谢谢。”

犹太人说完，就准备离开银行。

一直在旁观的银行分行长，怎么也弄不明白，拥有 50 万美元的人，怎么会来银行借 1 美元？他慌慌慌张张地追上前去，对犹太人说：“啊，这位先生……”

“有什么事情吗?”

“我实在弄不清楚，你拥有 50 万美元，为什么只借 1 美元？要是你想借 30 万美元、40 万美元的话，我们也会很乐意的……”

“请不必为我操心。只是我来贵行之前，问过了几家银行，他们保险箱的租金都很昂贵。所以嘛，我就准备在贵行寄存这些股票。租金实在太便宜了，一年只需要花6美分。”

贵重物品的寄存按常理应放在金库的保险箱里，对许多人来说，这是唯一的选择。但犹太商人没有困于常理，而是另辟蹊径，找到让自己的股票等贵重物品锁进银行保险箱的办法，从可靠、保险的角度来看，两者确实是没有多大区别，除了收费不同。

通常情况下，人们是为了借款而抵押，总是希望以尽可能少的抵押争取尽可能多的借款。而银行为了保证贷款的安全或有利，从不肯让借款额接近抵押物的实际价值，所以，一般只有关于借款额上限的规定，其下限根本不用规定，因为这是借款人自己就会管好的问题。

本故事中的这位犹太人使用物–场模型中S1.2.4用场F_2来抵消有害作用来解决昂贵存管费的问题。如果物–场模型中两个物质之间同时存在有用和有害作用，而且物质之间不同于标准解S1.2.1和S1.2.2那样，则可以建立双物–场模型来解决问题，有用场通过场F_1实现，有用场F_2用来中和有害作用或将有害作用转化为另一个有用作用。故事中的保险箱作用于股票、国债可以起到保险作用，同时存在要收取昂贵的保险费这个有害作用，这位犹太人通过借款引入抵押场可以抵消保险费这个有害作用。

虽然故事中的犹太人不是有意使用物–场模型的标准解，但是可以从他的解决方案中提取出所对应的标准解，这有利于我们对物–场模型的理解，拓展物–场模型的应用领域。

人们在面对各种问题时，会尝试寻找各种解决办法。问题可以分为典型问题和非典型问题。典型问题是通过在学校里面的专业教育可以处理的问题。非典型问题是指创新类问题。阿奇舒勒通过对大量专利的分析研究发现，创新类问题共分为两大类：标准问题和非标准问题。第一类标准问题可以利用物-场模型快速获得解决，因为基于技术系统进化路径则可以确定该系统进化的方向和解决问题的方法。这些针对标准问题的解决法则称为发明问题的标准解法。本书中有部分标准解法的物理特性比较强，较难在金融中找到相应的例子，暂时删掉。非标准解及其在金融领域的运用本书暂时不讨论。

TRIZ 中，经常应用物-场模型来分析各种各样的标准问题，物-场模型将技术系统表示为 2 个关联的物体（工具和工件），以及工具和工件之间的相互作用的场，依据表达原系统的物-场模型的类型，来选取改进此物-场模型的相应解法，这些解法为如何改进系统提供了“暗示”，更确切地说，它们提供了解法的模式，随后，问题解决者可以利用这些模式来开始进行概念的设计开发工作。

第一节 概述

标准解法是根里奇 · S. 阿奇舒勒于 1985 年创立的，共 76 个，分为 5 级，各级中解法的先后顺序也反映了技术系统必然进化过程和进化方向。各级解法特征概述如下：

第 1 级中的标准解聚焦于建立和拆解物-场模型，包括创建所需要的效应和消除不希望出现的效应的系列法则，每条法则的选择和应用将取决于具体的约束条件。

第 2 级由直接进行效应不足的物-场模型的改善，以及提升系统性能但实际不增加系统复杂性的方法组成。

第 3 级包括向超系统或微观级转化的法则。这些法则继续沿着（第 2

级中开始的）系统改善的方向前进。第 2 级和第 3 级中的各种标准解法均基于以下技术系统进化路径：增加集成度再进行简化的法则；增加动态性和可控性进化法则；向微观级和增加场应用的进化法则；子系统协调性进化法则等。

第 4 级专注于解决涉及测量和探测的专项问题。虽然测量系统的进化方向主要服从于共同的一般进化路径，但这里的专项问题有其独特的特性。尽管如此，第 4 级的标准解法与第 1 级、第 2 级、第 3 级的标准解法很多地方还是挺相似的。

第 5 级包含标准解法的应用和有效获得解决方案的重要法则。一般情况下，应用第 1～4 级中的标准解法会导致系统复杂性的增加，因为给系统引入另外的物质和效应是极有可能的。第 5 级中的标准解法将引导大家：如何给系统引入新的效应又不会增加任何新的物质。换句话说，这些解法专注于对系统的简化。

标准解法可帮助问题解决者获得二级以上困难问题的高水平解决方案。此外，还可以用来进行对各种系统进化的有限预测，以发现某些非标准问题的部分解，并进行改进以获得新的解决方案。

在第 1～5 级的各级中，又分为数量不等的多个子级，共有 18 个子级，每个子级代表这一个解决问题可选方向，在应用前，需要对问题进行详细的分析，建立问题所在系统或子系统的物－场模型，然后根据物－场模型所表述的问题，按照先选择级再选择子级，使用子级下的几个标准解法来获得问题的解。

标准解法是针对标准问题而提出的解法，适用于解决标准问题并快速获得解决方案，标准解法是阿奇舒勒后期进行 TRIZ 理论研究的最重要的课题，同时也是 TRIZ 高级理论的精华之一。

标准解法也是解决非标准问题的基础，非标准问题主要应用 ARIZ 来进行解决，而 ARIZ 的重要思路是将非标准问题通过各种方法进行变化，转化为标准问题，然后应用标准解法来获得解决方案。

第二节 标准解法[①]

一、标准解法的分布

TRIZ 中的标准解法分为 5 级、18 个子级，标准解法共计 76 个，具体分布如表 9－1 所示。

表 9－1 标准解法的分布

级别	名称	子级别	标准解数
1	建立和拆解物－场模型	2	13
2	增强物－场模型	4	23
3	转换到超系统和微观级别	2	6
4	关于检测和测量的标准解	5	17
5	标准解的标准解	5	17
合计	5 级	18	76

二、标准解法的构成

1. 第一类标准解：建立和拆解物－场模型

S1.1 建立物－场模型

S1.1.1 建立物－场模型

S1.1.2 转化为内部复杂物－场模型

S1.1.3 转化为外部复杂物－场模型

S1.1.4 利用资源环境的物－场模型

S1.1.5 利用资源环境并引入添加物的物－场模型

S1.1.6 对物质的最小作用模式

① 原理内容和部分案例主要来源于对多本教材和读本的整合，如《经典 TRIZ 通俗读本》（李海军、丁雪燕，中国科学技术出版社）、《TRIZ 理论及应用》（刘训涛、曹贺、陈国晶，北京大学出版社）、《发明是这样诞生的：TRIZ 理论全接触》（杨清亮，机械工业出版社）等。

S1. 1. 7　对物质的最大作用模式

S1. 1. 8　选择性最大模式

S1. 2　拆解物-场模型

S1. 2. 1　通过引入 S_3 来消除有害作用

S1. 2. 2　通过引入变形后的 S_1 和（或）S_2 来消除有害作用

S1. 2. 3　排除有害作用

S1. 2. 4　利用场 F_2 来抵消有害作用

S1. 2. 5　“切断”磁场影响

2. 第二类标准解：增强物-场模型

S2. 1　转化为复杂的物-场模型

S2. 1. 1　转化为链式物-场模型

S2. 1. 2　转化为双物-场模型

S2. 2　增强物-场模型

S2. 2. 1　使用可控性更好的替代场

S2. 2. 2　分类 S_2

S2. 2. 3　使用毛细管和多孔物质

S2. 2. 4　动态性

S2. 2. 5　场的结构化

S2. 2. 6　物质的结构化

S2. 3　通过节奏的匹配加强物-场模型

S2. 3. 1　使 F 的节奏与 S_1（或 S_2）匹配（不匹配）

S2. 3. 2　匹配（不匹配）F_1 和 F_2 的节奏

S2. 3. 3　匹配不相容的或先前独立的作用

S2. 4　“铁磁 - 场”模型（合成加强物-场模型）

S2. 4. 1　预 - 铁 - 场模型

S2. 4. 2　铁 - 场模型

S2. 4. 3　磁性液体

S2. 4. 4　在铁 - 场模型中应用毛细管结构

S2. 4. 5　合成铁 - 场模型

S2. 4. 6　与环境一起的铁 - 场模型

S2. 4. 7　应用自然现象和效应

S2.4.8 动态性

S2.4.9 构造

S2.4.10 在铁－场模型中匹配节奏

S2.4.11 电－场模型

S2.4.12 流变学的液体

3. 第三类标准解：转换到超系统和微观级别

S3.1 向双系统和多系统转换

S3.1.1 系统转化1a：创建双系统和多系统

S3.1.2 强化双系统和多系统中的链接

S3.1.3 系统转化1b：加大技术系统中各个元素间的差异

S3.1.4 双系统和多系统的简化

S3.1.5 系统转化1c：整体与局部具有相反的特征

S3.2 向微观级别转换

S3.2.1 系统转化2：转换到微观级别

4. 第四类标准解：关于检测和测量的标准解

S4.1 间接方法

S4.1.1 以系统的变化代替检测或测量

S4.1.2 使用复制品

S4.1.3 用两次连续的检测代替测量

S4.2 建立测量的物-场模型

S4.2.1 构建测量的物-场模型

S4.2.2 复杂（合成）的测量物-场模型

S4.2.3 利用环境的测量物-场模型

S4.2.4 从环境中获得添加物

S4.3 增强测量物-场模型

S4.3.1 利用物理效应和现象

S4.3.2 利用共振

S4.3.3 利用外部对象的共振

S4.4 转化为铁磁－场模型

S4.4.1 测量问题的元（预）铁磁－场模型

S4.4.2 测量问题的铁磁－场模型

S4. 4. 3　测量问题的复杂（合成）铁磁 - 场模型

S4. 4. 4　利用环境资源的测量问题的铁磁 - 场模型

S4. 4. 5　应用物理效应和现象

S4. 5　测量系统的进化方向

S4. 5. 1　向双系统和多系统转换

S4. 5. 2　测量系统的进化方向

5. 第五类标准解：使用标准解的标准解

S5. 1　引入物质

S5. 1. 1　间接方法

S5. 1. 2　分裂（分解、分离、分隔）物质

S5. 1. 3　物质的“自消失”

S5. 1. 4　大量引入物质

S5. 2　引入场

S5. 2. 1　利用系统中已有的场

S5. 2. 2　从环境中引入场

S5. 2. 3　利用现有的物质生成场

S5. 3　相变

S5. 3. 1　相变 1：改变相态

S5. 3. 2　相变 2：动态的相态

S5. 3. 3　相变 3：利用相变的伴随现象

S5. 3. 4　相变 4：向双相态转换

S5. 3. 5　利用相态间的相互作用

S5. 4　应用物理效应和现象的特性

S5. 4. 1　自我控制的（自动）转化/利用可逆的物理化学转换

S5. 4. 2　放大输出场

S5. 5　实验性的标准解

S5. 5. 1　通过分解获得物质粒子

S5. 5. 2　通过集成（组合）获得物质粒子

S5. 5. 3　应用标准解 S5. 5. 1 和 S5. 5. 2

三、第一类标准解：建立和拆解物-场模型

第 1 级主要是建立和拆解物-场模型，共 2 个子级、13 个标准解法。

详见表9-2。

表9-2 第一类标准解

<table>
<tr><th>序号</th><th>名称</th><th>编号</th><th>所属子级</th><th>所属级</th></tr>
<tr><td>1</td><td>建立物-场模型</td><td>S1.1.1</td><td rowspan="8">S1.1 建立物-场模型</td><td rowspan="13">第1级：建立和拆解物-场模型</td></tr>
<tr><td>2</td><td>转化为内部复杂物-场模型</td><td>S1.1.2</td></tr>
<tr><td>3</td><td>转化为外部复杂物-场模型</td><td>S1.1.3</td></tr>
<tr><td>4</td><td>利用资源环境的物-场模型</td><td>S1.1.4</td></tr>
<tr><td>5</td><td>利用资源环境并引入添加物的物-场模型</td><td>S1.1.5</td></tr>
<tr><td>6</td><td>对物质的最小作用模式</td><td>S1.1.6</td></tr>
<tr><td>7</td><td>对物质的最大作用模式</td><td>S1.1.7</td></tr>
<tr><td>8</td><td>选择性最大模式</td><td>S1.1.8</td></tr>
<tr><td>9</td><td>通过引入 S_3 来消除有害作用</td><td>S1.2.1</td><td rowspan="5">S1.2 拆解物-场模型</td></tr>
<tr><td>10</td><td>通过引入变形后的 S_1 和（或）S_2 来消除有害作用</td><td>S1.2.2</td></tr>
<tr><td>11</td><td>排除有害作用</td><td>S1.2.3</td></tr>
<tr><td>12</td><td>利用场 F_2 来抵消有害作用</td><td>S1.2.4</td></tr>
<tr><td>13</td><td>“切断”磁场影响</td><td>S1.2.5</td></tr>
</table>

S1.1 建立物-场模型

S1.1.1（No.1）建立物-场模型

如果物-场模型不完整，而且问题描述中没有包含引入物质或场的约束，则问题可以通过完整物-场模型引入缺失的元素来进行解决。如图9-1所示。

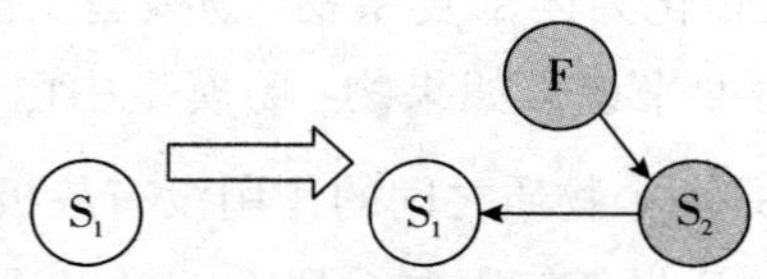

图9-1 建立物-场模型

本解法所涉及的问题可以认为是一种无（很少）约束问题的求解，可以选择任何一种认为合理的工具和效应，去构建一个有效的完整物-场。

在被作用物质一定时，可以有多种选择，包括效应和工具。

案例：

通过将溶液分布在纸带上，然后剪切相应长度的纸带以获得需要的计量，成功解决了生物化学溶液的微剂量分配问题。本案例中，只有一个场和一种物质，缺乏第二种物质，应建立物-场模型，并引入第二种物质——纸带。

【金融案例：P2P违约】

S_1是贷款方提供的货币，但是借款方并没有为贷款方提供任何具有反制力的物质即反制物S_2，因而P2P的违约是必然的。解决的方法应为，借款方为贷款方提供非系统信用资源，比如抵押物S_2，一旦提供，贷款人即对借款人拥有足够的反制力F，就会避免违约问题。但是如果按照P2P的本来定义，简化的抵押物则变为基于大系统性信用资源或者小系统性信用资源的机会成本触发权或者叫作影子抵押机制。但是，在现实中中国的大系统信用资源的构建需要非常大的成本和很长的时间成本，因而比较切实可行的方法是不同的域构建不同的小系统信用资源，比如马云的商品资本域可以构建小系统信用资源。如图9－2所示，图中的C包括C_1（非系统信用资源）、C_2（小系统信用资源）、C_3（大系统信用资源）。

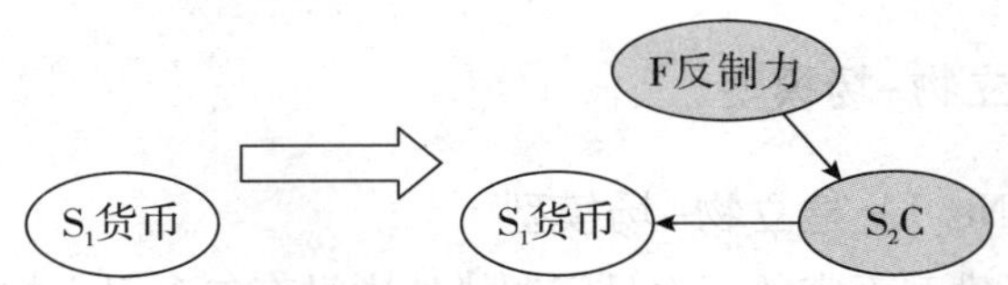

图9－2 建立P2P完整物-场模型

S1.1.2（No.2）转化为内部复杂物-场模型

从物-场模型的角度来说，如果物-场模型中已经存在两个物质（S_1和S_2）和一个场，但是两个物质之间的作用没有或极其微弱。同时，问题描述中又没有对引入物质做任何限制。那么，可以通过临时或永久性地向模型中引入添加物（S_3）的方法，使原物-场模型变为内部复杂物-场模型来解决问题。引入添加物（S_3）的目的是增加S_1和S_2之间作用的强度或可控性。同时，物-场模型的各个元素之间必须相互协调。如图9－3

所示。

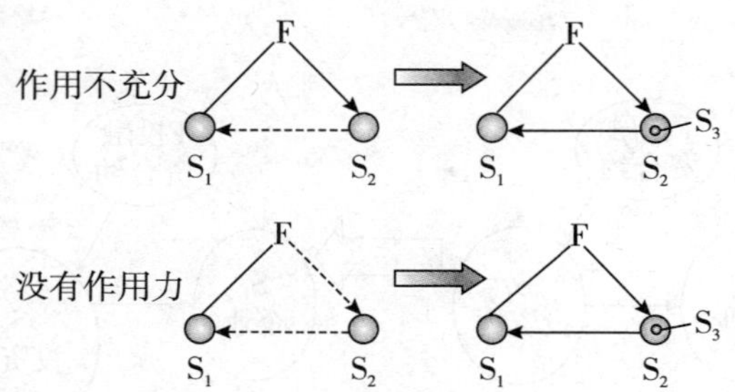

图 9-3 转化为内部复杂物-场模型

案例：

形成云的水蒸气（S_1）和小水滴（S_2）体积非常小，由于水蒸气（S_1）和小水滴（S_2）之间的相互作用不足，因此妨碍了在地球（S_0）重力场（F_0）的影响下，形成降雨所需的大水滴。在人工降雨的多种方法中，有一种就是在云中散布人造冰粒（S_3），以便产生温度和压力梯度（F_2）。温度和压力梯度可以大幅增加水蒸气在人造冰粒表面的冷凝，有助于小水滴合并形成大水滴，最后以雨的形式落到地面。如图 9-4 所示。

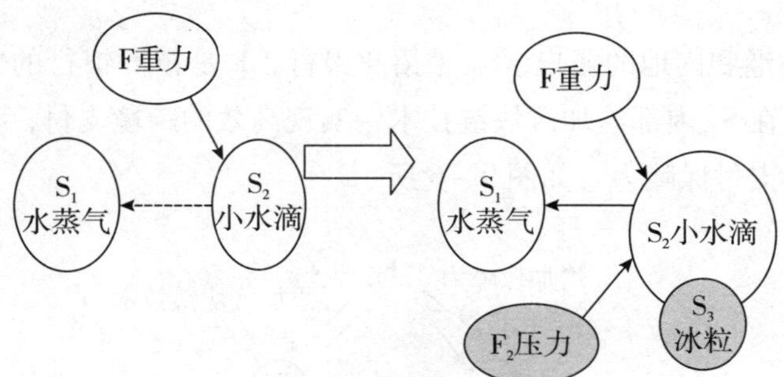

图 9-4 人工降雨物-场模型

【金融案例：IPO】

企业上市之前募资的范围和总量都是比较小的，而且对于供资方还有“合格投资者”限制。其物-场模型是：S_1是企业，S_2是投资方，F 是投融资合约，如图 9-5 所示。但是如果通过投资银行的一系列上市改制的操作，融资企业的资产就相对比较规范了，加之严格的信息披露等要求，相当于增加了融资企业现金流载体的复杂度，从而拓展了融资企业的投资者范围。

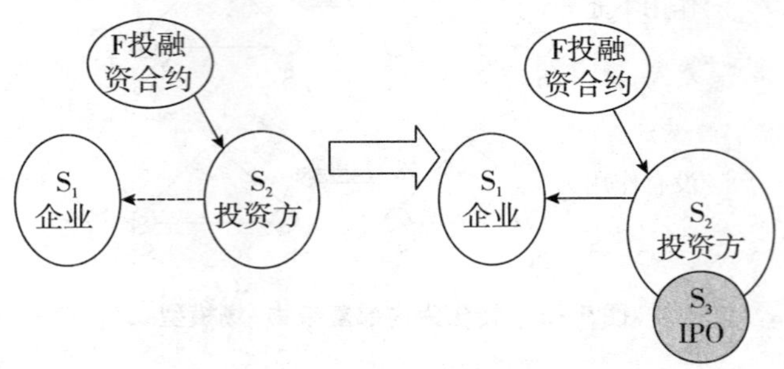

图9－5　IPO物－场模型

【金融案例：招商银行跨境支付中使用区块链】①

招商银行积极跟进区块链技术进展，在跨境支付与结算领域实施直联支付区块链项目，在深圳前海蛇口自贸片区落地全国首单区块链跨境支付业务，标志着招商银行掌握区块链技术核心，也为前海金融机构在金融科技领域的应用提供了示范。

S_1 是香港和内地的账户，S_2 是招商银行，F是招商银行的安全支付保障力，通过在 S_2 内部添加区块链技术，实现高效的跨境支付，为客户提供更好的安全支付保障力。如图9－6所示。

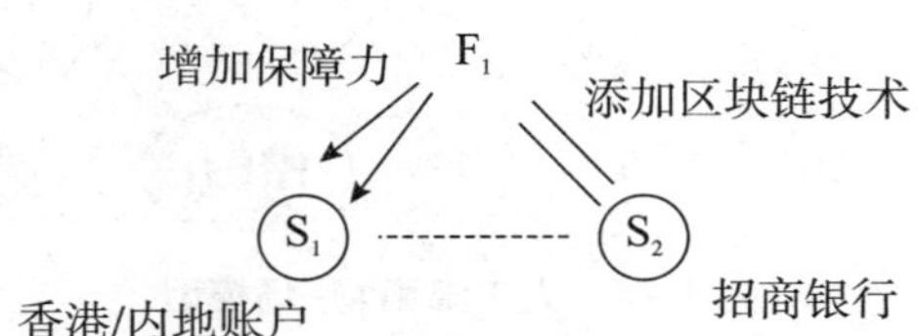

图9－6　跨境支付中的区块链

S1.1.3（No.3）转化为外部复杂物－场模型

从物－场模型的角度来说，与S1.1.2类似，如果物－场模型中已经具

① 战建豪、张成蹊演讲，窦尔翔、杨勇指导，“投行课期末汇报”，北京大学2019年投行课的金融萃智作业课件，有修改。

备了两个物质（S_1 和 S_2）和一个场（F），但是两个物质之间不存在相互作用或者只有极其微弱的相互作用。同时，问题描述中禁止将添加物引入 S_1 和 S_2 中（即无法使用标准解 S1.1.2）。那么，可以通过临时性或永久性地转变为外部复杂物-场模型来解决问题。为了使两个物质之间产生有效的作用或增强已经存在极其微弱的作用，可以将外部添加物（S_3）附加到（S_1）或者 S_2 上，以便增强物-场模型的可控性或者将所需要的特性引入物-场模型中。此外，物-场模型中各个元素之间必须协调。

案例：

用卡车运送精密度较高的设备时（S_1）时，一般的包装箱（S_2）对精密设备的保护作用非常差。解决方案是在精密设备外包一层抗震效果更好的泡沫塑料，可以增大精密仪器的保护作用。

【金融案例：中小企业融资难问题的物-场模型解决方案】

中小企业融资之所以难，主要是因为中小企业的“非系统信用资源”如抵押物、质押物、担保人、供应链金融等资源相对贫乏。即相当于 S_2 比较小，因而 S_1 也比较小。这是一个微弱的物-场模型，需要我们加入新的力量增强 S_2。如果我们将非系统信用资源叫作 C_1，首选的低能信用资源类型应当是 C_3，即基于国家暴力的“大系统信用资源”。比如美国就是这样做的，在 C_1 模式下，美国也存在低能信用资源不足的问题，也就是说美国也存在中小企业融资难的问题。但是美国的大系统信用资源 C_3 十分充足，美国中小企业可以获得信用贷款。但是在中国，人们往往将大系统信用资源理解为征信问题而不是信用保证问题，导致基于国家的大系统信用资源不足，从而存在严重的中小企业融资难的问题。在短期内我国国家大系统信用资源不可能增强的条件下，应通过继续增加低能信用的复杂度，引入小系统信用资源 C_3 来解决低能信用资源不足的问题。

【金融案例：中国 P2P 借贷模式完善】

P2P 是技术平台对组织平台的替代，在熟人之间 P2P 之间的物-场模型比较强，但在陌生人之间，P2P 物-场模型的强度就会下降，几乎为零，从而理性的经济人是不会通过这种形式提供资金的，除非引入外部资源。

美国正是通过引入“大系统信用资源”才避免了平台变异、平台跑路以及融资者违约等现象频发，然而，在中国正是因为缺乏国家大系统信用资源从而导致资金提供方的反制力几乎为零，平台跑路等风险频发。

中国未来P2P可持续发展模式可以看作传统民间借贷模型的进化。传统的民间借贷模型：S_1是借款方，S_2是贷款方，F是借贷关系，存在借贷效率不高的现象。可以对传统的民间借贷模型加以改造，办法是引入P2P平台作为S_3，不仅可以大大提高借贷效率，还可以将熟人借贷推广到陌生人借贷，从而提高金融的普惠度。

S1.1.4（No.4）利用资源环境的物–场模型

从物–场模型的角度来说，与S1.1.2类似，如果物–场模型中已经具有两个物质（S_1和S_2）和一个场F，但是两个物质之间不存在相互作用或者只有极其微弱的相互作用。同时，问题描述中对于引入添加物有限制（不能向系统中引入或附加新的物质，或者根本没有新的物质可供引入。但是，不限制向物–场模型中引入或附加环境中已有的物质），那么，可以利用环境中的资源作为添加物，这种添加物既可以被引入内部（类似S1.1.2），也可以添加在外部（类似S1.1.3）。因此，物–场模型中各个元素之间必须协调。如图9–7所示。

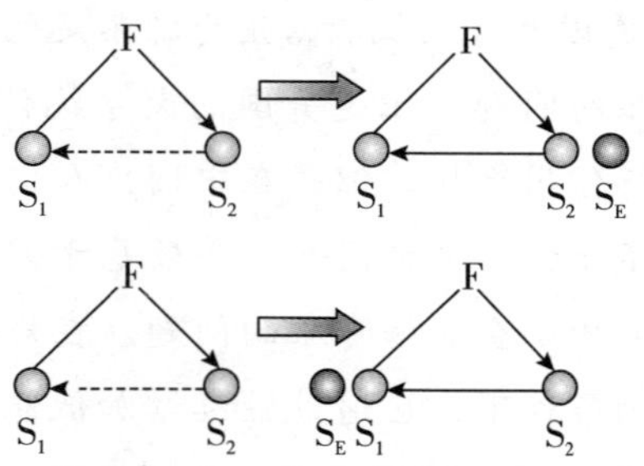

图9–7　利用资源环境的物–场模型

与S1.1.2类似，但S1.1.4是从环境中引入（已有的）资源作为添加物，引入物质既可以是内部的（类似S1.1.2），也可以是外部的（类似S1.1.3）。

案例：

调整潜水艇的下潜深度。地球（S_2）的重力场和水的浮力共同作用于潜水艇（S_1）。在这个地球和潜水艇相互作用的系统中，水的浮力是环境外场（$F_{super-system}$），而地球的引力是相互作用的场（F_1）。水的浮力抵消了地球的重力场，使地球（S_2）和潜水艇（S_1）的相互作用不足（F_1），导致潜水艇无法下潜。解决方案是利用环境中的一部分，即外部的水，通过将外部的水引入专用水柜中，可以增加潜水艇（S_1）的重力。

【金融案例：企业融资】

对于一个初创企业来说，企业将会面临基于利润的风险，即盈利的不确定性，也就是说企业有可能是盈利的也可能面临亏损的，甚至可能面临倒闭的风险，但相对来说初创企业失败的概率是大的。对于投资者来说，如果采用固定收益（F）的类型为融资方提供资金即 S_1，那么供资方很可能面临投资失败的风险（收益为 S_2），显然供资方是不愿意提供资金的。这时我们可以认为融资方没有让供资方分享利润的风险，即融资方将其未来利润仅仅当作物场的环境资源了。我们假定融资方醒悟，愿意将利润风险从外部资源变为 S_2，即将固定收益变为权益类投资（F_2），这时投资方通过大数法则即投资组合可以获得盈利和亏损的对冲，甚至保持盈利状态。这就是权益类基金即天使投资基金、创业投资基金以及私募股权投资基金能够存在甚至繁荣的原因。

如图 9－8 所示，初创企业（S_1）在发展（F）过程中，在自有资金（S_2）有限的情况下，会影响企业的发展速度，通过引入外部资金（VC 或 PE）（S_3），能加速企业的发展。

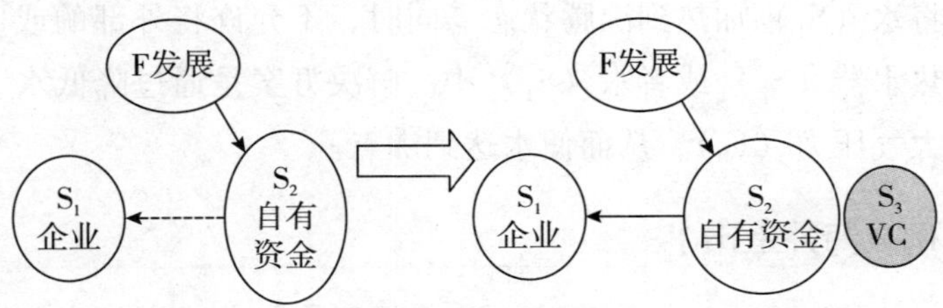

图 9－8 企业融资物－场模型

S1. 1. 5（No. 5）利用环境资源并引入添加物的物–场模型

从物–场模型的角度来说，与 S1. 1. 2 类似，如果物–场模型中已经具有了两个物质（S_1 和 S_2）和一个场（F），但是两个物质之间不存在相互作用或者只有极其微弱的相互作用。同时，问题描述中对于引入添加物有限制（不能向系统中引入或附加新的物质，或者根本没有新的物质可供引入。但是，不限制向物–场模型中引入或附加环境中已有的物质），同时，环境中没有可供使用的物质，那么可以通过以下几种情况得到可供使用的物质：（1）用另一个包含物质的环境替代当前的环境；（2）环境分解；（3）将添加物引入环境中。如图 9 – 9 所示。

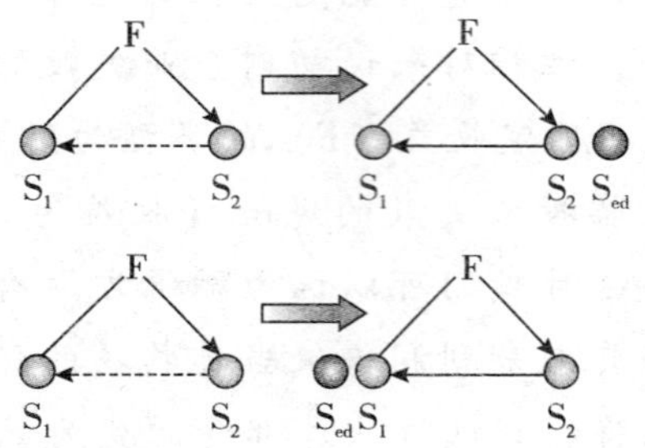

图 9 – 9　利用环境资源并引入添加物的物–场模型

在这种情况下，初始物–场模型内构建了另一个物–场，形成复杂物 – 场模型。与此同时，物–场模型中各个元素之间必须协调。在经过改造的环境中，复杂物–场模型既可以是内部的，也可以是外部的。

案例：

将水加热到沸点：如果需要在热水器（S_2）热场不足（温度）（F_1）的作用下将水（S_1）加热到沸腾状态。同时，不允许将外部的或内部的添加物引入热水器（S_2）或者水（S_1）中。解决方案是通过降低水（S_1）所处环境的大气压力（F_0），从而使水达到沸点。

【金融案例：海外上市】

国内有些企业在国内市场环境下，无法满足 A 股市场的上市条件，因而不能上市。按照上文案例中的“（1）”，改变上市的环境（市场），即到美国、中国香港等地的资本市场上市，就容易获得上市。

如图 9－10 所示，其中 S_1 是企业，S_2 是上市制度，F 是上市，海外市场 S_3 作为上市即 S_2 的制度环境。

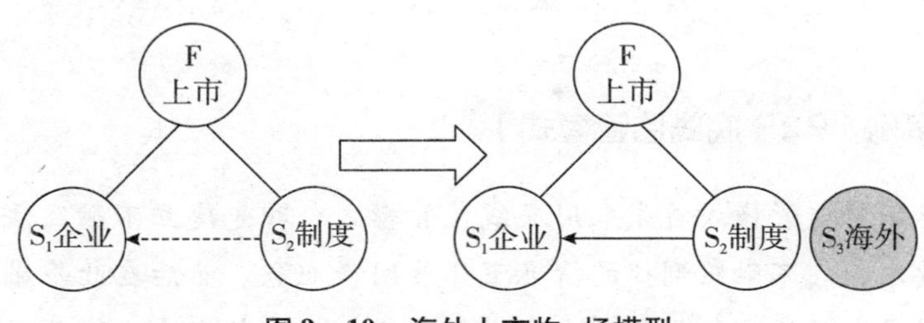

图 9－10　海外上市物－场模型

【金融案例：金融公司境外投资】

国内有些金融公司在国内市场环境下，一方面由于国内竞争日趋激烈，另一方面由于金融监管的压力之大，公司的发展受到很大的影响。所以，很多公司通过改变服务的市场（环境），将自己的主要市场由国内转移到国外，比如东南亚地区，得到了很好的发展。

S1. 1. 6（No. 6）对物质的最小作用模式①

从物－场模型的角度来说，如果一种物质需要最小的、可计量或最佳的作用模式，而根据问题描述，这种作用模式很难或者根本不可能实现。那么，可以先采用最大模式，然后将多出的部分去除或者中和掉。在这种情况下，如果多余的是场，可以利用物质来去除多余的场；如果多余的是物质，可以利用场来去除多余的物质。

案例：

在为零件（S_1）涂油漆（S_2）的时候，要想使涂层的厚度控制在很薄的范围内是很困难的。解决方法是可以先将零件在油漆中泡一下（让零件上覆盖超量的油漆），然后再利用离心力（F）去除多余的部分。在这个案例中，先利用 S_2 为 S_1 提供过度的作用，再利用 F 去除多余的部分。

【金融案例：询价制度】

券商在为企业发债时，一般的做法是先在现有资本市场行情的基础上，

① 标准解 1. 1. 6 和 1. 1. 7 与未达到或过度作用发明原理类似，具体金融案例请参见前面案例。

预估一个高于资本市场水平的利率让企业承担，而在实际发债时，通过对投资者询价的方式来确定具体的利率水平，这个利率水平一般低于预估水平。

【金融案例：P2P 底线监管模式】①

P2P 网贷监管模式首先采用底线监管模式。即先建立不触及法律底线的准则要求，在不触犯刑律的情况下开展网贷业务。然后在此基础上通过将监管对象分类逐渐细化监管内容，如区分个人借款和中小企业借款；区分 P2P 网贷平台和第三方担保机构；等等。

总之，通过底线监管模式排除非法集资等风险，再通过借鉴已有的监管内容区分对象监管模式，不仅可以降低复杂度，还可以提升监管的有效性。底线监管模式是除“沙盒试验”之外的另一种金融制度创新模式，但是由于我们对 P2P 认知不清，造成对法律底线认知的模糊，结果造成了较大的系统性风险。如图 9－11 所示。

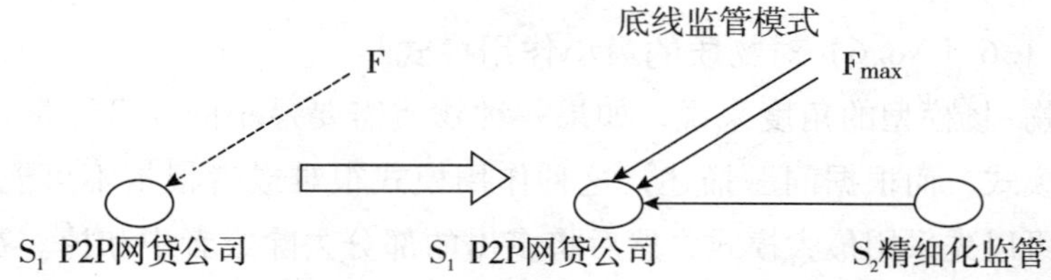

图 9－11　P2P 底线监管模式物–场模型

S1. 1. 7（No. 7）对物质的最大作用模式

如果需要对一个物质（S_1）施以最大模式的作用，但是由于种种原因又不能这么做（可能会损害系统）。那么，可以通过将这种最大模式的作用施加到另一个与目标物质（S_1）相连接的物质（S_2）上（利用中介物进行缓冲），使场（F_{max}）与物质（S_1）之间的作用得以实现。这类问题的解决方案为被作用对象的目标参数提供了上限。如图 9－12 所示。

① 陈虹宇演讲，窦尔翔指导，“金融创新期末汇报”，北京大学 2019 年 MEM 金融创新课的金融萃智作业课件，有修改。

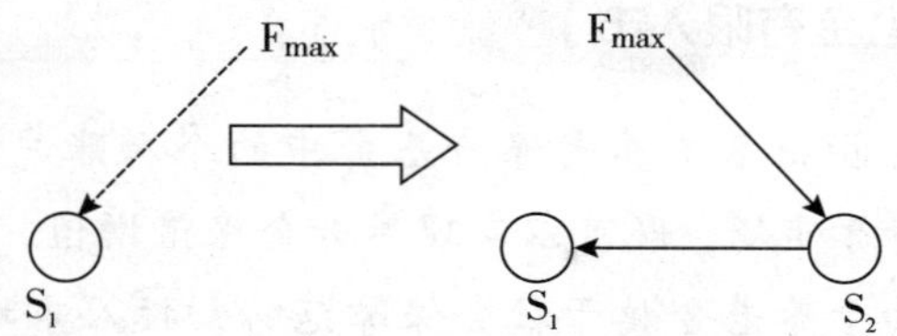

图 9－12　对物质的最大作用模式

案例：

做饭时，如果将食物直接放在火苗上烧，则很难对热量的传递过程进行控制。因此，得到的效果并不好。如果将水放入锅中，食物放入水中，火焰加热锅中的水，水接触食物并把热量传递给食物。那么，锅中食物的温度将永远控制在水的沸点（烹煮温度的上限）以下。

【金融案例：股权成熟机制】

所谓股权成熟机制是使用股权承诺和股权兑现的双重方法，既确保了持权人的权利，也保证了供权人的利益不受损害。这种股权的或然性条款设定就如同双方合作的中介物。特别是其中的分期成熟机制更加细化了双方的权益。

另一相似的例子是股票期权，即通过购买股票期权而不是直接购买股票的方法为投资者提供了一种相应选择权利，使投资者的损失最大限度地锁定在期权费以内。如同股票是 S_1，股票投资者是 S_2，其相互关系是 F_1，如果将权利 S_3 与期权相联系，则会更好地实现 S_2 的目标。如图 9－13 所示。

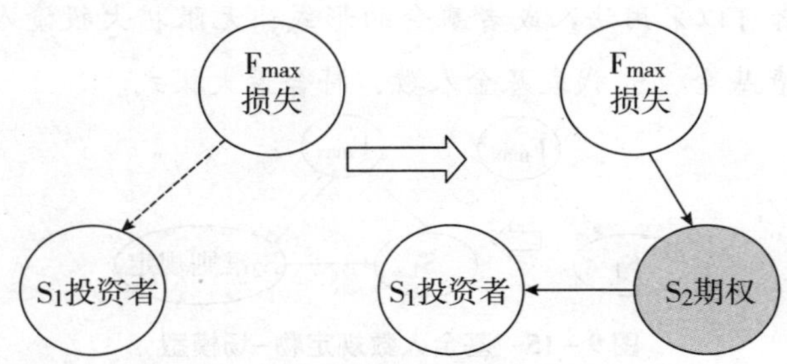

图 9－13　股权成熟机制物－场模型

【金融案例：养老金有限入市】①

养老金入市是指把基本养老保险基金中的个人账户基金进行证券投资。将养老金投资于市场，既可以实现养老金保值增值，也可以起到稳定市场的作用，但由于养老金属于社会保障范畴，投入市场难免存在风险。最好的办法是既要投资于金融市场，又要限定最大风险。

2015 年 8 月 23 日，国务院印发了《基本养老保险基金投资管理办法》，管理办法规定：投资股票、股票基金、混合基金、股票型养老金产品的比例，合计不得高于养老基金资产净值的 30%。同时，国有重点企业改制、上市，养老基金可以进行股权投资。养老保险基金是群众的养命钱，实现安全高效的保值增值对每个人都具有重要意义。如图 9－14 所示。

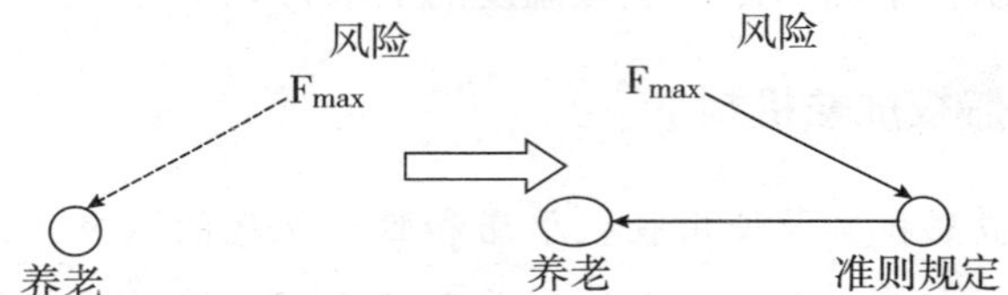

图 9－14　养老金有限入市物–场模型

【金融案例：基金人数问题】

根据相关规定，单只私募基金的投资者人数累计不得超过《中华人民共和国证券投资基金法》《中华人民共和国公司法》《中华人民共和国合伙企业法》等规定的数量。契约型基金不超过 200 人；公司型基金，有限责任公司不超过 50 人，股份有限公司不超过 200 人；合伙人型基金：不超过 50 人。投资者可以采用法人或者基金的形式，无限扩大投资人数。图 9－15 中，S_1 代表基金，S_2 代表基金人数，符合最大模式。

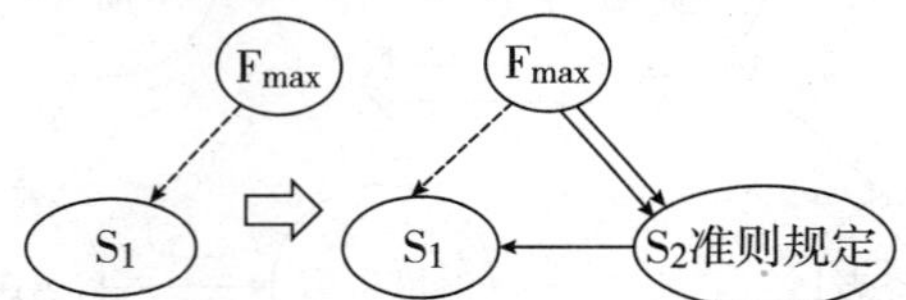

图 9－15　基金人数规定物–场模型

① 陈虹宇演讲，窦尔翔指导，“金融创新期末汇报”，北京大学 2019 年 MEM 金融创新课的金融萃智作业课件，有修改。

【金融案例：熔断机制】①

熔断机制，也叫自动停盘机制，是指当股指波幅达到规定的熔断点时，交易所为控制风险采取的暂停交易措施。具体来说是对某一合约在达到涨跌停板之前，设置一个熔断价格，使合约买卖报价在一段时间内只能在这一价格范围内交易的机制。

S1.1.8（No.8）选择性最大模式（类似发明原理3：局部质量原理）

如果需要一个选择性的最大模式，例如，在所选择的区域（A）内是最大模式，在其他区域（B）是最小模式，即一个对象的不同部分对场的作用强度提出了相反的要求，如图9－16所示。那么，场的作用强度到底应该采用最大模式，还是最小模式呢？有以下两种解释。

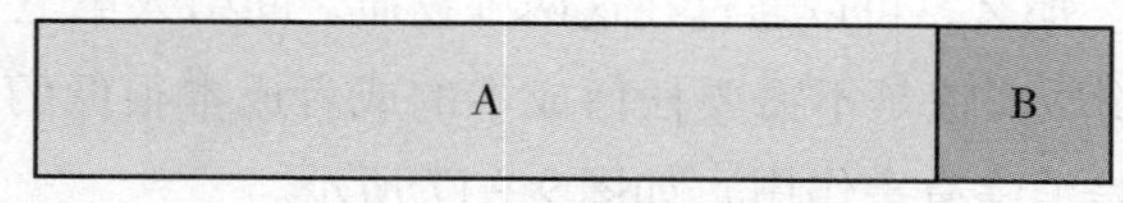

图9－16　选择性最大模式

（1）场的作用强度采用最大模式。在这种情况下，应该在所有需要最小模式的区域（B）引入保护性的物质，以减少最大模式对那些需要最小模式的区域的影响。

（2）场的作用强度采用最小模式。在这种情况下，应该在所有需要最大作用的区域引入能够产生局部场的物质，以增强最小作用模式对那些需要最大作用模式的区域的影响。

案例：

制药厂在生产注射针剂时，灌注了注射液的玻璃瓶需要进行封口。封口是利用火焰来加热瓶口，火焰需要调整到最大功率，以便使玻璃快速熔化并完成封口。而瓶身则浸在水中以抵消过剩的热量，以免药剂过热后失效。这种加工方法既保证了瓶口区域的充分受热，又保证了瓶身区域不会过热。

① 任业超演讲，窦尔翔指导，"金融创新期末汇报"，北京大学2019年MEM金融创新课的金融萃智作业课件，有修改。

【金融案例：反稀释条款】

反稀释条款，一般是指在企业的多轮融资过程中，前一轮投资者为防止其权益在后续融资过程中被摊薄而制定的投资者保护条款。常见于私募投资领域，是指在目标公司进行后续项目融资或者定向增发过程中，投资人避免自己股份贬值及份额被过分稀释而采取的措施。

S1.2 拆解物–场模型

S1.2.1（No.9）通过引入 S_3 来消除有害作用

在物–场模型中，如果两个物质之间既存在有用作用又存在有害作用，同时，问题描述中又没有要求这种物质必须紧密结合（直接接触、紧紧地“抱”在一起）。那么，可以通过在这两种物质之间引入第三种物质来解决问题。第三种物质应该是不需要任何成本的或者成本很低的物质。（这里 S_3 的作用主要是消除有害作用）如图 9–17 所示。

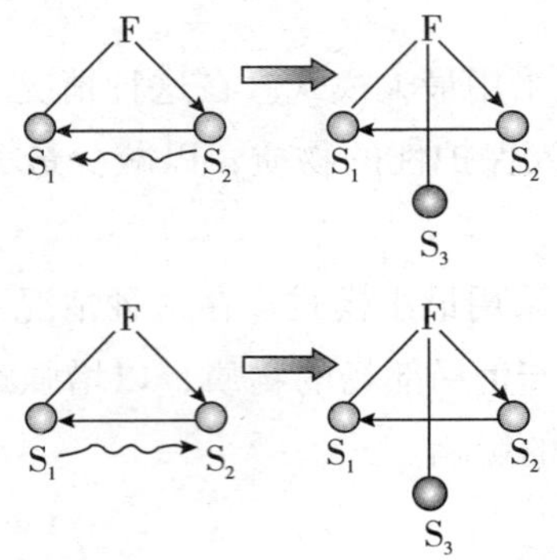

图 9–17　通过引入 S_3 来消除有害作用

案例：

盛有开水的一次性杯（S_1）温度很高，直接用手（S_2）拿的时候，会很烫。为了保护手不被烫伤，人们设计了一次性纸杯专用的塑料杯托（S_3）。

【金融案例：担保】

借贷双方既存在收益又存在风险，低成本引入信用担保或保证担保可以消除有害作用——风险。

信用担保是指企业在向银行融通资金过程中，根据合同约定，由依法设立的担保机构以保证的方式为债务人提供担保，在债务人不能依约履行债务时，由担保机构承担合同约定的偿还责任，从而保障银行债权实现的一种金融支持方式。信用担保的本质是保障和提升价值实现的人格化的社会物质关系。信用担保属于第三方担保，基本功能是保障债权实现，促进资金融通和其他生产要素的流通。

保证担保是指保证人与贷款人约定，当借款人违约或者无力归还贷款时，保证人按约定履行债务或承担责任的行为。具有代为清偿债务能力的法人及其他组织或公民（自然人）可以做保证人。办理保证人担保的，借款人必须有三人以上保证人作为还贷保证。

信用担保是依法设立的担保机构才可以，而保证担保只要具有代为清偿债务能力的法人、其他组织或者公民都可以。

【金融案例：P2P 平台第三方担保】①

借贷市场上，资金出借人往往面临债务得不到偿付的风险。引入 P2P 平台第三方担保的模式，如图 9－18 所示，充当 S_3 来保障债权人的权益，这样，当借款人到期无法清偿债务时，担保公司就履行担保义务，代偿借款，在一定程度上消除了风险。如图 9－19 所示。

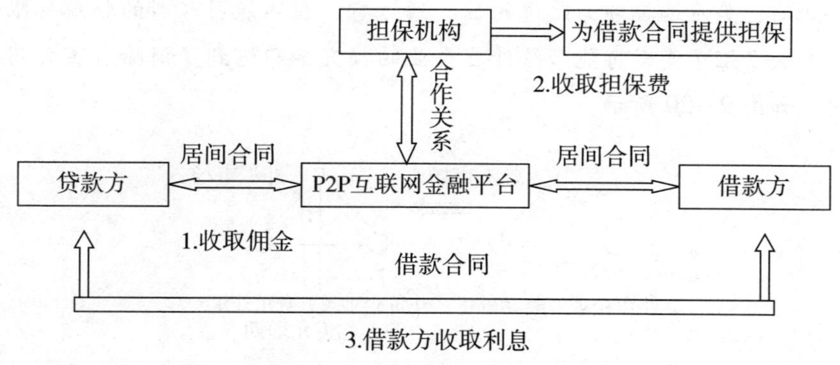

图 9－18　P2P 平台第三方担保

① 刘杰、项楚童演讲，窦尔翔、杨勇指导，“金融创新期末汇报”，北京大学 2019 年投资银行课的金融萃智作业课件，有修改。

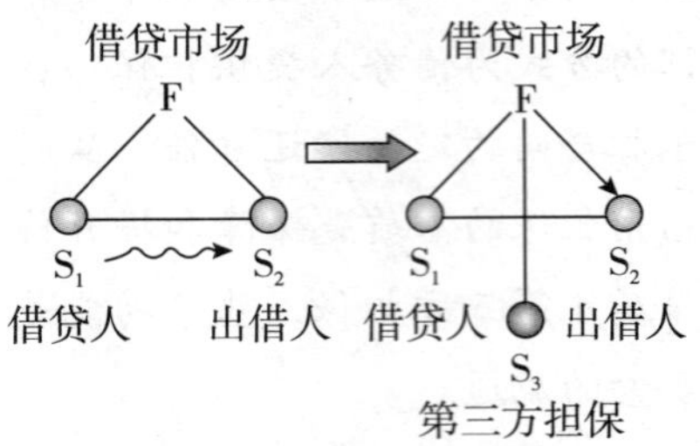

图 9－19　P2P 平台第三方担保物－场模型

【金融案例：美元远期】①

外贸企业进行国际贸易，往往需要以美元支付，所以要在一段时间内持有一定数量的美元外汇储备。但是外汇市场时刻都在发生变化，美元对人民币的汇率也在变化，尤其是美元贬值时，将使外贸企业手中持有的美元外汇贬值，给企业带来经济损失。

针对这种情况，可以引入美元远期合约，进行相应处理，消除汇率变动导致的损失。企业通过持有美元远期合约，在签订合同里规定买卖美元外汇的币种（人民币）、数额、汇率和将来交割的时间，到规定的交割日期，再按合同规定，企业卖出外汇，收获相应数量的人民币，从而达到固定汇率的目的，消除了汇率变动带来的损失。

此处，美元远期即为改进的 S_2，通过它，在不能引入新的物质的限制下，消除了汇率变动可能带给外贸企业的损失，即达到了消除有害作用的目的。如图 9－20 所示。

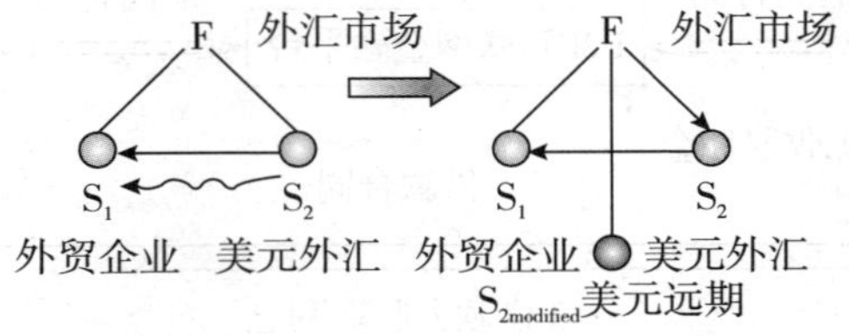

图 9－20　美元远期合约

① 刘杰、项楚童演讲，窦尔翔、杨勇指导，“投资银行学期末汇报”，北京大学 2019 年投资银行课的金融萃智作业课件，有修改。

【金融案例：投票权的反稀释机制】①

普通的公开上市发行，很可能会因为稀释了创始人的股权比例，使创始人失去对公司的控制权。若引入改进的、为保护创始人对公司控制权而特殊设计的上市发行模式——AB 股模式，将消除普通公开发行对创始人控制权的威胁。即将股票分为 A、B 两个系列，其中对外部投资者发行的 A 系列普通股有 1 票投票权，而管理层持有的 B 系列普通股每股则有 n 票（通常为 10 票）投票权。此处，AB 股上市发行模式作为 S_2 公开上市发行模式的改进而消除了有害作用。

在美国交易所上市的很多中国企业都是双层股权架构（截至 2018 年 4 月，102 家中概股中，约 1/3 公司采用 AB 股架构）：百度，1 股 10 票的投票权，李彦宏持有 15.9% 股权却有 53.5% 投票权；奇虎 360，未私有化前，1 股 5 票的投票权，全体董事及行政人员（包括两名共同创办人）共持 40.4% 股权及 64.9% 投票权；新浪微博，1 股 3 票的投票权，新浪公司持有 59.8% 股权及 81.7% 投票权；盛大游戏，1 股 10 票的投票权，盛大网络持有 70.8% 股权及 96.0% 投票权；阿里巴巴集团又不同于普通双层架构，在“合伙人”制度中，由合伙人提名董事会的大多数董事人选，而非根据股份的多少分配董事席位。如图 9－21 所示。

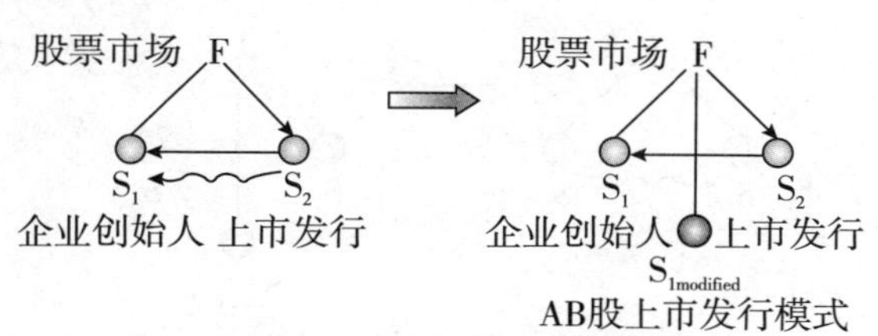

图 9－21　投票权的反稀释机制

【金融案例：钞票水印技术】②

瑞典斯德哥尔摩银行于 1661 年开始发行纸币，是欧洲最早发行纸币的

① 刘杰、项楚童演讲，窦尔翔、杨勇指导，“金融创新期末汇报”，北京大学 2019 年投资银行课的金融萃智作业课件，有修改。

② 陈虹宇演讲，窦尔翔、杨勇指导，“金融创新期末汇报”，北京大学 2019 年 MEM 金融创新课的金融萃智作业课件，有修改。

银行，不过限于当时纸币的防伪措施不完备，很快就出现了假币，这对真钞产生了危害性冲击。于是在1666年，瑞典斯德哥尔摩银行率先采用水印纸币。从此，纸币就有了一个简单且易于操作的验钞方式。水印就相当于S_3。如图9-22所示。

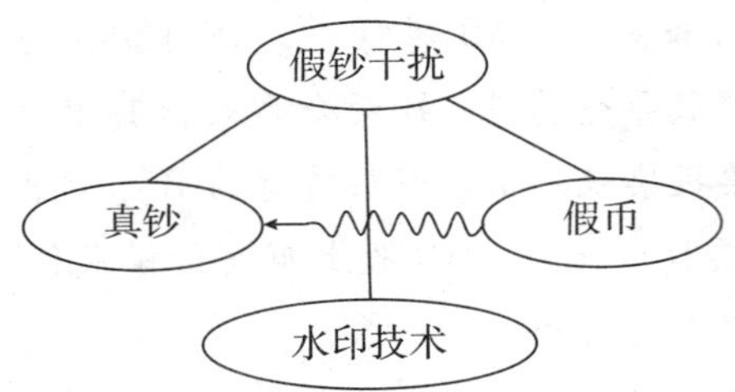

图9-22　钞票水印技术物-场模型

S1.2.2（No.10）通过引入变形后的S_1和（或）S_2来消除有害作用

在物-场模型中，如果两个物质之间既存在有用作用又存在有害作用，问题描述中没要求这两个物质必须紧密结合（直接接触、紧紧地“抱”在一起，下同），且问题描述中不允许引入外部添加物。那么，可以通过在这两个物质之间引入第三种物质S_3来解决问题，而这第三种物质应该是系统中现有物质（S_1，S_2，S_1+S_2）或现有物质的变形（变异）。（关键是场一定产生害处，引入物质就是用来消除这个害处的）如图9-23所示。

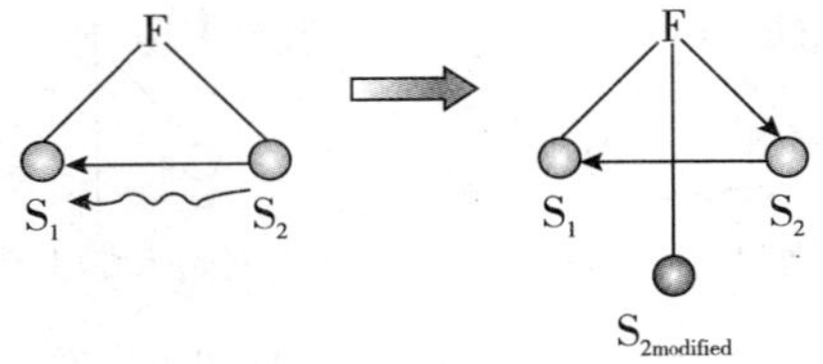

图9-23　通过引入变形后的S_1和（或）S_2来消除有害作用

案例：

船舶螺旋桨、水泵或水轮机的叶片常被侵蚀破坏。建议在工作过程中对叶片进行冷却，以便周围的水在叶片表面形成一层冰。形成的冰层将保护叶片的表面。

【金融案例：芝麻信用】

蚂蚁借呗与消费者之间的借贷行为既有风险又有收益，通过数据挖掘对消费者的消费行为进行分析，产生芝麻信用分，蚂蚁借呗可以以此判断借贷风险，进而降低贷款的违约率。在这个案例中，消费数据来源于消费者，芝麻信用确保不会过度借贷。

【金融案例：小微企业集合贷款等】①

将小微企业作为目标公司 S_1，金融机构视为工具物质 S_2，金融支持方式为场 F。搭建物–场模型进行分析后可知，单个的小微企业不容易得到贷款，但可通过 S_1 的改变来提升金融机构投资意愿。例如，集合融资是破解单个企业贷款规模和自身规模小问题的通常做法，科技保险、技术培训和管理创新等是用来提高企业信用程度的手段，等等，这些都有利于提升金融机构向小微企业的投资意愿，如图 9－24 所示。

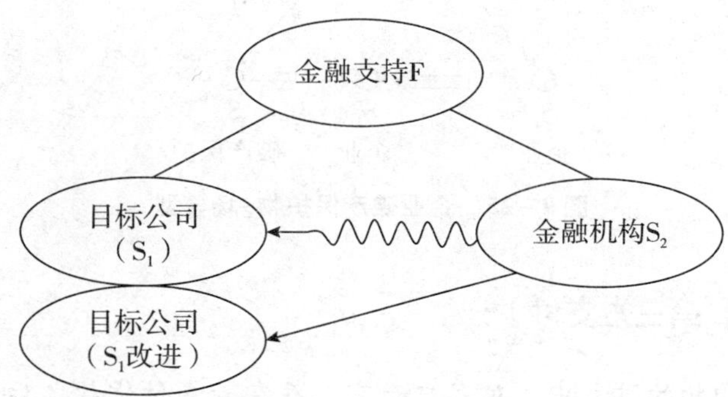

图 9－24 小微企业集合贷款物–场模型

【金融案例：破产保护】②

破产保护是指不管债务人是否有偿付能力，当债务人自愿向法院提出或债权人强制向法院提出破产重组申请后，债务人要提出一个破产重组方案，就债务偿还的期限、方式以及可能减损某些债权人和股东的利益作出安排。这个方案要给予其一定的时间提出，然后经过债权人通过，

① 陈虹宇演讲，窦尔翔、杨勇指导，“金融创新期末汇报”，北京大学 2019 年 MEM 金融创新课的金融萃智作业课件，有修改。

② 刘杰、项楚童演讲，窦尔翔、杨勇指导，“投资银行学期末汇报”，北京大学 2019 年投资银行课的金融萃智作业课件，有修改。

经过法院确认，债务人可以继续营业。这就是重整的概念，又叫破产保护。

破产保护则类似于汽车发生交通事故时的“安全气囊”，可以起到缓冲的作用。在破产保护期间，债权人不得强制要求债务人还债。破产企业，也就是“债务人”，仍可照常运营，企业管理层继续负责公司的日常业务，其股票和债券也在市场继续交易，但企业所有重大经营决策必须得到一个破产法庭的批准，企业还必须向证券交易委员会提交报告。申请破产保护的企业可以通过资产的重新整合以及剥离不良资产，使公司重新走上正轨，甚至变得比以前更加强大。此处，破产保护充当了 S_2 的作用，消除了市场所引起的企业立即倒闭的风险。如图 9－25 所示。

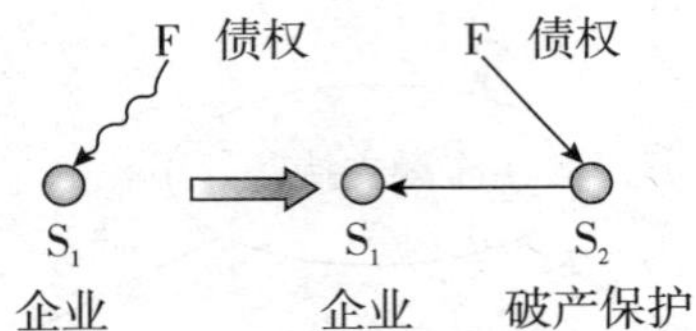

图 9－25　企业破产保护物–场模型

【金融案例：第三方支付】①

在网络购物的过程中，对客户而言，存在着支付货款之后无法收到货物的风险，收到货物的质量也无法很好地得到保障。第三方支付市场的引入消除了上述不利之处，通过第三方平台进行的交易，买家选购商品后，使用第三方平台提供的账户进行货款支付，由对方通知卖家货款到达、进行发货；买家检验物品后，就可以通知买家付款给卖家，如图 9－26 所示。第三方支付平台的出现，从理论上讲，杜绝了电子交易中的欺诈行为，有利于电子商务的发展。此处，第三方支付市场充当了场 F_2，它的引入，消除了客户面临的支付货款之后无法收到货物、货物质量无法得到保障的风险。如图 9－27 所示。

① 刘杰、项楚童演讲，窦尔翔、杨勇指导，“投资银行学期末汇报”，北京大学 2019 年投资银行课的金融萃智作业课件，有修改。

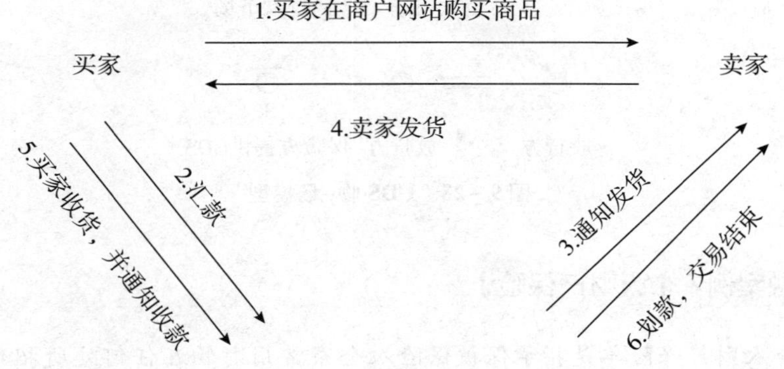

图 9-26　第三方支付流程

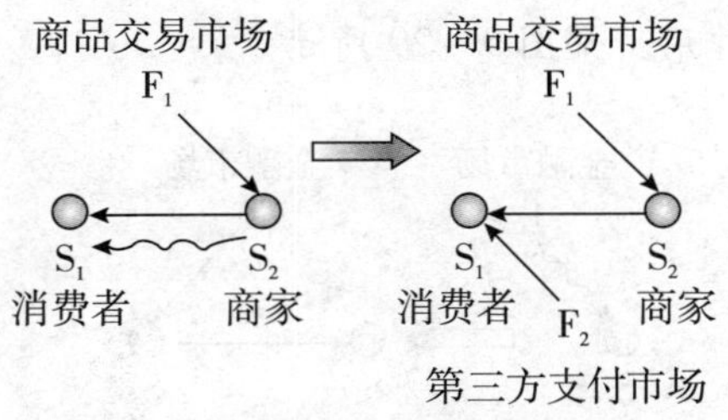

图 9-27　第三方支付物-场模型

【金融案例：信用违约互换（CDS）】①

信用违约互换（CDS）又称为信贷违约掉期，是目前全球交易最为广泛的场外信用衍生品。信贷违约掉期是一种价格浮动的可交易的保单，该保单对贷款风险予以担保。定义：F 为贷款市场，S_1 为放贷方（银行或其他金融机构），S_2 为保险方提供 CDS。S_1 为了利息而为 F 提供资金，放贷出去的钱总有风险，即 F 给 S_1 带来了风险。由 S_2 对 F 的这个风险予以保障承诺，条件是 S_1 每年向 S_2 支付一定的费用。如万一 F 发生风险，那么由 S_2 补偿 S_1 所遭受的损失，相当于 S_2 吸收了 F 的有害作用。如图 9-28 所示。

① 刘杰、项楚童演讲，窦尔翔、杨勇指导，“投资银行学期末汇报”，北京大学 2019 年投资银行课的金融萃智作业课件，有修改。

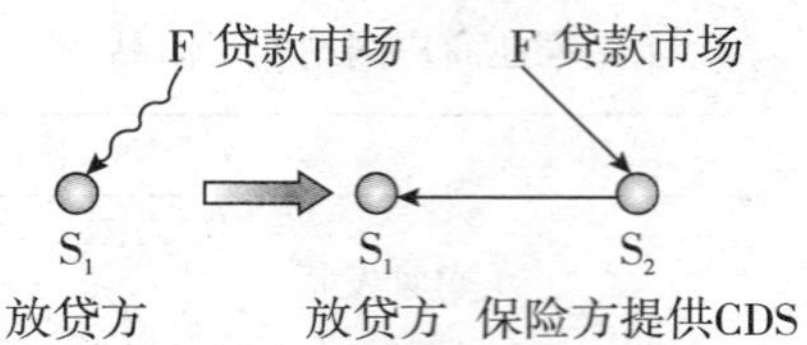

图 9－28　CDS 物－场模型

【金融案例：个人财产保险】①

个人财产保险单是指承保被保险人全家常用财物在任何处所招致的一切损失的保险单。承保的财产是被保险人及其共同居住的家属和为其服务的人所有的一切财产。此处，个人财产保险充当了 S_2 的角色，吸收、消除金融市场可能施加给 S_1（个人所拥有的财产）的风险和损害，即吸收、消除了系统里的有害作用。如图 9－29 所示。

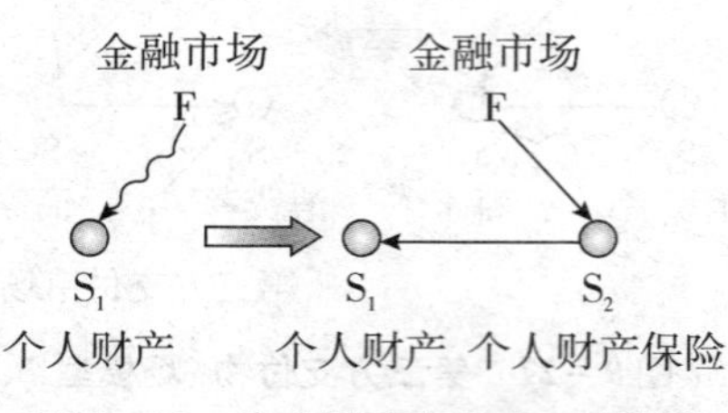

图 9－29　个人财产保险物－场模型

S1.2.3（No.11）排除有害作用（指强调有害作用，不一定有益作用。引入 S_2 模型完整了，也消除了有害作用）

如果需要消除一个场（F）作用于某个物质（S_1）上的有害作用，则可以通过引入第二种物质（S_2）来排除这种有害作用。第二种物质（S_2）通常可以承受场（F）的这种有害作用。引入第二种物质（S_2）的具体实现方法有以下两种：（1）将第二种物质（S_2）作为内部添加物引入系统中。（2）将第二种物质（S2）作为外部添加物引入系统中。如图 9－30 所示。

① 刘杰、项楚童演讲，窦尔翔、杨勇指导，“投资银行学期末汇报”，北京大学 2019 年投资银行课的金融萃智作业课件，有修改。

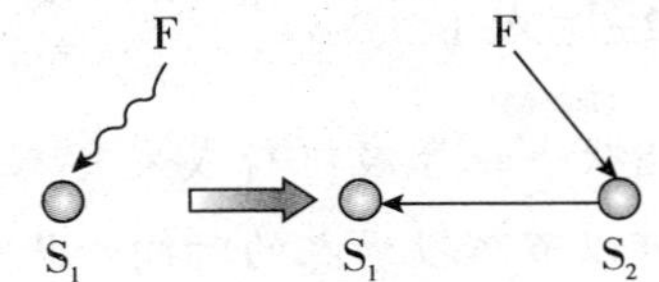

图 9－30　排除有害作用物－场模型

案例：

（1）防腐剂。夏天，为了防止处于高温高湿环境中的食物（S_1）在细菌（S_0）的作用下腐败（F），可以向食物中添加防腐剂（S_2）。本实例中，防腐剂是属于内部引入。

（2）遮阳伞。为消除来自太阳（S_0）的电磁辐射（F）对人体（S_1）的有害作用（紫外线灼伤）——抑制人的免疫系统或导致皮肤癌，可以使用遮阳伞（S_2）。本实例中，遮阳伞属于外部引入。

【金融案例：ICO（首次代币发行）的中国监管】

2017 年 9 月 4 日下午 3 点，中国人民银行领衔网信办（全称为中华人民共和国国家互联网信息办公室）、工信部（全称为中华人民共和国工业和信息化部）、工商总局（现为中华人民共和国国家市场监督管理总局）、银监会、证监会和保监会等七部委发布《关于防范代币发行融资风险的公告》（以下简称《公告》），《公告》指出代币发行融资本质上是一种未经批准非法公开融资的行为，要求自公告发布之日起，各类代币发行融资活动立即停止，同时，已完成代币发行融资的组织和个人应当做出清退等安排。

ICO 之所以出问题，最大的原因就是权责不对等，项目方拿了钱做不做事投资者不清楚，项目方能否实现白皮书上的承诺投资人也不了解，用行业里流传的一句话来说就是“大家都做着炒币赚钱的梦，而没人关注背后项目怎么发展，拿钱割韭菜割了就跑”，行业内一时间乌烟瘴气，空气币横行，乱象横生。

大部分 ICO 发行的都是空气币，对金融市场产生了很大的有害作用，所以通过引入证监会监管，来消除这种有害作用。

【金融案例：投资中的经纪人】

投资中的经纪人是指代表证券经纪行或发行人向公众出售或尝试出售证券的证券销售人员。可以节省投资人的时间和优化投资结构。

S1.2.4（No. 12）利用场 F_2 来抵消有害作用

在物-场模型中，如果两个物质之间既存在有用作用又存在有害作用，问题描述中要求这两个物质必须直接接触。此时，可以通过引入第二个场（使原物-场模型由单物-场模型转换为双物-场模型）来消除有害作用。其中，有用作用仍然由原来的场（F_1）提供，引入的第二个场（F_2）用来抵消（反作用、中和）有害作用（或将有害作用转化为有用作用）。如图 9-31 所示。

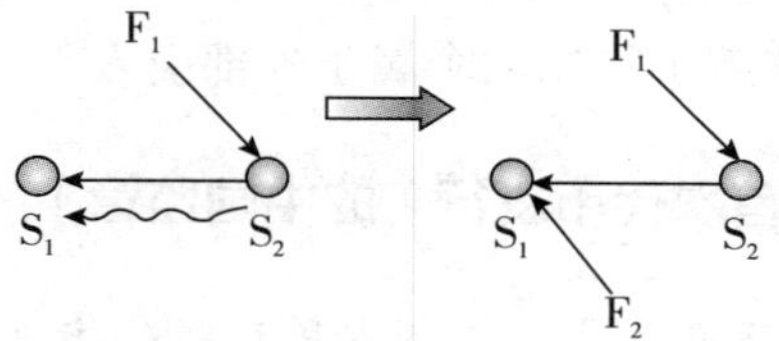

图 9-31　利用场 F_2 来抵消有害作用

案例：

对花进行人工授粉时，通常使用鼓风设备（S_1）人工产生一个强气流（F_1），以便花粉传播。然而，这种强“风”会使花瓣（S_1）合拢，影响授粉效果。解决方案：使气流带上静电荷，从而使花瓣带电后彼此排斥，保持敞开的状态。

【金融案例：信用违约互换（CDS）交易结构】

有利作用指的是对于贷款方有利息收入，而有害作用即偿还本金的风险 F_1，在案例中借贷双方相当于定义中的 S_1、S_2，则增加 F_2 即信用保障方，将资产的信用风险方 S_2 从信用保障买方转移给信用卖方的交易。信用保障的买方向愿意承担风险保护的保障卖方在合同期限内支付一笔固定的费用；信用保障卖方在接受费用的同时，则承诺在合同期限内，当发生信用违约时，向信用保障的买方赔付违约的损失。

用简单实例来说：A 向 B 申请贷款，B 为了利息而放贷给 A，放贷出去的钱总有风险（如果A破产，无法偿还利息和本金），那么这时候C出场，由C对B的这个风险予以保险承诺，条件是B每年向C支付一定的保险费用。但万一A破产的情况发生，那么由C补偿B所遭受的损失。如图9－32所示。

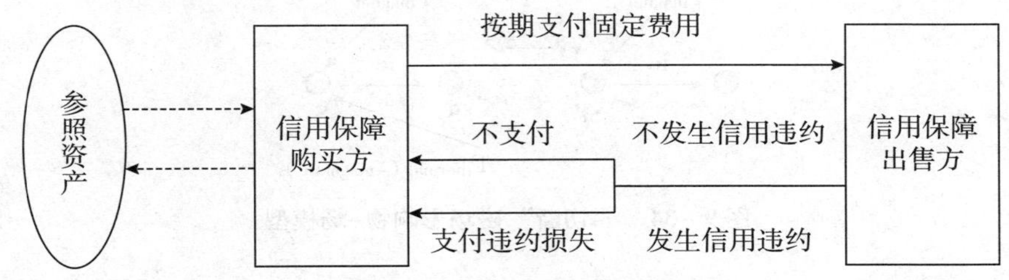

图9－32　信用违约互换交易结构

再如，对赌协议。在VC投资中，签署投资协议时，有些VC机构为了消除投资风险，在投资协议中加入对赌协议，对赌协议作为一个新引入的“场”，来消除风险危害作用。

【金融案例：反担保】①

反担保是指债务人或第三人向担保人做出保证或设定物的担保，在担保人因清偿债务人的债务而遭受损失时，债务人向担保人作出清偿，如图9－33所示。

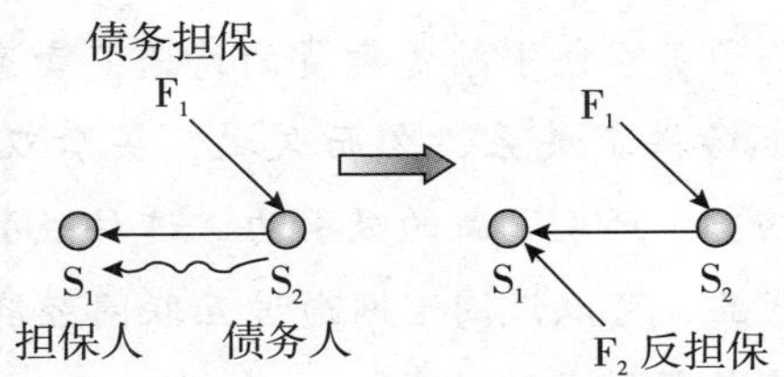

图9－33　反担保物－场模型

S1.2.5（No.13）“切断”磁场影响

如果必须破坏一个包含磁场的物－场模型（系统中某个元素的磁性导致了有害作用），则可以利用能够“关闭（或降低）”物质的磁特性的物

① 殷海源演讲，窦尔翔、杨勇指导，“金融创新期末汇报”，北京大学2019年MEM金融创新课的金融萃智作业课件，有修改。

理效应来解决问题。例如，可以利用冲击（机械场）引起退磁；还可以使物质的温度（温度场）达到居里点以上，实现退磁。如图9－34所示。

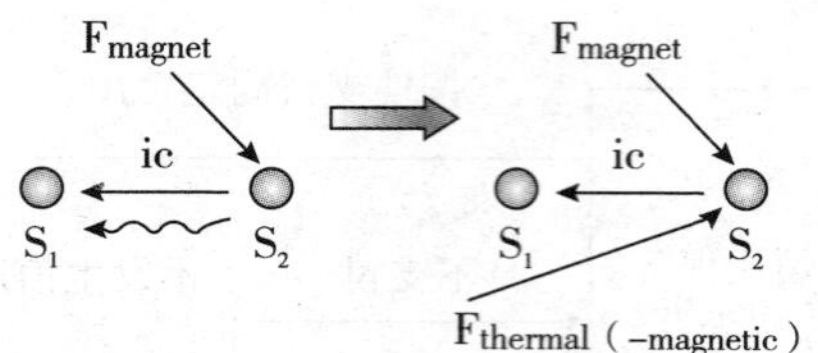

图9－34　“切断”磁场影响物-场模型

案例：

磁力起重机。利用永磁体（S_2）产生的磁力（F_1）来吸起货物（S_1），把货物移动到目的地后，向永久磁铁施加相反的磁性（F_2）（通常使用电来产生相反的磁性），就可以将货物放下。

【金融案例：反制力与黏性】

金融的本质是货币这种高能信用资源与抵押等一类作为反制力的低能信用资源的交易，可以理解为求资方用反制力来吸引供资方的供资行为。以房地产抵押贷款为例，房地产抵押就是一种能对银行产生吸引力的力态，当按揭贷款期结束以后，意味着合约的到期，房地产的抵押权也到了失效的时候，相当于求资方对供资方取消了吸引力，或者叫作“消磁”。

淘宝网一开始给予卖家免手续费卖货的待遇，卖家入驻后，买家逐渐增多，形成稳定的市场供求关系，久而久之，买卖双方都形成了路径依赖，不愿离开，这相当于产生了新的吸引力。这种吸引力可以作为免手续费这种吸引力的替代品，可以说淘宝网通过互联网经济的聚合价值为“免费”消磁，进入卖家收费模式的时代。

【金融案例：对冲与投资组合】①

对冲是一种在降低商业风险的同时仍然能在投资中获利的方法。一般对冲是同时进行两笔行情相关、方向相反、数量相当、盈亏相抵的交易。

① 商同泽、文伟演讲，窦尔翔、杨勇指导，“投资银行学期末汇报”，北京大学2019年投资银行课的金融萃智作业课件，有修改。

投资组合也是用负相关性的资产的组合来对冲不确定性。如图 9－35 所示。

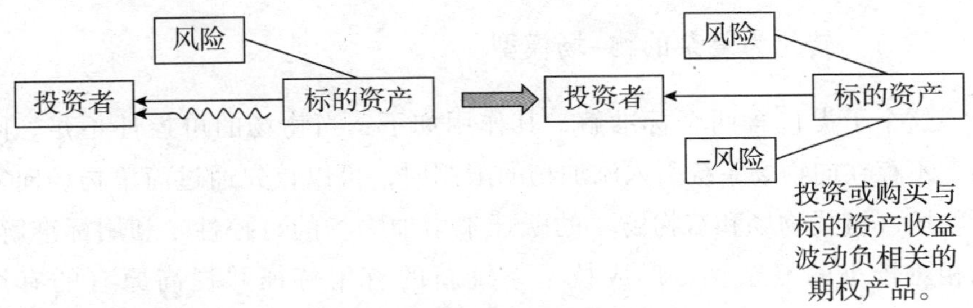

图 9－35　购买负相关资产物－场模型

【金融案例：财产保险】①

个体拥有 1000 元的财富，但有 50% 的概率损失 1000 元，因此其期望财务为 500 元。一个风险厌恶的个体会接受保费小于等于 500 元的全保。如图 9－36 所示。

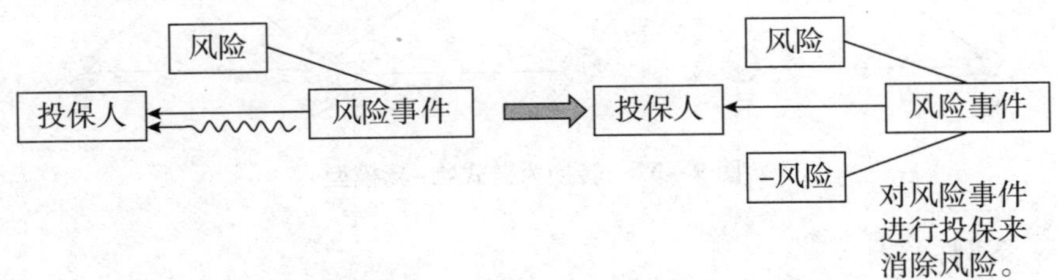

图 9－36　财产保险物－场模型

四、第二类标准解：增强物－场模型

第二类标准解的目的是在不改变现有系统或只对现有系统做很小改变的前提下，得到想要的（希望的）结果，或消除不想要的结果。

第二类标准解包含 23 个标准解，分为 4 个子类：

2. 1　转换为复杂的物－场模型

2. 2　增强物－场模型

2. 3　通过节奏的匹配加强物－场模型

① 商同泽、文伟演讲，窦尔翔、杨勇指导，“投资银行学期末汇报”，北京大学 2019 年投资银行课的金融萃智作业课件，有修改。

2.4 "铁磁－场"模型

S2.1 转化为复杂的物－场模型

这个子类包含两个标准解，其作用如下：当物场的可控性不足，同时，不存在向物场系统引入添加物的限制时，可以首先通过简单物场向复杂物场（链式物场和双物场）的跃迁来增加物场的可控性。利用标准解，以相对较小的复杂性，形成技术系统新的有用特征并提高原有的有用特征。

S2.1.1（No.14）转换为链式物－场模型

如果必须增强一个物－场模型，可以通过该物－场模型中的某个元素转化为一个独立控制的完整的物－场模型，从而建立一个链式物－场模型，以此增强该物－场模型的性能。如图9－37所示。

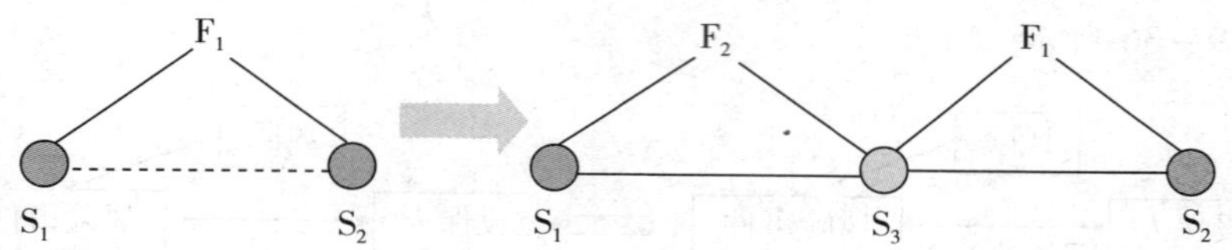

图9－37 转换为链式物－场模型

案例：

用铁锤直接击打岩石很难将岩石击碎，可以在铁锤和岩石之间加入凿子S_3，用铁锤击打凿子可以很快将岩石击碎，这样就变成人手持铁锤手柄，并将肌肉的能量转移到手柄上，手柄再将能量传递到铁锤上，以此通过凿子将冲击力传递到岩石上，以此提高了击碎岩石的效率。

【金融案例：网购平台】①

在网购平台出现之前，网上交易信息来源主要以品牌官网或者社交平台为主，卖方在网络平台上发布商品并采取先付款后发货或者货到付款的形式。这无疑增加了交易中的违约风险。但网购平台如淘宝网的出现，会

① 商同泽、文伟演讲，窦尔翔、杨勇指导，"金融创新期末汇报"，北京大学2019年投资银行课的金融萃智作业课件，有修改。

通过完善的第三方平台模式，增加买卖双方的交易效率，降低交易风险。如图9－38所示，

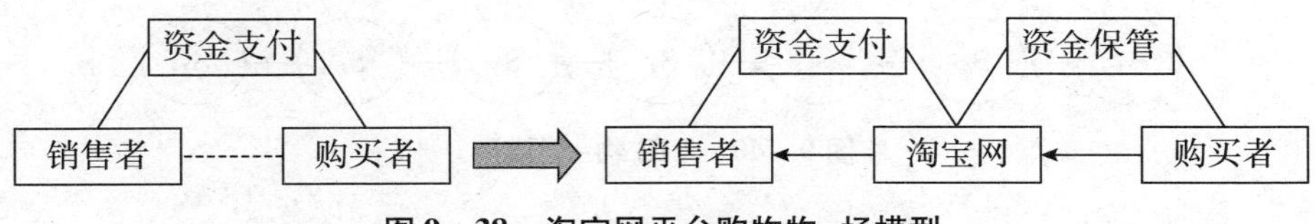

图9－38　淘宝网平台购物物－场模型

【金融案例：VIE】

在VIE架构中，实际控制人通过串联的方式，一级一级地控制子公司，实现境外公司控制境内公司的目的，如图9－39所示。

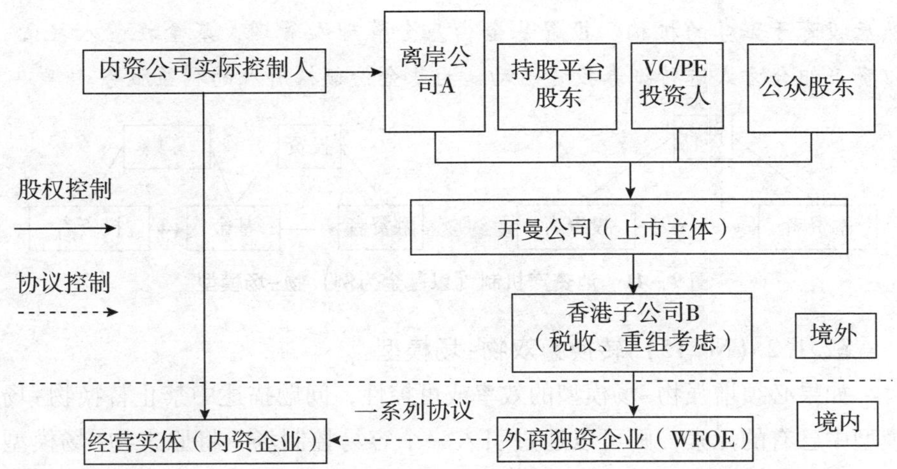

注：一系列协议主要包括：《委托管理协议》《股东委托投票代理协议》《独家选择权协议》《股权质押协议》等。

图9－39　VIE架构

S_1 是内资公司，S_2 是内资公司控制人，F_1 是境内股权控制。演变为链式物－场模型后，S_1 还是内资公司，S_2 还是内资公司控制人，并且 S_2 演变为 S_3（WFOE）和 S_4、S_5、S_6（海外公司，包括开曼公司和香港子公司），F_1，F_3、F_4、F_5、F_6 是股权控制，F_2 是协议控制。如图9－40所示。

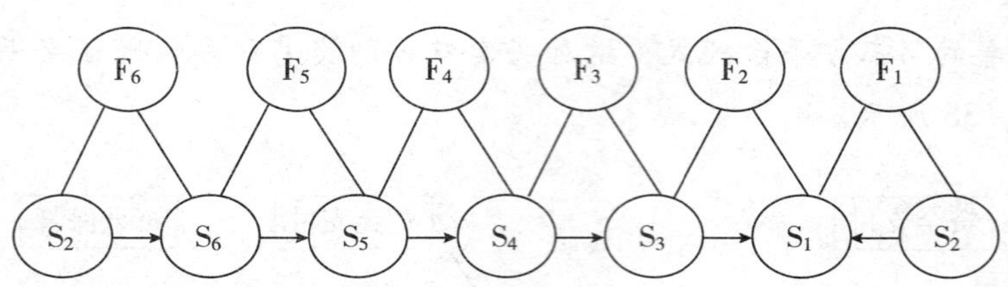

图 9-40 VIE 物-场模型

【金融案例：池类机制】

所谓池类机制，指的是升幂的资产证券化所使用的资产池，或者降幂的基金或者银行所使用的资金池，这些池机制的使用，都旨在增强无池状态下资金或者资产交易的交易能力，如图 9-41 所示。以投资基金为例，投资基金也称互助基金或共同基金，是通过公开发售基金份额募集资本，然后投资于证券的机构。投资基金由基金管理人管理，基金托管人托管，以资产组合方式进行证券投资活动，为基金份额持有人的利益服务。①

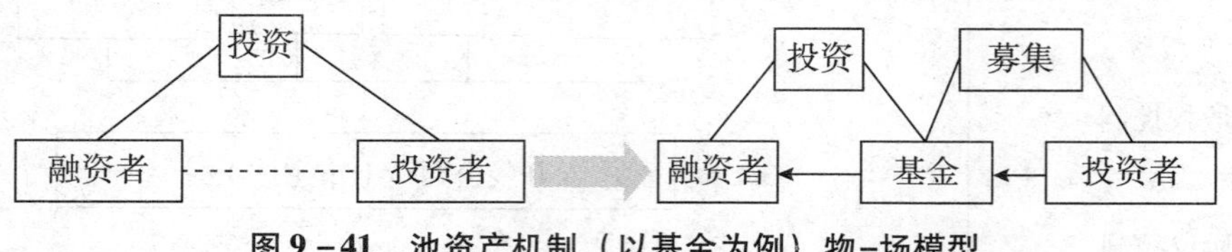

图 9-41 池资产机制（以基金为例）物-场模型

S2. 1. 2（No. 15）转换为双物-场模型

如果必须增强物-场模型的效率或可控性，问题描述中禁止替换物-场模型中已有的元素，则可以通过引入一个容易控制场，将原来物-场模型转换为双物-场模型。如图 9-42 所示。

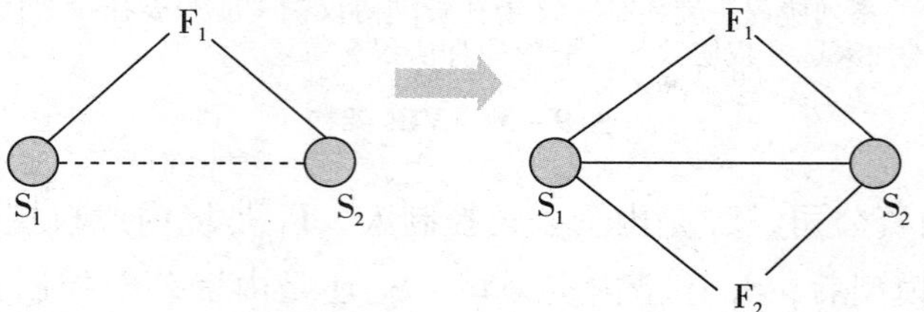

图 9-42 转换为双物-场模型

① 商同泽、文伟演讲，窦尔翔、杨勇指导，“投行课期末汇报”，北京大学 2019 年投资银行课的金融萃智作业课件，有修改。

案例：

在对中晚期癌症患者进行治疗的过程中，仅仅依靠化疗药物（S_2）对癌症细胞（S_1）进行化学作用（F_1），效果并不理想，往往需要同时进行放射（F_2）治疗。

【金融案例：线上支付】①

在日常生活中我们不时会与他人进行交易，最为普遍的是现金的交易，但是现金携带不方便并且携带现金在身上也非常不安全，同时现金在找零上也非常不便捷。这时，可以引入线上支付系统，多增加一种选择，以克服以上各种支付缺陷，如图9－43所示。

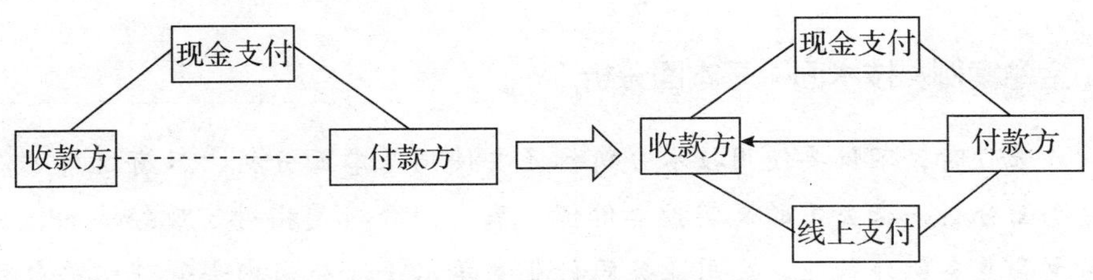

图9－43　线上支付物–场模型

【金融案例：私募基金收益分配】

在私募基金中，LP为了激励GP，在对收益分配时，除了给予其基金管理费之外，还普遍约定了优先收益（Preferred Return）或门槛收益率(Hurdle Rate)②，同时还有Carry③，来增强GP的积极性。

【金融案例：三元信用物–场模型】

其实，在金融资产发起时，从大类别来讲，资金供求双方可以通过三

---

① 商同泽、文伟演讲，窦尔翔、杨勇指导，“投行课期末汇报”，北京大学2019年投资银行课的金融萃智作业课件，有修改。

② 也称门槛回报率。是指LP要求的最低回报率，一般在8%～10%。通常情况下，LP会要求在超过门槛回报率之上的业绩，GP才能参与超额业绩分配。

③ Carry是Carried Interest的简要说法，即“业绩报酬”的意思，是指LP和GP对于投资回报的分配方式。Carry是在GP和LP之间进行的分配，目前国际上较为流行的做法是将基金投资的净资本利得的20%分配给GP，余下的80%分配给LP。

种低能信用资源来使物-场模型三元化。所谓三元信用资源，指的是非系统低能信用资源、市场型系统性低能信用资源、政府型系统性低能信用资源。进一步来说，如果每一种大类下的低能信用资源可以在种类上细化，就会产生多重金融物-场模型。如图9-44所示。

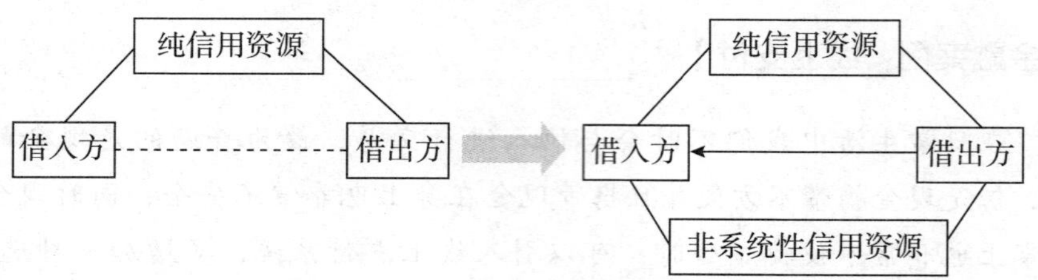

图9-44 三元信用资源物-场模型

【金融案例：技术面+基本面分析】①

选股时，不仅要使用技术分析，还要使用基本面分析，只有这样才能更全面分析一家公司的真实投资价值。基本面分析是指对宏观经济面、公司主营业务所处行业、公司业务同行业竞争水平和公司内部管理水平包括对管理层的考察等诸多方面的分析，如图9-45所示。

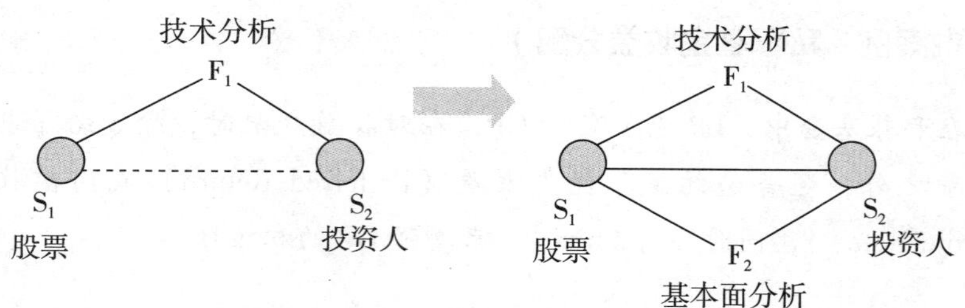

图9-45 技术面+基本面技术物-场模型

S2.2 增强物-场模型

这个子类包含6个标准解，其作用是：如果物-场模型的可控性（效率）不足。同时，在问题描述中，禁止向物-场模型中引入物质和场。那

① 殷海源演讲，窦尔翔、杨勇指导，“金融创新期末汇报”，北京大学2019年MEM金融创新课的金融萃智作业课件，有修改。

么，可以通过使用可用的物场资源来提高物-场模型的可控性（效率）。

在解决问题的过程中常常遇到这样的矛盾：为了提高系统效率，需要引入新的物质和场，但为了不使系统复杂化，又不允许引入新的物质和场。解决这种矛盾的方法就是通过替代或者改变已有的物质和场，以便在保持系统总体复杂度不变的前提下，提高系统的效率。

S2. 2. 1（No. 16）使用可控性更好的替代场

通过用可控性更好的场来替换不可控或很难控的场，可以使物-场系统的效率得以改善。例如，用机械场替代重力场，用电场替代机械场，如图 9－46 所示。

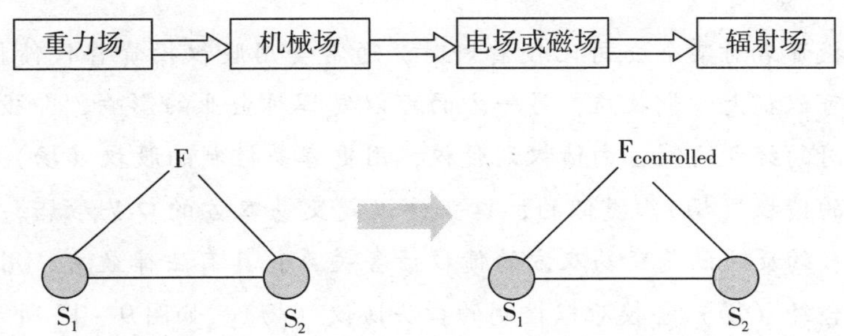

图 9－46　使用可控性更好的替代场

案例：

磁悬浮列车利用磁场 F_2 代替传统火车的机械场 F_1，作为车体 S_1 与轨道之间的支撑。

【金融案例：信用链】

人类社会的交易行为分为两大类：一类是基于使用价值的行为，可以称为诚信度行为；另一类是基于交换价值的行为，可以称为信用度行为。目前，为了保证这两种行为的理想度，都采取了重资产式的交易行为。假定这类处理方法被描述为不太满意的模式时，金融优化或者金融发展的任务就是寻找更好的金融替代场。

关于信用链，我们可以取消之前进行市场征信并进行征信数据交易的模式，而借鉴塔福域基于区块链采用的域内诚信作用模式，可以大大降低诚信监督的成本；关于信用链，则可以分为两种：一种是在现有的货币制度基础上运用区块链技术减少信用货币的成本；另一种是直接用区块链价值信息取消传统货币，以减少成本。

例如，AFC信用链，使用区块链技术建立金融机构分布式账本场，替代商业银行信息不够透明化、资金运行效率低的信息场。AFC信用链计划建设一个基于区块链、人工智能、机器学习和大数据技术的信贷网络，利用区块链技术为资金供求双方提供一个开放、透明、真实、有保证的金融交易环境，力图通过新的技术手段，解决目前信息不对称、资金运行效率较低的问题。

【金融案例：用股权代替债权】①

当投资者对某个公司比较看好时，通常会用股权投资替代债权投资，一方面可以扩大预期收益，另一方面可以发挥对企业的影响，即投票权会影响公司的经营决策；由债权到股权，用更容易控制的股权（场）替换不能控制的债权（场）。类似的，口头协议是交易双方的口头承诺，约束力不强，合约反映的是交易双方的债权债务关系，具有法律效力；用更容易控制的合约（场）替换难以控制的口头协议（场）。如图9-47所示。

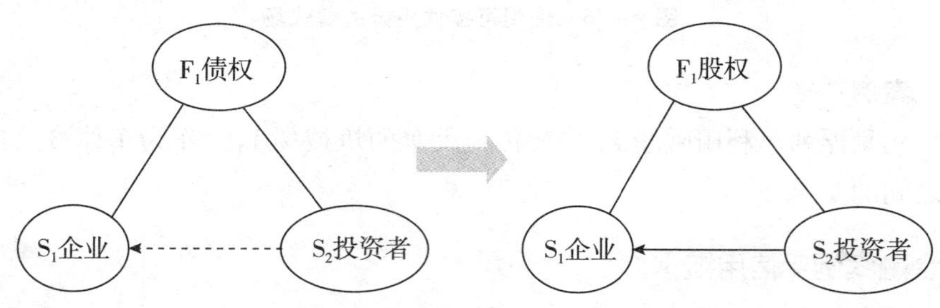

图9-47　用股权代替债权物-场模型

【金融案例：上市公司“私有化”】②

上市公司“私有化”，就是控股股东把小股东手里的股份全部买回来，

① 陈茂林演讲，窦尔翔、杨勇指导，“金融创新期末汇报”，北京大学2019年MEM金融创新课的金融萃智作业课件，有修改。

② 石丽仙演讲，窦尔翔、杨勇指导，“金融创新期末汇报”，北京大学2019年MEM金融创新课的金融萃智作业课件，有修改。

扩大已有份额，最终使这家公司退市。从公司决策效率的角度考察，在非上市公司的组织形式下，决策程序可以效率更高。重要的新计划不需要过于详尽的研究，也不需要向董事会报告，可以更为迅速地采取行动。用更容易控制的场（私有化）来替换难以控制的场（公开交易）。

【金融案例：场外交易“场内（TIF 域）化”】

场外交易亦称店头交易、直接交易，是指在证券交易所之外所进行的证券交易。场外交易大多是在商品供不应求或供销会上某些规定不合理的情况下产生的，容易产生不正之风，甚至为投机倒把者提供可乘之机。要杜绝场外交易，从根本上说要建立和保持商品供求比例的协调。所谓场内交易，是指通过证券交易所进行的股票买卖活动。证券交易所是设有固定场地、备有各种服务设施（如行情板、电视屏幕、电子计算机、电话、电子传真机等），配备了必要的管理和服务人员，集中进行股票和其他证券买卖的场所。在这个场所内进行的股票交易就称为场内交易。①

尽管场外交易转化为场内交易，并不是企业想得到政府更多的监控，但是显然，在场内交易模式下，政府和社会可以得到更多的关于企业的数据，并依据相关制度对上市公司进行管控。当然，上市是有条件的，并不是说所有的企业都能上市，另外上市还需要付出高昂的交易成本。那么如何才能既避免无人监管的场外交易，又能得到像场内交易一样的信息对称效果，同时还不用付出那么高的交易成本？我们所开发出来的办法就是基于分形理论的产业相似度的 TIF 域平台，这个平台只允许基于交换价值的道德及格的交易者存在，因而交易信息是充分对称的，经济也会是健康的。如图 9－48 所示。

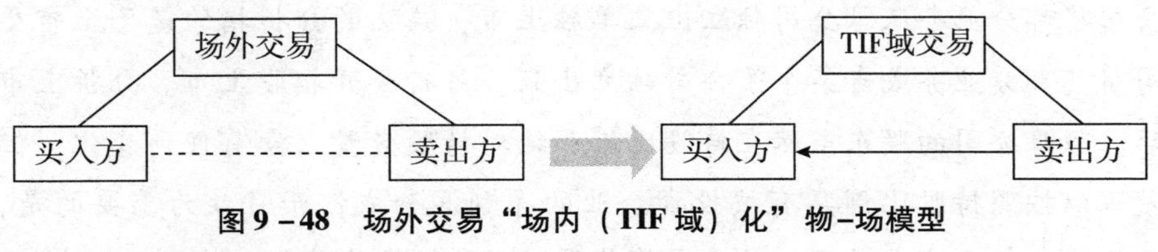

图 9－48 场外交易“场内（TIF 域）化”物–场模型

① 商同泽、文伟演讲，窦尔翔、杨勇指导，“投资银行学期末汇报”，北京大学 2019 年投资银行课的金融萃智作业课件，有修改。

S2.2.2（No.17）分割 S_2

通过增加物-场模型中作为工具的那个物质（即 S_2）的分割程度，可以改善物场系统。

案例：

设计一种支撑系统将重力均匀分布在不平整的表面上是很难的。解决方法是利用一种充满液体的囊状物就能将负载均匀分布在不平整的表面上。如图9-49所示。

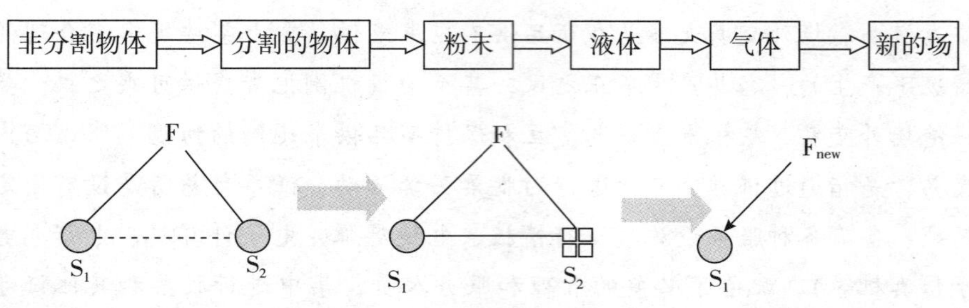

图9-49　分割 S_2 物-场模型

【金融案例：分拆上市】

如果将企业看成工具，现金流看成工具作用的对象，那么可以设 S_1 是企业现金流，S_2 是企业，通过分拆 S_2 来整合企业的各种资源，从而增强企业获取现金流的能力。分拆上市，顾名思义，是指将上市公司中具有独立赢利能力和稍加整合就具有上市机制的部分，运作其上市的过程和结果。

分拆上市有广义和狭义之分。广义的分拆包括已上市公司或者未上市公司将部分业务从母公司独立出来单独上市；狭义的分拆指的是已上市公司将其部分业务或者某个子公司独立出来，另行公开招股上市。分拆上市后，原母公司的股东虽然在持股比例和绝对持股数量上没有任何变化，但是可以按照持股比例享有被投资企业的净利润分成，而且最为重要的是，子公司分拆上市成功后，母公司将获得超额的投资收益。

例如，阿里巴巴分拆出蚂蚁金服，同仁堂股份分拆出同仁堂科技。2000年，联想集团实施战略调整，将其核心业务进行拆分，分别成立新

"联想集团"和"神州数码"。2001年6月1日，神州数码控股有限公司在香港上市。神州数码从联想中分拆出来具有一箭双雕的作用，不但解决了事业部层次上的激励机制问题，而且由于神州数码独立上市，联想集团、神州数码的股权结构大大改变，公司层次上的激励机制也得到了进一步的解决。

【金融案例：股票分拆】①

当上市公司快速增长时，股价也随之上扬，过高的股价会抑制交易，为了增加流动性，公司需要不定期对股票拆分，使股价降低；通过增加股份的分裂程度来增加股票的流动性，使高价股（金融工具）转化为低价股（金融工具）；其实，公司上市之前的股份化改造，也属于分拆行为，如图9－50所示。

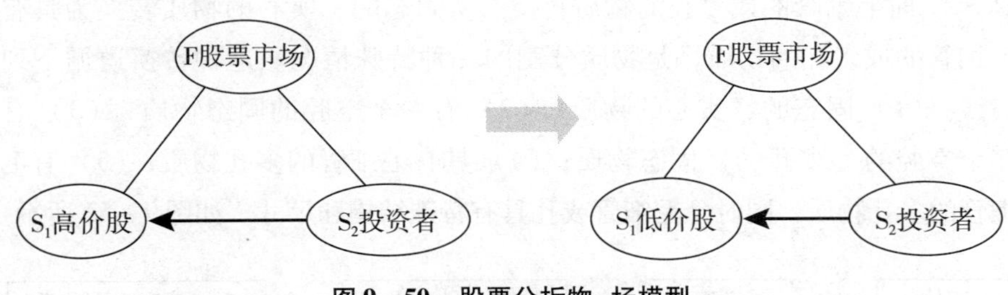

图9－50　股票分拆物－场模型

【金融案例：众筹】②

众筹是指一种向群众募资，以支持发起的个人或组织的行为。即将一项融资需求由一个投资人投资转换成众多的投资者进行投资。将需求资金进行拆分，分散给不同的投资人，而不是某一个投资人，从而实现筹资需求。如图9－51所示。

S2.2.3（No.18）使用毛细管和多孔物质（类似发明原理31：多孔材料）

如果一个物－场模型的可控性（效率）不足，同时，问题描述中禁止

① 陈茂林演讲，窦尔翔、杨勇指导，"金融创新期末汇报"，北京大学2019年MEM金融创新课的金融萃智作业课件，有修改。

② 石丽仙演讲，窦尔翔、杨勇指导，"金融创新期末汇报"，北京大学2019年MEM金融创新课的金融萃智作业课件，有修改。

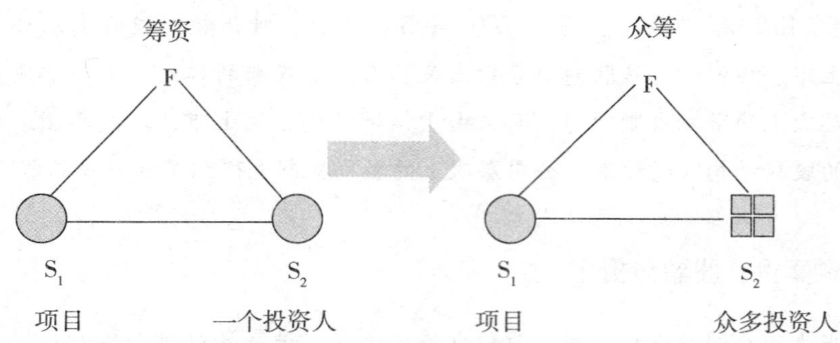

图 9－51　众筹物－场模型

增加组成物体的零件（元件）的数量。此时，如果系统中至少有一个孔洞，或系统具有形成孔洞的可能性，那么，就应当使物－场模型中的“工具 S_2”向毛细管的或多孔的物质转换。从固态的、实心的物质转换为具有毛细管的或多孔的物质，是物质分割的一种特殊情况。这种转换遵循下列路线：（1）固态的、实心的物质；（2）有一个空腔的固态物质；（3）有多个空腔的（多孔的）固态物质；（4）具有毛细管的多孔物质；（5）有毛细管的多孔物质，同时，毛细管或孔具有特殊结构和尺寸。如图 9－52 所示。

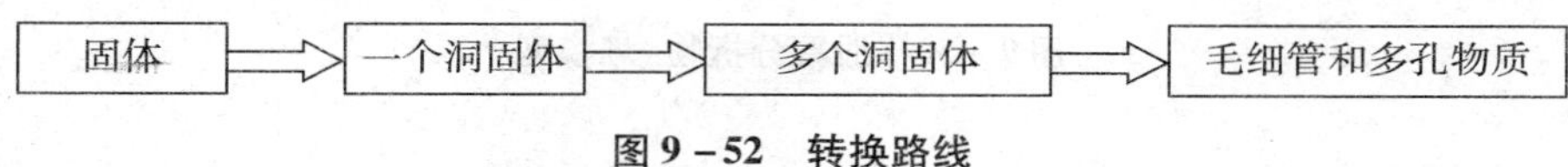

图 9－52　转换路线

当物质根据这个路径进行结构转换的时候，将液体注入空腔（小孔）中的可能性增加。同时，应用科学原理的可能性也会增加。

案例：

（1）将胶水头部的一个大孔改为多个小孔，使用效果会更好。

（2）将电烙铁的头部由实心体变为具有毛细管状的结构，在去除焊点的时候，可以将焊料吸起来。

【金融案例：基金多渠道销售方式】

在物－场模型中，假定基金份额是 S_1，那么销售渠道就可以看作 S_2，通过单渠道向多渠道转换，由线下向线上、线下结合销售，尤其是线上销售渠道，不仅是对线下的复制，而且具有线下不具有的低成本、高效率操作终端和场景等优势。

基金销售最早主要有三大渠道，即基金公司直销中心，银行代销网点和证券公司代销网点。简单来说就是分别可以去基金公司直接买，去银行和证券公司代销点买。其中因为银行代销占了大头（直到目前仍然是），以至于很多人到现在都还认为买基金要去银行买。

直到2012年2月，央行开始向第三方理财机构开放基金牌照申请。最早获得基金销售牌照的4家机构是好买基金、众禄基金、诺亚财富和东方财富，之后同花顺、数米、和讯等机构陆续获批得到了基金销售的牌照，至此第四股基金销售力量——网络销售为基金投资者而崛起。

东方财富旗下的天天基金网是基金销售的佼佼者。天天基金网2015年的基金销售额高达7433亿元，相关营业收入高达24.4亿元。2015年公募基金的总净值也才8.39万亿元。阿里巴巴的余额宝，天天基金网等平台再次让大家见识到了互联网金融的威力，同时也让各个领域的大鳄看上了基金销售这块“肥肉”。如阿里巴巴旗下的蚂蚁金服2015年4月出资2亿元入主当年的“四小天鹅”之一的数米基金；中国平安旗下原本在P2P排行榜上常年排名第一的陆金所，也于2015年获得基金销售牌照并于当年9月8日开始代销基金。后面还排排坐吃果果跟着“企鹅”、“度娘”、京东等小伙伴。

【金融案例：资产证券化】

资产证券化是将流动性和风险不一的基础资产进行打包，然后按照现金流进行内部增信，再对应不同性质的新证券，比如优先级和劣后级。在两个级别内部又将证券分裂成细小份额，以增加流动性，方便投资者投资。这种对旧证券的改造方法如同网格化、多孔化改造，既增加了流动性，也不同程度地减小了风险。符合萃智理论中的使用毛细管和多孔物质的原理。如图9－53所示。

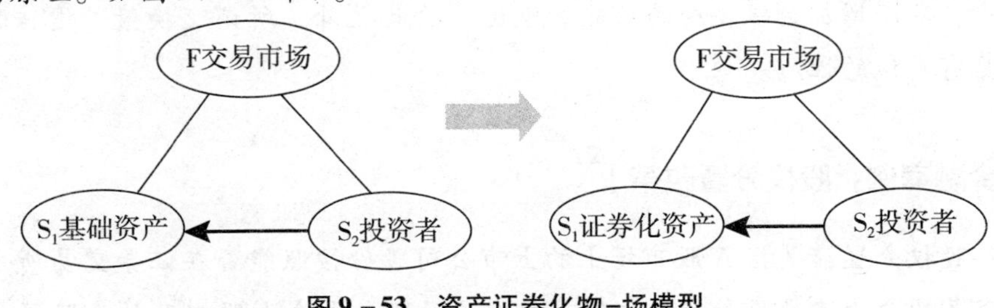

图9－53　资产证券化物－场模型

S2. 2. 4 (No. 19) 动态性

如果一个物–场模型的可控性（效率）不足，并且系统中具有刚性的、不易变形的元素（原件、零件）。那么，可以通过提高其动态性的程度（水平）来加强物–场模型，即使系统向更加柔性、更易变化的方向转换。同时，也可以通过提高场的动态性来改善物场系统。如图 9 –54 所示。

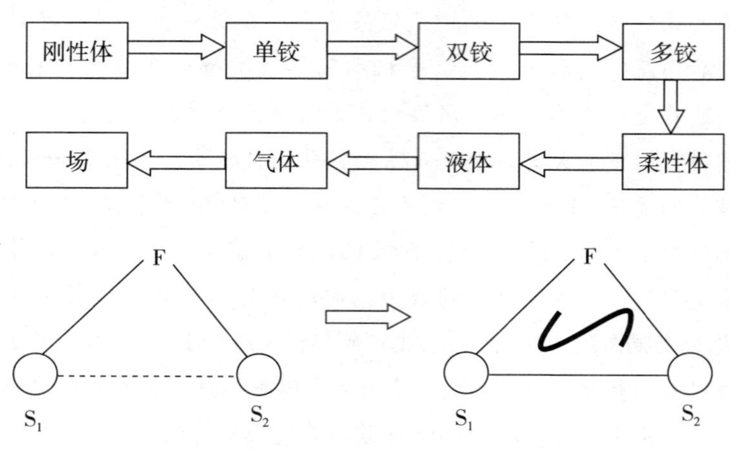

图 9 –54 动态性物–场模型

案例：

飞机机翼通常具有动态特性。在起飞和降落的过程中，为了在低速条件下（使飞机）获得大的升力，机翼的形状可以进行动态调整。

【金融案例：可转债或债转股】

在物–场模型语境下，假定投资及其风险收益管理记为 S_1，那么金融工具则可以记为 S_2。可转债和债转股的核心精神是通过增加金融合约的可选择性或者可变化性来增强合约持有的选择权，以及对于风险收益的管理效率，从而增加金融合约的功能和魅力。除此之外，所谓交换债、债转股都具有类似的性质。

【金融案例：股权分置改革】

股权分置，是指 A 股市场上的上市公司股份按照能否在证券交易所上市交易划分为流通股和非流通股，其中流通股包含个人股以及外资股等社会公众股，非流通股包含国家股和法人股，非流通股不可以上市交易流通，由于不同股、不同权因此被称为股权分置。

股权分置不能适应资本市场改革开放和稳定发展的要求，必须通过股权分置改革，消除非流通股和流通股的流通制度差异。最开始提出的是国有股减持，后来提出全流通，直到提出解决股权分置。股权分置改革增加了股权的流动性（动态性），符合动态性原理。

【金融案例：金融债弹性招标发行】①

2018 年 8 月试点金融债券弹性招标发行，允许金融机构采用弹性招标机制在银行间发行债券。单期发行规模弹性调整不利不超过其初始发行规模的 50%（区间为初始规模的 50% ~150%）。机制改变了之前招标过程中发行人被动接受价格的现状，赋予了发行人较大的自主权。在弹性招标机制下，发行人可在认购需求较强的牛市格局下按照事先披露的规则向上调整发行规模，并在招标利率不理想的熊市格局下向下调整发行规模，在一定范围内自主选择发行利率水平和规模。弹性招标机制还有助于熨平一、二级市场价差波动，提高招标结果的可预测性，降低一级市场定价对二级市场的冲击。

S2. 2. 5（No. 20）场的结构化

S2. 2. 5. 1　场的结构化

通过将均质的场（非结构化的、无序的、紊乱的场）转换为异质的、非均质的场（持续的、固定不变的场，或具有确定的时空结构的场），可以使物-场模型得到改善。这种转换有以下两种路线：（1）均质的场转换为异质的场；（2）非结构化的、无序的、紊乱的场转换为持续的、固定不变的场，或具有确定的时空结构的场（这种时空结构既可以是固定不变的，也可以是可变的）。

案例：

当小麦在场院中脱粒以后，小麦的表皮从籽粒上脱落下来，与籽粒混

① 吴珂馨、王鑫阳演讲，窦尔翔、杨勇指导，“投行课期末汇报”，北京大学 2019 年投行课的金融萃智作业课件，有修改。

合在一起。在有风的情况下，可以利用木锹（S_2）将表皮和籽粒的混合物（S）抛向空中，由于表皮和籽粒的重量不同，在微风的作用下，轻的表皮会被吹得远一些，而重的籽粒会被吹得近一些，从而实现表皮和籽粒的分离。在没有风的情况下（气流场 F 无序且强度低），可以利用鼓风机的定向气流场（$F_{\#}$），将表皮和籽粒分开。

【金融案例：金融制度改革】

场与制度是一对具有当量特征的概念，一个国家和地区引入或者进行金融制度改革就是在构建“金融物-场”。“金融物-场”制度的实施为金融利益相关者的行为改变提供了依据和氛围。比如，改革开放以来，中国全方位引入了西方的现代公司制、现代会计制度、现代上市公司制度、资产证券化制度、私募股权基金制度等，不胜枚举，使金融制度多元结构化，提升了金融服务的效率。当然制度引进还应当结合本国的国情、文化以及战略安排，否则可能会南辕北辙，因而立足本土，面向世界和未来的金融制度创新十分重要。

【金融案例：做多机制变为做多做空机制】①

使用做多做空机制（异质场）替代做多机制（同质场）。可以通过融券业务做空特定股票，用于发现股票的真实价格。目前中国交易市场上可以通过做多做空股指期货（IC，IF，IH）来对冲只有做多机制的股票波动风险。如图 9 – 55 所示。

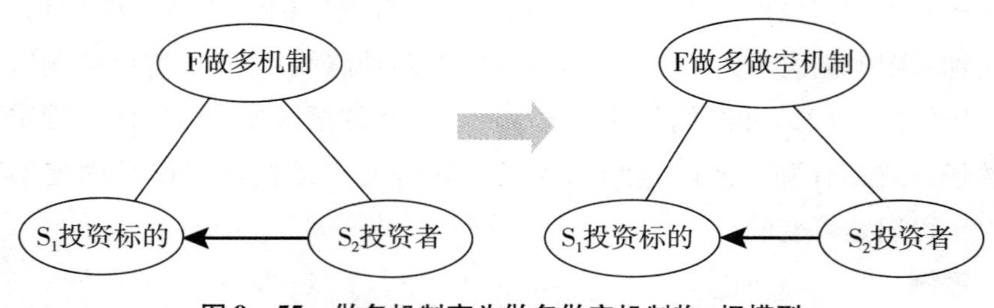

图 9 – 55　做多机制变为做多做空机制物-场模型

① 陈茂林演讲，窦尔翔、杨勇指导，“金融创新期末汇报”，北京大学 2019 年 MEM 金融创新课的金融萃智作业课件，有修改。

S2. 2. 5. 2　利用结构化的场实现物质的结构化

如果需要使某种物质 A 具有特殊的空间结构，首先应该将该物质 A 结合到某物–场模型 B 中，物–场模型 B 中包含了一个具有某种结构（该结构符合物质 A 所需要的结构，或与物质 A 所需要的结构相匹配）的场 C。然后，在场 C 中，对物质 A 进行结构化处理，使其获得所需的结构。

案例：

利用离心机对某种混合物进行分离。将由多种分子量不同的物质组成的混合物放入高速离心机中，利用离心力将这些混合物中的物质按照其分子量的不同而分层，从而实现对混合物的分离。

【金融案例：企业上市】

首先，我们假定企业上市可以优化所有利益相关人的行为，并且可以增强企业运行效率和文化的统一性。那么在物–场模型的语境下，企业利益相关人可以假定为 S_1，上市制度安排为 S_2，那么基于上市制度形成的买卖双方所形成的环境氛围可以看作场 F_2。这时，企业若想要在主观上达到以上所说的效应，解决办法就是更换场，即由上市前的场 F_1 更换到上市后的场 F_2。

其实，现实生活中太多的例子都可以说明换场优化的道理，比如孟母三迁、上山下乡、监狱制度等道德场分层。我们所说的塔福域金融制度模式是比上市制度更加系统的制度安排，特别是其中的域方法，不仅强调了产业的相似度，更强调了“物以类聚、人以群分”这种道行和德行的相似度。道德标准不足的，都将被排除在域外，不能享受域内福利，若想享受域福利，唯一的办法就是改邪归正，使自己的使用价值行为和交换价值行为不断优化，等待开域者的检视，争取获得更低的交易成本或者更高的交易效率。

S2. 2. 6（No. 21）物质的结构化

通过将均质的物质替换为异质的物质，或者将非结构化的物质替换为具有固定结构的空间结构或空间结构可变的物质，可以使物场系统得到改善。这种转换有以下两种路径：(1) 均质的物质转换为异质的物质；(2) 非结构化的物质转换为具有确定的时空结构的物质（这种时空结构既可以是固定不变的，也可以是可变的）如图 9－56 所示。

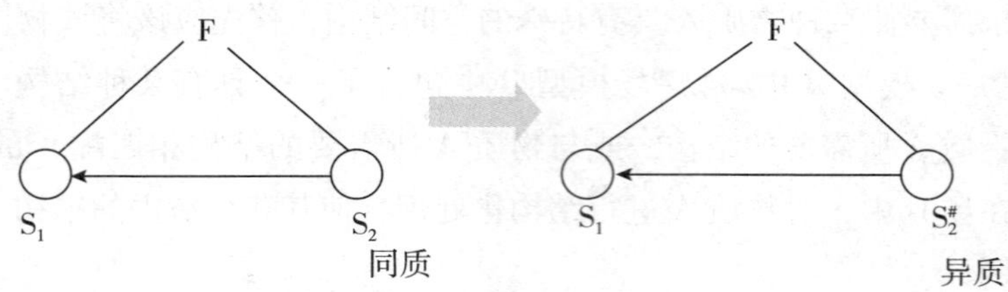

图 9－56　物质的结构化物－场模型

案例：

（1）通过改变钢筋的排列方式，可以改善钢筋混凝土的性能。

（2）对金属表面进行滚花处理，可以使其方便握持。

【金融案例：AB 股】

通常公司的股权结构为一元制，也就是所有股票都是同股同权、一股一票，但在发达国家市场的二元制（又称双重股权结构、AB 股结构）股权结构中，管理层试图以少量资本控制整个公司，故而将公司股票分为高、低两种投票权，高投票权的股票每股具有 2～10 票的投票权，称为 B 类股，主要由管理层持有；低投票权由一般股东持有，1 股只有 1 票甚至没有投票权，称为 A 类股。作为补偿，高投票权的股票一般流通性较差，一旦流通出售，即从 B 类股转为 A 类股。

【金融案例：不良资产证券化】

在物－场模型语境下，如果把资产包中杂乱无序的各种不良资产看作 S_1，那么将这些资产进行打包分级加工所形成的证券就是 S_2，以达到将资产包特别是含有加大比重的杂乱无章的不良资产进行有效出售的效果。

【金融案例：人民币成为结算货币】①

在国际贸易中，货币结算制度会给全球不同国家带来不同的影响。目

① 曹伟演讲，窦尔翔指导，“金融创新期末汇报”，北京大学 2019 年 MEM 金融创新课的金融萃智作业课件，有修改。

前，世界上大概有美元、英镑、欧元、人民币等结算货币。之前，世界上的主要结算货币是美元，这增加了全球对美元的刚性需求，加固了美元的霸权地位。美元独霸全球的地位，是美国坐收全球铸币税，不讲货币信用的主要原因，这是对全球国家的剥削和掠夺。近年来，人民币国际化速度不断加快，一是中国引领全球发展的金融需要；二是能够深化全球结算货币的多元化程度；三是可以为中国带来丰厚的铸币税；四是改用跨境贸易人民币结算，则会避免受到汇率的严重影响，保证境内企业收益稳定。如图 9 –57 所示。

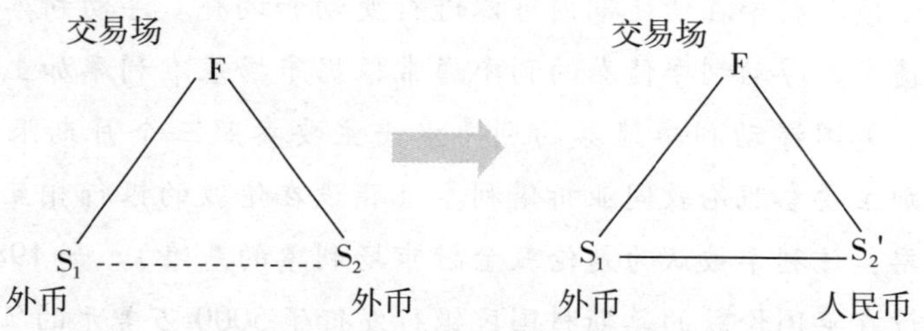

图 9 –57 人民币成为结算货币物–场模型

S2. 3 通过节奏的匹配加强物–场模型

这个子类包含 3 个标准解，其作用是：通过特殊的方法，使物–场系统的效率或可控性得到增强。该子类的标准解既不引入添加物，也不改变物质和场，而是利用频率、质量和尺寸上的量变（数量的变化），通过最小的系统变化得到想要的结构。

该子类中的标准解是协调性法则的特殊实例，是物 – 场系统中的各个元素之间（物 – 场系统中的元素与超系统之间）协调（或去协调）的特殊例子。

S2. 3. 1（No. 22）使 F 的节奏与 S_1（或 S_2）匹配（不匹配）

在一个物–场系统中，通过使场（F）的频率与产品 S_1（工具 S_2）的自然频率匹配（有意地不匹配），可以改善物–场系统的效率或可控性。

S2. 3. 1. 1 节奏由不匹配到匹配

如果一个物–场模型的效率或可控性不足，同时问题描述中禁止引入添加物，而且系统元素之间的相互作用具有周期性。那么，通过将场的频率与产品（工具）的自然频率（频率响应）进行匹配（故意地不匹配），可以改善系统的效率或可控性。

案例：

（1）按摩的节奏与病人脉搏的节奏同步。

（2）利用振动器可以震塌一栋摩天大楼。

【金融案例：浮动利率债券】

浮动利率债券是指发行时规定债券利率随市场利率定期浮动的债券，也就是说，债券利率在偿还期内可以进行变动和调整。浮动利率债券往往是中长期债券。浮动利率债券的利率通常根据市场基准利率加上一定的利差来确定。美国浮动利率债券的利率水平主要参照三个月期限的国债利率，欧洲则主要参照伦敦同业拆借利率（指设在伦敦的银行相互之间短期贷款的利率，该利率被认为是伦敦金融市场利率的基准）。如1984年4月底，苏联设在英国伦敦的莫斯科国民银行发行了5000万美元的7年浮动利率债券，利率为伦敦同业拆借利率加0.185%。

【金融案例：小贷公司“拥抱”监管新规】①

由于前几年我国金融监管体系尚不健全，很多小贷公司都在法律灰色地带开展业务，随着银保监会和各地金融办出台相关法律法规，铜板街、小雨点等互联网小贷公司纷纷去杠杆、去刚兑、去资金池，使自身业务合法化。如图9－58所示。

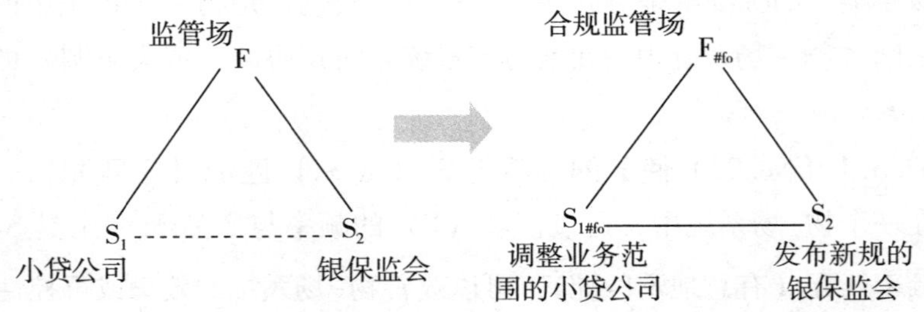

图9－58　小贷公司拥抱监管新规物－场模型

① 曹伟演讲，窦尔翔指导，“金融创新期末汇报”，北京大学2019年MEM金融创新课的金融萃智作业课件，有修改。

S2. 3. 1. 2　节奏由匹配到不匹配

在物–场系统中，如果由于场的频率（频谱）与产品 S（工具 S_2）的固有频率（频率响应）匹配而产生了有害的相互作用，就需要改变场的频率（改变产品的固有频率），以便消除有害作用，改善物–场系统的效率和可控性。

本标准解是破坏具有有害节奏协调的特例。

案例：

战争期间，为了防止窗户玻璃被炮弹爆炸所产生的冲击波震碎，往往在玻璃上以特定的方式贴上一些胶布。其目的是降低玻璃固有的振动频率，从而避免爆炸所产生的冲击波的频率与玻璃产生共振。

【金融案例：利率互换】

具有不同贷款优势的两个公司在各自的贷款条件下各自拥有的“比较优势”，在物–场模型语境下，指的是两个公司贷款的事实和各自的贷款条件是相匹配的。但是如果通过利率互换可以使两者合作起来共享更低的融资成本，这是双方利用对方的优势的缘故，这时可以描述说各自利用了对方的贷款条件，这与各自独立融资的事实是不匹配的。

假设 A 和 B 两家公司，A 公司的信用级别高于 B 公司，因此 B 公司在固定利率和浮动利率市场上借款所需支付的利率要比 A 公司高。首先介绍一下在许多利率互换协议中都需用到的 LIBOR，即伦敦同业拆借利率，LIBOR 经常作为国际金融市场贷款的参考利率，在它上下浮动几个百分点。现在 A、B 两公司都希望借入期限为 5 年的 1000 万美元，并提供了如下利率：

公司 A，固定利率 10%；浮动利率 6 个月期 LIBOR +0. 30%。

公司 B，固定利率 11. 20%；浮动利率 6 个月期 LIBOR +1. 00%。

在固定利率市场 B 公司比 A 公司多付 1. 20%，但在浮动利率市场只比 A 公司多付 0. 7%，说明 B 公司在浮动利率市场有比较优势，而 A 公司在固定利率市场有比较优势。现在假如 B 公司想按固定利率借款，而 A 公司想借入与 6 个月期 LIBOR 相关的浮动利率资金。由于比较优势的存在将产生可获利润的互换。A 公司可以 10% 的利率借入固定利率资金，B 公司可以 LIBOR +1. 00% 的利率借入浮动利率资金，然后他们签订一项互换协议，以保证最后A公司得到浮动利率资金，B公司得到固定利率资金。

作为进行利率互换的第一步，我们假想A与B直接接触，A公司同意向B公司支付本金为1000万美元的以6个月期LIBOR计算的利息作为回报，B公司同意向A公司支付本金为1000万美元的以9.95%固定利率计算的利息。

考察A公司的现金流：

(1) 支付给外部贷款人年利率为10%的利息；

(2) 从B得到年利率为9.95%的利息；

(3) 向B支付LIBOR的利息。

三项现金流的总结果是A只需支付LIBOR+0.05%的利息，比直接到浮动利率市场借款少支付0.25%的利息。

同样B公司也有三项现金流：

(1) 支付给外部借款人年利率为LIBOR+1.00%的利息；

(2) 从A得到LIBOR的利息；

(3) 向A支付年利率为9.95%的利息。

三项现金流的总结果是B只需支付10.95%的利息，比直接到固定利率市场借款少支付0.25%的利率。

这项互换协议中A和B每年都少支付0.25%，因此总收益为每年0.50%。

再如，公司回购浮动利率债券。即当公司预测经济将要上行时，可以回购浮动利率债券，发行固定利率债券，本例中的浮动利率是和市场利率相匹配的，固定利率是和市场利率不匹配的，公司因此可以降低融资成本和风险。

S2.3.2（No.23）匹配（不匹配）F_1 和 F_2 的节奏

在复杂物-场模型中，有多个场。如果复杂物-场模型的效率或可控性不足，那么，可以通过使这些场的频率彼此匹配（故意不匹配）来提高系统的效率或可控性。

案例：

在分选由强磁成分和废岩构成的混合物的过程中，通常将混合物置于移动磁场和振动之下。为了增强分选效率，可以使移动磁场与振动同步。

【金融案例：双挂钩固定汇率制度】

“双挂钩”，即美元与黄金挂钩，其他各国货币与美元挂钩。在“双挂钩”的基础上，《国际货币基金组织协定》规定，各国货币对美元的汇率一般只能在汇率平价±%的范围内波动，各国必须同IMF（国际货币基金组织）合作，并采取适当的措施保证汇率的波动不超过该界限。由于这种汇率制度实行“双挂钩”，波幅很小，且可适当调整，因此该制度也称以美元为中心的固定汇率制，或可调整的钉住汇率制（Adjustable Peg System）。

【金融案例：奖金和股权激励】

招聘中高级人才，除了正常薪资待遇，一般企业还会有奖金和股权激励，奖金一般为1～3个月工资，股权激励主要是通过附加条件给予员工部分股东权益，使其具有“主人翁意识”，从而与企业形成利益共同体，促进企业与员工共同成长，帮助企业实现稳定发展的长期目标。

【金融案例：股票交易双场理论】

所谓股票交易双场理论，指的是在证监会授权的企业筛选和动态信息披露制度的同时，再借助TRIZ理论构造一个市场化的企业筛选和信息揭示制度。事实上，企业上市是一个交易成本极高的制度安排，也是一个环节流程复杂的过程，容易出现信息不对称导致的逆向选择问题，以及选择后的道德风险问题和非尽职披露问题，这将造成对投资者的损害，对金融市场制度的声誉损害。同时，也会出现对合格企业的漏选，那将是对投资者投资机会的损害，对融资者融资权利的损害，以及对金融市场制度声誉的损害。

弥补的办法是鼓励市场主体基于产业情境，利用充足的信息技术手段，对相关交易主体的基于使用价值的诚信与基于交换价值的信用进行充分揭示，并用基于劣后技术的担当金融来为这种揭示的正确性进行背书。这样通过金融信息服务既可以筛选出漏掉上市机会的企业，也可以摒弃上市公司中信用度不高的企业，为投资者的投资决策提供科学服务。

这种制度安排实际上是通过增加TIF场来匹配传统的股票交易市场，

以克服原制度中信息披露不充分、金融市场不公平、服务效率低下的问题，进而整体提升金融市场监管的效率和效果。

S2.3.3（No.24）匹配不相容的或先前独立的作用

如果需要两个作用（A和B），但是这两个作用是不兼容的（矛盾的、性质相反的）或彼此独立的（例如，吃饭和睡觉，加工和测量）。那么，其中的一个作用A应该在另一个作用B暂停期间来执行。通常，在一个作用的操作期间应该执行另一个有用的作用，以此来提高系统效率。

案例：

在房客外出度假时维修房屋，房客在房子内居住是一个连续的行为；维修房屋与房客内居住是彼此不相容的两种行为；在房客居住的间隙，即外出度假期间对房屋进行维修，则不会影响房客度假回来后继续在房屋内居住。

【金融案例：股市交易的休市制度】

在股票市场中，开市时进行盯市交易，休市时进行股票研究。

【金融案例：拍卖中的间歇叫价】①

拍卖时，由拍卖人提出一批货物，宣布预定的最低价格，估价后由竞买者相继叫价，竞相加价，有时规定每次加价的金额额度，直到拍卖人认为无人再出更高的价格。

S2.4“铁磁－场”模型

这个子类包含12个标准解，其作用是：通过利用磁铁性物质或磁场，使物－场系统的效率或可控性得到增强。在该子类中，可以同时利用多种标准的途径来增强物－场系统的效率和可控性。其中，由分散的铁磁物质和磁场组成的模型是最有效的。但由于这些模型的分类，带有极强的物理

① 卫军名演讲，窦尔翔、杨勇指导，“金融创新期末汇报”，北京大学2019年MEM金融创新课的金融萃智作业课件，有修改。

特性，目前的金融事物还缺乏如此的精细划分，因而将用概括的金融例子即塔福域中的小系统信用资源 C_2 来表达概括的12个铁磁共性。

在金融监管的传统实践中，用得最多的是对违反金融规则的惩罚性措施，可以理解为使用了铁磁中的相斥性原理，但是对于不符合相斥条件的金融事物缺乏有效区分和管理，建议对于不符合相斥条件的金融事物再使用一次相吸的铁磁特性，将不符合相吸特性的金融事物被动地排斥在外。这样对于所有的金融事物，通过铁磁特性中相斥和相吸两种特性的使用，一部分道德败坏的金融现象被孤立在“中间地带”，这个中间地带前有“胡萝卜”，后有“大棒”，导致中间地带的金融主体只能不断优化自己的行为并不断向吸引力区域迈进，这将导致吸引力区域不断扩张。这个基于小系统信用资源 C_2 的域福利是塔福域产生吸引力和孵化域外金融道德的秘密所在。

【金融案例：尽职调查】①

尽职调查亦称“审慎调查”。指在收购过程中收购者对目标公司的资产和负债情况、经营和财务情况、法律关系以及目标企业所面临的机会与潜在的风险进行的一系列调查。尽职调查相当于引入的电流，形成电磁场，来进行企业资产负债情况，财务和经营状况的风险识别。尽职调查做得越彻底，事实就揭示得越详尽，风险就越小，如图 9－59 所示。

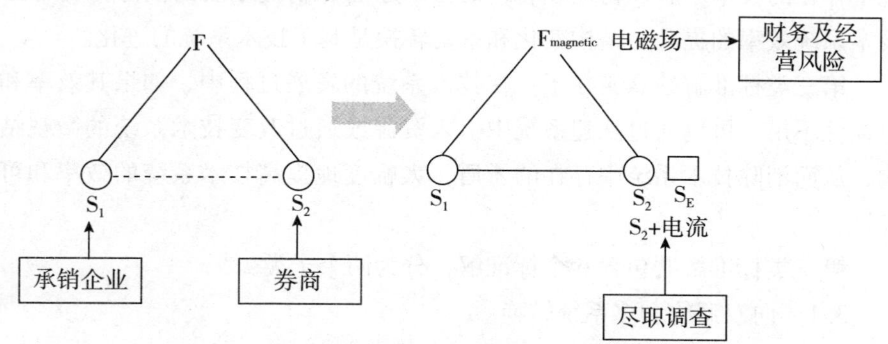

图 9－59 尽职调查磁铁－场模型

① 汪建新、胡益铭演讲，窦尔翔、杨勇指导，“投资银行学期末汇报”，北京大学2019年投资银行课的金融萃智作业课件，有修改。

【金融案例：借壳上市】[①]

借壳上市是指非上市公司购买一家上市公司一定比例的股权来取得上市的地位，然后注入自己有关的业务及资产，实现间接上市的目的。一般而言，买壳上市是民营企业的较佳选择。借壳上市相当于引入了另一个上市方式来达到上市目的。如图 9-60 所示。

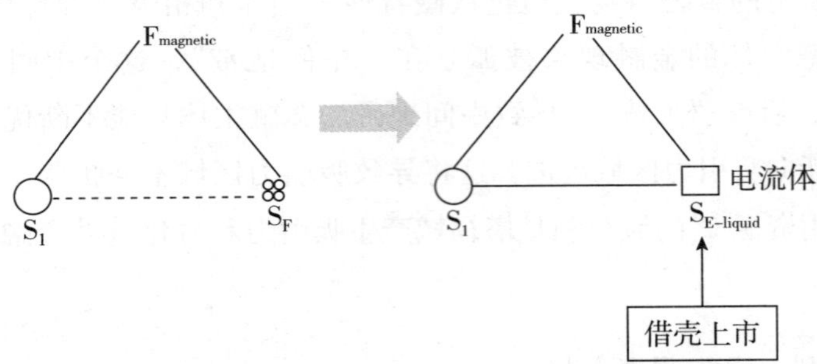

图 9-60 借壳上市磁铁-场模型

五、第三类标准解：转换到超系统和微观级别

转换到超系统和微观级别是为了提高技术系统的效率。这种转换可以发生在技术系统进化的任何阶段。通过结构变化和系统转换，消除技术系统中存在的技术矛盾和物理矛盾，而技术矛盾和物理矛盾的消除又将导致技术系统效率的提升。结构变化和系统转换是基于技术系统的进化。

第三类标准解的意义在于：在技术系统的发展过程中，如果其效率和可控性不足，可以通过从超系统中引入资源或通过改变技术系统的微观结构，从而消除技术系统中存在的矛盾，大幅度地提高技术系统的效率和可控性。

第三类标准解共包含 6 个标准解，分为两个子类：

3.1 向双系统和多系统转换。

3.2 向微观级别转换。

---

① 汪建新、胡益铭演讲，窦尔翔、杨勇指导，“投资银行学期末汇报”，北京大学 2019 年投资银行课的金融萃智作业课件，有修改。

S3.1 向双系统和多系统转换

这个子类包含 5 个标准解，其作用是：通过将单系统物-场模型转换为双系统和多系统的物-场模型，使物-场系统的效率或可控性得到增强。

S3.1.1（No.37）系统转换 1a：建立双系统和多系统

在技术系统进化过程中的任何阶段，都可以通过系统转换 1a 来增强系统的性能。系统转换 1a：将现有系统与其他系统进行结合（合并、联合、融合、组合），从而建立一个更加综合的（合成的、复杂的、复合的、多元的）双系统或多系统。

案例：

在一定条件下，计算机的中央处理器（CPU）的运算速度是遵循摩尔定律的，但是当运算速度接近其理论极限时，中央处理器的发展开始表现为由单系统（单核）向双系统（双核）和多系统（多核）的进化。

【金融案例：银团贷款】

银团贷款亦称“辛迪加贷款”。由获准经营贷款业务的一家或数家银行牵头，多家银行与非银行金融机构参加而组成的银行集团采用同一贷款协议，按商定的期限和条件向同一借款人提供融资的贷款方式。产品服务对象为有巨额资金需求的大中型企业、集团和国家重点建设项目。当借款者寻求的资金数额太大，以至于任何一个单一的银行都无法承受该借款者的信用风险时就产生对银行团体的需求。银团贷款市场的使用者是在银行贷款市场寻求大额融资的借款者。

根据我国法律规定，银团贷款是指由两家或两家以上银行基于相同贷款条件，依据同一贷款协议，按约定时间和比例，通过代理行向借款人提供的本外币贷款或授信业务。

银团贷款由两位或两位以上贷款人按相同的贷款条件、以不同的分工，共同向一位或一位以上借款人提供贷款，并签署同一贷款协议的贷款业务。通常会选定一家银行作为代理行代表银团成员负责管理贷款事宜。采用同一贷款协议，按商定的期限和条件向同一借款人提供融资的贷款方式。银团贷款是国际银行业中一种重要的信贷模式。

【金融案例：多牌照金融机构】①

金融牌照是金融机构经营许可证，是批准金融机构开展业务的正式文件。目前金融许可证由银保监会和证监会等部门分别颁发。在我国需要审批的金融牌照主要包括银行、保险、信托、券商、金融租赁、期货、基金、基金子公司、基金销售、第三方支付牌照、小额贷款、典当12种。单个金融牌照很难获得全面的金融业务，获得较多的金融牌照可以在金融市场上去经营较全面的金融业务。如图9－61所示。

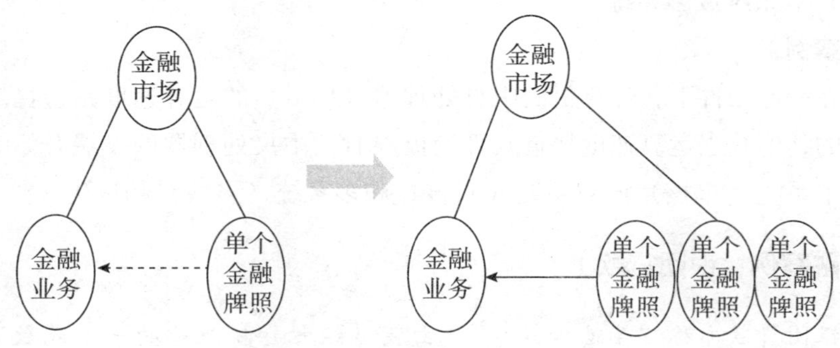

图9－61　多牌照金融物－场模型

【金融案例：多层次资本市场】②

早在2003年，考虑到我国股票市场只有面向大中型企业的主板市场，层次单一，难以满足大量中小型企业，特别是创新型企业的融资需求，中央正式提出要建立多层次资本市场体系。随后，在2004年、2009年、2013年、2018年国家相继设立了中小板、创业板和新三板与科创板。历经十余年的探索，我国多层次资本市场体系已经初具规模，基本建立起了以区域性场外市场、全国性场外市场、创业板、中小板和主板为代表的资本市场体系。多个板块的资本市场结构相当于组合了多个单系统，形成组合系统。如图9－62所示。

① 吴群演讲，窦尔翔、杨勇指导，“金融创新期末汇报”，北京大学2019年MEM金融创新课的金融萃智作业课件，有修改。

② 汪建新、胡益铭演讲，窦尔翔、杨勇指导，“投资银行学期末汇报”，北京大学2019年投资银行课的金融萃智作业课件，有修改。

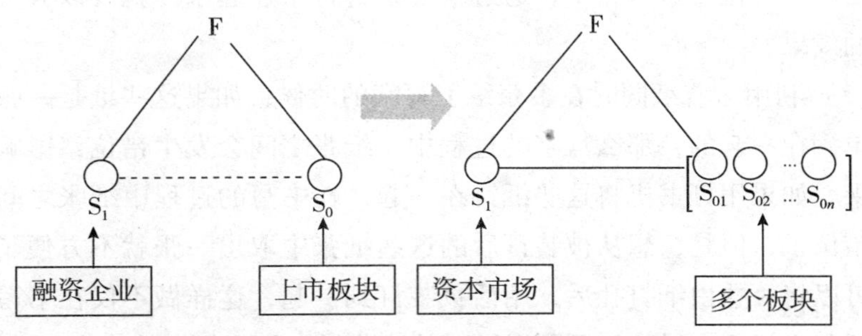

图 9－62 金多层次资本市场物–场模型

【金融案例：优酷和土豆合并】①

2012 年 3 月 12 日，优酷和土豆以 100% 换股的方式合并，新公司命名为优酷土豆股份有限公司，土豆网已退市。当时中国网络视频行业江湖混战，竞争对手林立，模仿和同质化竞争相当严重，没有谁占绝对领导地位。在这种背景下，合并非常有利于降低成本，提升广告定价权，通过双方的资源共享，可以大幅地节约视频采购成本，增强广告效果。从全球范围来看，媒体和内容分销领域的利润表现与规模、市场份额、运营范围等密切关联。合并后，两者的市场份额达到 35.5%，通过绝对份额的扩大以达到迅速占领市场有利地位的目的。通过当时最大的上市视频公司（同质公司）的合并，使得两个系统合并成为一个更加具有实力的双系统，扩大了市场份额，是一个非常成功的创建双、多系统案例。

S3.1.2（No.38）强化双系统和多系统中的链接

可以通过进一步增强元素之间的链接来提高双系统和多系统的性能（效率和可控性）。

案例：

（1）强化链接的例子。

用钉子钉木质包装箱的时候，如果将钉子一个一个地钉在木箱上，效果并不理想。如果先用一根细长的铁皮条在箱子上绕上一圈，然后将钉子

① 王源、张尧演讲，窦尔翔、杨勇指导，“投资银行学期末汇报”，北京大学 2019 年投资银行课的金融萃智作业课件，有修改。

从铁皮的相应位置钉入箱子，通过铁皮条将钉子连起来，就可以大大改善固定的效果。

（2）利用印蓝纸同时在多张纸上写字的时候，如果这些纸是一张一张地简单搁在一起的，那么写字的过程中，纸张之间会发生错位，影响书写的效果。如果用订书机将这些纸钉在一起，在书写的过程中纸张之间虽然不会错位了，但是，想从被装订后的这些纸张中取出一张就不方便了。因此，可以将一叠白纸打孔后，用活页装订到一起，这样做不仅在书写的过程中纸张之间不会错位，还可以随时从这些纸中取出任意的一张。

【金融案例：投贷联动】

投贷联动主要是指商业银行和PE（私募股权基金）投资机构达成战略合作，在PE投资机构对企业已进行评估和投资的基础上，商业银行以“股权＋债权”的模式对企业进行投资，形成股权投资和银行信贷之间的联动融资模式。目前主要用于中小企业的信贷市场。比如，产业基金设立之后，对某企业进行股权投资，银行再跟进一部分贷款；或者PE基金对某企业进行财务投资，可以优化企业的财务结构，规范企业发展，银行会及时跟进一部分贷款。也有人做以下两种理解，一种理解是，“投”的主体是VC（风险投资）等投资机构，“贷”的主体是银行，银行和VC等深度合作形成联动；另一种理解，则是商业银行在给企业提供贷款的同时，能通过合法的形式，享受权益类收益，覆盖信贷风险。

另外，FoF和区块链之联盟链也属于这种联动模式。

【金融案例：相互保】①

“相互保”（蚂蚁相互保）是具有相同风险保障需求的蚂蚁会员团结在一起，以共担风险的方式为会员提供健康保障的互助共济机制。互助共济、利用互联网和科技手段为中低收入家庭提供普惠的保障是相互保设计的初衷。与传统保险的区别为传统保险各个参保人之间没有联系，而相互保这样的互联网保险各个参保人是相互联系的。如图9－63所示。

① 吴群演讲，窦尔翔、杨勇指导，“金融创新期末汇报”，北京大学2019年MEM金融创新课的金融萃智作业课件，有修改。

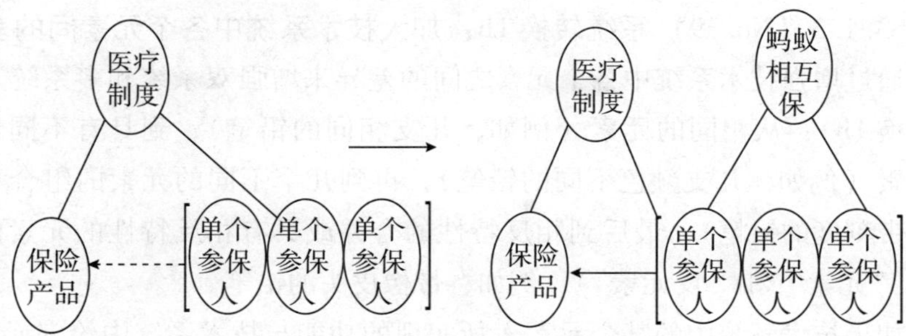

图 9－63　相互保物–场模型

【金融案例：股票转板制度】①

股票转板是指标的公司根据内部或者外部条件的变化，自主选择（一般为升板）或者被强制性地（一般为降板）将其股票从一个市场板块转到另一个市场板块进行交易。依据市场主体从资本市场的一个板块转入另一个板块高低层级的不同为标准，转板又可以分为升板和降板。升板是指股票原先在较低层级板块挂牌交易的公司，在发展壮大之后，达到了较高层级板块的准入标准后，转到该高层级板块进行股票交易的行为。降板与升板相反，是指股票原先在较高层级板块挂牌交易的公司，由于经营业绩恶化或者其他原因，不再适合在该层级板块进行交易，并且持续满一定时间，则其股票被强制转到较低层级板块进行交易的行为。股票转板实际上改变了板块之间的链接，使得整个资本市场更能满足融资需求。如图 9－64 所示。

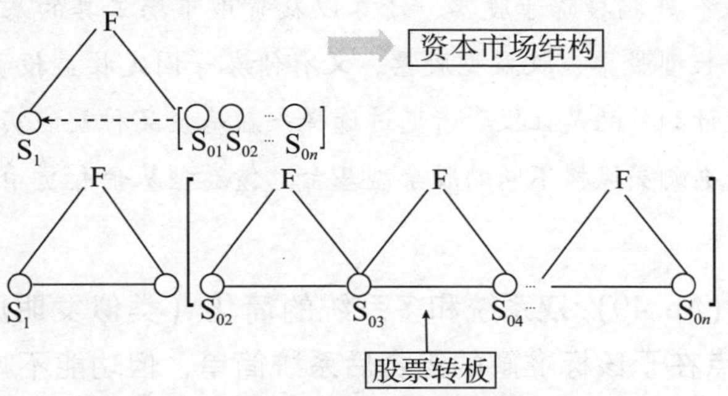

图 9－64　股票转板制度物–场模型

① 汪建新、胡益铭演讲，窦尔翔、杨勇指导，“金融创新期末汇报”，北京大学 2019 年投资银行课的金融萃智作业课件，有修改。

S3.1.3（No.39）系统转换1b：加大技术系统中各个元素间的差异

通过增强技术系统中各个元素之间的差异来增强双系统和多系统（系统转换1b）：从相同的元素（例如，几支相同的铅笔），到具有不同性质的元素（例如，几支颜色不同的铅笔），再到几个不同的元素的组合（例如，带刻度的铅笔），最后到相反特性的合并或具有相反特性的元素的组合（"元素"和"反元素"），例如，带橡皮头的铅笔。

如果技术系统中的某个元素A所实现的功能与技术系统中给定元素B的功能相反，则A是B的反元素。

案例：

将起钉器和射钉枪进行组合，可以得到一个既可以钉钉子，又可以起钉子的工具，该工具的性能要比一个单独的射钉枪更加强大。

【金融案例：投资组合与资产组合】

投资组合是不同特性的股性或债性资产之间的组合，以增强抗风险能力。投资组合更加强调的是相关系数（代表同类资产的不同特性）之间的差异，资产组合强调的是资产本身的差异性。而资产组合是不同资产之间的组合，股性资产、债性资产、金融衍生品和房地产等大类资产之间的组合，这种组合也可以在一定程度上规避单一投资风险。

【金融案例：混合型基金】①

混合型基金是指投资于股票、债券以及货币市场工具的基金，是在投资组合中既有成长型股票、收益型股票，又有债券等固定收益投资的共同基金。混合型基金设计的目的是让投资者通过选择一款基金品种就能实现投资的多元化，而无须分别购买风格不同的股票型基金、债券型基金和货币市场基金。如图9－65所示。

S3.1.4（No.40）双系统和多系统的简化（类似发明原理5：合并原理，不同点在于该标准解的组合后系统简单，但功能不减少）

通过简化系统，可以增强双系统和多系统的效率和可控性。在简化系

① 吴群演讲，窦尔翔、杨勇指导，"金融创新期末汇报"，北京大学2019年MEM金融创新课的金融萃智作业课件，有修改。

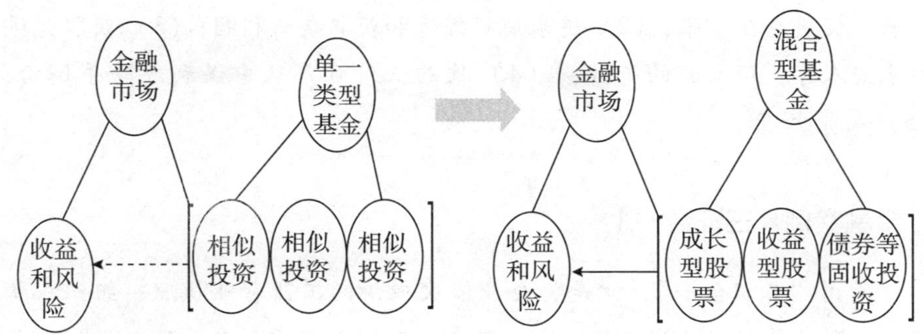

图 9 - 65 混合型基金物-场模型

统的时候，首先被简化的是系统中起辅助作用的部分。例如，一把双筒枪只有一个枪托。被完全简化的双系统和多系统又会变成单系统，整个循环会在更高的级别上重复进行。

案例：

冷却服（如消防员的防护服）的保护能力受其重量的限制，不可能做得很厚。解决方法是可以考虑将冷却服的冷却系统和呼吸系统合并起来。在这样一个系统中，液态氧具有两种功能：其一，液态氧可以在其蒸发的过程中吸收热量，实现制冷的功能；其二，液态氧变成气态氧后，可以实现支持人员呼吸的功能。因此，不再需要笨重的防护设备，这使得消防员可以携带更多的液态氧。

【金融案例：银监会与保监会的合并】

2018 年 4 月 8 日上午，中国银行保险监督管理委员会正式挂牌。这意味着，中国银行业监督管理委员会和中国保险监督管理委员会成为历史。

从宏观上看，这有可能推动银行业与保险业在业务上有更多的合并机会，可消除银行业与保险业之间的各种竞争内耗现象的发生，在很大程度上可为抑制金融市场竞争乱象创造有利条件。

【金融案例：企业并购重组】

企业并购重组是指企业通过现金收购或股权收购方式收购被并购方资产，实现 1 + 1 > 2 的协同效应。并购的目的有：（1）谋求企业经济实力的增长，促进企业扩张；(2）追求规模经济和获取垄断利润；(3）获取先进技术与人才，跨入新的行业；（4）收购低价资产从中谋利或转手倒卖；(5）买壳上市。

【金融案例：三证合一】①

所谓“三证合一”，就是将企业依次申请的工商营业执照、组织机构代码和税务登记证三证合为一证，提高市场准入效率；“一照一码”则是在此基础上更进一步地通过“一口受理、并联审批、信息共享、结果互认”，实现由一个部门核发加载统一社会信用代码的营业执照。

【金融案例：国税和地税合并】②

国税和地税是依据国务院关于分税制财政管理体制的决定而产生的一种税务机构设置中两个不同的系统。它们的不同主要体现在两者负责征收的税种上。前者征收的主要是维护国家权益、实施宏观调控所必需的税种(消费税、关税）和关乎国计民生的主要税种的部分税收（增值税)；后者则主要负责适合地方征管的税种（营业税、耕地占用税、车船使用税）以增加地方财政收入。国税和地税的合并就是把本来拥有大量重复功能的系统，通过简化有机地结合在了一起，实现了税收执法尺度的全面统一；同时，企业所得税等政策理解不一的问题也将得到解决，进一步实现了社会经济的公平竞争。合并之后，由于实行以国家税务总局为主的双重领导管理体制，管理链条变短，税费征收更加规范。

S3.1.5（No.41）系统转换1c：整体与局部具有相反的特性

通过将相反的特性分别赋予系统和系统中的某个子系统，从而增强双系统和多系统（系统转换1c)。结果，系统可以在两个不同的级别上被使用，作为一个整体，系统具有特性“P”；而作为系统的一部分，子系统具

① 吴群演讲，窦尔翔、杨勇指导，“金融创新期末汇报”，北京大学2019年MEM金融创新课的金融萃智作业课件，有修改。

② 王源、张尧演讲，窦尔翔、杨勇指导，“金融创新期末汇报”，北京大学2019年投资银行课的金融萃智作业课件，有修改。

有相反的特征“-P”。

案例：

作为一条铁链条中的一个组成部分（或称为子系统），一个铁环表现为刚性；而作为一个整体（或称为系统），铁链表现为柔性。

【金融案例：永续债券①】

永续债券，又称无期债券，是非金融企业（发行人）在银行间债券市场注册发行的“无固定期限、内含发行人赎回权”的债券。永续债的每个付息日，发行人可以自行选择将当期利息以及已经递延的所有利息，推迟至下一个付息日支付，且不受任何递延支付利息次数的限制。

短期付息具有刚性，从长期投资来看具有股性的柔性。

S3.2 向微观级别转换

这个子类只包含1个标准解，其作用是：在现有的物-场模型的基础上，通过改变物质的微观结构，使物-场系统的效率或可控性得到增强。

S3.2.1（No.42）系统转换2：转换到微观级别

在进化过程中的任意阶段，都可以通过宏观级别到微观级别的转换，使系统的效率得到增强。即无论是一个系统，还是系统中的某个子系统，都可以被一种在某场的作用下，能够实现所需功能的“智能物质”所替代。

案例：

从技术发展史的角度来看传动系统的发展过程，该技术系统是从利用有限的、锯齿状的轮状物进行传动（如齿轮传动），到利用无限的、细小的油来进行传动（如液压传动）。

【金融案例：余额宝】

余额宝与一般货币基金最大的不同在于其足够的小额、分散的客户群体，这让基于大数据的流动性风险预测成为可能，也成为必需。从金融理

① 1648年荷兰水务管理机构发行世界上第一只永续债。

论角度分析，在正常的资本市场中，小额分散的货币基金投资者的资金转入和转出是高度独立且满足大数定理的，这就为货币市场基金的稳定性提供了基础。

六、第四类标准解：关于检验和测量的标准解

在汉语中，“检测”这个词主要包含检验和测量两个方面的含义。

（1）检验（定性分析）：是指针对处于某种确定状态下的目标对象，利用一定的技术手段，检查某个属性的状态。检验是一种定性的检查，其结果往往是用某种布尔型标识符来表达，例如，对或错，是或否，满足或不满足。

（2）测量（定量分析）：是指针对处于某种确定状态下的目标对象，利用一定的技术手段，得到目标对象某个属性的值。测量是一种定量的检查，其结果往往用具体的数值来表达，且对测量结果往往有一定的精度要求。

（3）检测：是检验和测量的总称，是指针对处于某种确定状态下的目标对象，利用一定的技术手段，对目标对象的某个属性进行检查。

在 TRIZ 中，根据功能的不同，可以将技术系统分为以下两类：（1）执行系统：可以改变系统其他对象的参数的技术系统，又称为执行系统或执行性技术系统；（2）检测系统：用来检测其他对象的参数的技术系统，又称为检测性系统或检测性技术系统。

在介绍第四类标准解的过程中，所讨论的都是关于检测问题的物–场模型，严格地说，应该称这些物–场模型为“关于检验和测量问题的物–场模型”。但是，为了论述方便，我们将这些模型简称为“检测物–场模型”。

S4.1　间接方法

间接方法又称为迂回方法。这个子类包含 3 个标准解，其作用是：尽量将检测问题转化为通常的问题，即将测量性系统转化为执行性系统。这主要是因为测量系统的目的是得到被测量对象的属性，测量之后，往往会进行控制。即先测量，得到被测对象的信息，然后根据一定的准则，对被测对象进行控制，这就是我们通常所说的测控系统。测控系统虽然能够完

成一定的功能，但是往往会使系统的复杂度大大提高，进而导致系统的可靠性降低。因此，在能够使用常规方法代替测量系统的情况下，尽量不要使用检测。如果实在不可避免，也要尽量用检验来代替测量。

S4.1.1（No.43）以系统的变化代替检测或测量

对于检测问题，理想的方法是改造现有系统的设计，利用常规的方法来提高系统的控制力和调整能力，从而使原有的测量或检测成为“不必要的（多余的）”。

案例：

在利用感应现象对金属零件进行热处理的时候，为了在不进行测量的前提下提供所需要的温度，可以在感应器与零件之间填充某种化学盐，而这种化学盐的熔化温度需要与金属零件进行热处理时所需的温度相同。

【金融案例：福费廷（Forfaiting）】

通常的银行融资如贷款，需要收集各种企业资料，进行企业评级，核定企业的信用评级，通过一系列的方法，认定企业的资质，才会给企业资金。

福费廷也称包买票据或票据买断，就是在延期付款的大型设备贸易中，出口商把经进口商承兑的，或经第三方担保的，期限在半年至五六年的远期汇票或信用证，无追索权地售予进口商所在地的银行或大金融公司，提前取得现款的一种资金融通形式。它是出口信贷的一种类型。在这个过程中，出口商所在地的银行，因为有信用证或汇票，以银行的信用作为兑付货款的付款保证，所以，只要对方银行承诺兑付货款，那么，通常出口商就会汇款。也就是说，这个地方，因为信用证业务的加入，代替了普通融资业务中的企业信用评定一环。以银行信用代替评定企业信用，即以系统的变化替代了相关的信用检测过程。

【金融案例：域信用保证代替个体信用保证】

事前的征信、事中的预警、事后的善后统统都转化为构造域福利，进行个体福利估算，并以此授予信用额度。

S4.1.2（No.44）使用复制品（发明原理26：复制原理）

对于检测问题，在不能使用标准解4.1.1的情况下，可以通过检测被测对象的复制品或图像，来获得被测对象的信息。

案例：

通过测量旗杆的影子来得到旗杆的高度。

【金融案例：经济或金融现象的数字化表示】

通过股指分析经济运行趋势，通过分析公司财务报表来分析公司经营状况。

S4.1.3（No.45）用两次连续的检测代替测量

对于测量问题，在不能使用标准解4.1.1和4.1.2的情况下，可以将问题转换为进行两次连续的检验。

案例：

柔性体的直径应该实时地进行测量，才能看它是否和相互作用对象之间匹配完好。但是实时测量不容易进行，可以通过测量它的最大直径和最小直径，确定变化的范围。

【金融案例：亚洲式期权】

回报根据相关证券在特定期间的平均价格而定的期权。亚洲式期权是通过相关证券在特定期间的平均价格而决定回报的期权，是收入依赖于标的资产的平均价格（而不是最终价格）的期权。

平均价格在某些情况下被用作评估债券的到期时收益率。债券平均价格的计算方法为债券面值加上支付价格，然后把二者总和除以2；对共同基金而言，平均价格也称为净资产值。

亚洲式期权的收益依附于标准的资产有效期至少一段时间内的平均价格，不是依附于某个时间点的价格。

【金融案例：有管理的浮动汇率制】

有管理的浮动汇率制是指一国货币当局按照本国经济利益的需要，不时地干预外汇市场，以使本国货币汇率升降朝有利于本国的方向发展的汇率制度。在有管理的浮动汇率制下，汇率在货币当局确定的区间内波动。一旦汇率浮动超过规定的幅度，货币当局就会进入市场买卖外汇，维持汇率的合理和相对稳定。

S4.2 建立测量的物–场模型

S4.2.1（No.46）构建测量的物–场模型

如果一个不完整的检测物–场模型很难实现检测功能，可以通过使不完整的检测物–场完整化，使其输出一个易于检测的场，从而使问题得以解决。

案例：

为了检测一种液体的沸点（也就是液体中出现气泡的瞬间，液体的温度值），可以让电流通过液体，当气泡出现的时候，电阻会明显增加。

【金融案例：灾难债券】

保险公司发行的债券，旨在将债券的本金及利息与天然灾害造成的公司损失联系起来。在保险公司的业务因为不可预见的自然灾害而受到影响时，灾难债券赋予了保险公司很大的灵活性。因为债券的本金和利息都直接与自然灾害造成的损失挂钩，保险公司可以通过延迟、减少或取消债券的偿付来缓解资金紧张的状况。

保险公司发行灾难债券是根据灾难数据来定的公允价格，投资者对该债券未来的收益很难检测，可以通过测量发生灾难数据来分析未来收益如何，决定是否购买该灾难债券。

【金融案例：尽职调查】

融资时，请律师事务所（额外添加的）做尽职调查。

S4.2.2（No.47）复杂（合成）的测量物–场模型

如果一个系统或其子系统很难检测，可以通过向被测对象中引入一种易于检测的添加物，使原物–场模型转化为内部或外部复杂物–场模型，从而使问题得以解决。

案例：

只凭人眼的观察，无法确定化学溶液的酸碱度。在分析化学中，为了检测化学溶液的酸碱度，可以向化学溶液中加入酚酞。当化学溶液的 pH 值小于 7 时，酚酞会呈现粉红色。

【金融案例：信息披露制度】

信息披露制度亦称“信息公开制度”。上市公司为保障投资者利益和接受社会公众的监督而依照法律规定必须公开或公布其有关信息和资料的规定。可分为发行市场信息披露制度和流通市场信息披露制度。前者是指以申领填报“有价证券申报书”的形式向投资者公开证券发行者的经营情况和财务情况；后者是指以填报“有价证券报告书”的形式公布上市公司经营情况及某些重大事项。信息披露制度在各国的证券法规中都有明确的规定。实行信息披露，可以了解上市公司的经营状况、财务状况及其发展趋势，从而有利于证券主管机关对证券市场的管理，引导证券市场健康、稳定地发展；有利于社会公众依据所获得的信息，及时采取措施，做出正确的投资选择；也有利于上市公司的广大股东及社会公众对上市公司进行监督。

【金融案例：市盈率】

对于测量股价水平这个物–场模型而言，很难单独做出准确的评估，需要引入易检测附加物，即市盈率等指标，转化为合成物–场模型，从而解决评估问题。

市盈率（Price Earnings ratio，P/E ratio）也称“本益比”“股价收益比率”或“市价盈利比率”。市盈率是最常用的评估股价水平是否合理的指标之一，用股价除以年度每股盈余（EPS）而得出（用公司市值除以年度股东应占溢利亦可得出相同结果）。

一般认为，如果一家公司股票的市盈率过高，那么该股票的价格具有泡沫，价值被高估。当一家公司增长迅速以及未来的业绩增长非常看好时，利用市盈率比较不同股票的投资价值时，这些股票必须属于同一个行业，因为此时公司的每股收益比较接近，相互比较才有效。

S4. 2. 3（No. 48）利用环境的测量物–场模型

如果一个系统很难在某一时刻进行检测，又不能向被测系统引入添加物，则可以通过向环境中引入能够产生易于检测的场的添加物，通过检测环境状态的变化来得到系统中所发生的变化信息（前提条件是，系统中的变化会引起环境状态的变化，而引入的添加物可以将环境中的这种变化清晰地表现出来）。

案例：

为了检测内燃机的磨损情况，需要测量被磨损掉的金属的总量。被磨损下来的金属微粒是混在发动机的润滑油中的，建议在润滑油中加入荧光粉，金属颗粒会抑制荧光粉发光。

【金融案例：股市是经济的晴雨表】

经济周期是由经济运行内在矛盾引发的经济波动，是一种不以人们意志为转移的客观规律。股市直接受经济状况的影响，必然也会呈现一种周期性的波动。经济衰退时，股市行情必然随之疲软下跌；经济复苏繁荣时，股价也会上升或呈现坚挺的上涨走势。根据以往的经验，股票市场往往也是经济状况的晴雨表。建立股市，如同向经济环境中引入了添加物，以便于观察经济的波动程度和波动节奏。

S4.2.4（No.49）从环境中获得添加物

如果无法利用标准解4.2.3向环境中引入易于检测的添加物，则可以考虑从环境中“产生”这样的添加物，例如，通过分解或改变环境的聚集状态来得到易于检测的添加物。

案例：

通过从管道外部引入添加物来测量管道内液体的流速是不可能的，可以利用气穴现象来产生一些体积很小的、稳定的、易于检测的气泡作为“标记”，来测量管道内液体的流速。

【金融案例：可比公司估值法】

通常，在股票市场上总会存在与首次公开发行的企业类似的可比公司。这些公司股票的市场价值，反映了投资者对目前这类公司的估值。利用这些可比公司的一些反映估值水平的指标，就可以用来估算首次公开发行的企业的市场，即可比公司估值法。

【金融案例：银行资产全面风险管理】[①]

银行资产的全面风险管理可以分为两个渠道：一个是产品的事前风险定价，另一个是产品的事中事后风险管理。基于风险定价，使用有效的成本、风险计量工具，按产品、客户、部门进行细分（分解当前环境下的物质），为金融产品的合理定价提供依据和标准。基于风险管理，将资金、企业、用户进行“分解”（分解当前环境下的物质），严格检测贷款的资金用途，提高走访客户的频率，动态掌握企业及其控制人的最新情况；对于高风险客户，可通过要求其在进行其他融资、可能超过杠杆率水平之前，须事先获得原借款银行的同意等手段，有效约束授信企业多投融资的行为。

S4.3　增强测量物–场模型

这个子类包含3个标准解，其作用是：对于一个检测系统来说，虽然该系统已经能够进行检测了，但是其检测的效果并不理想（如效率低、精度差、可操作性差），在这种情况下，可以通过该子类中的3个标准解所提供的方法，来增强该检测系统，使其性能得到提升。

在这3个标准解中，第一个标准解建议利用相应的物理效应来增强检测系统的性能；第二个和第三个标准解建议利用节奏上的匹配来增强检测系统的性能。

S4.3.1（No.50）利用物理效应和现象（发明原理35：物理/化学参数改变）

利用相应的物理现象和效应，可以增强检测系统的效率。

案例：

对于高温状态下的熔融金属来说，直接测量其温度是非常困难的。金属具有导电性，且导电性随着金属温度的升高而发生相应的变化，通过测量熔融金属的导电性，就可以得到熔融金属的温度。

---

① 张欢、李尘然演讲，窦尔翔、杨勇指导，“金融创新期末汇报”，北京大学2019年投资银行课的金融萃智作业课件，有修改。

【金融案例：财务指标分析】

通过分析公司的财务指标，来了解企业偿债能力、营运能力和盈利能力。财务指标是物理性的经济变化，来检测（实体）公司运营状况。

【金融案例：银行资本风险】①

银行资本风险是指商业银行资本金过少，缺乏承担风险损失的能力，缺乏对存款及其他负债的最后清偿能力，使商业银行的安全受到威胁。资本风险是围绕银行最核心的风险指标资本充足率、核心资本充足率、资本杠杆率、附属资本占比等，沿着资本构成而展开的风险识别和风险状态表征，最后通过对损失拨备的评估使银行的总体风险处于可控制的范围内。与 TRIZ 原理相对应，这种模式相当于将银行的资本风险转换为风险指标资本充足率、核心资本充足率、资本杠杆率、附属资本占比等这些科学指标，从而提供控制资本风险的手段。如图 9－66 所示。

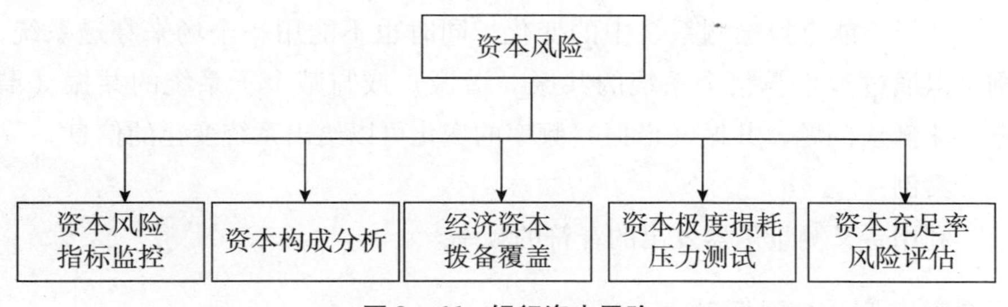

图 9－66　银行资本风险

【金融案例：银行风险抵御能力】②

银行的风险抵御能力是从银行的盈利能力、准备金充分程度、资本充足程度、担保覆盖率、质押抵押覆盖率以及表外业务保证金比率，来描述银行主动进行风险缓解的能力。在具体指标上包括以下几种：资本充足

① 张欢、李尘然演讲，窦尔翔、杨勇指导，“金融创新期末汇报”，北京大学 2019 年投资银行课的金融萃智作业课件，有修改。

② 同①。

率、杠杆率、拨备率、流动性覆盖率、净稳定资金比率、成本收入比、资产利润率、风险资产利润率、资本利润率、准备金充足程度、资本损失准备充足率、担保度概率、质押抵押覆盖率、表外业务保证金率。与TRIZ原理相对应，这种模式相当于直接检测银行自身的盈利能力、准备金充分程度、资本充足程度、担保覆盖率、质押抵押覆盖率以及表外业务保证金比率等特点（固有频率），从而达到检测银行主动进行风险缓解的能力。相当于使用了“物理现象和效应”。如图9－67所示。

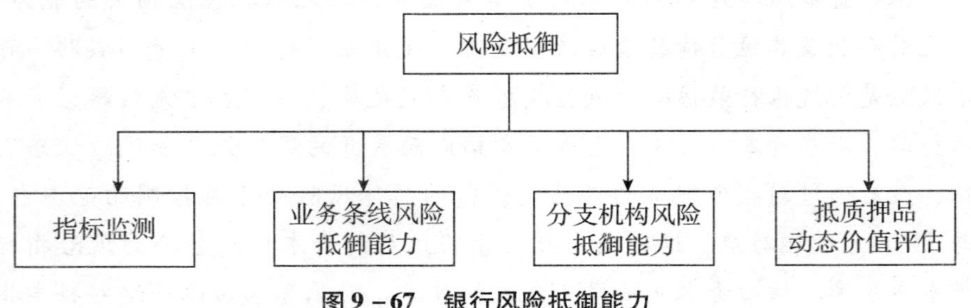

图9－67　银行风险抵御能力

S4.3.2（No.51）利用共振

如果不能直接检测系统中的变化，同时也不能用一个场来穿透系统，则可以通过产生与整个系统的共振（谐振）或与某个子系统的共振（谐振）来解决问题，共振（谐振）频率的变化可以给出系统变化的信息。

案例：

利用音叉测量乐器发出的音符的频率。

【金融案例：金融振动】

振动分为主动振动和被动振动，被动振动是为了检测，主动振动是为了改变子系统的频率。金融的三个层次分别为：没有测量的金融，利用共振的金融，改变振动频率的金融。由此可见，中级金融在测量信用存量，没有改变“振动频率”；高级金融是通过改变振动频率，来增加信用资源。金融领域的共振检测是为了治理金融风险，比如征信。芝麻信用通过信用评分模型来测量用户信用，是为了防范风险。上市金融机构监管复杂，通过显现的事件去监管，通常不足以应对，力不从心。如果通过监管企业法人、股权等形式，则可以相对高效。这里监管企业法人、股权就是通过测量“固有频率”来确定系统的变化。

【金融案例：银行操作风险的测量】①

20世纪80年代以来，一系列因为操作风险所导致的金融案例曾震惊了国际银行界，使银行经营者和监管者普遍认识到了操作风险管理的重要性。甚至在不少国际金融机构中，操作风险导致的损失已经明显大于市场风险和信用风险。2004年6月通过的《新巴塞尔资本协议》反映了这一风险管理趋势。银行操作风险报告主要是根据《新巴塞尔资本协议》中关于银行操作风险事件的分类，统计出各类风险事件发生的频率、次数和损失。借此来识别银行内部控制体系的薄弱环节，为操作风险的管控、损失拨备及操作风险经济资本计量提供依据。与TRIZ原理相对应，这种模式相当于将银行的操作风险转换为《新巴塞尔资本协议》下关于各类银行操作风险事件的频率、次数和损失这些科学指标，从而提供检测、管控以及计量操作风险的依据，相当于使用了共振原理。如图9－68所示。

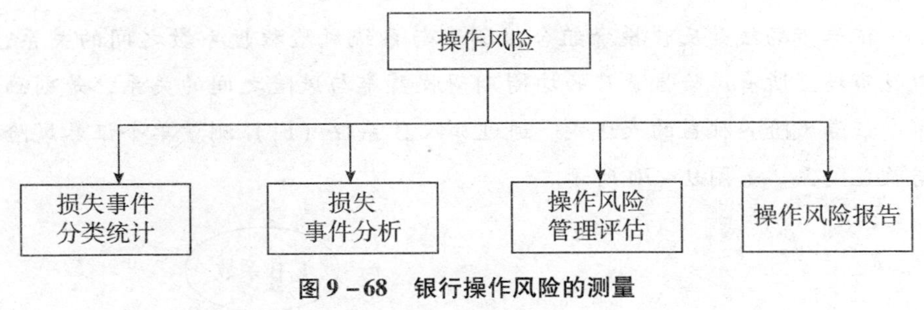

图9－68 银行操作风险的测量

【金融案例：资产组合收益的风险测量】②

投资组合中各种资产之间的收益相互关联。协方差是用于度量各种金融资产之间收益相互关联程度的统计指标。相关系数用来反映投资组合中各种金融资产之间收益的相关性。通过加入协方差（F_1）来衡量资产风险。如图9－69所示。

---

① 张欢、李尘然演讲，窦尔翔、杨勇指导，“金融创新期末汇报”，北京大学2019年投资银行课的金融萃智作业课件，有修改。

② 姜懿芸演讲，窦尔翔、杨勇指导，“金融创新期末汇报”，北京大学2019年MEM金融创新课的金融萃智作业课件，有修改。

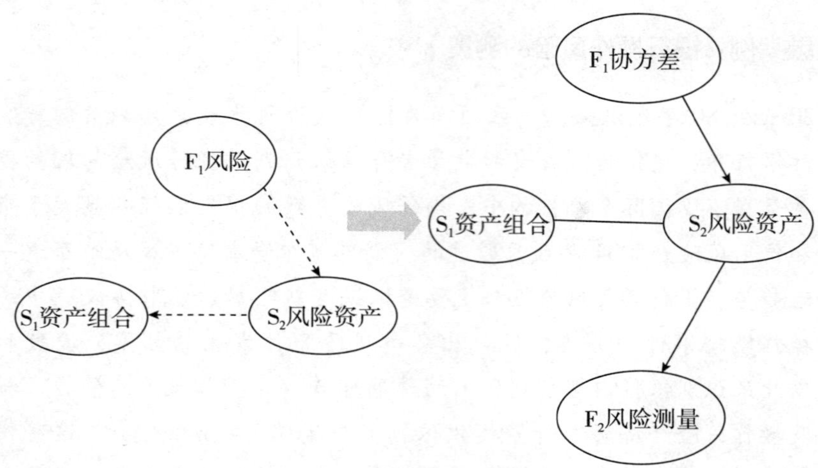

图 9－69　资产组合收益的风险测量物－场模型

【金融案例：证券市场线（SML）】①

证券市场线是反映投资组合报酬率与系统风险程度系数之间的关系，以及市场上所有风险性资产的均衡期望收益率与风险之间的关系，是刻画单个证券风险－收益的表达式。通过加入 β 系数（F_1）测量单个证券风险与收益关系。如图 9－70 所示。

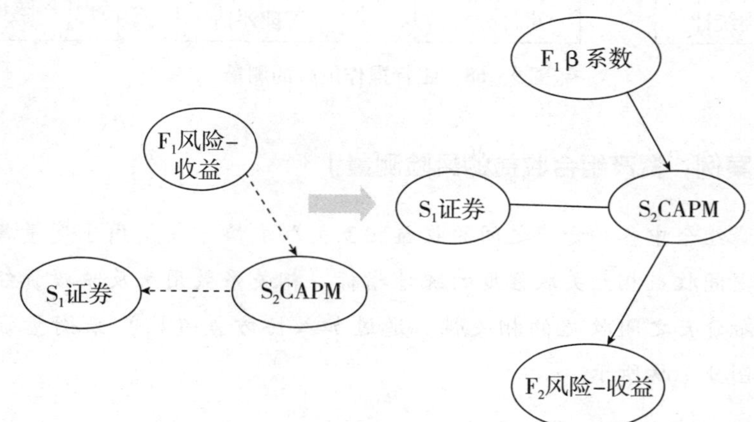

图 9－70　资产组合收益的风险测量物－场模型

① 姜懿芸演讲，窦尔翔、杨勇指导，“金融创新期末汇报”，北京大学 2019 年 MEM 金融创新课的金融萃智作业课件，有修改。

【金融案例：CPI】[①]

CPI是居民消费价格指数（Consumer Price Index）的简称。居民消费价格指数，是一个反映居民家庭一般所购买的消费品和服务项目价格水平变动情况的宏观经济指标。它是在特定时段内度量一组代表性消费商品及服务项目的价格水平随时间而变动的相对值，是用来反映居民家庭购买消费商品及服务的价格水平的变动情况。

类似的还有基尼系数。

【金融案例：物资银行】[②]

物资银行业务是一种新兴的但风险很小的银行业务，实质是以存货作为抵押，在生产流通企业需要向银行贷款而没有足够的不动产或有价证券或第三人提供担保的情况下，企业可以将其所拥有的生产原料、存货、商品等动产，通过具有合法经营资格的仓储企业的服务，向银行提供动产质押以获得银行贷款，并向银行、企业和仓储企业三方签订相关协议的业务活动。对于厂商或者物资流通企业而言，可以通过暂时抵押货权，从银行取得贷款，用于开展业务，大大提高了企业的融资能力和资金利用率；对于银行而言，由于有实实在在的货物做抵押，又有信誉好的仓储企业作为担保或进行货物管理，其贷款的风险大大地降低了；同时对于仓储企业，物资银行业务的开展实际上为其开辟了新的增值业务。通过这种业务的开展使得参与业务的三方——仓储业务、银行、生产流通企业都获得了切实的利益，达到了“三赢”的效果。与TRIZ原理相对应，这种模式相当于通过与企业相联系的仓储企业，达到检测该企业是否具有贷款资格的目的。

S4.3.3（No.52）利用外部对象的共振

如果不能使用标准解4.3.2，则可以通过检测一个外部对象的自由振

① 王熙伟演讲，窦尔翔、杨勇指导，“金融创新期末汇报”，北京大学2019年MEM金融创新课的金融萃智作业课件，有修改。

② 张欢、李尘然演讲，窦尔翔、杨勇指导，“金融创新期末汇报”，北京大学2019年投资银行课的金融萃智作业课件，有修改。

动（振荡）或与系统相连的环境的自由振动（振荡），得到关于系统状态的信息。①

案例：

通过测量蒸发所产生的气体的自然频率，可以测量沸腾液体的质量。

【金融案例：企业估值中的可比公司法或可比交易法】

对未上市公司进行估值时，需要用到可比交易法。而在实际中未上市公司很难量化指标进行精准衡量，因此利用同类公司已完成或者进行中的融资进行估值。加入可比公司价值（S_3），实现未上市公司估算价值。这里已完成公司价值的国内外企业的市值就是“已知特性相联系的物体的固有频率”，如图 9－71 所示。

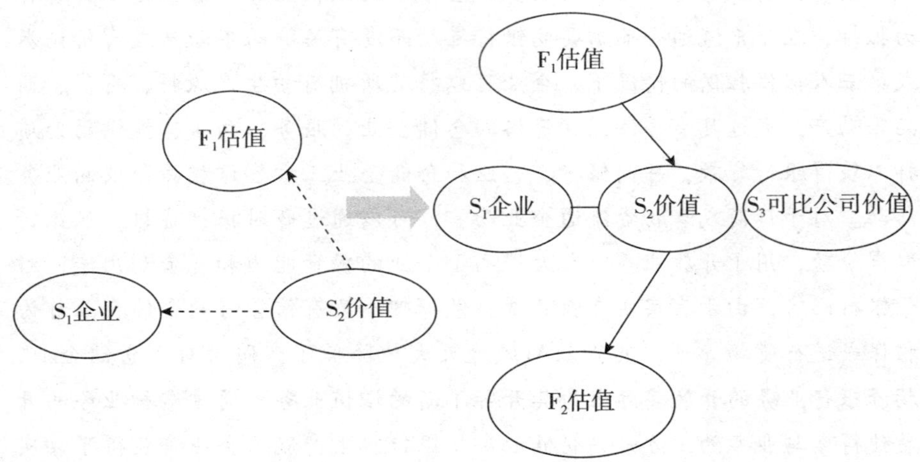

图 9－71　企业估值中的可比公司法或可比交易法的物－场模型

【金融案例：GARCH 模型预测波动率】②

对期权进行定价或资产进行分配时，需要用到波动率。而在实际中波动率却是不能被直接观察到的，因此利用 GARCH（自回归条件异方差）模型

① 如果说资产组合收益表达的是“窥一斑而知全豹”，是整体与局部的关系；那么证券市场线则可以说是“一叶知秋”，是某一事物和环境之间的关系。

② 姜懿芸演讲，窦尔翔、杨勇指导，“金融创新期末汇报”，北京大学 2019 年 MEM 金融创新课的金融萃智作业课件，有修改。

对波动率进行预测。这相当于用 GARCH 模型（场）间接预测波动率（场），如图 9 – 72 所示。

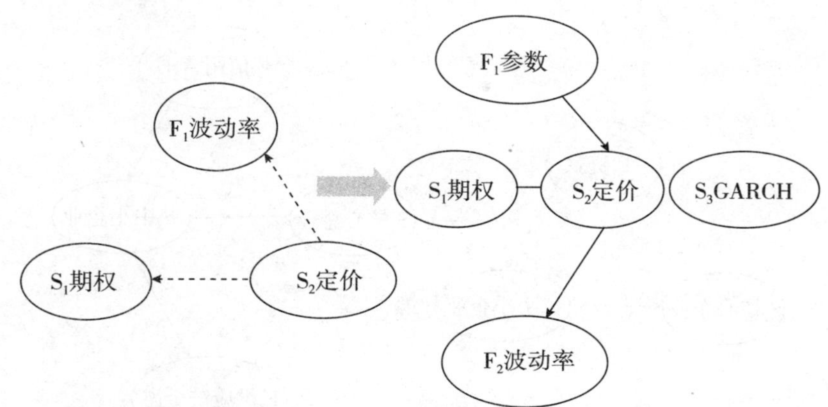

图 9 – 72　GARCH 模型预测波动率物–场模型

S4.4　转换为铁磁 – 场模型

第四类标准解中，该子类的作用类似于子类“2.4 铁磁 – 场模型”在第二类标准解中的作用。该子类包含 5 个标准解，其作用是：通过利用铁磁性物质或磁场，使检测物场系统的效率或可控性得到增强。

在这 5 个标准解中，第一个标准解 4.4.1 是其他 4 个标准解 4.4.2，4.4.3，4.4.4，4.4.5 的超类。

S4.4.1（No.53）测量问题的元（预）铁磁 – 场模型

非磁场的物–场模型倾向于转化为包含磁性物质和磁场的“元（预）铁磁 – 场”模型。由于本标准解是对子类 4.4 的抽象（共性）表示，是标准解 4.4.2 ~ 4.4.5 的超类，所以，标准解 4.4.2 ~ 4.4.5 的实例都可以作为本标准解的实例。

案例：

如果需要知道车辆在红绿灯前要排多长时间的队，可以通过埋在人行道上的铁磁确定行车位置，从而估算出所需等待时间。

【金融案例：磁性金融】

铁 – 磁场模型在金融中指磁性金融，有黏性的金融，有排斥有吸引的金融，例如域金融、民间标会、供应链金融（见图9－73）、基于联盟链的区块链金融、Token 经济（代币经济）等。

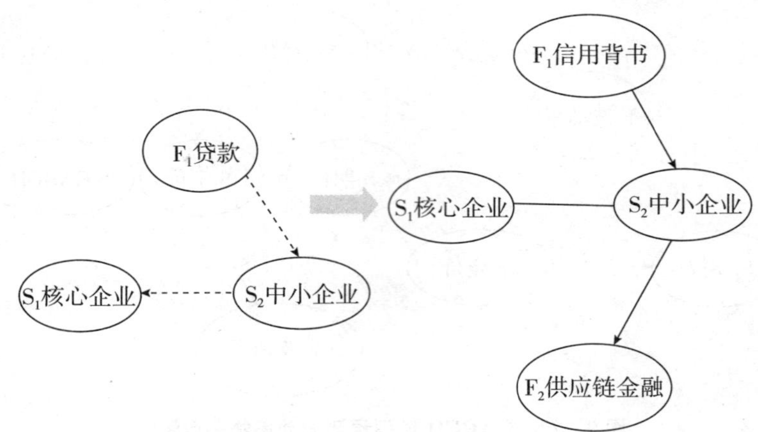

图9－73 供应链金融

域金融的磁性在于域福利和双层标准（正义行为＋现金流无风险）；民间标会的磁性在于信任互助；供应链金融的磁性在于核心企业的信用背书；基于联盟链的区块链金融的磁性在于联盟链建立的信任机制；Token 是通过法定货币或通过为平台做贡献获得的，Token 的磁性在于 Token 获取的收益和服务。

当传统的金融模式转化为磁性金融模式时，风险的测量将变成对金融黏性的测量，从而使金融风险测量变得简单。在磁性金融模式下，风险的大小表现为黏性的大小，风险大小与磁性金融的黏性大小成反比。

【金融案例：会计制度】①

在企业创办初期，企业的经营者在经营管理时，为更好地参与经营管理，提高经济效益，需要掌握企业的财务状况、经营成果、现金流等有关信息。此时，引进的会计制度（固体磁铁），可以借助于专门的技术方法，对一定单位的资金流动进行全面、综合、连续、系统的核算与监督，从而提供有效的会计信息，方便经营者参考决策。最初经营者面临的是不便于

① 邱鉴坤、朱鲁浩演讲，窦尔翔、杨勇指导，“投行资银行学期末汇报”，北京大学2019年春季投行课的金融萃智作业课件，有修改。

测量企业运行状况信息的传统物-场模型，通过将视为固体磁铁的会计制度引进，转换为便于测量得到各种会计信息的原铁磁-场测量模型。如图9-74所示。

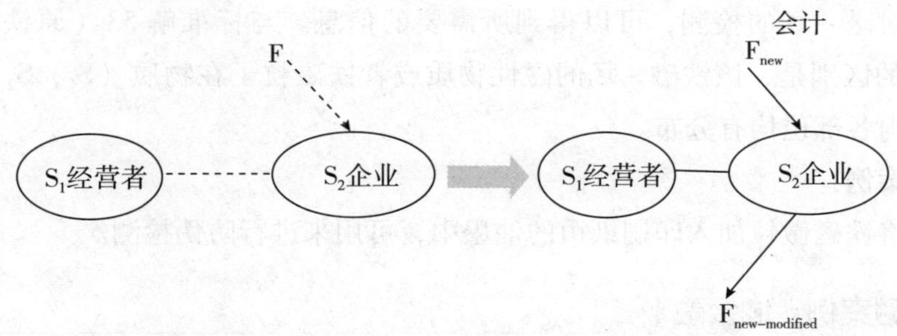

图9-74　会计制度

【金融案例：内部审计制度】①

内部审计制度是指内部审计机构和人员必须共同遵守并应严格执行的规范化的各项规定。根据《国务院关于审计工作的暂行规定》的有关规定，国家行政机关和国有企业事业组织应建立内部审计监督制度。主要内容包括内部审计机构的设置，内部审计人员的委派、任务和职责权限，内部审计的工作程序、审计方法、审计工作计划、审计报告及审计档案等方面的统一要求和具体规定等。制定合理的内部审计制度，是做好内部审计工作的必要保证。又为目的的管理审计或经济效益审计，因此，内部审计对象也扩展到本部门或本单位的各职能部门的生产经营和管理活动。如图9-75所示。

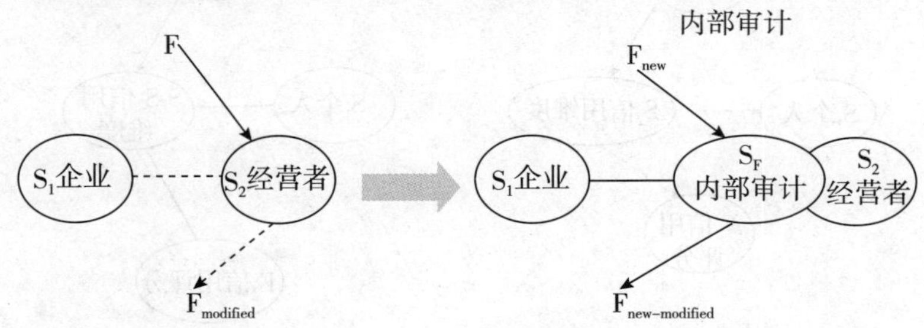

图9-75　内部审计制度

① 邱鉴坤、朱鲁浩演讲，窦尔翔、杨勇指导，“投行资银行学期末汇报”，北京大学2019年春季投行课的金融萃智作业课件，有修改。

S4.4.2（No.54）测量问题的铁磁－场模型

通过用铁磁性微粒代替物场中的物质或向物场中加入铁磁性微粒，将检测物–场模型或元铁磁－场模型转换为铁磁－场模型，可以增强其效果。通过对磁－场的检测，可以得到所需要的信息。与标准解53（原铁磁－场）的区别是，该铁磁－场的磁性物质或者铁磁粒子在物质（S_1，S_2）的体积内各部位均有分布。

案例：

将铁磁微粒加入印刷纸币的油墨中，可用来进行防伪检测。

【金融案例：域金融】

域金融是用 C_2 代替了 C_1 或 C_3，通过检测 C_2 来进行风险防控。其中 C_2 相当于铁磁微粒。

【金融案例：芝麻信用】①

芝麻信用是独立的第三方机构，通过云计算、机器学习等技术客观地呈现个人的信用状况。芝麻信用是依据个人方方面面的数据而设计的信用体系。其采用海量信息数据进行综合处理和评估，主要包含用户信用历史、行为偏好、履约能力、身份特质、人脉关系五个维度。加入信用维度（S_FS_2）可以更全面提取个人信用评分。如图9－76所示。

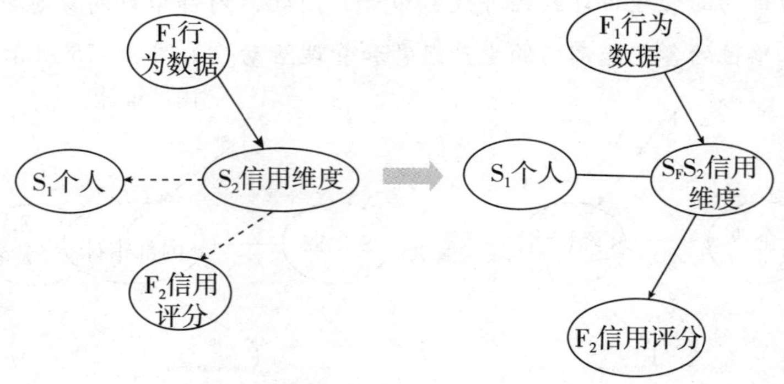

图9－76　芝麻信用

① 姜懿芸演讲，窦尔翔、杨勇指导，“金融创新期末汇报”，北京大学2019年MEM金融创新课的金融萃智作业课件，有修改。

S4.4.3（No.55）测量问题的复杂（合成）铁磁－场模型

如果需要通过转换到铁磁性物－场模型系统来改善检测的效率，但是又禁止用铁磁性微粒替换模型中已有的物质，那么，可以通过将（铁磁性微粒作为）添加物引入到物质中，从而建立一个复杂的铁磁－场模型，以此来实现这种转换。

案例：

利用高压液体破坏岩石层的过程中，为了控制高压液体的爆炸，可以在液体中加入铁磁性粉末，就可以利用磁场控制铁磁粉末进一步来控制液体的爆炸。

【金融案例：利用区块链改善民间标会】

民间标会可以理解为一种熟人信用借贷，参与者按期缴纳一定数量的会款，以投标的方式决定收取会款的次序。标会的参与者往往都是亲友、同乡、商业合作伙伴等，彼此知根知底。标会可以作为一种同乡互助的方式解燃眉之急。

但标会存在账目不明以及借贷范围无法扩大的问题，而这正是区块链能发挥作用的地方，基于区块链的借贷平台没有地域限制，可以详细真实地记录借贷行为，这样用户的历史借贷行为被数据化，从而可以评估一个人的信用。这是基于区块链借贷平台的好处。但这种制度安排的前提是存在“以域治链”的政府型系统性信用资源。

【金融案例：利用区块链改善供应链金融】①

供应链金融可以理解为中小企业融资渠道，与传统融资不同的是供应链金融有核心企业信用背书，抵押物一般为应收账款或者票据等交易凭证。对于银行来说，可以把不可控风险转变为供应链企业的整体风险，进而将风险控制降到最低。

但是供应链金融关键的缺点在于对外的低透明度。目前的供应链可以覆盖数百个阶段，跨越数十个地理区域，很难进行跟踪或者调查，买方缺少

① 姜懿芸演讲，窦尔翔、杨勇指导，“金融创新期末汇报”，北京大学2019年MEM金融创新课的金融萃智作业课件，有修改。

方法验证产品的真正价值。利用区块链技术，可以帮助建立透明供应链金融。区块链保存完整数据，使得不同参与者使用一致的数据来源，而不是分散的数据，保证了供应链信息的可追溯性，以此实现供应链透明化。供应链金融引入区块链技术（S_3S_F）实现中小企业贷款精准度，如图9－77所示。

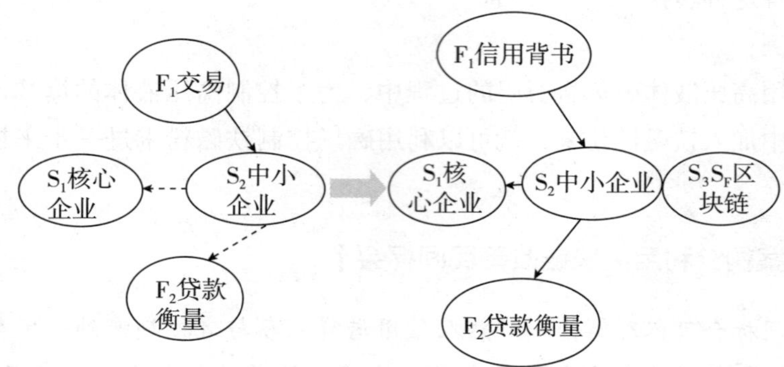

图9－77　利用区块链改善供应链金融

【金融案例：企业外部审计制度】①

外部审计是由审计机关派去的审计人员或审计机构，对被审计单位的经济业务进行一系列的审查，保证其活动的合理性、合法性、准确性、真实性和效益性。它具体涵盖了两个方面，分别为国家审计和社会审计。外部审计独立于政府机关和企事业单位，是对企业内部虚假以及欺骗行为而设的一个重要而系统的检查环节。因为外部审计是不可避免的，所以有着鼓励企业诚实经营的作用，保证企业避免做一些违法乱纪、贪污受贿的行为。

外部审计需要评价企业内部控制，以此来确定审计的范围。外部审计通过具体方法以及控制风险，来判断企业财务报告的可靠性及其控制审计风险。一般来说，外部审计很好地发挥了内部控制评价的重要作用，通过外部的评价将企业内部控制的缺陷查出来。正常来讲，外部审计是不需要看企业的态度的，只需要对国家、社会以及法律负责，因而才能保证审计的独立性及公正性。

① 邱鉴坤、朱鲁浩演讲，窦尔翔、杨勇指导，“投行资银行学期末汇报”，北京大学2019年春季投行课的金融萃智作业课件，有修改。

当作为铁磁粒子的内部审计测量不再有效时，引入作为带磁性粒子的附加物，即提供外部审计的会计师事务所，转换为合成的铁磁－场测量模型。如图9－78所示。

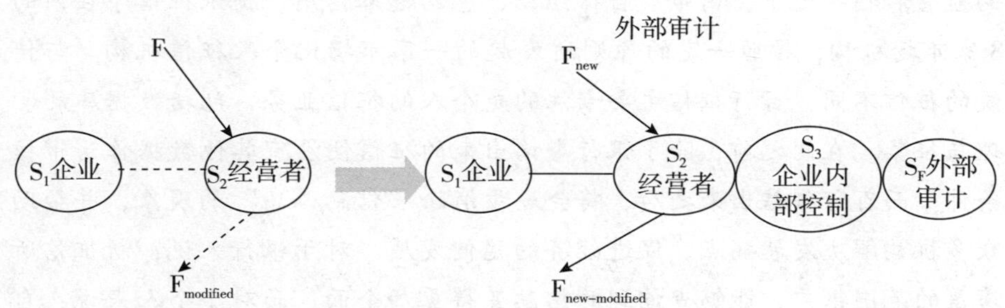

图9－78 企业外部审计

S4.4.4（No.56）利用环境资源的测量问题的铁磁－场模型

如果检测的效率可以通过转换为铁磁－场模型而得到增强，但是禁止向系统中引入铁磁性微粒，那么，可以将铁磁性微粒引入到环境中。

案例：

当船体从水中划过的时候，会形成波纹。为了研究这些波纹的形成过程，可以向水中加入铁磁性粉末。

【金融案例：基于TIF的企业信息揭示平台】

对于各层次板的上市公司来说，都使用信息披露制度，但是企业可能存在委托代理问题。TIF中不管是上市企业还是非上市企业，都基于产业类型，将企业置于其中进行信息揭示，相对于上市公司的信息披露来说，TIF属于第三方信息揭示平台，揭示效能更加客观。如图9－79所示。

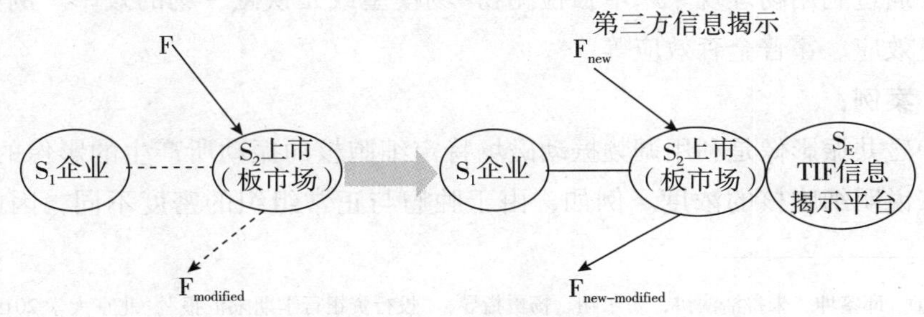

图9－79 TIF信息揭示平台

【金融案例：百行征信】①

百行征信是首家"个人征信牌照"。百行征信，是指在中国人民银行的监管和指导之下，由市场自律组织，包括芝麻信用、腾讯征信等在内的8家市场机构，按照一定的原则所发起的一家市场化个人征信机构。与传统的征信不同，百行征信主要专注的是个人的征信业务，包括数据库的管理与征集。在此之前，除了银行查询出来的征信便没有其他数据作为审核条件。而百行征信出来之后，将会逐步消除"信息孤岛"的现象，并帮助众多机构解决发展痛点，促进经济的稳健发展。对于银行来说，新征信所覆盖的范围很广，能够查询到的信息变得更加全面。而对于个人来说，自己的信息会变得更加透明，在征信上面也会体现得"淋漓尽致"。

传统的征信测量往往出现"信息孤岛"的现象，而利用百行征信作为环境中的铁磁场测量资源模型，形成测量问题的铁磁－场模型，可以覆盖更广的范围，测量到更加全面的信息。如图9－80所示。

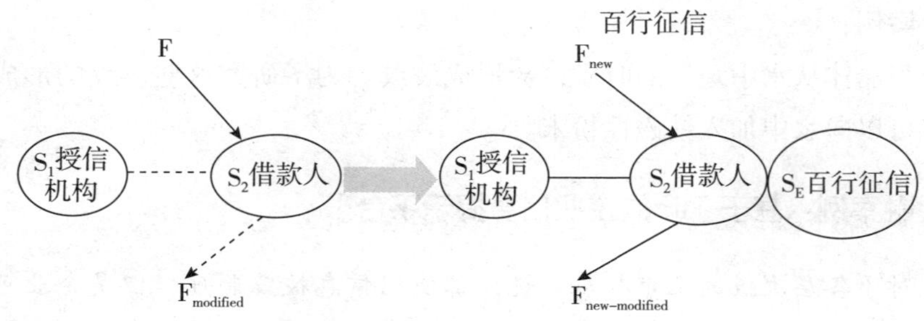

图9－80　百行征信

S4.4.5（No.57）利用物理效应和现象

通过利用物理现象来增强检测物－场模型或元铁磁－场的效率。例如，居里效应、霍普金森效应等。

案例：

磁共振影像是利用调频振动磁场特定细胞核的振动所产生的影像的颜色来说明细胞核的浓度。例如，由于肿瘤与正常组织的密度不同，因此，

① 邱鉴坤、朱鲁浩演讲，窦尔翔、杨勇指导，"投行资银行学期末汇报"，北京大学2019年春季投行课的金融萃智作业课件，有修改。

在磁共振影像扫描中，肿瘤的颜色与其他正常组织不同，从而可以被检测出来。

【金融案例：股债跷跷板】

通过观察近几年的市场行情，股市和债市表现出了阶段性的“股涨债跌”“债涨股跌”等现象。利用股债跷跷板效应，把握住不同资产的风险收益特征及投资比例，基于基本面和资金面对股市和债市的轮动（即股债跷跷板效应）进行研究，可以对 FoF 进行大类资产配置，以获取稳健收益。

【金融案例：长虹彩电的磁滞现象】

长虹在彩色电视机市场上所取得的地位，得益于长虹的几次突然的大幅度降价。长虹率先降价并伴随大规模的促销活动（短期强烈刺激和价格优势），其市场占有率迅速提高。此后，长虹的市场占有率仍维持在高位，并没有因为价格的恢复而还原（磁滞现象）。

S4.5　测量系统的进化方向

对于测量性技术系统来说，该子类的作用是研究如何提高现有测量性技术系统的效率。对于执行性技术系统来说，第三类标准解的作用是研究如何提高现有执行性技术系统的效率。因此，从作用上来说，该子类与第三类标准解是一样的。不同之处在于，第三类标准解针对的是执行性技术系统，而该子类针对的是测量性技术系统。

该子类包含 2 个标准解，其作用是：指出测量性技术系统进化的大方向。在测量性技术系统进化的任何阶段，都可以利用该子类中的标准解来提高测量性技术系统的效率。

S4.5.1（No.58）向双系统和多系统转换

在进化的任何阶段，都可以通过建立双系统或多系统来增强检测物－场模型或元铁磁－场模型的效率。

案例：

用于测量滑水运动员跳跃距离的装置有两个麦克风：一个放在水面以

上，一个放在水面以下。两个麦克风收到的信号之间的时间间隔与滑水运动员跳跃的距离成正比。

【金融案例：企业估值】

对企业进行估值时，会使用到多种估值方法，一般是绝对估值和相对估值并用，再取平均值。

S4.5.2（No.59）测量系统的进化方向

检测系统是朝着检测受控功能（现象）的派生物（导数）的方向进化的。这样可以提升观察事物的准确性、详细性和效率。具体的进化路径如下。

（1）测量是一种受控功能或现象（测量该功能或现象的某个参数）。

（2）测量是一种受控功能或现象的一阶派生物（测量该功能或现象的一阶派生物的某个参数）。

（3）测量是一种受控功能或现象的二阶派生物（测量该功能或现象的二阶派生物的某个参数）。

案例：对于匀速直线运动的物体来说，对其移动距离的测量不仅可以转化为对其速度和运动时间的测量，而且可以转化为对其加速度和运动时间的测量。

【金融案例：比率分析法】

（1）资产收益率（ROA）测量的转化

资产收益率（ROA）＝息税前利润/总资产＝（息税前利润/销售收入）×（销售收入/总资产）＝销售收益率×资产周转率，即对于资产收益率的计算可以转换为对销售收益率和资产周转率的计算。做这种转化的原因在于不同行业的企业尽管有相同的资产收益率，但是销售收益率和资产周转率差异巨大，这样可以对总量相同的企业特征进行不同分量特征的比较。例如，对超市和珠宝店资产收益率进行分析发现，相同的资产收益率，销售收益率和资产周转率构成不同。

（2）杜邦恒等式：净资产收益率（ROE）

杜邦恒等式：净资产收益率（ROE）＝销售利润率（利润总额/销售

收入）×资产周转率（销售收入/总资产）×权益乘数［总资产/净资产（权益）］。在观察一家公司资产质量时，可以转化为观察销售利润率，资产周转率和财务杠杆。而利润率可以通过利润总额和销售能力来观察，表明企业的盈利能力；资产周转率可以转化为销售收入和总资产，表明企业的营运能力；财务杠杆，则转化为权益乘数，进而细化为总资产和财产权益来衡量，表明企业的资本结构。也就是说，一个企业的盈利能力取决于企业的销售利润率、使用资产的效率（资产管理效率）和企业的财务杠杆。如图 9－81 所示。

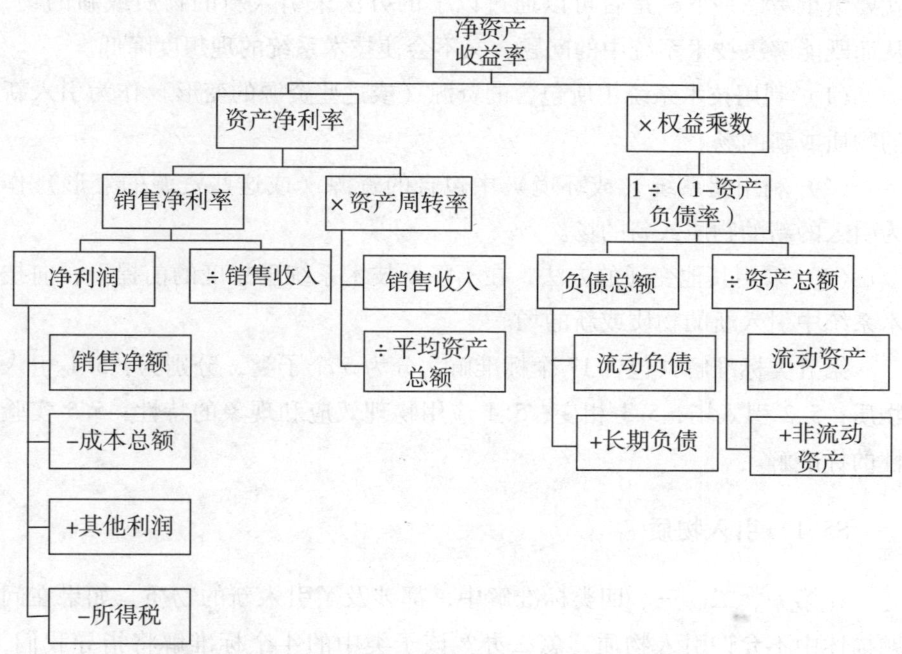

图 9－81　归因分析

七、第五类标准解：使用标准解的标准解

在标准解系统中，有很多标准解是通过向技术系统中引入新的物质或新的场来解决技术系统中存在的问题的。在很多情况下，对于现有技术系统的问题模型，可以有多个标准解。对于技术系统来说，在这多个标准解当中，有的标准解很适合解决技术系统中的问题，并且很容易实现；而有的标准解并不适合解决技术系统中的问题，即便能够解决问题，具体实现

起来也具有很大的难度。所以，在实际使用标准解的过程中，具体采用哪个标准解，需要具体情况具体分析。有时，可能某个标准解非常适合解决技术系统中的问题，实现起来也很容易。但是，该标准解解决问题的方法是引入新的物质或新的场，而问题的实际情况又不允许向技术系统中引入新的物质和新的场，怎么办？第五类标准解就是专门用来解决这种难题的。

当我们希望通过引入新的物质和新的场来解决技术系统中存在的问题的时候，如果引入这些新的物质或新的场会降低技术系统的理想度，那么就要慎重考虑一下，是否可以通过以下的方法来引入新的物质或新的场，从而既能解决技术系统中的问题，又不会使技术系统的理想度降低。

（1）利用技术系统中所包含的资源（或这些资源的变形）作为引入新的物质或新的场。

（2）利用超系统（或环境）中包含的资源（或这些资源的变形）作为引入的新的物质或新的场。

（3）采用其他变通的方法，在不降低技术系统理想度的前提下，向技术系统中引入新的物质或新的场。

第五类标准解共包含 17 个标准解，分为 5 个子类，分别为：5. 1 引入物质；5. 2 引入场；5. 3 相变；5. 4 应用物理效应和现象的特性；5. 5 实验性的标准解。

S5. 1　引入物质

在第一、二、三、四类标准解中，都涉及了引入新的物质。如果在问题描述中不允许引入物质，怎么办？该子类中的 4 个标准解将指导我们，如何在不违反技术系统限制条件的前提下引入物质，同时又不降低技术系统的理想度。

S5. 1. 1（No. 60）间接方法

如果需要向系统内引入某种物质来解决问题，但是实际情况又不允许引入该物质，则可以利用下列的间接（迂回）方法。

（1）利用空隙来代替物质

如果需要向系统内引入某种物质来解决问题，但是实际情况又不允许引入该物质，则可以考虑利用空隙来代替该物质。

案例：

如果想制造保暖的水下潜水服，常规的做法是增加橡胶的厚度，但这样会使得潜水服很重，这是不可接受的。解决办法是向橡胶中加入“空隙”，使其产生泡沫结构，不仅可以降低重量，还可以提高其保暖性能。

【金融案例：信用贷款】

信用贷款是指以借款人的信誉发放的贷款，借款人不需要提供担保。其特征就是债务人无须提供抵押品或第三方担保，仅凭自己的信誉就能取得贷款，并以借款人信用程度作为还款保证。利用借款人的信誉来代替实物抵押相当于利用空隙（信誉）代替物质（抵押物、质押物）。

再如“校友贷”，相当于是对现存“校园贷”的改造。“校友贷”如果是指借贷双方都是在校校友，就是一种纯信用贷。但是现实的情况是资金出借方并非校友，而是社会上的个人或者机构，这样借贷双方缺乏黏度，履约率下降。为了提升履约能力，校园贷演化为“裸条贷”，并恐吓催款。用“裸条”这种实体合约的本质是对声誉的抵押，不仅不是纯粹的信用贷款，也不健康可持续；恐吓催款显然是不健康、不可持续的。让贷款方变成学校或者校友，就是利用抽象的黏度（空隙）来代替具象的实体抵押物。

TIF（塔福）域中强调的“影子抵押”就是与“校友贷”具有相同原理的，两者都是相当于利用空隙（机会成本）代替物质（抵押物、质押物）的一种模式。

（2）通过引入某种场来代替引入物质

如果需要引入某种物质来解决问题，但是实际情况又不允许引入该物质，则可以考虑引入一个场来代替该物质。

案例：

为了测量移动细丝的伸展，可以通过给其加上电荷，测量线性电荷密度而获得。

【金融案例：域平台引力场代替违约保证金】[①]

传统电子商务平台，通过收取违约保证金来防止交易欺诈。域平台模式通过提供域福利，增加用户黏度，增大违约机会成本，从而使得域平台具有引力场功能，这样就可以代替"违约保证金"，降低交易成本。即域平台通过平台引力场来代替引入违约保证金这种物质。

(3) 利用外部添加物代替内部添加物

如果需要向系统中引入某种物质来解决问题，但是实际情况又不允许引入该物质，则可以考虑利用一种外部添加物（被引入到环境中的添加物称为外部添加物）代替内部添加物（引入到系统中的添加物称为内部添加物）。

案例：

为了测量陶瓷容器的壁厚，可以先向陶瓷容器中注满导电的液体，然后在陶瓷容器的外壁上放置一个电极，通过测量液体和电极之间的电阻就可以得到壁厚的信息。

【金融案例：独立董事制度】

董事分为执行董事和独立董事。执行董事也称积极董事，指在董事会内部接受委任担当具体岗位职务，并就该职务负有专业责任的董事。执行董事主要在公司内部任职，主要负责制定公司经营计划和管理制度，这些方案经董事会通过后即可实施。独立董事是指独立于公司股东且不在公司内部任职，并与公司或公司经营管理者没有重要的业务联系或专业联系，并对公司事务做出独立判断的董事。

独立董事好比公司外援，多为行业专家和商界资深人士，他们主要为企业发展出谋划策，还能起到监督董事会的作用。

董事会作为企业核心管理层，应最大程度保证股东权益，美国特别设立了独立董事法规，规定投资公司的董事会成员，独立董事成员所占比例不得少于2/5，这样既能有效监督董事会有效决策，又能保证中小股东的合法权益。而我国证监会也规定，上市公司董事会中独立董事比例不得少

① 窦尔翔认为，人类社会的平台经历从点状到线状，再到角状、面状，最后到域状的进化过程，目前已经有平台到了角状、面状和部分域状特征的过渡阶段。

于1/3。为保障实现独立董事制度的初衷，首先要保证独立董事的真正独立，超脱于经营管理层以及各项利益纠纷。为此，美国各种相关的法律都对独立董事独立性作出了界定，以保证独立董事的超然独立。中国由于国情所限，独立董事制度并未达到应有的效果，独立董事不独立，主要是信用体系不健全，因此需要进行改良。

独立董事制度其实就是公司从外部引入董事（物质）来代替内部董事(物质)。

科创板制度要健康发展，就要在两个方面对传统的股票市场制度进行改造，一个是规则的制定和测量，另一个是信息披露制度。对于前者，应当引入行业中有声望、重声誉而超然独立的研究者和实践者，参与科创板规则制定，并参与判定企业是否合乎注册标准；对于后者，应当引入一个基于行业的产业生命链平台来担当揭示上市企业信息，作为原来由券商督导企业披露的补充。而且要将制度设计成平台，越是客观揭示，平台越能繁荣存在。

（4）引入少量极其活跃的添加物

如果需要向系统中引入某种物质来解决问题，但是实际情况又不允许引入该物质，则可以考虑将少量的极其活跃的添加物引入系统中。

案例：

为了降低润滑剂的液压，可以在润滑剂中加入0.2% ~0.8%的聚甲基丙烯酸酯。

【金融案例：金融鲇鱼——余额宝】

鲇鱼效应，是指鲇鱼在搅动小鱼生存环境的同时，也激活了小鱼的求生能力。在企业管理中，管理者要实现管理的目标，同样需要引入鲇鱼型人才，以此来改变企业相对一潭死水的状况，激发企业员工创造力。

2013年，金融鲇鱼——余额宝的问世成为一个标志性事件，极大地改变了传统金融格局和人们的生活方式。2014年，随着互联网金融在国内遍地开花，全国掀起了一场“金融革命”的风暴。面对互联网金融的冲击，银行利用其自身丰富的产品和从业经验以及完善的风险管理体系积极发展互联网金融。更重要的是，互联网金融通过便利和低成本的网络渠道创新，提高了社会资金的动员能力，加快了资金的流转速度，同时加强了银行在负债端的竞争，使利率及时地反映了资金供求，进而引导资金的合理流动。

此外，随着大数据、云计算、区块链、人工智能等金融科技的发展，将进一步提高我国互联网金融行业的服务效率。因而，我们要科学管理、积极引导，充分利用好互联网金融推动金融改革的“鲇鱼效应”。

(5) 只在系统的特定位置，引入少量的添加物

如果需要向系统中引入某种物质来解决问题，但是实际情况又不允许引入该物质，则可以考虑只在系统中的某个局部位置引入少量极其活跃的添加物。

案例：

为了使塑料材料导电，可以在塑料混合物中加入导电的金属微粒，并在磁场中对塑料混合物进行硬化处理。可以使导电的金属微粒沿着磁力线呈纤维状排列，从而可以提供在所需方向上的导电性。

【金融案例：投贷联动的融资策略】

股权融资是一种昂贵的资金来源，将未来公司成长的收益让渡给投资人。科创企业的创始人在接受股权投资资金的同时，所持有的股份随着每轮的融资逐渐减少，随之带来的是管理权和控制权的减弱。

如何才能保证初创企业股权不被大幅度稀释，而又能融到大量企业运营资金呢？可以采用如下投贷联动策略：找知名VC/PE机构出让少量股权，先融到少量的资金，再以知名VC/PE名义做信用背书，从银行贷大量资金。

投贷联动机制的意义在于，一是理性导航功能，PE/VC具有更强的识别企业的能力，相当于揭示了企业的融资风险，降低了银行的投资风险，增加了企业融资的信用资源；二是支付利息代替股权支付的方式，既保证科创企业的股权不会被稀释，保护了原股东的利益，又能满足企业运营所需的资金。

(6) 先临时性地引入添加物，然后再将引入的添加物去除

如果需要向系统中引入某种物质来解决问题，但是实际情况又不允许

引入该物质，则可以考虑只在系统中临时性引入物质（等该物质完成其功能后），再将这种被引入的物质从系统中去除掉。

案例：

为了使非磁性空心零件具有微弱的磁性取向，可以预先在空心零件中加入铁磁性微粒。

【金融案例：金融服务外包】

金融服务外包是指企业将价值链中原本由自身提供的具有基础性的、共性的、非核心的IT（信息技术）业务和基于IT的业务流程剥离出来后，外包给企业外部专业服务提供商来完成的经济活动。金融企业所需信息系统时，又不想公司自己组建开发团队（因为这样成本会更大），可以将信息系统外包给软件公司进行开发，待项目完成核验并合格后，解除合同即可。比如银行将数据处理业务外包；金融公司中雇用实习生、临时工也是类似案例。

（7）利用系统的复制品代替系统本身

如果需要向系统中引入某种物质来解决问题，但是实际情况又不允许引入该物质，则可以考虑采用系统的复制品来代替系统本身。因此，对于复制品来说，向其中引入添加物是没有什么限制的。

案例：

通过网络召开视频会议，允许与会者可以各自在不同地点参加会议。

【金融案例：影子抵押】

金融是高能信用资源和低能信用资源的交换，根据融资支持物的性态，我们将支持物描述为实物抵押物、强制抵押物、柔性抵押物三类。传统的非系统性信用资源属于实物抵押物，这种抵押物容易引起“金融悖论”；传统的系统性信用资源由国家提供，具有强制性、事后性和高成本性；而TIF（塔福）域所提倡的信用资源 C_2 则强调融资人和平台之间的黏性，黏度大小不仅是客观的，也是双方可以自主选择的，这种更具柔性的“影子抵押”物，是对之前两种抵押物的复制和替代。类似的，区块链使用是对征信的复制，智能合约是对传统纸质合约功能的复制；电子货币是对纸质货币币值的复制。

(8) 先向系统中引入某种化合物，通过分解被引入的化合物，得到所需的添加物

如果需要向系统中引入某种物质来解决问题，但是实际情况又不允许引入该物质，则可以考虑引入某种化合物。然后，通过分解这种被引入的化合物，得到所需的物质。

案例：

人体需要钠，但直接向人体添入金属钠是有害的，可以用化合物食盐来代替，食盐中的钠则可被人体吸收。

【金融案例：并购重组】

并购重组就是并购+重组，一般指的是公司企业兼并或者收购、被收购后，再对资产进行重新配置。并购重组有很多有益作用：有利于企业内外资源的整合，进一步完善公司产业链，实现公司一体化战略。大部分并购重组，是为了获得另外一家公司的竞争优势，合并后对公司进行拆分重组，保留被吸收公司的优质资产，比如专业人才、品牌、技术等，这部分才是并购重组的主要目的。

例如，2005 年联想收购 IBM 的 PC（个人计算机）业务，不仅促进了联想的国际化和全球化发展，还获得了极广泛的品牌认知和世界性的声誉，更重要的是获得了 IBM 个人电脑的先进技术，这与其专注于个人电脑业务的事业核心相一致。这次并购属于水平一体化的横向并购，有助于发挥规模效应，强化市场份额。并购后的联想以更低的价格，在更广阔的市场销售自己的产品。

在硅谷，优秀的工程师很难招聘到，有些公司为了获得优秀专业人才，收购初创企业，从而获得所需要的优秀专业人才。类似的案例还有谷歌收购摩托罗拉，吉利收购沃尔沃等，是为了获得技术专利和品牌。

金融行为是一种社会行为，但可以看成一种带有生命力的“社会化学生物活动”。以借壳上市为例，企业在无法或者无法以较低成本、较短时间获得上市资格的情况下，只有买壳上市。然后重整企业组织，甚至将企业的人员、文化、制度、流程、财务关系统统更新。买壳上市，对于买方

来说主要是想获取卖方的上市资格，对卖方公司整体并不感兴趣。总之，公司是化合物，得到公司，就是为了得到公司的某种竞争优势“物质”。

（9）通过分解外部环境中的物质或分解系统自身（所包含的物质）来得到所需要的添加物

如果需要向系统中引入某种物质来解决问题，但是实际情况又不允许引入该物质，则可以考虑通过分解外部环境或分解系统自身所包含的物质来得到所需要的添加物。

案例：

在花园中，掩埋生物垃圾代替使用化肥。既充分利用了资源再生，又避免了因使用化肥而产生的负面影响。

【金融案例：拆股（share split）】

拆股又称“分割”。当一只股票的价格比较高，影响股票的交易量，影响投资人（尤其是散户）的购买欲望时，交易清淡。这时股份公司就会考虑将股票拆股，分割股票后，股东权益不变，公司的总市值也不变，且能激励每股股价急升，因此分割股票的决定常被投资大众视为公司管理阶层看多股价后市的吉兆。拆股的目的就是“分解股票，降低价格门槛”，拆股有利于扩大投资者基础，吸引更多投资者参与，增加交易量和流动性。

S5.1.2（No.61）分裂（分解、分离、分隔）物质

如果系统中很难满足所需的变化，又不允许替换系统中作为工具的对象，也不允许引入添加物，则可以将产品（系统作用对象）分为多个相互作用的部分，利用不同部分之间的相互作用来代替“工具”。

案例：

传统方法往往是利用同一方向的气流将燃油、空气和疏松材料的混合物送入燃烧室。现在，为了强化燃烧过程，建议将混合物用两个相反方向的气流，同时送入燃烧室。

【金融案例：配对交易策略】

配对交易策略的基本原理是基于两个相关性较高的股票或者其他证

券，如果在未来时期保持着良好的相关性，一旦两者之间出现了背离的走势，且这种背离在未来是会得到纠正的，那么就可能产生套利的机会。对于配对交易的实践而言，如果两个相关性较高的股票或者其他证券之间出现背离，就应该买进表现相对较差的，卖出表现相对较好的。当未来两者之间的背离得到纠正，那么可以进行相反的平仓操作来获取利润。

对冲交易策略，也是如此。

【金融案例：资产组合】

把投资资金分割为债券投资资金、股票投资资金等若干部分，分别购买不同的理财产品，从而降低投资风险。

投资组合也属于类似案例。如图 9－82 所示。

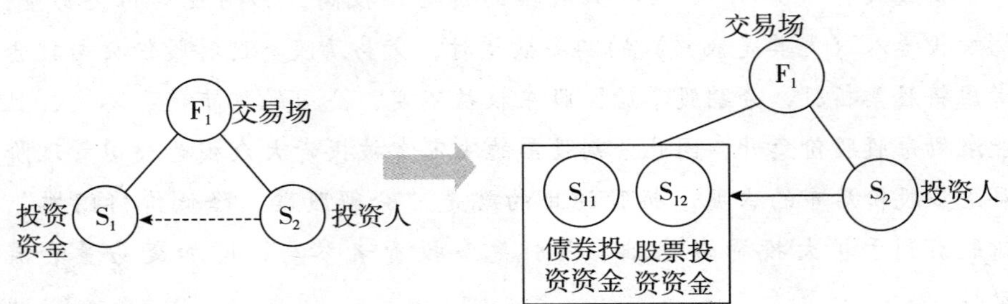

图 9－82　资产组合物－场模型

S5. 1. 3（No. 62）物质的“自消失”

被引入的添加物在完成其功能后，应该消失或变得与系统（或环境）中已有的物质相同。

案例：

在外科手术中使用的可吸收外科手术缝合线。该材料采用壳聚糖与胶原蛋白复合成束，经醛类交联而得。可吸收外科手术缝合线具有生物可降解性，生物相容性好。伤口缝合后，随着伤口的愈合，缝线自动在体内降解，通过酶的作用，最终代谢成二氧化碳和水排出体外。伤口愈合后，不留痕迹，对人体无不良反应。

【金融案例：股权激励行权】

股权激励行权是指在股票期权激励方案的设计中，授予激励对象（一般为经理人）在将来某一时期内以一定价格购买一定数量股权的权利，经理人到期可以行使这个权利，购股价格一般参照股权的当前价格确定，同时对经理人在购股后再出售股票的期限作出规定。

引入期权这种“物质”，在完成激励后，期权行权后变成股权而消失。

【金融案例：上市前的财务辅导】①

企业申请上市时要进行财务准备工作，企业本身无法完成，需要会计师事务所帮助，完成财务准备，公司上市后会计师事务所自动消失。公司是物质 S_1，证监会是物质 S_2，申请上市是场 F，会计师事务所是添加物质 S_3。如图 9－83 所示。

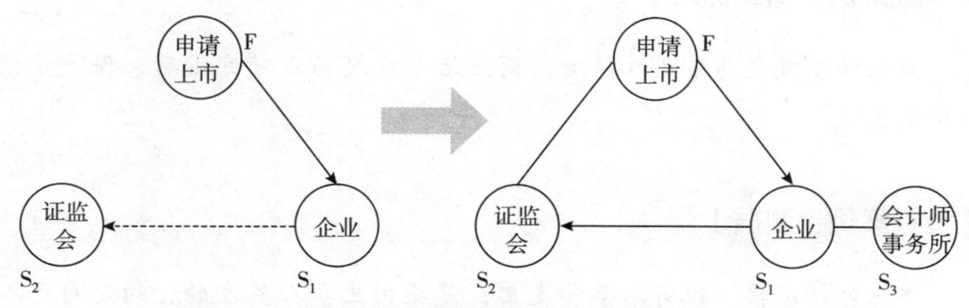

图 9－83　会计师事务所物－场模型

【金融案例：孵化器】②

初创企业缺少人脉和管理经验，不能很好地融入产业链之中。孵化器要给予初创企业帮助。在孵化器期满之后，初创企业与孵化器脱离关系。初创企业是物质 S_1，产业链是物质 S_2，融入是场 F，孵化器是添加物质 S_3。如图 9－84 所示。

---

① 唐弘舜、韩志演讲，窦尔翔、杨勇指导，“TRIZ 理论分析案例”，北京大学 2019 年投资银行课的金融萃智作业课件，有修改。

② 唐弘舜、韩志演讲，窦尔翔、杨勇指导，“投行课期末汇报”，北京大学 2019 年投资银行课的金融萃智作业课件，有修改。

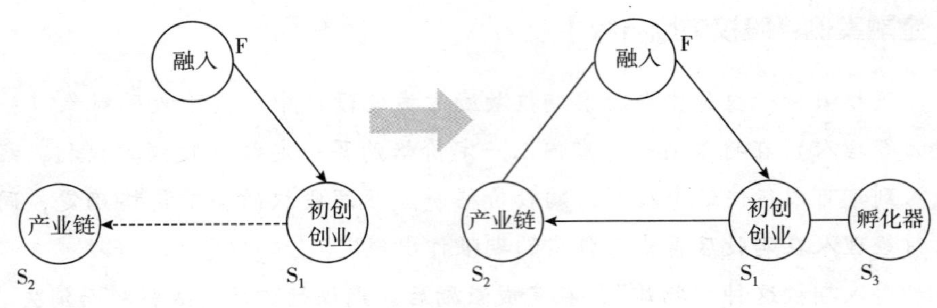

图 9－84　孵化器

【金融案例：SPV 和项目公司】

资产证券化中的 SPV 和 PPP①中的项目公司，都符合该原理。随着项目的完成而解散，相当于物质的自消失。

【金融案例：商业保险】②

商业活动或交易中买入保险，商业活动或交易成功完成后，保险价值自动消失。

【金融案例：票据】③

票据包括汇票、银行本票和支票，是指由出票人签发的、约定自己或者委托付款人在见票时或指定的日期向收款人或持票人无条件支付一定金额的有价证券。支付完成后票据价值自动消失。

S5.1.4（No.63）大量引入物质（发明原理 29：气压或液压结构）

如果条件不允许大量引入某种物质（少量引入是可以的），则可以使用“空隙”（例如，充气结构或气泡）来代替物质。

---

① PPP（Public－Private Partnership），又称 PPP 模式，即政府和社会资本合作，是公共基础设施中的一种项目运作模式。在该模式下，鼓励私营企业、民营资本与政府进行合作，参与公共基础设施的建设。

② 高文俊，窦尔翔、杨勇指导，“金融创新期末汇报”，北京大学 2019 年 MEM 金融创新课的金融萃智作业课件，有修改。

③ 同②。

案例：

当飞机发生事故后，如果事发地点是松软的土地或沼泽，根本无法用大型的机械设备将飞机架起来。这时，为了移走飞机，通常会使用可充气结构，将可充气结构放置在机翼下，通过充气，这种可充气结构就能够将飞机架起来。

【金融案例：虚拟股权】①

企业在给员工激励股份时，如果激励太多，会导致公司股权分散，影响公司的发展，引入虚拟股份用来激励员工，这样就不会影响公司的股权结构。企业是物质 S_1，员工是物质 S_2，股权激励是场 F，虚拟股份是添加物质 S_3。2001 年 7 月，华为股东大会通过了股票期权计划，推出了《华为技术有限公司虚拟股票期权计划暂行管理办法》。推出虚拟受限股之后，华为公司员工所持有的原股票被逐步消化吸收转化成虚拟股，原本不具实质意义的实体股明确变为虚拟股。华为 2016 年年报显示，员工持股计划参与人数为 8.2 万人，其中任正非占公司总股本的比例约 1.4%。任正非认为，正是虚拟股权制度帮助华为从 30 年前的 5 个人、2 万元发展到现在的 8 万多名员工、6000 多亿元。为什么要设计虚拟股权呢？因为法律不允许公司有一个持股人或超过 200 个持股人，容易引起股权纠纷。类似比特币中的持有人，凡是持有人都可以投票决策参与比特币发展中的重大决策。如图 9－85 所示。

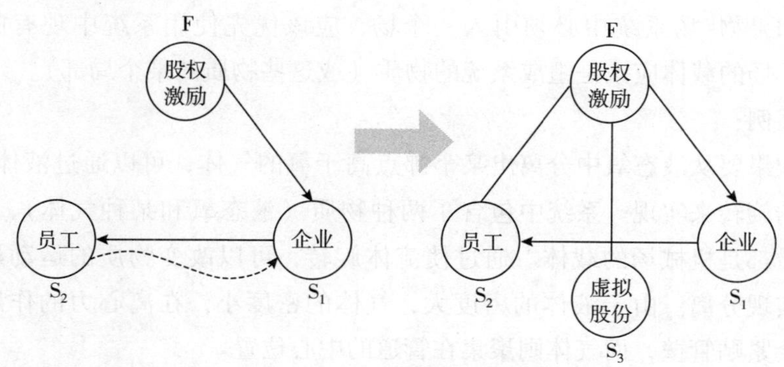

图 9－85 虚拟股权物–场模型

① 唐弘舜、韩志演讲，窦尔翔、杨勇指导，“TRIZ 理论分析案例”，北京大学 2019 年投资银行课的金融萃智作业课件，有修改。

【金融案例：保险】

所有的物和人都可能遇到危险，但是单个人不具有避险的功能。如果通过引入保险机制，将大量的个体聚集起来共同消解那个不确定的危险却是确定的危险概率，就可以消解个人人身或者物质的风险。

【金融案例：余额宝】

余额宝的低门槛引入了大量投资者，让天弘基金一跃成为中国最大的货币市场基金。

【金融案例：公有链】

公有链通过引入大量节点来保证数据的可靠性，不易被篡改。

S5.2 引入场

在第一类、第二类和第四类标准解中，都有通过引入新的场来解决问题的标准解。如果在问题描述中不允许引入场，怎么办？该子类中的 3 个标准解将指导我们，如何在不违反技术系统限制条件的前提下引入场，同时又不降低技术系统的理想度。

S5.2.1 （No.64） 利用系统中已有的场

如果物–场系统中必须引入一个场，应该优先使用系统中现有的场。并且，场的载体应该是组成系统的物质（或这些物质的某个局部）。

案例：

如果要从液态氧中分离出某个沸点高于氧的气体，可以通过液体在管道中的旋转来实现。系统中包含了两种物质（液态氧和某种气体），这两种物质都是机械场的载体。通过使流体旋转，可以改变物质的运动形式，从而实现分离。由于液体的密度大，气体的密度小，在离心力的作用下，液体会紧贴管壁，而气体则聚集在管道的中心位置。

【金融案例：校园金融塔福域】

校园金融为了降低违约率，减少交易成本，一般需要构建塔福域平台。而校园本身可以作为一个实体域，直接可以被利用、改造来作为塔福域。

此案例中的域相当于“场”。

【金融案例：数字货币】

数字货币是基于区块链技术构建而成的，利用多处备份和不可篡改技术，是建立在信息场之上的相对安全的金融场。相当于把信息场转变为金融场。

【金融案例：汇率场】①

汇率是指一国货币与另一国货币的比率或比价，或者说是用一国货币表示的另一国货币的价格。汇率变动对一国进出口贸易有着直接的调节作用。在一定条件下，通过使本国货币对外贬值，即让汇率下降，会起到促进出口、限制进口的作用；反之，本国货币对外升值，即汇率上升，则起到限制出口、增加进口的作用。

现金最初的形式是各国的货币，在 TRIZ 中我们把它称作“货币场”，通过引入“汇率场”，使各国的货币具有国际流通价值，这样便产生了“国际货币场”，起到了对“货币场”这个可用场的综合运用。离岸货币与在岸货币也是其中的两种典型形式。

【金融案例：供应链金融】②

金融机构利用供应链上已有的中小微企业信息场，能够更好地控制风险、更快速地为中小微企业提供金融服务，从而产生新的供应链金融服务场。(应用已有的供应链信息场产生另一种供应链金融服务场）如图 9－86 所示。

① 余桂贤演讲，窦尔翔、杨勇指导，“金融创新期末汇报”，北京大学 2019 年 MEM 金融创新课的金融萃智作业课件，有修改。

② 高文俊演讲，窦尔翔、杨勇指导，“金融创新期末汇报”，北京大学 2019 年 MEM 金融创新课的金融萃智作业课件，有修改。

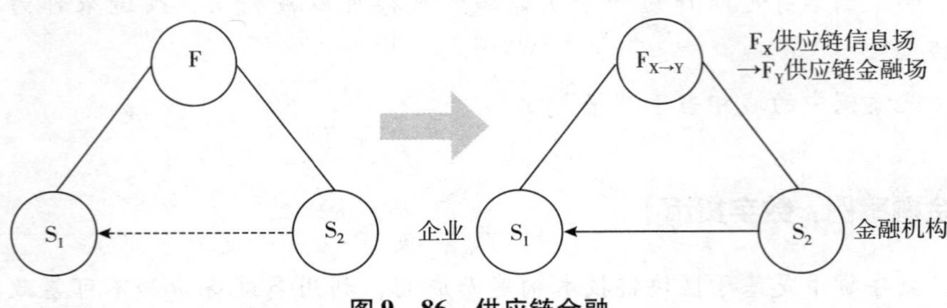

图 9－86　供应链金融

【金融案例：OEM 模式】①

企业自己的产能过剩时，就产生了供给侧问题，再为自己公司生产产品则没有收益。为了有效利用产能可以给其他公司代工，这种方式叫 OEM。企业是物质 S_1，产品是物质 S_2，生产是场 F，OEM 生产是新的场 F′。如图 9－87 所示。

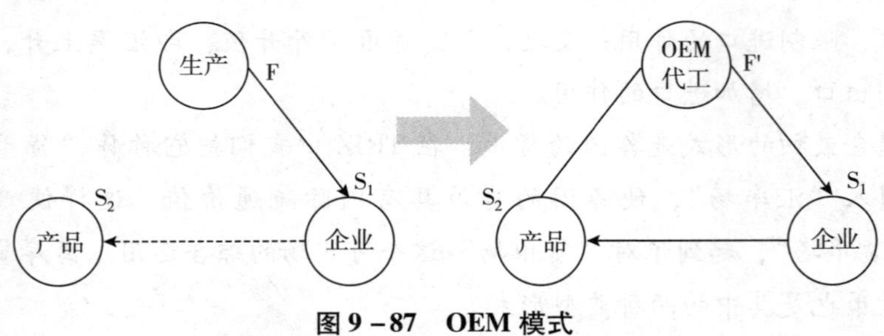

图 9－87　OEM 模式

【金融案例：信用贷款】②

银行应用央行已建立的个人和企业信用数据库（已有的信用场），为个人和企业提供信用贷款（产生新的借贷场）（应用已有的信用场产生另一种借贷场）。类似的还有蚂蚁金服的阿里小贷，微信的微粒贷，京东的京小贷，百度的教育分期，等等。如图 9－88 所示。

① 唐弘舜、韩志演讲，窦尔翔、杨勇指导，"T 投行课期末汇报"，北京大学 2019 年投资银行课的金融萃智作业课件，有修改。

② 高文俊演讲，窦尔翔、杨勇指导，"金融创新期末汇报"，北京大学 2019 年 MEM 金融创新课的金融萃智作业课件，有修改。

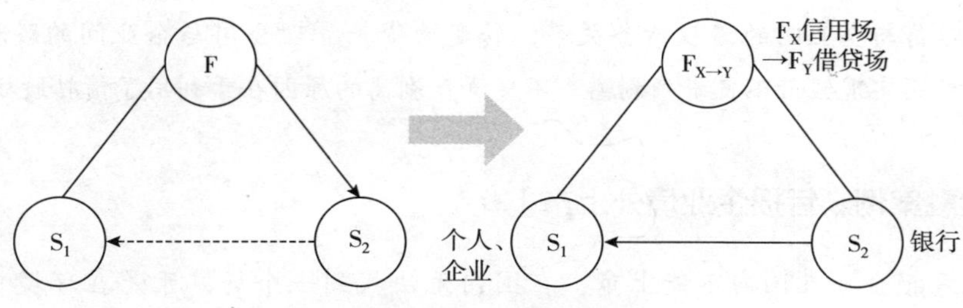

图9－88　信用贷款

S5.2.2（No.65）从环境中引入场

如果必须向物场系统中引入一个场，但是又不能利用系统中已有的场（标准解5.2.1），则应该使用外部环境中已有的场。

案例：

用来从桥上排水的抽水系统。当桥是横跨在一条河流上的时候，可以将管子的一头沿水流的方向放入河中，另一头在桥上。河水的流动所产生的“排出效应”会提供连续的吸力将水从桥上吸下来。

【金融案例：趣店利用淘宝网平台做现金贷】

趣店是利用淘宝网这个交易引力场，来代替自身造“场”，在公司发展前期，可以快速积累客户并且降低风险。

担保、联保、质押案例有待商讨。

【金融案例：银行个人住房贷款资产证券化】①

银行利用资产证券化这个环境中已存在场，把个人住房贷款资产证券化，进行出售，达到减轻、盘活固定资产的目的。资产证券化是将资产通过结构性重组转化为证券的金融活动。

【金融案例：不良资产债转股式剥离】②

银行利用环境中已存在的债转股这个场，把不良资产转给金融资产管理公

① 高文俊演讲，窦尔翔、杨勇指导，“金融创新期末汇报”，北京大学2019年MEM金融创新课的金融萃智作业课件，有修改。

② 同①。

司，银行与企业间的债权债务关系，转变为资产管理公司与企业间的股权关系，从而实现银行不良资产剥离。不良资产剥离的原因在于利用了债转股场。

【金融案例：亏损企业境外上市】①

亏损企业在国内不能上市，在国内无法找到一个场，于是在环境中寻求在境外上市建立一个场。亏损企业是物质 S_1，投资人是物质 S_2，原来缺少场 F，从环境中引入新的场 F 境外上市。如图 9－89 所示。

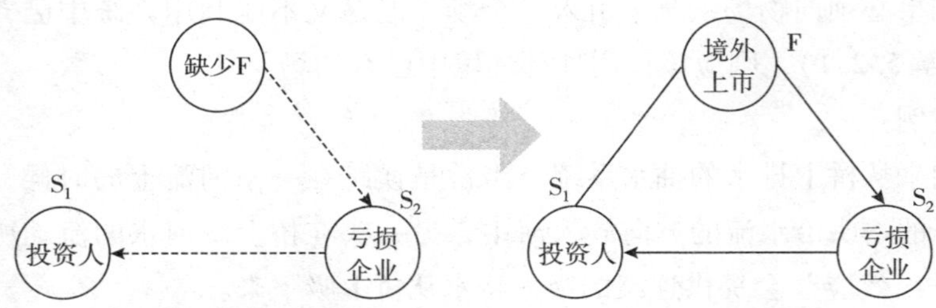

图 9－89　亏损企业境外上市物–场模型

【金融案例：动产融资】②

中小企业向银行贷款时一般是使用不动产抵押，当中小企业没有不动产可抵押时，向环境中寻找一个新的场，这个场可以用动产来抵押贷款。中小企业是物质 S_1，银行是物质 S_2，原来缺少场 F，从环境中引入新的场 F 动产抵押。如图 9－90 所示。

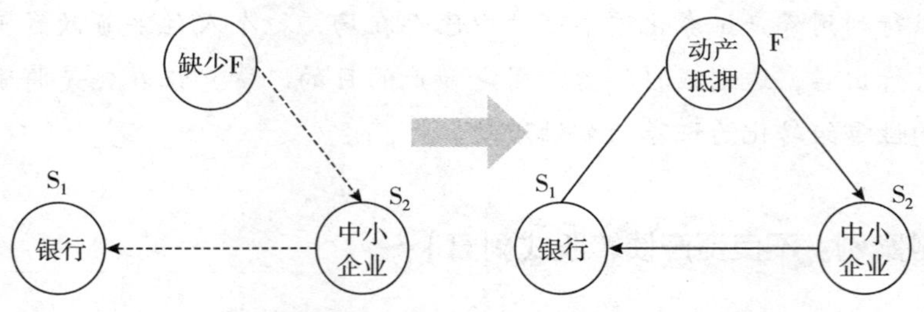

图 9－90　动产融资物–场模型

---

① 唐弘舜、韩志演讲，窦尔翔、杨勇指导，“TRIZ 理论分析案例”，北京大学 2019 年投资银行课的金融萃智作业课件，有修改。

② 同①。

S5.2.3（No.66）利用现有的物质生成场

如果不能利用标准解 5.2.1 和 5.2.2 来引入场，则可以利用系统或环境中已有物质所产生的场。

如果必须向物-场系统中引入一个场，但是又不能利用系统中或外部环境中已有的场，则可以使用系统或外部环境中已有的物质作为媒介物（传导体、介质、中间物）或源（来源、源头、辐射体、发起者）而产生（存在）的场。

案例：

将放射性物质植入肿瘤位置治疗肿瘤，不久后再进行切除。

【金融案例：引入供应链金融中核心企业】

核心企业对于供应链金融来说，是自带“场”的物质，引入核心企业后，可以围绕核心企业，带动周边产业的发展。

【金融案例：芝麻信用】①

由于淘宝网和天猫上有大量的交易数据，将这些数据进行分析处理，形成信用分数及芝麻信用提供给阿里小贷，作为贷款的依据。符合使用属于场资源的物质原理。

【金融案例：KOL 运营】②

企业向消费者推广自己品牌时，需要引入一个场，引入一个新物质 KOL（关键意见领袖）企业通过与 KOL 的合作，来建立一个场推广自己的品牌。企业是物质 S_1，消费者是物质 S_2，原来缺少场 F，KOL 是引入的物质 S_3，引入 S_3 后产生了一个场 F——KOL 运营。如图 9－91 所示。

① 沈晶演讲，窦尔翔、杨勇指导，“金融创新期末汇报”，北京大学 2019 年 MEM 金融创新课的金融萃智作业课件，有修改。

② 唐弘舜、韩志演讲，窦尔翔、杨勇指导，“投行课期末汇报”，北京大学 2019 年投资银行课的金融萃智作业课件，有修改。

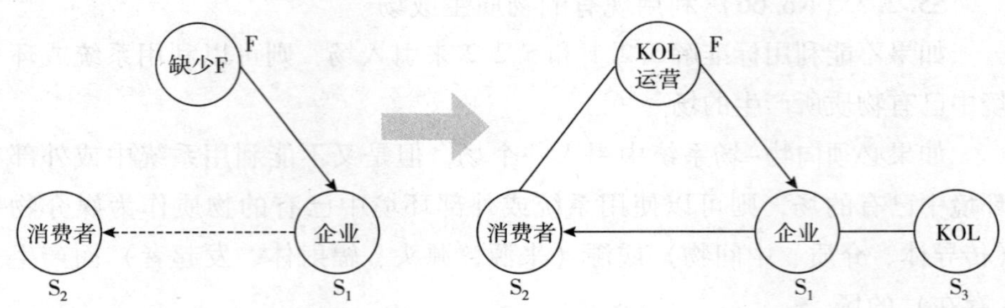

图 9－91　KOL 运营

【金融案例：设基金会避税】①

企业在向税务部门缴税时，试图用各种手段来避税，如果企业成立自己的基金会，利用自己的基金会避税就方便许多，能够加强避税这个场的效果。企业是物质 S_1，税务部门是物质 S_2，原来缺少场 F，避税是场 F，基金会是引入的物质 S_3，引入 S_3 后 F 场效果变强。如图 9－92 所示。

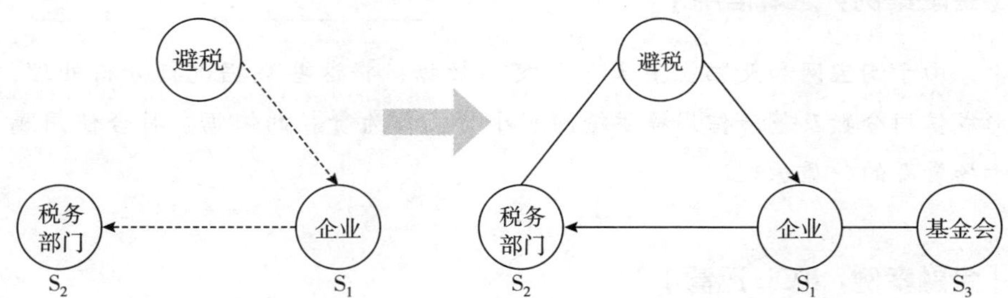

图 9－92　设计基金会避税物–场模型

S5.3　相变

本子类中的 5 个标准解都是关于相变的。利用相变，可能满足与引入物质和场有关的、相互矛盾的要求。

① 唐弘舜、韩志演讲，窦尔翔、杨勇指导，“投行课期末汇报”，北京大学 2019 年投资银行课的金融萃智作业课件，有修改。说明：如果是公募的慈善基金会，是可以免税的；如果是私募的慈善基金会，恶意操作就可能有避税或逃税的可能。

S5.3.1（No.67）相变1：改变相态

在不引入其他物质的条件下，通过改变某种物质的相态，可以改善该物质的使用效率。

案例：

为了提高气体的传输效率，使用液化气体代替压缩气体。

【金融案例：股份代持公司】

《中华人民共和国公司法》规定：股份公司股东人数不能超过200人。为了简化股权结构，把众多小股东集中在新公司中，再通过新公司持股老公司的股份。这是股中股的做法，股份在数量上的压缩，是股的相变。

【金融案例：合并财务报表】

合并财务报表是改变财务报表的相态，由母公司编制，它可以为有关方面的决策提供有用的会计信息，弥补母公司个别财务报表的不足。一般来说，编制合并财务报表是为了满足母公司的投资者和债权人等有关方面对会计信息的需要。

【金融案例：VIE架构】

VIE通过公司相变，保证现金流符合上市要求，提高公司声誉和融资能力。

【金融案例：固定利率变为浮动利率】

固定利率是由国家规定，在一定时期内不受社会平均利润率和资金供求变化所影响的一种利息率。浮动利率是在借贷期内可定期调整的利率，常常采用基本利率加成计算。通常将市场上信誉最好企业的借款利率或商业票据利率定为基本利率，并在此基础上加0.5～2个百分点作为浮动利率。固定利率变为浮动利率，如同固态变为可流动的液态，符合相变原理，提升了投资的灵活度。

【金融案例：纸质状态转换为电子状态】①

为了便于交易或省去携带大量现金的麻烦，可以使用微信或支付宝余额进行交易。如果需要纸币支付，再将微信或支付宝余额中的钱转到银行卡，从取款机取出现金进行必要的现金交易。符合替代状态的原理。如图9－93所示。

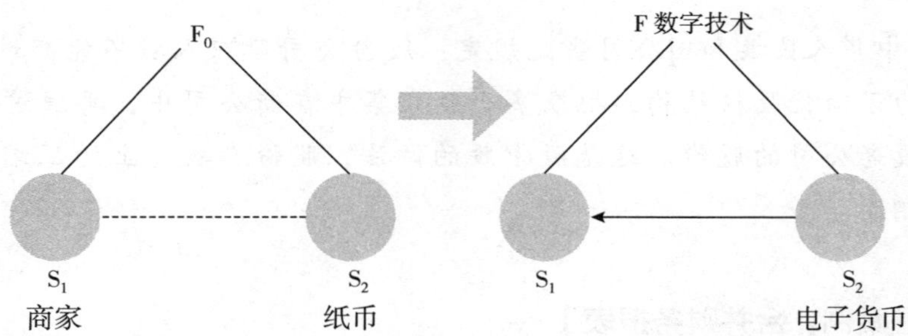

图9－93　纸质状态转换为电子状态物－场模型

【金融案例：薪金宝】②

将小额活期现金存入即时理财产品中获得利息，需要的时候再将理财状态的钱转成活期。类似的例子还有支付宝中的货币可以转存入余额宝中，需要用的时候再转入支付宝中。符合替代状态的原理。如图9－94所示。

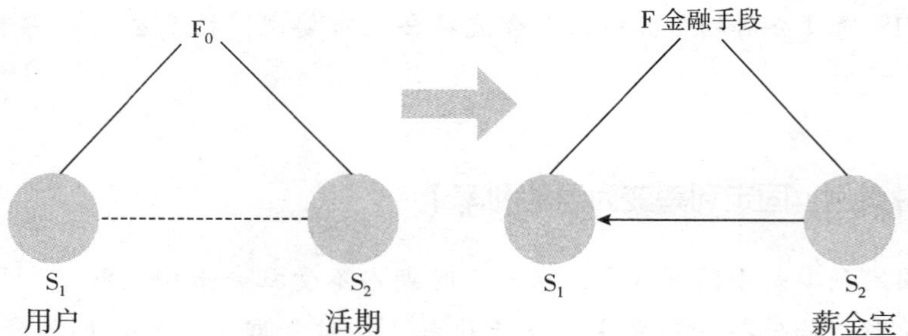

图9－94　纸质状态转换为电子状态物－场模型

---

① 沈晶演讲，窦尔翔、杨勇指导，“金融创新期末汇报”，北京大学2019年MEM金融创新课的金融萃智作业课件，有修改。

② 同①。

S5. 3. 2（No. 68）相变 2：动态的相态

某种物质能够根据工作条件的变化从一种相态转变为另一个相态，利用物质的这种能力，可以提供“双重”特性，甚至“多重”特性。

案例：

一种散热器有多个由形状记忆合金制成的散热片。在正常工作条件下，散热片是闭合的。当温度升高时，散热片打开，以便增加冷却面积。

【金融案例：可回售债券】

可回售债券亦称“卖回债券”，是一种允许投资者以事先规定的价格将债券提前回售给发行人权利的债券。一般出现在利率上升、债券价格下降的时候。投资者持有的回售权是在标的价格下跌时出售标的资产的权利，所以它是看跌期权。在存在回售条款的情况下，投资者有权根据设定的价格出售债券，这将限制投资者因为利率上升而遭受损失。

【金融案例：可交换债和可转债】

从动态相变的角度上看，可交换债和可转债都具有股债双重相态，在一定条件下可转化，因此作为金融产品具有股债双重特性。

【金融案例：税盾】①

盈利高，则增加贷款，提高税盾；盈利低，则减少贷款，降低税盾。这种税盾程度高低变化的现象符合双态（动态的相态）原理。

S5. 3. 3（No. 69）相变 3：利用相变的伴随现象

利用相变时所具有的物理现象，可以改善系统的效率。

案例：

对于运输冷冻货物的装置来说，可以利用冰作为支撑物。融化的冰可以起着润滑作用，从而有效减小摩擦力。

---

① 沈晶演讲，窦尔翔、杨勇指导，“金融创新期末汇报”，北京大学 2019 年 MEM 金融创新课的金融萃智作业课件，有修改。

【金融案例：炒作股票】

一级市场的投资人可相变为二级市场的投资者。尽管繁荣二级市场会刺激一级市场，但是股票二级市场炒作的有限性容忍，可以诱导一级市场的投资行为。我们假定股票炒作所披露的信息都是真实存在的，描述也是合乎真实情况的，人们只是根据自己掌握信息的多寡、迟早、快慢、主观认知进行博弈而已。这种条件下的炒作可以为人们的博弈留下预期盈利的可能，炒作股票就得将现有股票作为筹码，归根结底这些筹码来自一级市场，因而二级市场的繁荣有利于刺激一级市场的投融资行为。

【金融案例：公开市场操作】①

公开市场操作（Open－market Operations）：是央行通过在金融市场上买卖政府债券来调节市场货币供给以实现其货币政策的行为。当经济过热，流通货币过多，央行就会通过卖出政府债券回笼资金使货币流通量减少，以达到冷却市场的目的；当经济不景气时，出现通货紧缩迹象时，央行就会通过买进政府债券把货币投放到市场上以补充货币量，进而刺激经济增长。央行正是利用了货币与政府债的相变来影响经济冷热的。类似的例子还有股票回购等，利用货币与股票的相变，来影响股票的价格。

【金融案例：转账资金的利用】②

个人存入银行理财的钱从自己账户到划走再到起息这一时间段，通常会有几天的时间，这个时间资金就被银行用来投资赚钱而又不会给用户分红，从而增强了银行理财部分对银行的盈利能力，从而达到银行盈利。

S5.3.4（No.70）相变4：向双相态转换（传递到双态）

通过用双相态物质代替单相态物质，可以使系统具有“双”特性。如

① 梁全成演讲，窦尔翔、杨勇指导，“金融创新期末汇报”，北京大学2019年MEM金融创新课的金融萃智作业课件，有修改。

② 沈晶演讲，窦尔翔、杨勇指导，“金融创新期末汇报”，北京大学2019年MEM金融创新课的金融萃智作业课件，有修改。

图9－95所示。

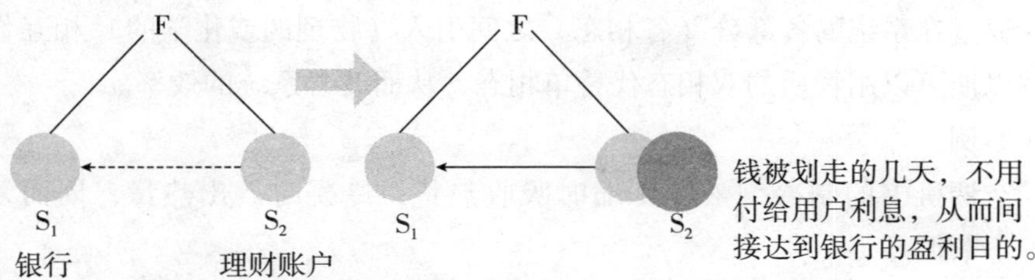

图9－95　纸质状态转换为电子状态物－场模型

案例：

为了降低噪声并收集切削过程中产生的气味、蒸气和切屑，可以用泡沫来盖住切削区域，切削工具可以穿过泡沫，但是噪声、蒸气等无法穿过泡沫。泡沫具有气、液双相态，因此使其具有既可以让切削工具超过，又可以降噪等“双”特性。

【金融案例：优先股和永续债】

优先股和永续债具有股债双特性。前者是股但可以享受债所具有的锁定收益、减小损失风险的优点；后者是债但可以得到不用还款的低融资成本特性。

【金融案例：普通股和优先股】①

公司发行股票不是采用单一形式，而是分为普通股和优先股。如图9－96所示。

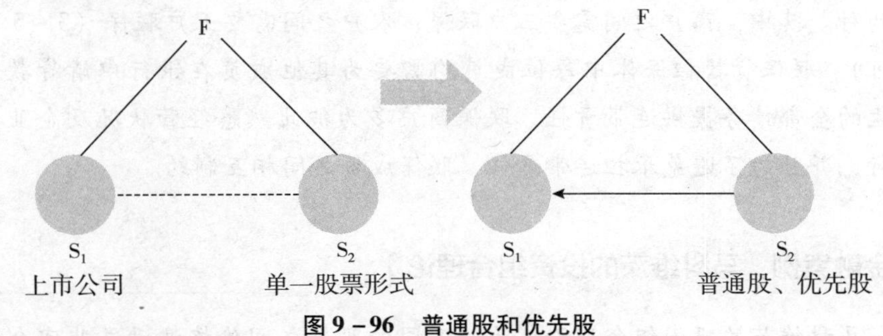

图9－96　普通股和优先股

① 沈晶演讲，窦尔翔、杨勇指导，“金融创新期末汇报”，北京大学2019年MEM金融创新课的金融萃智作业课件，有修改。

S5.3.5（No.71）利用相态（元件或系统间各部分）间的相互作用

通过在系统的各部分（各相态）之间引入（物理的或化学的）相互作用，以便可以用物质的双相态代替单相态，从而改善系统的效率。

案例：

空调机中的制冷剂液体压缩时吸收热量，冷凝时放出热量，周而复始，不断循环。

【金融案例：风格轮动投资模型】

由于投资风格的存在，从而产生一种叫作风格动量的效应，即在过去较短时期内收益率较高的股票，未来的中短期收益也较高；相反，在过去较短时期内收益率较低的股票，在未来的中短期也将会持续不好的表现。

小盘股和大盘股的这种相变特征归根结底是由于人们对小盘股适合炒作的金融认知和金融行为造成的。小盘股容易被操作，波动比较大，小盘股的巨大波动，带来了大盘股的波动。比如：在2009年是小盘股风格，小盘股持续跑赢沪深300指数；而在2011年，则是大盘股风格，大盘股跌幅远远小于沪深300指数。如果能事先通过一种模型判断未来的风格，进行风格轮动操作，则可以获得超额收益。问题的关键是转换为对未来宏观经济形式的判断。

【金融案例：小微企业联保贷款】

银行个人小额经营性贷款系列产品，分为商户联保贷款与农户联保贷款两种。其中，商户之间需要三户联保，农户之间需要五户联保（3～5户均可）。联保贷款担保体中每位成员均需要为其他成员在银行申请贷款而产生的全部债务提供连带责任。联保商户多为彼此熟悉经营状况及企业主品行，并且为了避免承担连带责任，联保成员之间相互制约。

【金融案例：马科维茨的投资组合理论】

马科维茨的投资组合理论认为，不同的股票之间价格波动并非完全相互独立，而存在着大量的协方差。充分的分散的投资组合可以分散掉非系统性风险。这也是“不要把鸡蛋放在同一个篮子里”的理论依据所在，体现了“系统部件间相互作用，增强了系统的效率”。

【金融案例：央行利率调整】

减息或者加息是指央行通过利率调整，来改变现金流动。当央行降息时，把资金存入银行的收益减少，所以降息会导致资金从银行流出，存款变为投资或消费，结果是资金流动性增加。一般来说，降息会给股票市场带来更多的资金，因此有利于股价上涨。当央行加息时，则反之。利率调整是货币政策实施的重要手段，国家宏观调控存款准备金率、再贴现率政策和公开市场业务等类似。

S5.4 利用物理效应和现象的特性

许多标准解都利用物理效应，或将物理效应与标准解一起使用。因此，我们应该重视那些利用物理效应来提高效率的技术。

本子类中的 2 个标准解给出了利用物理效应和物理现象的技巧。

S5.4.1（No.72）自我控制的（自动）转换/利用可逆的物理化学转换

如果某个对象必须周期性地以不同物理状态存在，那么，这种转换应该通过利用对象自身的可逆物理化学转换（例如，电解—再结合、分解—组合）来实现。

案例：

太阳镜在阳光下颜色变深，在阴暗处又恢复透明。

【金融案例：金融市场调节】

尽管金融市场具有系统性特征，金融市场不能完全由市场主导，但是毕竟政府不是万能的，会产生“政府失灵”问题。金融市场作为微观金融主体的行为结果，在一定程度上具有自调节机制。以货币价格为例，可以在国家指导的资金价格下，赋予微观机构比如银行等一定的货币定价权，因为毕竟供求双方所面对的资金来源条件和资金使用机会都要受到各种因素的影响。一旦这种市场调节的机制得以建立，就相当于价格影响供给和供给影响价格的双向调节机制得以运行，市场就会产生活力并自动纠错，货币市场得以繁荣，微观金融主体的需求得以满足，从而实体经济的运行得以支撑，避免政府失灵。

【金融案例：期权的价值】①

期权根据其价值的不同，分为实值期权、平值期权和虚值期权三种，对于以股票价格为标的资产的看涨期权而言，当股票价格等于执行价格时，为平值期权；当股票价格大于期末执行价格时，为实值期权；当股票价格小于期末执行价格时，为虚值期权；期权的价值价受到股票权价格的影响，并且影响到持有者是否行权。

【金融案例：小额贷款利息】②

在小额贷款风控中，每个人的借贷利息将与个人信用成反比关系，当信用高时借贷利息较低，反之则较高。

S5.4.2（No.73）放大（增强）输出场

在系统的输出作用较弱的情况下，如果需要系统输出一个强作用，则可以将类似于“变压器”的物质置于其极限状态，能量被存储在该物质中。同时，利用一个输入的弱作用作为“扳机（触发器）”，使系统输出一个强作用。

案例：

一种测试中空物体密封性的方法是将物体放入液体中。提高物体内部的压力以后，如果密封不严，就会在对象周围形成气泡。为了提高观察效果，可以预先使液体处于过热状态。

【金融案例：趣店扩大信用分贷款】

趣店就很巧妙地利用了蚂蚁金服的征信数据（即芝麻信用），由于自

① 李海兴演讲，窦尔翔、杨勇指导，“金融创新期末汇报”，北京大学2019年MEM金融创新课的金融萃智作业课件，有修改。

② 谷毅演讲，窦尔翔、杨勇指导，“金融创新期末汇报”，北京大学2019年MEM金融创新课的金融萃智作业课件，有修改。

身又是做校园分期起家的，所以尝试使用小额、短期、高息、高频的贷款去服务这类群体。在趣店的招股书中显示，它们的客户芝麻信用分在620分以上，大致分为A、B两类用户，各自享受2000～10000元，500～2000元的信贷额度，借款期限一般最长不超过3个月，平均每个活跃用户半年借款6次。不良违约率低到不可思议的0.5%，2017年半年的利润达10亿元人民币，流水56亿美元。

趣店在招股书中表示，最开始的要求是芝麻信用的分数最低是620分，而后来希望扩大用户群体，一些低于620分的申请者也能够获批，比如信用分数在600～620分的，除此之外，公司也对600分以下的用户做筛选，部分申请者也能够获批。

【金融案例：资本充足率和核心资本充足率】

资本充足率＝（资本－扣除项）／（风险加权资产＋12.5倍的市场风险资本）；核心资本充足率＝（核心资本－核心资本扣除项）／（风险加权资产＋12.5倍的市场风险资本）。

其中，核心资本是金融机构可以永久使用和支配的自有资金，包括实收资本、资本公积、盈余公积、未分配利润、少数股权。扣除项是指专门的数据，包括资产减值部分、收购产生的商誉等无形资产。风险加权资产是指银行中拥有风险权重的资产。12.5倍的市场风险资本是指商业银行交易性的资产达到一定比例和额度后，必须计提单独的市场风险资本，如商业银行股票交易中，外汇交易风险以及商品和期权等市场交易风险。由于银行是杠杆经营，资本充足率要达到8%的要求，杠杆理论最大限度为12.5倍。为了限制风险，所以要求这些资产必须乘以12.5倍。

《巴塞尔协议Ⅲ》规定，资本充足率不得低于8%，核心一级资本充足率不得低于5%，通过对市场风险资本的放大（乘以12.5倍），增大分母，降低整个分值，来评估银行抗风险能力。进而通过提高最低资本要求，以便更有效地抵御和化解银行潜在风险造成的损失。

【金融案例：期货保证金制度】

杠杆机制是期货市场与股票市场最明显的区别之一。通俗地讲，杠杆机制就是以小博大，其对应的就是期货交易制度中的保证金制度。保证金制度是由芝加哥期货交易所于1865年推出标准化合约时所确定的，即向合约的签约双方收取不超过合约价值10%的保证金作为履约的保证。

【金融案例：加杠杆炒股】

炒股时，由于自身的资金量限制，购买股票所获得的收益有限，通过增加杠杆，加大收益额度。

S5.5 实验性的标准解

阿奇舒勒在总结了以下这些标准解以后，本打算先将它们作为临时性的标准解介绍给读者，希望使用者通过大量的实际解题来检验这些临时性标准解的有效性。如果通过实验证明它们是有效的，则将它们转为正式的标准解；如果无效，就将其废除。

S5.5.1（No.74）通过分解获得物质粒子

如果在解决问题的时候，需要某种物质的粒子，但是根据问题描述又不能直接获得该粒子，则可以考虑通过分解某种更高级的物质获得所需的粒子。

案例：

阿奇舒勒在十几岁时获得第一个专利——水下呼吸机，就是利用过氧化氢（H_2O_2）的分解获得氧气。

【金融案例：房地产信托投资基金（REITs）】

REITs分为权益性、抵押性和混合型三种。权益性是主要类型，一般是由基金公司买下办公大楼、商场等商业地产，再转租出去，其收益主要来源于租金和房产增值。抵押性是房地产开发商先将房地产抵押给基金公司，基金公司再贷款给开发商，以贷款利息为主要收益。而混合型是集权益性与抵押性于一体，基金公司一边买房收租金，一边放贷收利息。与传统房地产投资动辄上千万元投资相比，REITs申购门槛较低，而且在国外REITs可以在交易所上市流通，投资者可以自由买卖。REITs分红比例较高，美国和中国香港都将基金90%的收益分给投资者。

REITs通过资金的“集合”，为中小投资者提供了投资于利润丰厚的房地产业的机会；专业化的管理人员将募集的资金用于房地产投资组合，分散了房地产投资风险；投资人所拥有的股权可以转让，具有较好的变现性。

以REITs为例，如果将房地产项目看成更高级的物质，那么房地产项目所产生的现金流就是粒子，但是小额投资者无法直接获得这些现金流，唯一的办法就是小额投资者通过购买基金份额，形成庞大的资金池，以便于购买到资金密集型的房地产项目或者其组合，从而获得分享房地产项目“健康”现金流的机会。

【金融案例：用户行为分析获取信誉等级】①

贷款时常常需要获取用户的信誉等级，然而对于第一次贷款的用户并没有任何贷款记录。通常可以通过分解用户的其他行为信息来获得信誉指数的预测。

S5.5.2（No.75）通过集成（组合）获得物质粒子

如果在解决问题的时候，需要某种物质的粒子，但是根据问题描述不能直接获得该粒子，又不能通过标准解5.5.1分解某种高级别的物质获得该粒子，则可以考虑通过某些更低级别的粒子的化合获得所需的粒子。

案例：

植物在生长过程中，体积会变大，这需要大量的植物纤维（多糖）。在阳光下，植物通过光合作用，将来自空气中的二氧化碳、土壤中的水和无机盐合成多糖，从而获得生长所需要的纤维素，这才有了植物的根、茎、叶、花和果实。

【金融案例：理财保险】

理财保险，是集保险保障及投资功能于一体的新型保险产品，属人寿保险的新险种。经营投资类保险的保险公司充分利用其规模投资优势及投资专家为保户争取最大的投资利益。

目前在我国开展的理财保险险种主要有分红保险、投资连结保险和万

① 谷毅演讲，窦尔翔、杨勇指导，“金融创新期末汇报”，北京大学2019年MEM金融创新课的金融萃智作业课件，有修改。

能保险。通过保险进行理财，是指通过购买保险对资金进行合理安排和规划，防范和避免因疾病或灾难而带来的财务困难，同时可以使资产获得理想的保值和增值。

除了投连险的非保本、保收益属性，其他的保险产品能够持有到期，即可获得一笔确定的收益，且高于银行定存，约等于目前银行理财的收益率，几乎没有风险。

对于想获得投资和保险功能产品的客户来说，理财保险是个不错的选择。

广义来说，银行、基金理财、基金都有集成现象，都是符合以上标准解逻辑的案例。但是基金理财和保险更加典型，理财保险当然最具代表性。其逻辑是保险与增值是我们需要的粒子，但这种粒子可以通过大量集成保险金（理财金、理财份额）才可以获得相应功能。

【金融案例：期权组合策略】①

金融衍生品市场中，将具有不同执行价格的看涨期权与看跌期权进行组合将会得到无数种收益结构。如图 9－97 所示为蝶式期权。期权蝶式套利是利用到期日相同、执行价不同的期权合约之间的不合理价差进行套利交易，由两个方向相反、共享居中执行价合约的组合套利构成。从本质上分析，期权蝶式套利是由一个牛市套利组合和一个熊市套利组合而成的。

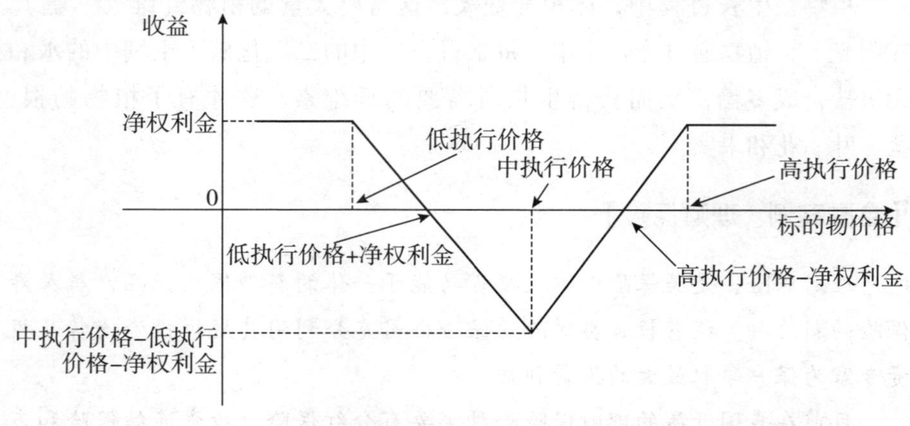

图 9－97 期权组合策略

① 李海兴演讲，窦尔翔、杨勇指导，“金融创新期末汇报”，北京大学 2019 年 MEM 金融创新课的金融萃智作业课件，有修改。

S5.5.3（No.76）利用标准解5.5.1和5.5.2

如果具有高级别的物质需要被分解，而它又不能被分解，那么，就以次级别的物质来代替；同样，如果某一个物质必须由低级材料组合而成，但是该物质又无法组合，那么，以次高级别的物质来代替。

案例：

霓虹灯是在中空的玻璃管中充入惰性气体。通电后，气体被离子化，变为导电的；断电以后，离子会重新结合为惰性气体。

【金融案例：循环式契约型基金】

契约型基金是基于一定的契约原理而组织起来的代理投资行为。它由委托者、受益者和受托者三方构成。委托者是基金投资的设定人，即设定、组织各种基金的类型、发行受益证券，把所筹资金交由受托者管理，同时对所筹资金进行具体的投资运用。受益者即受益证券的持有人是普通投资者，其购入受益证券，参加基金投资，成为契约的当事人之一，享有投资收益的分配权。受托人一般为信托公司或银行，根据信托契约规定，具体办理证券、现金管理及其他有关的代理业务和会计核算业务。

循环式契约型基金是彼此信任的委托者，一期基金结束后，继续投资下一期基金。以此循环投资—分成—投资模式。

第三节　标准解系统的使用流程

对于初学者来说，在使用标准解的过程中，最困难的就是如何选择合适的标准解来解决问题。为了便于初学者更好地使用标准解，不同的TRIZ研究者基于不同的着眼点给出了不同的使用流程。

为了最大限度地发挥读者的主观能动性，本书选择了一种最简化的使用流程，如图9－98所示。流程中的描述问题和分析问题步骤可以使用前面章节介绍的方法，比如资源分析、功能分析、因果链分析等。

步骤1：完整地、客观地对问题进行描述。

步骤2：综合利用各种分析方法对问题进行分析。

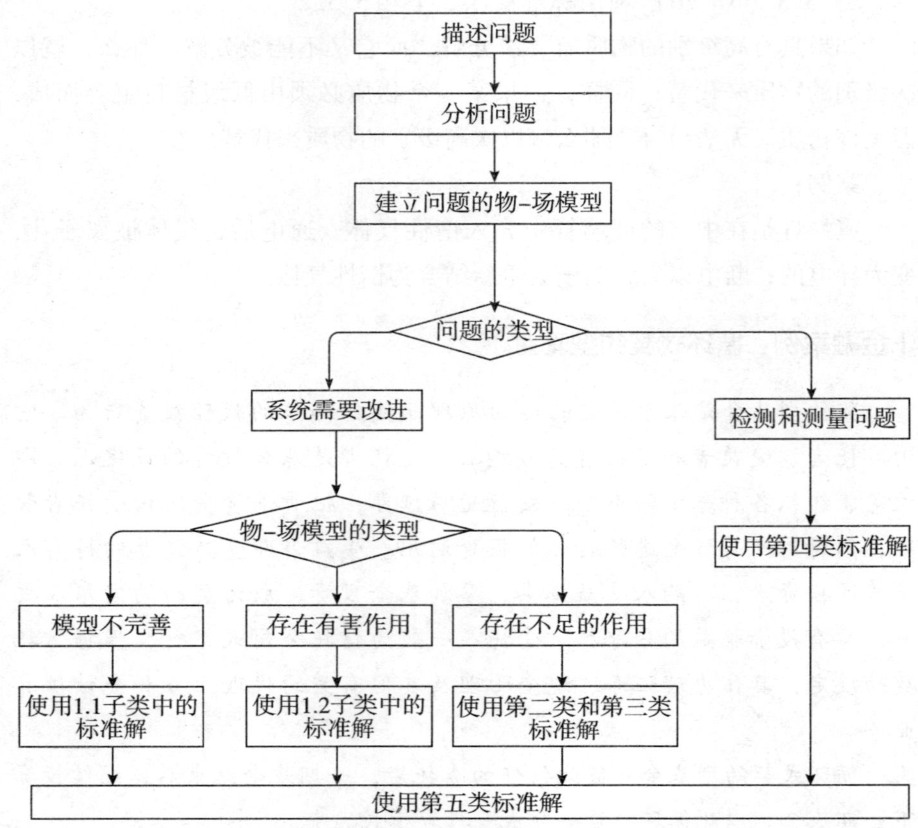

图9-98 标准解的使用流程

步骤3：依据分析结果，利用图形符号建立问题的物-场模型。

步骤4：问题属于检验和测量问题吗？

（1）如果属于检验和测量问题，执行步骤4.1；

（2）如果不属于检验和测量问题，执行步骤5。

步骤4.1：使用第四类标准解对问题进行求解。在求解过程中，如果需要引入物质、场、物理效应，但是实际情况又不允许进行相关引入，则执行步骤6。

步骤5：根据物-场模型的类型进行判断：

（1）如果问题是由于物-场模型不完善而造成的，执行步骤5.1；

（2）如果问题是由于物-场模型中存在有害作用而造成的，执行步骤5.2；

(3) 如果问题是由于物-场模型存在不足作用而造成的，执行步骤5.3。

步骤5.1：使用第一类1.1子类中的标准解对问题进行求解。在求解过程中，如果需要引入物质、场、物理效应，但是实际情况又不允许进行相关引入，则执行步骤6。

步骤5.2：使用第一类1.2子类中的标准解对问题进行求解。在求解过程中，如果需要引入物质、场、物理效应，但是实际情况又不允许进行相关引入，则执行步骤6。

步骤5.3：使用第二、三类的标准解对问题进行求解。在求解过程中，如果需要引入物质、场、物理效应，但是实际情况又不允许进行相关引入，则执行步骤6。

步骤6：使用第五类中的标准解来解决这种冲突。

注意事项：

(1) 物-场模型最终是对物理矛盾的分析，要求对物理知识有一定的了解，并且要善于类比，才能在非工程技术领域（如金融领域）加以灵活运用。

(2) 物-场模型标准解题程序的运用技巧，是要通过实际实践来掌握的，一般做200个左右的解决发明课题，就可以相当熟练地掌握，应该多加认真练习。

(3) 物场变换的规则是进行物场分析的基本准则，这些规则是要与40个发明原理和76个标准解相互参照来运用，应注意防止孤立地、单独地套用。

(4) 物-场模型标准解程序不是以发明理论为目的，它仅仅是促进系统进化的手段，这种手段会随着科学技术发展进程而不断完善，并受到实践的检验。

主要参考文献

［1］［美］艾萨克·布柯曼．TRIZ 推动创新的技术［M］．李晟，李荒野，译．北京：中国科学技术出版社，2016.

［2］［日］高木芳德．日常生活中的发明原理［M］．蔡晓智，译．成都：四川人民出版社，2018.

［3］［苏］根里奇·S. 阿奇舒勒．创造是一门精密的科学［M］．吴光威，刘树兰，译．北京：北京航空航天大学出版社，1990.

［4］陈嘉筠．运用 TRIZ 方法于金融商品创新之设计：以证券业为例［D］．广州：暨南大学，2011.

［5］窦尔翔．教育金融制度创新［M］．北京：清华大学出版社，2012.

［6］何小锋，等．资产证券化：中国的模式［M］．北京：北京大学出版社，2002.

［7］李海军，丁雪燕．经典 TRIZ 通俗读本［M］．北京：中国科学技术出版社，2009.

［8］刘训涛，曹贺，陈国晶．TRIZ 理论及应用［M］．北京：北京大学出版社，2011.

［9］沈萌红．TRIZ 理论及机械创新实践［M］．北京：机械工业出版社，2012.

［10］孙永伟，［美］谢尔盖·伊克万科．TRIZ 打开创新之门的金钥匙Ⅰ［M］．北京：科学出版社，2015.

［11］檀润华．TRIZ 及应用：技术创新过程与方法［M］．北京：高等教育出版社，2010.

［12］杨清亮．发明是这样诞生的：TRIZ 理论全接触［M］．北京：机械工业出版社，2006.

［13］张明勤，范存礼，王日君，等．TRIZ 入门 100 问：TRIZ 创新工具导引［M］．北京：机械工业出版社，2012.

［14］ 赵敏，张武城，王冠殊 . TRIZ 进阶及实战：大道至简的发明方法［M］. 北京：机械工业出版社，2015.

［15］ 周贤永，陈光，唐志红，等 . TRIZ 40 条发明原理的中华诗词诠释及教学模式创新探析［J］. 世界教育信息，2017（22）：38 -49.

［16］ Cristina F，Gheorghe B，Marian M，et al. The Evaluation and Application of the TRIZ Method for Increasing Eco - Innovative Levels in SMEs［J］. Sustainability，2017，9（7）.

［17］ Dourson S. The 40 Inventive Principles of TRIZ Applied to Finance［J］. TRIZ Journal，2004（10）.

［18］ Hede S，Ferreira P V，Lopes M N，et al. TRIZ and the Paradigms of Social Sustainability in Product Development Endeavors［J］. Procedia Engineering，2015（131）.

［19］ Mann D，Domb E. 40 Inventive（Business）Principles With Examples［J］. The Online TRIZ Journal，1999（9）.

［20］ Mann D. 40 Inventive Principles for Business［Z］. Bath：Department Of Mechanical Engineering University of Bath.

［21］ Marsh D G，Digital H，Rochester L L C，et al. 40 Inventive Principles With Applications in Education［J］. Journal of Soil & Water Conservation，2008（3）.

［22］ Pan Y，Geng X . Systemic Innovation of Logistics Finance Operation Model Based on TRIZ Theory［C］//International Conference on Logistics Systems & Intelligent Management. IEEE，2010.

［23］ Ruchti B，Livotov P. TRIZ - based Innovation Principles and a Process for Problem Solving in Business and Management［C］. Bath：Etria World Conference，2011.

［24］ Souchkov V. Breakthrough Thinking with TRIZ for Business and Management：An Overview［J］. Icg Training & Consulting，2007（4）.

［25］ Souchkov V. M - TRIZ：Application of TRIZ to Solve Business Problem［R］. Insytec White Paper，1999.

［26］ Zhang J，Chai K，Tan K. 40 Inventive Principles with Applications in Service Operations Management［J］. TRIZ Journal，2003（12）.